大学生基本素养

主 审 ◎ 余荣宝
主 编 ◎ 王 欣

北京理工大学出版社
BEIJING INSTITUTE OF TECHNOLOGY PRESS

版权专有　侵权必究

图书在版编目（CIP）数据

大学生基本素养/王欣主编．－－北京：北京理工大学出版社，2021.10（2022.8重印）
ISBN 978－7－5763－0558－6

Ⅰ.①大… Ⅱ.①王… Ⅲ.①大学生－素质教育－高等职业教育－教材 Ⅳ.①G718.5

中国版本图书馆 CIP 数据核字（2021）第 216498 号

出版发行 / 北京理工大学出版社有限责任公司	
社　　址 / 北京市海淀区中关村南大街 5 号	
邮　　编 / 100081	
电　　话 /（010）68914775（总编室）	
（010）82562903（教材售后服务热线）	
（010）68944723（其他图书服务热线）	
网　　址 / http：// www.bitpress.com.cn	
经　　销 / 全国各地新华书店	
印　　刷 / 三河市天利华印刷装订有限公司	
开　　本 / 787 毫米 × 1092 毫米　1/16	
印　　张 / 23	责任编辑 / 江　立
字　　数 / 646 千字	文案编辑 / 江　立
版　　次 / 2021 年 10 月第 1 版　2022 年 8 月第 3 次印刷	责任校对 / 周瑞红
定　　价 / 56.00 元	责任印制 / 施胜娟

图书出现印装质量问题，请拨打售后服务热线，本社负责调换

《大学生基本素养》编审委员会

主　任：李　菲
副主任：余荣宝　章　伟
委　员：罗　纯　但耀卿　金顺敬　王　欣　陈建波
　　　　刘传会　王保成　冯依锋　林　颖　熊绍刚
　　　　杨义耀　杨　云

主　编：王　欣
副主编：刘传会　但耀卿　金顺敬
参　编：冯依锋　熊绍刚　王金锋　李　奕　宋　鉴
　　　　杨义耀　毛成蕊　杨　哲　李凯威

前 言

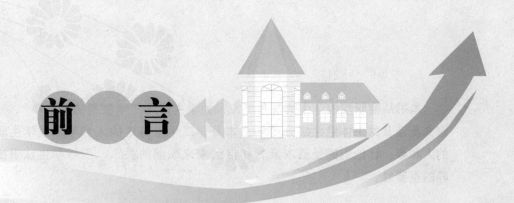

大学生的素质素养越来越受到用人单位的高度关注。对国家的情感、学校的情感、职业的情感、劳动的情感、社会及身边人的情感以及处理各类社会关系和复杂问题的能力是衡量一个职业人是否成熟及是否有发展潜力的重要标志或考量指标。当前，我国正处于向着全面建成社会主义现代化强国的第二个百年奋斗目标迈进的关键时期，迫切需要大量高素质技术技能型人才，对高职院校大学生的素质素养提出了更高的要求。作为高职院校我们有义务在学生进入社会、成为职业人之前有针对性地对其进行系统性的素质素养教育，使其在大学毕业前成为准职业人，这正是我们编写本书的意义和价值之所在。

本书的编写主要依据《中共中央国务院关于深化教育改革全面推进素质教育的决定》《国家职业教育改革实施方案》文件精神，以大学生基本素养教育为主线，内容涵盖对高等职业教育的认知，以及国防教育、国家安全教育、日常安全教育、工匠精神教育、劳动教育、创新教育、职业能力提升等，共12章。第一章由毛成蕊编写，第二章由李凯威编写，第三章由但耀卿编写，第四章由金顺敬编写，第五章由杨义耀、但耀卿编写，第六章由王欣编写，第七章由李奕编写，第八章由熊绍刚编写，第九章由刘传会、杨哲编写，第十章由冯依锋编写，第十一章由宋鉴编写，第十二章由王金锋编写。吴玫负责全书的资料收集与整理工作。

本书具有以下三个特色：

1. 教育的系统性

本书内容设计遵循了学生的成长规律，分为大学生基本素养、职业素养、能力提升三个部分，整合了军训与国防教育、国家安全教育、安全教育、劳动教育、工匠精神教育、创新教育、职业生涯设计等课程的内容，既保证了教育的系统性，又实现了"一减"（学生教材费用减）"一不减"（教育教学基本内容不减）教学改革目标。

2. 视角的新颖性

本书从高职院校学生的视角出发，为学生讲述"学生身边的故事"，一切案例和例文及涉及的主体绝大部分是学生本身，或学生身边的人和事，或学生职业领域里的人和事，让他们感受基本素养和自己未来职业的关系，引导学生认识提升基本素养的重要性。

3. 可操作性

对于理论的选择、案例的设置、问题的提出等都凸显了"应用"和"适用"，针对性强，使学生看得懂也能看明白、学得会也愿意学。

由于高职院校大学生素质素养教育尚处于发展阶段，加之作者水平有限，书中难免存在不足之处，请广大读者批评指正。本书在编写过程中，借鉴了国内外先进的教研成果，由于篇幅有限，不能一一致谢，在此表示衷心感谢！

余荣宝

2021 年 8 月 1 日

目 录

第一部分　基本素养篇

第一章　我的选择我来爱 / 2
　　第一节　大学之道——认知大学 / 3
　　第二节　高职之高——认知高职 / 15
　　第三节　认知襄职——读书襄职技艺长 / 20

第二章　我的梦想我来圆 / 32
　　第一节　扬起信仰的风帆——大学中的党组织 / 33
　　第二节　唱响青春之歌——大学中的团组织 / 38
　　第三节　大学生自己的组织——学生会 / 42
　　第四节　青春的五线谱——大学生社团 / 44

第三章　我的国家我来守 / 51
　　第一节　中国国防 / 52
　　第二节　国家安全 / 62
　　第三节　军事技能 / 67
　　第四节　大学生入伍 / 71

第四章　我的安全我守护 / 79
　　第一节　大学生安全问题概述 / 80
　　第二节　高校安全教育法律法规 / 83

第三节　安全教育类型与防范措施 / 86
　　　第四节　平安校园建设 / 123

第五章　我的生活我创造 / 126

　　　第一节　劳动价值与劳动意义 / 127
　　　第二节　劳动精神与职业发展 / 131
　　　第三节　劳模精神与职业道德 / 140

第二部分　职业素质素养篇

第六章　职业素养与人生 / 156

　　　第一节　职业素养的内涵与基本要素 / 157
　　　第二节　职业素养的地位及培养的意义 / 165
　　　第三节　职业素养提升的实现路径 / 169

第七章　职业生涯规划与设计 / 175

　　　第一节　大学青春不虚度 / 176
　　　第二节　职业生涯规划从大学开始 / 188
　　　第三节　继续教育与终身学习 / 197

第八章　工匠精神的理解与培育 / 207

　　　第一节　工匠精神的时代特征 / 208
　　　第二节　工匠精神的核心要素 / 215
　　　第三节　工匠精神的培育方法 / 225

第九章　创新精神与创新思维 / 228

　　　第一节　树立创新意识 / 229
　　　第二节　突破思维定式 / 241
　　　第三节　创意与开发 / 263

第三部分　能力提升篇

第十章　提升团队合作能力 / 276

　　　第一节　了解团队 / 277

第二节　融入团队 / 283
第三节　团队合作 / 286
第四节　团队精神 / 295

第十一章　提升实践执行能力 / 303

第一节　信守承诺 / 304
第二节　永不言败 / 309
第三节　高效执行 / 315
第四节　结果导向 / 322

第十二章　提升解决问题的能力 / 329

第一节　认识问题 / 330
第二节　分析问题 / 341
第三节　解决问题 / 347

参考文献 / 354

第一部分

基本素养篇

第一章　我的选择我来爱

青年是整个社会力量中最积极、最有生气的力量，国家的希望在青年，民族的未来在青年。今天，新时代中国青年处在中华民族发展的最好时期，既面临着难得的建功立业的人生际遇，也面临着"天将降大任于斯人"的时代使命。新时代中国青年要珍惜这个时代、担负时代使命，在担当中历练，在尽责中成长，让青春在新时代改革开放的广阔天地中绽放，让人生在实现中国梦的奋进追逐中展现出勇敢奔跑的英姿，努力成为德智体美劳全面发展的社会主义建设者和接班人！

——习近平

素质目标

1. 认知高等职业教育的双重属性，感悟职业伟大、技能宝贵。
2. 树立"爱襄职、争上游"的襄职情怀。

能力目标

能够明白大学阶段对人生的重要性，积极主动地适应大学生活。

知识目标

1. 认知大学学习的意义，了解大学的特征及相关要求。
2. 认知高等职业教育，了解高等职业教育院校的内涵及发展历程。
3. 认知襄阳职业技术学院，初步了解襄阳职业技术学院。

第一节　大学之道——认知大学

案例导入

西南联大于抗战的烽烟中由北京大学、清华大学和南开大学三校联合组建而成，存在时间不满9年，就读学生不过8000人，条件简陋，生活艰苦。联大教授"一身平价布，两袖粉笔灰"；联大学生被政府称作"流亡学生"，被百姓唤作"花子学生"；师生们的鞋子前头、后跟和鞋底都被磨破，被戏称为"空前绝后，脚踏实地"……然而，联大却培养出了一大批杰出人才。其中包括2个诺贝尔奖获得者（杨振宁、李政道），4个国家最高科技奖获得者（黄昆、刘东生、叶笃正、吴征镒），6个"两弹一星"功勋奖章获得者（郭永怀、陈芳允、屠守锷、朱光亚、邓稼先、王希季），以及近百位中国科学院和中国工程院院士，还有冯友兰、金岳霖、沈从文、钱穆、钱锺书、费孝通、朱光潜、吴宓、潘光旦、闻一多、朱自清等一大批文史哲大家。

（资料来源：《人民日报》，2021-05-02）

讨论：是什么成就了西南联大这个高等教育的奇迹？西南联大师生身上呈现了怎样的大学精神？

生命好像一场旅行，大学就是旅途中最美的一段！告别中学时代，顺利迈入大学校门，意味着你的生活将翻开新的一页，新的人生旅程即将起航！在大学这座象牙塔里，我们会遇到怎样的风景，看到怎样的校园美景？会遇到怎样的教师和同学，发生哪些奇妙的经历？每天的学习、生活会发生怎样的变化？这些变化会给我们带来怎样的惊喜与收获？大学生活怎样过才更丰富多彩、更有意义、更有价值？

莘莘学子从五湖四海汇聚到象牙塔里，鱼贯而入、比肩而出，在这里既读书，也成长，读那些长技能的专业典籍，也学习借鉴那些大师与同学的作品。大学里每一次团队的融合，都会让我们听到青春拔节生长的声音；每一次专业探索的奋斗，都会让我们收获更多成长的喜悦；每一次思想火花的浸润，都会让我们增强奋进的底气！

亲爱的同学们，让我们一起携手翻开大学这一页，一同探究大学是什么，大学有什么，大学学什么等问题。

一、大学在人生中的意义与作用

看似寻常最奇崛，成如容易却艰辛。人生的幸福都是奋斗出来的。请同学们思考一个问题：如果你是一名00后，在你的人生历程中，哪件事情让你十几年如一日为之锲而不舍地努力？如果你是一名60后、70后、80后、90后，在你的人生历程中，哪件事情让你魂牵梦绕却在今年得偿所愿？

大家可能会有一个高度一致的答案：读书——考大学。对很多应届高中毕业生来说，数十载寒窗苦读，千军万马的激烈鏖战，全家老少总动员，似乎就是为了进入一所梦寐以求的大学。而这个让我们"为伊消得人憔悴，衣带渐宽终不悔"的大学，到底能给予我们什么，它在我们的人生成长中到底又有什么特殊的意义和作用？

（一）大学是人生的新阶段

从空间坐标意义来看，大学可以坐落在北京、郑州、兰州、武汉、襄阳……不同地域的大学呈现出不一样的风貌，也开启了我们在第二故乡落叶生根的新阶段。

从人生坐标意义上来看，大学意味着一个崭新人生阶段的开启。孔子曾这样划分人生阶段："吾十有五而志于学，三十而立，四十而不惑，五十而知天命，六十而耳顺，七十而从心随欲，不逾矩。"时光拨回到当下，去年（2020 年）我国全面建成小康社会，实现了第一个百年奋斗目标，今年（2021 年），我们以大多数同学的年龄 18 岁来看，大家恰同学少年，迎来成人礼；到 2035 年我国基本实现社会主义现代化时，大家刚过而立之年，奋斗正当时；到 2049 年我国全面建成社会主义现代化强国时，大家不到 50 岁，以中坚力量的姿态建成富强民主文明和谐的社会主义现代化国家！试问，一个人该何等幸运，才能让自己最宝贵、最鼎盛的人生阶段与社会发展的巅峰时刻高度契合？生逢盛世的各位同学，自你们迈入大学校门那一刻，就注定大学生活将赋予你们特殊而神圣的使命：你们的成长与发展，将与国家的繁荣昌盛、与民族的伟大复兴紧紧联系在一起，你们将在实现中国梦的伟大进程中共享人生出彩的机会！

（二）大学是人生的新收获

亲爱的同学们，当你还没有进入大学，还在十年寒窗苦读时，你的老师和亲友们有没有用这样的话来鼓励你：好好学习，争取考上好大学。可一所好的大学到底能给予我们什么，我们又能从大学中获得什么呢？

1. 更好的自己

德国大学制度的创始人洪堡曾说，大学乃是"知识传播之地与知识产生之地"。"一所大学就是一个群英会集的殿堂，天下各处各地的学子到这里来，以寻求天下各种各样的知识。"进入大学的你，一定会发现你的同学比起你以往学龄段的同学而言，生源类别更丰富、生源地域更广泛、民族更多，有的同学的家乡话你很有可能是听不懂的，其实多民族、多地区的生源也构成了大学校园里一道亮丽的风景线。在大学里，无论是浩如烟海的书籍，还是或白发或青丝的先生，都有可能是知识的"代言人"。大学的力量在于，它是一切知识和科学、事实和原理、探索和发现、实验和思索的高级保护力量，并通过教育把这种力量传递给学生。这种力量，不是"亮肌肉"式的蛮力，而是需要"烧脑"的理智之力。大学以知识学习为媒介，训练学生的独立思考能力、明辨是非能力、动手实践能力、责任担当能力和沟通协作能力。这些能力的获得，让你能融入社会而不迷失、迷信、盲从，胜任岗位而不任性、独断、自负，帮助你如护身符一般为你的一生保驾护航。三人行，必有我师焉，透过校园里的人与事儿，我们观察天地、内修人格，涵养出秀外慧中、充实而光辉的大气象。

2. 更好的专业

不读大学也能拥有一份工作，但读完大学会使你拥有更多的选择。上大学填写志愿时，教师和父母也许会激励大家：报个好大学好专业，才能找到好工作。这说明，大学与未来从事的工作有着密切关系。大学也许是你人生中最后一次系统性地接受教育。学习结束后，你将获得毕业证书，还有可能获得行业资格证书等。凭着这张毕业证书，以及掌握的知识和能力，大家走出校门，步入社会，会找到一个适合自己的工作，开启自己的独立生活。大学毕业证书不决定你一生成就的高低，但它的影响将伴随你终生，大学的专业在一定意义上会影响甚至决定你未来的职业方向和领域，大学的层次也将影响你初次就业的工作层次和工资层次，还可能影响甚至决定你的幸福感和成就感。所以，大学让人通过学习来发现、培养职业兴趣和专长，甚至获得不可替代的专业能力，从而提高人生的幸福感和价值感。

3. 更好的生活

知人者智，自知者明；胜人者有力，自胜者强。大学里我们努力增长才干、增强本领，遇见更好的自己，储备更好的专业技能，这样必然会带来更好的生活，但这还不是全部。更好的生活需要友谊和爱情，这可是大学得天独厚的优势。大学是一群年龄相当、志趣相投的年轻人的聚集地。在共同的学习、生活和娱乐中，你们拥有了彼此熟悉、了解的机会，友谊和爱情也会在其中孕育。大学同学及朋友，将是你人生当中的宝贵财富。同学和朋友的重要性或许仅次于亲人。事业和生活中的挫折与成功、失意和快乐，都有可能得到来自同学和朋友的分享和分担。同学和朋友还可以是携手共同开创事业的同路人。很多成功企业的开端，都是一帮同学挚友共同打拼、同甘共苦的结果。当然，如果你足够幸运，你可能还会在大学里邂逅和收获爱情。作家巴尔扎克曾说：爱情是人生最难的学校。如果你有幸收获爱情，那么，你的大学事实上相当于得到了两张毕业证书，因为爱情与事业一样是人生中的一件大事。当然，即使你在大学时没有收获爱情，你的大学也依然很重要。因为青年人走出大学找对象，学历往往也是重要的考虑因素之一。其实，更好的生活中还有一个因素，那就是会出现在你未来家庭生活里的孩子。今天的你是怎样的，就将怎样影响你的子女。因此，今天在大学里你塑造一个什么样的自己，你就是在塑造一个什么样的未来。在这个意义上，大学对于你的人生具有更为深远的影响。

4. 更好的担当

芳林新叶催陈叶，流水前波让后波。我国的大学以"培养担当民族复兴大任的时代新人"为培养目标。当代大学生是新时代的见证者、开创者、建设者，是国家宝贵的人才资源，是民族的希望、祖国的未来。这就为大学生成长成才、勤学报国提供了广阔的舞台和无限的机遇。大学有教书育人的良师，这里聚集着众多学者和专家，他们精通本专业的基础理论，了解最新的学术成果，具有丰富的科研实践经验。大学是知识的海洋，这里有浩瀚的图书资料和先进的仪器设备，能使大学生接触广博的知识、培养必要的专业技能，帮助大家顺利成长成才。大学有浓厚的学习和研究的氛围，是知识传播和运用的基地，是接受人文精神和科学精神熏陶的园地。同学们可以全面准确地掌握基础知识和专业知识，学到做人的道理，养成良好的学风；可以广泛汲取各种新的思想和学术成果，不断培养理论思维能力、实践操作能力和探索创新能力；可以全面提高自身综合素质，树立正确的世界观、人生观和价值观。在大学中，大学生要坚定理想，增强本领，勇于担当，肩负起接续奋斗的光荣使命，让青春与祖国同频共振，为新时代贡献青春力量，这是多么壮丽的事业啊！

其实，大学能给予你的还有很多，比如可遇不可求的机遇，比如当你白发苍苍时的美好回忆……这些收获，你可以在上大学的过程中不断地播种和收获。但归根结底，大学赋予你的甚至渗入你骨髓和血脉的，是大学的精神和气质。大学从来都是人类的精神高地，引领人类文明的方向。在漫长历史中沉淀下来的大学精神，应成为每一个大学生孜孜以求的精神指南，成为引领自己成长成才的人生航程。

二、大学的内涵及其流变

（一）大学的内涵

关于什么是大学，从不同的认识维度会得出不同的理解。"大学之道，在明德，在亲民，在止于至善"，这是政治意义上的大学；"大学是研究和传授科学的殿堂，是教育新人成长的世界，是个体之间富有生命的交往，是学术勃发的世界""是思修最活跃、最富有创造力的学术殿堂，是新思想、新知识和新文化的发源地"，这是思想意义上的大学；大学是高等教育和学术研究机构，这是组织意义上的大学。《辞

海》中对大学的解释是：实施高等教育的学校，大学分综合大学和专科大学或学院。通常来看，大学是承担高等教育使命的高等学校的统称，一般由教师、学生和管理人员构成，以高层次的知识创造、加工、传播和应用为主要使命，是具有相对独立的法律地位、文化特色突出的非营利性社会组织。

（二）大学的发展

1. 中国古代大学

在我国，作为传授知识和培养高级专门人才的教育机构意义的"大学"，最早出现在夏、商时期。西周《礼记·王制》称"天子命之教，然后为学。小学在公宫南之左，大学在郊。天子曰辟雍，诸侯曰泮宫"。自汉武帝以后，历代设立的太学、国子学、国子监等都属于大学。涂又光先生对中国古代"大学"概念做过较为全面的概括，简言之，大学有四义：①成人终身教育；②"大人"教育；③大学问；④大学校。而基本的意思就是"大学问"与"大学校"。从历史的角度出发，我国的大学源远流长、让人自豪。

2. 中国现代大学

现在学界一般认为，真正意义上的现代大学是专指12世纪末在西欧出现的高等教育机构，这种机构独有的特征是：组成了系（Faculty）和学院（College），开设了规定的课程，实施正式的考试，雇用了稳定的教学人员，颁发被认可的毕业文凭或学位……以此来判断，中国近代大学产生于19世纪末20世纪初。以1895年盛宣怀创办天津中西学堂（今天津大学）等学堂为标志，中国近代大学萌芽。1898年，由清政府设立的"京师大学堂"（今北京大学）是我国第一所国立大学。1904年《奏定学堂章程》颁布，中国近代的学校制度确立，它主要以日本教育制度为参照，1912年《壬子学制》及1913年《癸丑学制》依然延续了这种"取法日本甚多"的大学体制。以1922年新学制——"壬戌学制"和1924年《国立大学条例》的颁布及经由蔡元培革新后的北京大学与清华大学等第一批中国真正意义上的现代大学出现为标志，中国大学在制度层面上，形成了以美国大学模式为主要参照的大学体制。截至1949年，中国共有205所大学。

3. 当代中国大学

中华人民共和国成立时，我国大学教育主要分两种类型，一是国民党政府遗留的旧中国高教体系，包括124所公立大学（随各城市的解放被直接接管）、21所教会大学（1951年被接管）和60所私立大学（1952年改造改制成公立大学）；二是延安时期解放区的大学。全国共有本专科在校学生11.7万人，研究生629人，教师

1.6万人,边远地区和少数民族地区高校稀缺,内蒙古、青海等省份没有高校。

在对旧中国的高等学校进行接管的基础上,我国通过模仿苏联高等教育模式来建立中华人民共和国社会主义高等教育体系。至1965年,我国共有434所大学。1977年高考恢复。1978年,国务院批转教育部《关于恢复和办好全国重点高等学校的报告》,明确重点大学的任务以"教学""科研"为中心。1982年,中华社会大学成立,民办高等教育开始复兴。

改革开放以后,中国高等教育发展进入了一个新的历史时期。以1985年《中共中央关于教育体制改革的决定》颁发为标志,中国大学开始了以欧美高教模式为主,参照世界各国大学发展经验,走上自主探索、建设中国特色社会主义高等教育模式的道路。1992年《中华人民共和国高等教育法》《面向21世纪教育振兴行动计划》等系列法规颁布,国家教委召开"211工程"领导小组会议,初步确定了重点建设100所左右高等学校的建设目标和遴选原则。1995年,《"211工程"总体建设规划》就高校整体条件、重点学科和高等教育公共服务体系三方面进行整体建设,建设高等教育数字化信息平台,至1997年共有94所大学进入"211工程"支持计划。1998年国家启动实施"985工程",1999年正式启动,建设任务包括机制创新、队伍建设、平台建设、条件支撑和国际交流与合作五方面。2006年,"985工程优势学科创新平台"启动。2015年,《统筹推进世界一流大学和一流学科建设总体方案》将"211工程""985工程"等重点建设项目统一纳入"双一流"建设,大学进入提质增效、深化内涵发展的关键期。2017年,世界一流大学和一流学科建设高校及学科名单公布。2019年,《中国教育现代化2035》面向教育现代化对未来高校发展提出战略任务。

回顾百年历史,中国大学经过了奠定摸索—调整恢复—追赶超越三个阶段,在内忧外患中重生,在磨难挫折中成长,在攻坚克难中壮大,探索出了社会主义大学的发展之路。

(三)大学的功能

透过大学的发展史,我们可以发现,随着人类知识体系和大学自身的发展,大学的功能在拓展,其中人才培养是核心和基础,科学研究是动力和支撑,社会服务是目的和要求,文化传承是源泉和纽带。

1. 人才培养

从历史上诞生教育组织意义的"大学"开始,人才培养就是大学的第一要务。在现代大学中,人才培养目标的定位问题历来是大学建设的核心。中共中央总书记、国家主席、中央军委主席习近平曾以"国之大计、党之大计"来概括教育在新时代的重要地位,大学必须明白"培养什么人、怎样培养人、为谁培养人"。无论是"专业教育"还是"通识教育",其争论的核心都与人才培养的目标紧密相连。课程设置、教学方法、内涵建设、制度建设、典礼活动、文化环境等建设工作,都是为了服务人才培养。

2. 科学研究

从德国教育家洪堡提出"自由的教学与研究相统一"理论后,科学研究事实上成了现代大学区别于古代大学的重要特征。大学在科学研究方面具备的组织、人才、体制、环境等优势,都促使大学将自己建设成为人类文明的精神家园和思想最活跃、最富创造力的学术殿堂,成为新思想、新知识、新文化的策源地和发展国家科学事业的重要方面军,为人类解决面临的重大课题提供科学依据。在我国,高校是科技创新体系的重要组成部分,高校科研人员是我国科技创新的重要队伍。大学要努力在关键共性技术、前沿引领技术、现代工程技术、颠覆性技术创新上取得更大突破,抢占科技创新制高点。

3. 社会服务

大学从古代演进到现代,历经对"象牙塔"、单纯理论研究和思辨活动的批判后,现代大学普遍重视博雅教育与科学教育,使科学知识更好地服务于经济和其他社会生产活动,直接为区域经济和生活发展需要服务。事实上,大学的社会服务功能,不仅体现在直接为社会生产服务上,更体现在文化层面上,以及引导社会变革、建立社会规范和参与社会决策等方面。

4. 文化传承

从社会学意义上讲,大学是教育组织创新的历史产物,而教育本身,则是知识增量和价值增量两个层面在不同社会个体(团体)间的转移。大学的文化传承功能就是通过教育的本质规定性来实现的。一方面,大学通过教育使社会个体在文化继承的基础上通过不断创新来推动社会向前发展;另一方面,也使社会个体通过教育来完成对已有文化的传承,从而促使个体的社会化进程。

三、开启愉快的大学生活之旅

李开复在给大学生的信中说:大学意味着人生的若干个"第一次"与"最后一次"。第一次放下高考的重担,开始追逐自己的理想、兴趣;第一次离开家庭,独立参与团体和社会生活;第一次不再单纯地学习或背诵书本上的理论知识,而是有机会在学习理论的同时亲身实践;第一次不再由父母安排,而是自由处置生活和学习中的问题,支配属于自己的时间……最后一次有机会系统性地接受教育;最后一次能够全新建立你的知识基础;最后一次可以将大段时间用于学习;最后一次能在相

对宽容的环境中学习为人处世之道……那么，与中学生活相比，大学生活有哪些特别之处呢？

(一) 大学生活与中学生活的区别

1. 学习要求

一方面，大学阶段的学习，知识的广度和深度大大增加，专业方向基本确定，需要充分发挥学习的主动性、创造性。大学主要实行的是学分制，除了公共课、学科基础课和专业课等必修课之外，各专业还开设选修课，大规模网络在线开放式课程的到来，更将带来高等教育革命性的新图景。多样化的课程结构，可以让同学们根据个人兴趣和能力选修相关课程。另一方面，大学里自由支配的学习时间增多，学习的自主性大大增强，大学生需要掌握大量的资料和信息，明白获取知识的渠道是多样化的。熟练利用图书馆、互联网收集资料和信息，是同学们必备的技能。广泛涉猎相关知识，掌握科学的学习方法，培养自主学习和独立思考问题、分析问题、解决问题的能力，是大学阶段学习的重要特点。

2. 生活环境

进入大学，同学们离开父母独立生活，许多同学还远离家乡，衣食住行等日常生活都要由自己安排。大家来自五湖四海，兴趣爱好、生活习惯可能存在差异，沟通和交流、理解和关心的需要都将提升。自理能力较强的同学会很快适应，应对自如；自理能力较弱的同学，则可能顾此失彼。尽快适应新的生活环境，既包括学会过集体生活，也包括学会独立处理学习生活中遇到的各种实际问题。

3. 社会活动

进入大学，党组织、团组织、学生会、班委会等组织活动陡然增多；由志趣、爱好相同的同学自愿组织起来的各种学生社团的活动丰富多彩；参加各种社会实践、社会志愿服务的机会大大增加。大家可以根据自己的特点和爱好、时间和精力，积极参加各种活动，合理安排课余生活，锻炼组织和交往能力。

大学生活给大学生提出了许多新的课题，有困难也有机遇，需要同学们结合自身的实际情况，提升适应能力，"在危机中育新机，于变局中开新局"，让大学成为锤炼品格、提升能力、放飞梦想的平台！面对崭新的大学生活，同学们要发挥青年"所多的是生力，遇到深林，可以劈成平地的，遇到旷野，可以栽种树木的，遇见沙漠，可以开掘井泉的"的特质。

(二) 大学生活新技能

弄潮儿向潮头立，手把红旗旗不湿。面对大学新生活，大家应以怎样的理念来应对挑战，应具备怎样的素质让自己在大学生活中蜕变成蝶呢？

1. 创新学习的理念

适应大学学习面临的变革，其要旨在于创新。创新乃生命之本义，人类社会的发展史就是一部创新的历史。从第一块打磨的石头、第一根削尖的木棍、第一颗钻木的火种、第一次直立的行走，到九天揽月的"神舟"、深海捉鳖的"蛟龙"、3D打印的汽车，人类文明的每一步都是创新的奇迹。大学本身就是人类创新的结晶，它诞生的神圣使命就是探索新知，培养新人，创造新世界。这正是一个不断创新的过程，一个"苟日新，日日新，又日新"的过程。大学是知识和信息的海洋，信息时代的学习，更是突破了大学的围墙，在信息的连接中呈现给学习者一片无边无际的知识汪洋。不懂得选择和鉴别的学习者会面临"溺水"的危险，碎片化的知识储存只能破坏人类的创造力而背离教育的初衷。信息或知识，只在它有助于思考和创新时才是有价值和意义的。德国哲学家康德说："学生应该学的是思考活动，而不是思考的结果。每一个走进大学的人不是为了获取知识的行囊，而是为了变得更聪明、更智慧、更具活力。"所以大学生必须具备创新学习的理念。

创新而非守旧的学习是艰辛的，但唯有如此才是有价值的学习。不产生新知、新质的学习乃是生命的浪费。创新学习也是充满乐趣和喜悦的。创新的过程是一个由好奇心支配，由未知到已知的发现之旅。王安石在《游褒禅山记》中记载了一次令他回味无穷的游历经历，由于中途放弃"而不得极夫游之乐"，作者由此感慨："世之奇伟、瑰怪，非常之观，常在于险远，而人之所罕至焉，故非有志者不能至也。"创新学习的过程正如此旅程，不入险远，难得非常之观，难享探险之极乐。因此，创新学习的过程需要有志、有力，需要坚持，受得了人言讥讽，耐得住孤独寂寞。

2. 自主学习的理念

创新学习必是自主、自由的学习。大学的学习，脱离了中学阶段应试的压力与束缚，减少了父母、教师保姆式的监督与提醒，大家享有了更多自由的时间与空间，也因此更有可能开始真正遵循大学精神的自由学习。清华大学老校长梅贻琦先生曾如此描述大学里的学习："学校犹水也，师生犹鱼也，其行动犹游泳也。大鱼前导，小鱼尾随，是从游也。从游既久，其濡染观摩之效自不求而至，不为而成。"此如"游"之"学"，何等的自由与逍遥！马克思曾说："财富的尺度决不再是劳动时间，而是可以自由支配的时间。"可见，拥有自由时间的人才是世上最幸福和富有的人。然而，习惯在"保姆式"管教下进行"奴隶式"学习的人往往在自由来临时无所适从，甚至有人在自由时间中迷失自我，"白天在床上，夜晚在网上"，虚掷了青春与光阴。

自主的学习,不是随心所欲、朝三暮四,而是理性地比较、选择与判断之后,朝着确定目标锲而不舍、百折不挠。自主的学习绝非盲目的学习,盲目的学习难以找到创新的动力。美国女作家海伦·凯勒曾说,"当一个人感觉到有高飞的冲动时,他将再也不会满足于在地上爬。"高飞的冲动来自明确的目标,目标就是动力,就是创造精神的源头。因此,大学的学习,最根本的问题在于,经过反复的比较、反思、甄别、淘汰和选择,从中发现自我的兴趣和潜质,寻找未来的方向和目标,最终确定一条属于和适合自己的道路。

当代青年能否选择"躺平"?

近年来,"躺平"在年轻人的社交网络上成为一个热词。关于"躺平"一词的确切含义,人们并无共识,甚至还有较大争议。"躺平"作为一种生活态度,往往与年轻人在压力面前主动选择放弃、回避与退却有关。个人在法律和道德允许的范围内选择自己生活方式的权利应受到尊重,但当代青年也应深入思考能否把"躺平"作为生活方式和人生道路来选择。"躺平"并不能"躺赢",唯有奋斗才是良方。生活从不眷顾因循守旧、满足现状者,从不等待不思进取、坐享其成者,而是将更多成功机会留给善于创新、勇于创新者。人们在成长的过程中,总会面临各种各样的现实压力,甚至还会遭遇挫折,以"躺平"的方式主动退缩、选择放弃,无益于解决问题,甚至会使得问题更加复杂和严重。唯有树立积极面对、主动进取的人生态度,才能够克服前进道路上的种种困难。当代青年正处于探索与奋斗的大好时期,应该发扬自强不息、百折不挠的精神,保持年轻人的蓬勃朝气、昂扬锐气,在创新创造、不断奋斗中,成长为实现中华民族伟大复兴的先锋力量。

(资料来源:本书编写组,《思想道德与法治》,2021年)

3. 合作学习的理念

创造的学习,必是开放的、合作的学习。大学的学习既需要耐得住寂寞的潜心苦学,也需要不断交流、沟通的开放式学习、合作式学习。战胜疫情、建成小康、打赢脱贫攻坚战,无一不是集体合作与团队攻关的结晶。事实上,嫦娥升天航天逐梦、雪龙南极科考、5G商用、港珠澳大桥等人类历史上的诸多"高精尖"的工程都是团队合作的杰作。大学里的学习、生活、科研、社会实践都需要我们集合众人之力。当下,大数据时代、区块链技术的来临再次展示了开放与合作中蕴含的巨大能量。未来的慕课(MOOC)学习,就是以一种知识领域的"众筹"方式来实现人类知识和智慧的汇集和共享,相信当我们全情投入时一定会进一步助推知识的"大爆炸"。所以，在合作中学习，在学习中合作，将是大家在大学学习生活中的重要一课。

4. 自立自律的生活意识

大学之大，在于学习内容之广博，而绝非仅仅局限于书本知识。大学的生活像一本无言的书，热情地邀请着每一位步入大学的学子沉浸其中，细细品读，留下美好印记。大学是独立生活的开始，所以自立、自强、自信、自律的生活能力是大学生活的必修课。学会与人共处、学会公共生活、学会规划生活是大学生的又一课。梁启超先生曾对我国传统社会养成的国民人格之弊有过尖锐的抨击，他所列举的最主要的三项之中两项为：一是独立性之柔脆，二是公共心之缺乏。由此看来，一种健全人格的养成，一种和谐生活的创造，独立性与公共心这两大要素缺一不可。自立自律的生活可以帮助我们树立集体生活的自觉性与主动性。

自立自律的生活绝非孤立的生活，理性的大学生活应该以独立的精神参与公共的生活。人人独善其身者谓之私德，人人相善其群者谓之公德。无私德不能立，无公德则不能团。于公共生活中养成独立、自律之精神，以独立、自治之能力过公共的生活，乃大学生活的要义。从另一个意义上说，进入大学就意味着我们开始逐步走向社会，独立生活。在这个新的起点上，为了给自己的人生理想夯实基础，需要同学们摆脱依赖、等待和犹豫、消极的心理，培养自立、自强、自信、自律的精神，更好地适应生活新变化。

5. 明辨是非善恶的能力

在大学生活中，同学们会遇到各种思想的交流和碰撞，也会受到种种社会思潮的影响。其中既有政治上的大是大非，也有为人处世的基本原则、日常学习生活中的细节小节。这就要求同学们努力提高明辨是非善恶的能力，作出正确的判断和理智的选择，致力于求真求善、向上向善、善做善为。

当下，我们正处在两个一百年交汇的关键时刻，中华民族伟大复兴战略全局和世界百年未有之大变局相互交织、相互激荡、相互影响，国际国内不确定因素增加，意识形态领域面临更多风险挑战，习近平总书记也强调"我们的事业越是向纵深发展，就越要不断增强辩证思维能力"。辩证思维能力，指的是承认矛盾、分析矛盾、解决矛盾，善于抓住关键、找准重点、洞察事物发展规律的能力，可以帮助大家提高明辨是非善恶的能力。大学生既是今天校园里的学习者，也是未来走进社会的建设者、创造者。心有所信，方能行远。因此，大学公共生活能力的训练和养成，辩证思维能力的培养和锻炼，将有力保证同学们未来奋斗的航向，也将极大地促进社会进步及社会改革。一个国家的青年是什么样的，一个国家的未来就是什么样的。

6. 勤奋学习、全面发展的心态

身处日新月异的新时代，知识更新的周期大大缩短，步入大学，同学们会有本领不足、才干不足、社交不广泛的紧迫感。"学如弓弩，才如箭镞，识以领之，方能中鹄"，当我们既能惜时如金、孜孜不倦，下一番心无旁骛、静谧自怡的功夫，又能突出主干、择其精要，做到又博又专、愈博愈专；既打牢扎实基础，又及时更新知识；既刻苦钻研理论知识，又积极掌握实践技能；既向书本学习，又向实践学习；既向传统学习，又向现代学习，这样就能成为兼收并蓄、融会贯通、本领高强、全面发展的优秀人才。所谓"三人行，必有我师焉，择其善者而从之，其不善者而改之"。从小处看，只有多向周围的教师、同学学习，虚心求教、细心体察，才能不断提高自身的综合素质，更好地适应大学生活。从大处看，大学的宿舍、班级、教室、社团、球场、图书馆、餐厅乃至校园里的一花一草，都处处蕴含丰富的教育资源，为同学们提供了学习共处与合作、责任与担当的宝贵场所和难得契机。

7. 知行合一、奉献奋斗的担当

青春至美是担当，青年的担当是决定人生价值的最大砝码，是影响时代进程的重要力量。"历尽天华成此景，人间万事出艰辛。"任何能力都是在实践中积累起来的，都有一个从不会到会、从不熟练到熟练的过程。生活是最好的老师，只有在生活的实践中不断磨砺，才能逐渐提高知行合一的勇气和能力。

青年是标志时代的最灵敏的晴雨表。正如习近平主席所说："现在，青春是用来奋斗的；未来，青春是用来回忆的""学生在高校生活，少则三到四年，多则九到十年，正处在人生成长的关键时期""青年的价值取向决定了未来整个社会的价值取向，而青年又处在价值观形成和确立的时期，抓好这一时期的价值观养成十分重要。这就像穿衣服扣扣子一样，如果第一粒扣子扣错了，剩余的扣子都会扣错。人生的扣子从一开始就要扣好"。作为实现中华民族伟大复兴的生力军，大学生的担当精神体现为奉献祖国、奉献人民、尽心尽力、勇于担责，自觉树立国家意识、民族意识、责任意识，把个人前途命运与国家、民族的前途命运紧紧地联系在一起，在尽责集体、服务社会、贡献国家中实现人生理想和人生价值；坚持实践第一、知行合一，求真务实、有为善为，勇于面对实际生活中的各种挫折考验，勤奋刻苦、磨砺意志、脚踏实地；始终保持昂扬向上的精神状态，富有求新求变的朝气锐气，敢于站在变革前沿，引领潮流之先，以新的实践创造更大成就。

人最宝贵的是生命

"人最宝贵的是生命。生命属于人只有一次。人的一生应当这样度过：当他回首往事的时候，不会因为碌碌无为、虚度年华而悔恨，也不会因为为人卑劣、生活庸俗而愧疚。"这是苏联作家尼古拉·奥斯特洛夫斯基的长篇小说《钢铁是怎样炼成的》中的一段话。主人公保尔·柯察金在革命斗争中从一个工人子弟成长为一名钢铁战士。保尔理想坚定、不怕困难、热爱祖国、热爱人民的优秀道德品质影响了千千万万的中国青年人，激励着他们在艰难困苦中战胜敌人、战胜自己，把自己的追求和祖国、人民的利益联系在一起，有力促进了一代代青年人思想道德素质的提高。

第二节 高职之高——认知高职

大学毕业生"回炉"高职为哪般？

在国企工作8年之后，从西南石油大学测绘专业毕业的贺创业决定去一所职业院校学门技术。2018年9月，贺创业如愿以偿，成为襄阳职业技术学院医学院口腔医学专业的一名高职生。重回大学的贺创业十分享受现在的生活。每天早上6点，起床锻炼，学习并承担学生管理事务，虽繁忙辛苦但充实有序。由于目标明确、学习刻苦，他学习成绩名列前茅。贺创业经常拿自己的经历"现身说法"告诉同班同学"学历并不是最重要的，更不要因此而'低人一等'，大学重要的是找到自己的目标和方向，学好适合自己未来职业的技术技能，提升综合素质"。

数据显示，2018年，大学毕业后再回襄阳职业技术学院读书的学生有100余人，其中本科生有16人，主要分布在该校医学院和生物工程学院。

（资料来源：《襄阳晚报》，2018-05-16）

讨论：大学毕业生"回炉"高职学习为哪般？高等职业教育院校高在哪里？

2021年4月，全国职业教育大会在北京召开，会上传达了习近平主席的重要指示和李克强总理的批示。习近平强调，在全面建设社会主义现代化国家新征程中，职业教育前途广阔、大有可为。要建设一批高水平职业院校和专业，推动职普融通，增强职业教育适应性，加快构建现代职业教育体系，培养更多高素质技术技能人才、能工巧匠、大国工匠，为全面建设社会主义现代化国家、实现中华民族伟大复兴的中国梦提供有力人才和技能支撑。李克强批示，职业教育是培养技术技能人才、促进就业创业创新、推动中国制造和服务上水平的重要基础。要加强职业学校师资队伍和办学条件建设，优化完善教材和教学方式，探索中国特色学徒制，注重学生工匠精神和精益求精习惯的养成，努力培养数以亿计的高素质技术技能人才，为全面建设社会主义现代化国家提供坚实的支撑。

一、何谓高职？

（一）高等职业院校的概念界定

纵观高职教育的产生发展历程，由于国情和语言差异，各国对"高等职业教育"的称谓都不相同，且各具特色。例如，澳大利亚著名的TAFE（职业技术教育学院）、德国双元制模式下的高等专科学校、美国和加拿大比较普遍的社区学院以及英国特定时期发展比较辉煌的多学科技术学院等。在我国，虽然古代和近代已有职业技术教育之实，但"职业教育"四个字首次出现于1911年陆费逵在《教育杂志》上的撰文"吾国今日亟宜注意国民教育、职业教育、人才教育""国民程度之高下恃国民教育，国民生计之赢绌恃职业教育"。

在我国，高职院校是高等职业院校的简称，也被称为高职。高等职业教育是高等教育的一种类型，是我国高等教育的重要组成部分，包括高等职业专科教育、高等职业本科教育、研究生层次职业教育，肩负着为培养面向生产、建设、服务、管理第一线需要的高技能、应用型专门人才的使命，也是我国职业教育体系中的高层次教育。

人的天赋各有不同，对个体的人而言，没有最好的大学，只有最适合自己的大学。高职教育立足培育工匠精神，产教融合为广大青年打开通往成功成才的大门；立足区域经济发展，强化类型特色、优化类型定位，为社会输送大批技术技能人才。

（二）高职院校的分类

从学历教育层次看，我国的高职院校现有专科和本科两个学历教育层次，高职学生毕业时颁发国家承认学历的普通高等学校专科和本科毕业证书，并享受普通高校毕业生的一切待遇。从办学资金来源来看，我国的高职院校分为公立高职和民办高职两类。从主管部门来看，我国的高职院校分行业办校、省市共建、民办高职等院校。从学校的综合实力来看,我国的高职院校分为国家"双高"院校、国家示范(骨干)高等职业院校、省级示范高等职业教育院校、一般院校等。总体来说,我国的高职院校多为地方政府主办,属于地方性的高等院校,地方经济既为高职院校发展提供平台和指明方向,也是高职院校发展所需资金的主要来源和保障。

二、高职姓高也姓职——高职特有属性

近20年来,我国高职院校经历了从示范高职院校,到优质高职院校,再到特色高水平高职院校和专业建设的历程,其背后蕴含着极其丰富的价值。伴随着职业教育与普通教育"平起平坐"的类型新定位,长期以来高职教育从属于普通教育,地位低于同层次的普通教育的面貌将得到彻底的改善,未来高职教育将迎来"当地离不开、业内都认同、国际可交流"的发展新阶段。

(一)多样化的生源

随着2013年《教育部关于积极推进高等职业教育考试招生制度改革的指导意见》的出台,高职教育的生源渠道呈现多元化的趋势,例如普通高招、对口招生、3+2中高职贯通、单独招生、注册招生等,这也导致高职院校中的生源类型呈现多元化特征:普通高中生、职高生、中职生、初中生及符合招生条件的社会人员,如退役军人、下岗失业人员、农民工和新型职业农民群体等。

经典案例

2020年10月17日至18日是襄阳职业技术学院(以下简称"襄职")新生报到时间。在众多报到的学生当中,有一对母子分外引人注目。这对母子是42岁的妈妈杨雄燕及其18岁的儿子李德星(图1-1)。

图1-1 杨雄燕、李德星新生报到合影

妈妈杨雄燕，是襄职新招收的"一村多名大学生计划"学员，来襄职农学院现代农业技术专业学习，她学习的是现代农业技术的养殖专业。儿子李德星是襄职汽车工程学院汽车检测与维修技术专业学生，他是学校"3＋2"五年制大专学生，2020年秋报到上大一。

（二）多样化的教育体系

为了促进终身学习和高职院校的发展，《国家中长期教育改革和发展规划纲要》和《现代职业教育体系建设规划》从国家战略高度对我国的教育进行了顶层设计与规划。一条是学术型路线，从高中、本科到研究生；另一条是职业型路线，从中职、高职（包括本科、专科）到研究生。这就在国家教育体系中给国民规划了两条学业生涯通路，强调了类型院校的不同教育职能，打破了职业教育和普通高等教育长期暧昧不明的关系，同时又明确了两条学业路线也是互联互通的，鼓励职业院校晋升本科，打造研究型、知识型的职业教育，以满足不同的学习需求。这也促使了高职院校教育在教育体系中既能下接中等职业教育，又能上达高等教育，真正"面向人人，面向社会"；既能做短期培训等定制类的社会服务，又能进行系统化的学制培训。

（三）鲜明的职业属性

高职院校区别于普通高等学校的最大特点就是其鲜明的职业性。具体来说，高职院校突出终身教育与能力本位理念，以适应社会需要为目标，以培养技术应用能力为主线设计学生的知识、能力、素质结构和培养方案，以"应用"为主旨和特征构建课程和教学内容体系，实践教学的主要目的是培养学生的技术应用能力并在教学计划中占有较大比重，打造"双师型"教师队伍，人才培养的基本途径是学校与社会用人部门结合、师生与实际劳动者结合、理论与实践结合，实施"学历证书＋若干职业技能等级证书"、产教融合、工学结合的人才培养模式，毕业生应具有基础理论知识适度、技术应用能力强、知识面较宽、素质高等特点。职业属性赋予了高职院校在高等教育之外的跨界性、整合性和重构性。

1. 跨界性

普通教育所涉及的教育活动，都是在只有学校这样一个学习地点的参照系下运行的，是一种在教育系统内部结构的框架下实施的教育行为；而高职教育所涉及的教育活动，不仅要注重普通教育所关注的学校、学习和教育这三要素构成的领域，而且要关注普通教育较少顾及的企业、工作和职业这三要素构成的领域。这表明，高职教育办学的参照系覆盖了与学校和企业两个学习地点相互关联的领域，其定义域的范畴两倍于普通教育。鉴于此，高职院校往往需要跨界，需要政府、行业、企业与学校协同育人共同体的建构。好的高职院校不仅要跳出教育看教育，而且要跳出企业看企业，实现三大跨越：其一，跨越企业与学校割裂的桎梏，由此必须关注现代企业制度与现代学校制度的融合；其二，跨越工作与学习分离的藩篱，由此必须关注工作规律与学习规律的融合；其三，跨越职业与教育脱节的鸿沟，由此必须关注职业及职业成长规律与教育及教育认知规律的融合。

2. 整合性

普通教育所涉及的教育活动，主要是在学校里通过形成概念、知觉、判断或想象等心理活动及基于图式、同化、顺应和平衡的适应与建构的教学来获取知识的，与学校外部的经济和社会无直接关联，基本上是以升学为导向的教育。而高职教育所涉及的教育活动，则与学校外部的经济社会紧密相关，是以促进就业和适应产业发展需求为导向的教育。这意味着，高职教育不仅要遵循产业链与教育链、创新链与人才链之间相互衔接的规律，而且要遵循职业就业需求和教育供给，与个体生涯需求和教育认知之间相互作用的规律。实际上，对人的生涯发展来说，职业比学历更为重要，因为职业具备三大功能：其一，职业是个体融入社会的载体，正是职业这个载体使人从自然人成为社会人；其二，职业是个体生涯发展的媒介，正是职业这个媒介使人从自然人成为职业人；其三，职业是个体张扬天赋的平台，正是职业这个平台使人从自然人成为自在人。所以职业教育大有可为，会带来"人人出彩"的机会！

3. 重构性

职业教育制度创新的逻辑工具在于由单维思维转向多维思维。普通教育所涉及的教育活动，主要在个体就业前或谋职前进行的，是基于传道授业解惑的学习，以受教育程度的层次提升为目标，显现为"一条路走到黑"的教育路径。职业教育所涉及的教育活动，则是在综合考虑诸多教育要素的情况下，实现普通教育蕴含的共性规律与职业教育独特的个性规律之间的创新教育，从认知与行动兼容的多维度，为大学生提供知识、技能或资格等的积累与职业能力的提升，是涵盖"文化素质＋职业技能"的教育。

时代是出卷人，我们是答卷人。2020年7月9日，教育部发布，截至2020年6月30日，全国高等学校共计3005所，其中：普通高等学校2740所，含本科院校1258所、高职（专科）院校1482所；成人高等学校265所。《2020中国职业教育质量年度报告》显示从2015年到2019年，高职专科学校增加82所、本科层次职业学校增加15所，高职专科学生增加232.1万人、本科层次职业学校开始招生。未来，高职院校将肩负培养多样化人才、传承技术技能、促进就业创业的重要职责，让学生享受"职业伟大、技能宝贵"的荣光，"人人出彩、技能强国"不是梦！职业教育定能为建设社会主义现代化强国、为实现中华民族伟大复兴提供有力人才支持和技能支撑，可谓前途广阔、大有可为！我国职业院校学生数据如图1-2所示。

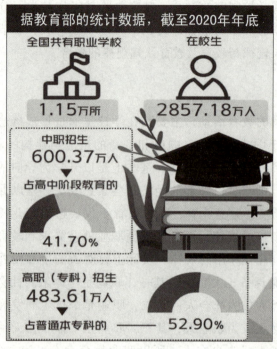

图1-2　我国职业院校学生数据

第三节　认知襄职——读书襄职技艺长

案例导入

2005年10月，襄阳职业技术学院举办"建校100周年庆典"，1500多位校友回到母校，2015年学校成立襄阳职业技术学院校友会，150多名校友再次汇聚母校，他们每次的行程各不相同，但是，有两个目的是相同的，一是回到老校区走一走，二是联系当年的班主任及任课教师共叙师生情谊。

（资料来源：《襄阳日报》，2011-05-10）

讨论：是什么样的魅力让你选择报考襄职？

第一章

我的选择我来爱

亲爱的同学，当你走进襄职时，你与襄职已经结下了不解之缘，襄职很珍惜这一缘分，也希望你和襄职一样珍惜这一缘分。人的一辈子会有很多选择，一旦作出了正确的选择，就应倍加珍惜，就像我们来自不同的家庭一样，可无论它是贫穷还是富有，无论是在农村还是在城市，我们对它都怀着赤子之情，因为它是我们安身立命之所。同样，选择了襄职，三年或是四年后，襄职就成了我们的母校，成为我们梦中的白月光、心口的朱砂痣，值得我们用一辈子去珍惜，用一生去呵护。今日，襄职敞开臂膀欢迎你，竭尽所能成就你的职业梦想；未来，襄职以你为荣，在岁月的流光中点亮你的职业生涯。你的样子，既是今日人们眼中的襄职模样，更是未来襄职品牌的塑造者。襄职很大，但没你不完整；襄职很美，但没你不完美。来吧，让我们一起站在千山之巅，俯瞰千亩校园，遥襟俯畅，逸兴遄飞，谱写"汉水襄阳千山秀，读书襄职技艺长"的美好吧！

一、初识襄职——学校简介

（一）地理位置

襄职在哪里？我来告诉你！襄职地处湖北省襄阳市。襄阳位于长江支流汉江的中游，是鄂、豫、渝、陕毗邻地区的中心城市，总面积1.97万平方公里，辖3区3县3市3开发区，常住人口近600万，是"中国优秀旅游城市""中国魅力城市""国家园林城市""中国三国文化之乡""中国红嘴相思鸟之乡""中国书法名城"。襄阳市古隆中风景区如图1-3所示。在建制2800多年的历史进程中，襄阳养育了一代名相诸葛亮（卧龙）、魏晋隐士司马徽（水镜先生）、三国名士庞统（凤雏）、唐代大诗人孟浩然（孟襄阳）、张继、杜审言、文学家皮日休、北宋著名书画家米芾（米襄阳）、"允冠百王"的光武帝刘秀、

图1-3 襄阳市古隆中风景区

东方圣人释道安等一大批历史文化名人。《三国演义》120回故事中有30多回发生在襄阳。金庸、冯骥才等专家学者评价襄阳为"中华腹地的山水名城"，这才是一座真正的城！古老的城墙仍然完好，凭山之峻，据江之险，没有帝王之都的沉重，但借得一江春水，赢得十里风光，外揽山水之秀，内得人文之胜，自古就是商贾汇聚之地，今天，这里已成为内陆重要的交通和物流枢纽。

（二）基本信息

襄阳职业技术学院是经湖北省人民政府批准，教育部备案，于2000年8月组建的一所公办全日制多学科高等职业院校。学院办学历史可上溯至1905年创建的襄阳府师范学堂。学院是国家骨干高职院校、全国文明单位、国家优质专科高等职业院校、国家"双高计划"立项建设单位、中国职业教育百强院校，先后被认定为全国高职院校服务贡献50强、全国高职院校教学资源50强、全国高职院校创新创业示范校50强。襄职校园景色如图1-4所示。

图1-4 襄职校园景色

知识链接

襄职"身份信息"

姓名：襄阳职业技术学院
曾用名：襄樊职业技术学院
小名：襄职、襄阳职院
英文名：Xiang yang Vocational and Technical College
座右铭：厚德、笃学、慎思、敏行
出生年份：1905年
所属地区：湖北省襄阳市
属性：高等职业院校、全日制普通专科院校
性格：汉水襄阳千山秀，读书襄职技艺长
地址：湖北省襄阳市襄城区隆中路18号/湖北省襄阳市襄城区檀溪路8号
全国统一代码：12354
湖北省代码：C525
微信公众号：襄阳职业技术学院

（三）成员情况

来是落地生根，去是落叶归根。在中国人眼中，家是我们的根脉。上大学时，朝夕相处的襄职校园就好比我们的新家，这个新家最大的特点就是资产多、人口多、实力强、荣誉多。

1. 资产多

校园占地面积1157亩，校舍建筑面积53.4万平方米，馆藏图书124万册，教学仪器设备总值1.75亿元。有国家级重点、品牌或特色专业8个，省级重点或特色专业10个，校级重点或特色专业8个，专本连读试点专业6个，国家职业教育教学资源库2个，国家精品课程8门，国家精品资源共享课程8门，省级精品课程28门；建有国家级实训基地5个，省级实训基地5个，校企合作基地398个；建有1所直属二级甲等附属医院。

2. 人口多

从人口基数来看，襄职现有全日制在校生21000余人，教职工1007人。从院系规模来看，设有医学院、师范学院（特殊教育学院）、商学院、汽车工程学院、信息技术学院、建筑工程学院、农学院、旅游与艺术学院、公共课部、马克思主义学院、创新创业学院、继续教育学院等教学单位。

3. 实力强

襄职开设了大数据、云计算、工业机器人技术、物联网应用技术、新能源汽车技术、汽车检测与维修技术、畜牧兽医、医学影像技术、护理、临床医学、口腔医学、园林工程技术、建筑装饰工程技术、会计、旅游管理、学前教育、特殊教育等60余个专业。现有教授50人，副教授242人，国家、省级教学、技能名师19人，享受省、市政府津贴专家17人，省级教学团队3个，"楚天技能名师"15人。畜牧兽医、医学检验技术、特殊教育、应用电子技术、机械制造与自动化、会计等6个专业与武汉轻工大学、湖北医药学院、湖北师范大学、湖北文理学院等本科高校联合开展本科层次技术技能型人才培养工作。学校与科大讯飞集团、北京海天装饰集团、正大集团等知名企业合作共建产业学院。

4. 荣誉多

现有国家荣誉68项，主要荣誉有中国特色"高水平高职学校和专业建设计划"建设单位、国家优质专科高等职业院校、国家骨干高职院校、全国文明单位、全国就业竞争力示范校、全国魅力校园、全国现代学徒制试点单位、全国职业院校就业竞争力示范校、全国高职院校创新创业示范校50强、高等职业院校服务贡献50强院校、教育部首批"1+X"证书试点院校、国家职业院校数字校园建设样板校、全国特殊教育职教集团牵头单位、国家级高技能人才培训基地、2021年中国高职院校综合竞争力排名74位等。

二、再识襄职——百年荣光

（一）历史荣耀

学校办学历史已经有 116 年，上溯百年，创建于 1905 年的襄阳府师范学堂是原襄樊师范学校的前身；1914 年由美国教会创建的襄阳同济医院及其附设高级护士学校是襄樊卫校的前身；1935 年由留法博士张富春创办的襄阳农业学堂是襄阳农校的前身。

1950 年 10 月，襄阳地区财贸学校成立。1958 年，襄樊师范学校、襄阳农校和襄樊卫校，同时升格为襄阳师范专科学校、襄阳农业专科学校和襄阳医学专科学校；1962 年，根据国家政策调整为中专学校。1975—1980 年，三所学校根据国家政策恢复举办高师班、高农班和高医班，其中襄阳农校更名为华中农学院襄阳分院，在襄阳卫校设立武汉医学院襄阳分院。1993 年，襄樊师范学校恢复举办小教大专班；1997 年，根据省教育厅统一计划，其他三所学校同时开办高职班。2000 年 8 月，襄阳农校、襄樊师范学校、襄阳卫校、襄樊财税贸易学校四所学校合并组建成一所公办全日制多学科高等职业院校——襄樊职业技术学院，2012 年年底，更名为襄阳职业技术学院。

（二）今日辉煌

学校秉承"立足襄阳，服务湖北，辐射周边，主动为地方经济建设和社会发展服务"的办学定位，围绕区域支柱产业和全面建设小康社会，探索形成了"四化协同"社会服务模式，主动开展社会服务；组建了湖北麦冬工程技术中心等 24 个技术研究中心，校企合作共建了 4 个产业公共服务平台；建有由中国科学院刘嘉麒院士、中国工程院王天然院士领衔的院士工作站；立项建设国家社科基金项目、国家教育科学规划重点项目、教育部人文社科基金项目、国家星火计划科技项目 7 项，完成省部级以上教科研项目 165 项，获得各级教科研奖励 152 项，其中获国家教学成果奖 1 项，湖北省重大成果奖、湖北省教学成果奖等 20 余项，获得国家专利 228 项，年均完成技术服务项目和公益服务项目 230 余项；依托国家星火计划农民科技培训基地、国家职业技能鉴定所、国家级"双师型"教师培养培训基地、全国重点建设职业教育师资培养培训基地、湖北省特殊教育中心、湖北省高技能人才培训基地等，年均开展各类社会培训和技能鉴定 20 万人次。学校所属的襄阳市大学科技园被工信部认定为"国家小型微型企业创业创新示范基地"，被科技部认定为"国家级科技企业孵化器"，被人社部评为"全国创业孵化示范基地"。"沃野"星创天地被评为科技部首批"星创天地"。

三、爱上襄职——襄职文化

人无精神不立，国无精神不强，校无精神不传。百年襄职，薪火相传，就是源于襄职师生代代相传的襄职精神。对万千襄职师生而言，他们来襄职储备动能、成就职业梦想，离开襄职绽放青春、建设美丽中国，所以校训、校徽、校歌、校训从不是一个简单的符号，而是我们解读"爱襄职，争上游"的襄职文化的一个基因密码。

(一) 校训：厚德、笃学、慎思、敏行

知识链接

校训释意

何谓厚德？中国古代人认为天地最大，它包容万物。古人对天地的理解是：天在上，地在下；天为阳，地为阴；天为金，地为土；天性刚，地性柔。认为天地合而万物生焉，四时行焉。没有天地便没有一切。天地就是宇宙。这是中国古代人对宇宙的朴素唯物主义看法，也是中国人的宇宙观。在周易中，乾代表天，坤代表地，认为天地的属性是：天高行健，地厚载物。并且从天地的属性中引申出了人生哲理，这就是人生要像天那样高大刚毅而自强不息，要像地那样厚重广阔而厚德载物。取厚德作为学院精神，意在要求全体师生继承中华民族的优良传统，像地那样"厚德"，实而不华，勇于承担责任，谦虚谨慎，淡泊名利；像天那样"行健"，高大威武，百折不挠，敢于正视困难，敢于克服困难，敢于战胜困难，永远进取。

何谓笃学、慎思、敏行？笃学、慎思、敏行出自《论语》。孔子是我国教育的先行者，被尊崇为至圣先师，孔子的教育思想至今仍闪耀着真理的光芒。孔子给后人留下了大量关于做人、学习和做学问的光辉思想，比如，"知之为知之，不知为不知，是知也。""盖有不知而作者，我无是也。多闻，择其善者而从之；多见而识之。""圣则吾不能，我学不厌而教不倦也。""学如不及，犹恐失之。""敏而好学，不耻下问。""吾尝终日不食，终夜不寝，以思，无益，不如学也。""学而不思则罔，思而不学则殆。"等。同时，孔子十分强调学与用的关系，特别看重"敏行"，他说，"君子欲讷于言而敏于行"，就是说放言易，故欲讷；力行难，故欲敏。孔子自己也是一个"敏行"的典范，他花费14年时间，带着弟子周游列国，开阔眼界，磨炼意志。取笃学、敏行为学校精神，意在要求全体师生用一丝不苟、精益求精的态度对待学问，在知识的问题上不掺杂半点虚假；要求全体师生在探求真理的过程中，学思并重，勤学慎思，尊重知识而不拘泥于书本，学习前人而不束缚住自己，勇于实践，敢于创新。

(二)校徽

襄职校徽如图1-5所示。

(三)校旗

襄职校旗如图1-6所示。

图1-5 襄职校徽

图1-6 襄职校旗

(四)办学理念：依靠行业、服务社会、育才树人、追求卓越

学校坚持"立德树人，以用立业"的办学理念，立足襄阳，服务湖北，辐射汉江流域，致力于高职教育理论的创新和实践，创立了具有自身特色的"1233"办学模式，建立了"三会主导，四方联动"的合作办学体制机制，深入推进"135"发展思路实践落地，持续提升办学实力、办学水平，建成"理念新、模式特、路径优、质量高"的技术技能人才培养高地，成为区域经济社会发展的人才库、助推器和创新源。

知识链接

"1233"办学模式。即1个目标：以职业岗位需要为依据，培养高素质技术技能人才；2个主动：主动与产业融合、主动与企业合作，建立政校企行四方联动办学机制；3个平台：搭建素质素养、技术技能、创新创业三个平台；3支队伍：建设"双师型"专任教师、"技能型"兼职教师、"专业型"管理服务团队。

"135"发展思路。"1"就是实现一个目标：持续全力推进"襄阳特色、国内领先、世界水平"的"双高"职业院校建设，积极创办本科层次职业教育，打造汉江流域技术技能人才培养高地。"3"就是3个着力：着力提高人才培养质量，着力提高科学研究水平，着力提高社会服务能力。"5"就是打造5大品牌：打造骨干专业品牌，教学名师、技能名师、德育名师品牌，技术技能卓越学生品牌，创新创业教育品牌，校园文化品牌。

"三会主导，四方联动"合作办学体制机制：学校层面成立了政府主导的"合作办学理事会"；系院层面成立了行业（区域）主导的"校企合作工作委员会"；专业层面成立了学校主导、校企参与的"专业合作建设委员会"，政府推动，行业指导，校企双主体，四方联动，合作办学。

"三对接一贯穿"工学结合人才培养模式：专业与地方支柱产业对接，人才培养规格与用人单位需求对接，课程与岗位工作任务对接，校企合作贯穿人才培养全过程。

"一纳入四融合"创新创业教育模式：将创新创业教育纳入人才培养全过程，通过课程、师资、平台、文化融合，培养具有创新意识、创新能力和创新思维的技术技能人才。

"四化协同"社会服务模式：服务定位区域化，服务平台共享化，服务供给多样化，服务机制长效化。

四、点赞襄职——襄职特色

（一）理念新——创设适合学生的教育

1. 强化实践能力培养，凸显高职人才比较优势

高职教育作为一种类型教育，人才培养"特在技术，优在技能"。学校坚持能力本位，高度重视学生实践能力的培养，以专业技能训练为主线，以典型工作任务为重点，按照"理实一体化"的要求组织教育教学，着力提升学生的技术技能水平，优其所长，培养"首岗能顶上，多岗可迁移，发展可持续"的高素质技术技能型人才，让毕业生在职业发展中具备较强的比较优势。

2. 强化分类分层教育促进学生人人成才

教育要回归"以学生为中心"的本位。学校针对生源多样化和学生差异化发展要求，积极推进教育供给侧改革，实施分类分层培养，推行学生"一类一方案""一类一课表"，建好"一生一档案"，实施学分积累、认定与转换和专业辅修制度，开展知识、能力、素质等综合性、差异化评价，服务学生个性化发展、多元化成长和多样化成才。

3. 强化小工匠培育，拓展国际化视野

工匠精神是技术技能人才高层次发展的必备素质。学校积极实施"校园小工匠"

培育工程,依托合作企业实施"工匠精神"实岗培育计划,将工匠精神渗透到教育教学全过程。持续开展"院士专家校园行""劳模进校园""传统文化进校园"等活动,让学生深切感受到精益求精、爱岗敬业的工匠精神,潜移默化提升内在品质,努力成为大国工匠后备军。

学校积极实施职业教育"走出去"战略,成立了中法丝路学院,搭建了中德产教融合交流平台,依托主持建设的特殊教育专业国家教学资源库输出国际化高水平课程资源,服务中航精机等上市企业建立海外人才培养基地,常态化开展师生海外交流游学,提升学生的全球视野和国际化能力。

(二)模式特——校地企协同、课岗证融通、育训创一体

1. 校地企协同打造命运共同体

具体来说,第一,率先建立并实施"政校企行,四方联动"的"三会"模式。学校在校级层面组建了由市领导担任理事长的合作办学理事会,院部层面组建了行业主导的行业指导委员会,专业层面组建了合作企业参加的专业建设指导委员会,推动校地企协同办学。坚持"对接产业设、适应需求调、服务发展建",在对接区域支柱和新兴产业开设专业的基础上,升级改造传统专业12个,新设专业9个,停招专业7个,形成"数量适中、规模适度、布局合理"的专业群体系。第二,打造校地校企订单培养2.0模式。推动行业与学校全面开展定向、订单培养,在做好湖北省农业部门"一村一名大学生",宜昌市、襄阳市"乡村医生"与"乡村教师"定向培养的基础上,服务"精准扶贫"战略,推进畜牧兽医专业群"一村多名大学生人才培养计划";服务"健康中国"战略,持续推进医学专业群"乡村医生免费订单培养计划";服务"教育振兴"战略,在特殊教育专业群持续扩大订单培养规模;服务区域产业转型升级,在机电一体化技术专业群持续开展校地订单培养;服务美丽乡村建设计划,在旅游管理专业群持续开展校地订单培养。第三,创新校企订单培养模式,实现校企"教学、实习、就业"全过程融通,"资源、组织、文化"全方位融合,实现"实习式订单→就业式订单→全程参与育人式订单"的优化、"学校课程→企业课程→企业化课程"和"校中厂→厂中校→产教融合型试点企业"的迭代、"传统育人模式下学校单主体→现代学徒制模式下校企双主体→混合所有制模式下一体化育人"的升级。

2. 课岗证融通全覆盖

学校与海天集团共建了混合所有制二级学院,与正大等国内行业龙头企业合作,全面总结、推广畜牧兽医等第二批国家现代学徒试点专业经验,在相关专业群实施现代学徒制人才培养模式。将行业岗位任职标准和职业资格证书考核内容融入专业

人才培养方案，融入课程教学内容和实训操作考核项目。

3. 育训创一体化推进

学校坚持创新创业教育与专业教学和实践同步推进，大力培育学生的创新意识与创业能力。将创新创业教育纳入人才培养全过程，持续应用、推广学校首创的课程、师资、平台、文化融合的"一纳入四融合"创新创业教育模式，探索形成了"意识唤醒→平台晒梦→苗圃孵化→园区起航→区域辐射"五段递进孵化链，对自主创业学生实行一站式服务、全程指导、持续帮扶，为学生提供从创新创业教育、创新能力培养到实际创业的全过程培育体系和强大资源支持。

（三）路径优——多方位深化教育教学改革

1. 深化能力本位的课程体系改革

服务学生首岗适应，对接岗位典型工作任务（岗位人），设计专业核心能力课程模块；服务学生多岗迁移，对接职业岗位任职要求（职业人），构建专业通用能力课程模块；服务学生职业发展，对接可持续发展要求（社会人），设计学生公共通识能力与创新创业能力课程模块，形成"三个平台"（素质素养平台、技术技能平台和创新创业平台）、"四大能力"（公共通识能力、专业通用能力、专业核心能力与创新创业能力）的模块化课程体系，按照"能力本位、阶梯提升"的理念构建"基础共享、能力递进、差异发展、拓展互选"的专业群课程体系，支撑学生职业发展全周期。

2. 深化效度为先的课堂教学改革

以课堂责任制为基础，以教学诊改为抓手，开展"高效课堂"认证和教学比武活动，深入推进以"教师、教材、教法"为核心的教学改革。融入行业企业新技术、新工艺、新规范，校企共同打造菜单式、模块化课程，组建专兼结合的结构化教学团队；开发活页式、工作手册式等新形态教材；推进信息技术与教育深度融合，教师人人建设教学空间，学生个个建立学习空间，实现了线上线下混合式教学改革，课堂教学质量和学生学习效果明显提升。

3. 深化阶梯提升的实践教学体系改革

围绕岗位典型工作任务，对接省赛、国赛标准，校企合作共同开发实践实训项目，共同实施实践教学与考核，构建阶梯提升的实践教学体系。组织企业专家参加校、院两级技能抽考，实现专业核心技能项目人人过关；坚持"以赛促教、以赛促学、以赛促创，赛教融合"，完善三级技能竞赛体系，面向全体学生开展学生技能竞赛月活动，为技术技能人才脱颖而出搭建平台，为国赛选拔优秀选手。

4. 深化行业内涵的优质教学资源开发

以学校主持建设的特殊教育专业、医学检验技术专业国家教学资源库为引领，带动汽车制造与装配、室内设计、护理等专业校际联合建设和应用国家专业教学资源库；坚持"一体化设计、结构化课程、颗粒化资源"开发理念，校企、校际共同打造一批国家精品在线开放课程，开发一批国家职业教育新形态教材；引进一批国际化优质教学资源并联合行业进行本土化改造，输出一批职业教育先进标准。

5. 深化开放共享的公共实训平台建设

服务产业转型升级对复合型技术技能人才的需求，校企共同打造国家智能制造产教融合公共实训平台、襄阳市大学科技园等区域共享实训平台，以院士工作站为龙头，发挥技能大师工作站、名师工作室的效能，与企业共用共享，引领学生开展技术攻关、技能竞赛、技术创新与研讨等，培养创新型技术技能人才。

（四）质量高——提升服务区域发展的贡献度

1. 专业建设成果丰富

学校现已建成特殊教育、畜牧兽医等国家重点专业8个，建筑装饰工程技术等省级品牌、特色专业13个，医学检验技术等专本连读专业6个。主持建设国家教学资源库2项。建设国家精品资源共享课程（精品课程）16门。出版国家规划教材28部。建有国家实训基地5个。立项教育部门人文社科基金重点课题等国家教科研项目12项，完成省部级以上研究项目138项，获得国家教学成果二等奖等各级奖励123项。

2. 人才培养贡献度高

学校毕业生就业率保持在98%以上，创业率达到4.1%，学生累计获得第八届全国大学生机械创新设计大赛一等奖等国家、省级技能大赛奖项515项，获得"全国优秀共青团员""本禹志愿服务队"等省级以上综合荣誉48项，获得国家专利33项。截至目前，学校办学规模达到18967人，累计培养高素质技术技能人才8万多人，其中本地就业4.3万人，雇主满意度达90%以上。培养了杭州超级科技有限公司CEO（首席执行官）李威威等一大批杰出校友，助力学生创客创办的绿控科技、乐享之家智能家居等10多家企业，产值均已过千万元，学校成为"地方离不开"的职业教育人才库。

3. 技术研发和科技服务成效显著

学校借助专业等优势年均完成科技服务项目230项，帮助160多家企业解决技术、经营、管理难题，直接创造经济价值1.52亿元。研发推广的襄麦冬优质高产栽培技术、葡萄茎尖脱毒技术、山药无公害栽培技术和"鄂麦22"、红叶石楠等成果，促进增收1.1亿元以上。组织实施了保康柴胡、谷城山苦瓜、汉江长春鳊等科技扶贫项目，带动1239人就业，带动农民增收6000余万元。协助申请"三品一标"（无公害产品、绿色产品、有机产品和国家地理标志）15个，帮助襄阳市畜产品首次获得国家地理标志殊荣。

思考与练习

1. 你能说出我们学校准确的通信地址和办学历史吗？
2. 高职院校与普通高等教育有何区别？与你就读的高中有何区别？
3. 初到襄职，你知道校园里的道路、楼栋、广场命名的特点吗？请根据你的体验，推荐一个襄职网红打卡处，用图文或影像方式记录下来，通过朋友圈分享给你的亲友。
4. 你知道襄职的校训石在哪里吗？你会唱校歌吗？
5. 在读书分享会上，向其他院系的同学推荐一下你、你的班级、你的专业、你的院系。

案例思考

请扫描右侧二维码获得更多资源

知识拓展

请扫描右侧二维码获得更多资源

课外阅读

欢迎登录"爱习课专业版App"查阅

第二章　我的梦想我来圆

青年是国家的未来和民族的希望。希望同学们肩负时代责任，高扬理想风帆，静下心来刻苦学习，努力练好人生和事业的基本功，做有理想、有追求的大学生，做有担当、有作为的大学生，做有品质、有修养的大学生。

——习近平

素质目标

全面提升自己，争取成为一名合格的中国共产党党员。

能力目标

1. 能独立撰写个人入党申请书和思想汇报。
2. 能积极加入学生会或团总支，选择加入适合自己的社团。

知识目标

1. 正确理解和认识大学中党组织和团组织的性质。
2. 掌握入党申请书和思想汇报的写法。
3. 了解学生会的组织架构和作用。
4. 了解大学社团的类型。

第一节　扬起信仰的风帆——大学中的党组织

李明是某高校 2015 级的一名本科生,自上大学以来他一直表现得非常积极。在军训结束后,他就第一批提交了入党申请书。他经常主动到办公室帮助教师做一些力所能及的事情,平时也热心帮同学解决遇到的困难。2015 年 10 月在班长竞聘中,他凭借扎实的群众基础和明确的工作思路脱颖而出。2015 年 10 月,李明参加了新生第一批入党积极分子培训班并结业。在之后一年的时间里,李明工作出色、认真、尽责。经过一年的培养考察,终于在 2016 年 12 月顺利成为一名中共预备党员。

但是,在成为预备党员后的一个学期,李明的行为似乎和以前有了异样。寒假后的那个学期,他工作明显没有以前那么积极,班级管理有些懈怠,和同学们沟通也少了许多。甚至在有同学需要帮助时,他也经常推托。

讨论: 为什么李明在入党前后有如此大的变化?

"一个有远见的民族,总是把关注的目光投向青年;一个有远见的政党,总是把青年看作推动历史发展和社会前进的重要力量。"中国共产党是中国工人阶级的先锋队,同时是中国人民和中华民族的先锋队,是中国特色社会主义事业的领导核心。党的最高理想和最终目标是实现共产主义。中国共产党以马克思列宁主义、毛泽东思想、邓小平理论、"三个代表"、科学发展观、习近平新时代中国特色社会主义思想作为自己的行动指南,无论是在腥风血雨的革命时期还是在朝气蓬勃发展的社会主义建设时期,都发挥着不可替代的决定性作用。历史发展到今天,建设一支高素质、高水平、富有生命力的党的队伍,更是党在新时期的重要任务,而大学生党员正是其中不可缺少的重要组成部分。

大学生党建工作是高校人才培养和素质教育的重要环节,大学生党员也是高校最富有青春活力的党员群体,因此,学生党组织的重要地位和作用不言而喻。在大学里,学生党组织的重要载体和形式是学生党支部,其主要由学生党员或少数教师党员组成,承担着对学生党员的培养、考察、教育和发展等基础性工作,担任着对党的政策路线和上级决议的传达、学习和贯彻,掌握学生思想动态等工作职责。

在大学校园里,党建工作蓬勃开展,要求入党的大学生越来越多。不少高校已经做到一年级时班班有党员,建立党章学习小组;二年级时年级有党小组;高年级时年级有党支部,甚至班级有党支部。党的各种活动如理论学习、参观、社会考察等,有力地带动了班风、学风建设。

一、党员的基本条件和基本要求

根据《中国共产党章程》的规定:凡年满18周岁的中国工人、农民、军人、知识分子和其他社会阶层的先进分子,承认党的纲领和章程,愿意参加党组织并在其中积极工作、执行党的决议和按期交纳党费的,就可以申请加入中国共产党。

中国共产党党员的基本要求:必须全心全意为人民服务,不惜牺牲个人的一切,为实现共产主义伟大理想而奋斗终生。中国共产党党员永远是劳动人民的普通一员。除了法律和政策规定范围内的个人利益和工作职权以外,所有共产党员都不得谋求任何私利和特权。在新的历史时期,共产党员要做到:"胸怀共产主义远大理想,带头执行党和国家现阶段的各项政策,勇于开拓,积极进取,不怕困难,不怕挫折,全心全意为人民谋利益;吃苦在前,享受在后,克己奉公,多做贡献;刻苦学习马克思主义理论,增强辨别是非的能力,掌握做好本职工作的知识和本领,努力创造一流的成绩;在危急的时刻挺身而出,维护国家和人民的利益,坚决同危害人民、危害社会、危害国家的行为作斗争。"

二、树立正确的入党动机,争取早日入党

大学生有对自己言行负责的能力,我们应该意识到申请入党是一件非常严肃的事情。认识党的过程可以是逐渐的,但要求入党、遵守党章、为党的事业奋斗终生的愿望必须是真实的。

对中国共产党的认识,要尽量避免两个极端:一个是认为自己与政治无关,甚至把党内少数不良现象看成是主流,回避与党接触;另一个是认为党员的标准过高,自己无法达到。

注意入党动机的纯洁性。在大学中不正确的入党动机主要有以下三种表现:一是入党光荣论;二是入党随大流论;三是入党实惠论。人的行为不可能一点也没有功利性。客观来说,一个人加入一个组织的动机最有可能表现在两方面:寻找归属感和追求自我实现。这样的动机虽带有一定的功利性,但并不一定危害社会或组织。因此,每个要求入党的大学生,都必须自觉接受党组织的教育帮助,克服不正确的、不纯洁的入党动机,树立正确的入党动机。

大学生一定要通过学习,努力达成自己的入党愿望。大学生争取入党首先要向党组织即所在的院系党总支教师或辅导员提交入党申请书,明确表达自己的入党意

愿。递交申请书后,一般就会被要求参加入党积极分子培训和其他的党员活动。经过一段时间的培养考察后,如果你的条件合格就会被确定为重点考察对象,党组织会为你确定一位培养人,培养人会经常与你谈话,并要求你定期递交思想小结,其间还可能要你参加某个级别的学生党校并进行学习。一般作为重点培养对象至少需要一年时间,考察合格后,你可能会经支部大会表决而成为中共预备党员。再经过至少一年的预备期,同样在经过考察合格后,完成必要的组织程序,你就能成为一名中共正式党员了。

知识链接

入党申请书的基本写法

根据《中国共产党章程》的规定,要求入党的人必须亲自向党组织提出申请。申请可分为口头申请和书面申请两种形式,但在通常情况下,入党申请书须采取书面形式。

入党申请书的基本书写格式及内容:

(1) 标题。居中写"入党申请书"。

(2) 称谓。即申请人对党组织的称呼,一般定为:"敬爱的党组织",应顶格书写在标题下第一行,后面加冒号。

(3) 正文。主要内容包括:

第一,对党的认识、入党动机和对党的态度。写这部分内容应表明自己的入党愿望,入党愿望是如何形成的(为什么要入党,党的历史,身边的党员是如何教育我的)。

第二,对党的理论(马克思主义基本原理、毛泽东思想、邓小平理论、"三个代表"重要思想、科学发展观、习近平新时代中国特色社会主义思想)和路线方针(现行的国家政策等)是如何理解看待的,工作或学习的决心和努力方向,即表明如何以实际行动争取入党。

第三,个人履历,家庭主要成员及主要社会关系情况。自己在日常生活中的表现和今后的自我要求,等等。

(4) 结尾。申请书的结尾主要表达恳请党组织培养、考察的心情和愿望,一般可用"请党组织给予考察和培养""请党组织审查""请党组织看我的实际行动"等作为结束语。

在申请书的最后,要署名并注明申请日期。一般居右书写"申请人:×××",下一行写上:"×年×月×日"。

写入党申请书应注意的问题:

(1) 要认真学习党章,掌握党的基本知识点,重点加深对党的性质、党的宗旨、

党的奋斗目标和任务、党员的权利和义务的认识和理解。

（2）对党忠诚老实，向党组织反映真实情况。

（3）申请书要写得庄重、朴实，对于正文部分的内容根据自己的实际情况加以掌握，入党申请书应由申请入党的人自己撰写。

（资料来源：张钊源、生铁，《大学生必读教程》，2007年）

三、党员的先锋模范作用

不论是预备党员、正式党员，还是正在争取入党的同学，都应该以共产党员的标准严格要求自己。要通过以下几个方面来保持自身先进性：

（1）坚定信念、认真学习。大学生党员要牢记自己的责任，牢固树立党员的先进性意识，始终立于时代潮头，努力学习五种精神，即：解放思想、实事求是的精神；紧跟时代、勇于创新的精神；知难而进、一往无前的精神；艰苦奋斗、务求实效的精神；淡泊名利、无私奉献的精神。

"担重任先得强自身，讲先进须有高素质。"当代大学生是未来先进生产力的主要缔造者，随着经济和社会发展对知识的依赖性越来越强，当代大学生只有不断学习当代最先进、最前沿的科学文化知识，才能跟上时代前进的步伐。知识就是本领，知识越丰富，本领就越强，对社会发展的贡献就会越大。大学生党员要努力在专业学习中走在前面，作出表率，只有这样才能更好地发挥党员的先锋模范作用；要用知识来充实自己，用科技来武装自己。

（2）要不断将理论学习运用到实践之中，在现实中体现大学生党员的先进性。党员的先进性不仅仅是一种思想境界，更要在实践中体现出一种先锋表率作用。在学习上做标兵的大学生党员还必须积极组织和参加各种校园文化活动，带头营造"求真务实、学以致用、从严治学、学无止境"的良好学风，积极创建文明宿舍与文明课堂，以饱满的热情积极参加各种社会实践活动、科技活动和青年志愿者活动等。通过积极投身社会工作，一方面使自己的能力得到锻炼与提高，另一方面使自己的劳动与工作能为同学们的自我教育、自我管理、自我服务做好表率，从而使自己在实践中真正做到"受教育、长才干、做贡献"，最终促进自己的全面发展，塑造大学生党员的先进性形象。

（3）要主动和同学交往。在与同学的交往中，自己要主动，要主动去帮助同学，而且要不计回报。要知道，争取入党特别是思想入党是一个永恒的过程，是需要用党员的标准终生要求自己的。不论是预备党员还是正式党员都应该以平常心来对待同学们的看法，对于他人的意见，有则改之，无则加勉；得到同学们的信任之后，应该更加努力地工作，不辜负同学们的期望，胜不骄，败不馁。

 知识链接

思想汇报的基本写法

要求入党的同学在向党组织递交入党申请书以后,为了使党组织更好地了解自己,接受党组织的教育和监督,就要开始定期或不定期地向党组织进行思想汇报。主要是汇报自己在党组织的培养教育下所取得的收获、成果,以及存在的不足及今后努力的方向。通过思想汇报可以加深党组织对自己的了解,有针对性地进行培养教育,同时,也是培养自己的观念、提高思想觉悟的有效途径。思想汇报分为口头汇报和书面汇报,通常要求采取书面汇报形式。书面汇报格式及内容如下:

(1)标题。居中写"思想汇报"。

(2)称谓。顶格书写在标题的下一行,加"敬爱的党组织",后面加冒号。

(3)正文。写思想汇报是结合自己实际的思想、学习和工作,向党组织反映自己的思想情况。汇报大体可以分为五个方面:思想、学习、工作情况及存在的不足和今后的努力方向。思想方面汇报,主要讲自己是如何学习党的基本路线、基本理论、基本知识的,通过学习党的路线、方针、政策,自己有哪些新的认识,自己的入党动机是怎样不断得到升华的;在重大是非面前自己的认识、态度和立场;学习方面,主要是讲清楚自己对学习目的的认识、学习态度及学习效果;工作方面,作为学生,主要是谈参加学校各项活动的认识、态度、效果以及从中受到的教育等,学生干部也可谈协助学校、教师开展工作方面的情况。

(4)结尾。思想汇报的结尾可以写上自己对党组织的请求和希望。一般用"恳请党组织给予批评、帮助"或"希望党组织加强对自己的培养和教育"等作为结束语。

在思想汇报的最后,要署名和注明汇报日期。一般居右书写"汇报人:×××",下一行写上"×年×月×日"。

写思想汇报应注意的问题:

(1)思想汇报要实事求是,最重要的是真实,切忌说空话、套话、假话,做表面文章。

(2)写思想汇报应根据不同时期的思想认识状况,集中新体会和认识深刻的两个方面的问题谈深谈透,不要追求篇幅,泛泛而谈。

(3)写思想汇报要密切联系自己的思想实际,不要长篇抄录党章、报告、领导讲话和报刊文章的内容,防止形式主义。

(4)写思想汇报要对自己作出一分为二的评价。既肯定自己的成就,又要找准自己的不足。

(资料来源:张钊源、生铁主编,《大学生必读教程》,2007年)

第二节　唱响青春之歌——大学中的团组织

案例导入

2020年夏天，不同于同届的大多数同学，来自清华大学、中国人民大学、西北政法大学、湖南师范大学等高校的40名湖南桃源籍团员大学生响应国家"扶贫扶智"号召，在桃源团县委的组织带领下，联合桃源县米粒公益，成立了一支名为"青禾"的志愿服务队，选取观音寺镇杨家溪村、羊楼坪村为支教点，实施开展青年志愿者关爱农村留守儿童"七彩假期"志愿服务项目，开始了生动难忘的一个月支教生涯。

讨论：作为一名大学生团员，你应如何履行团员义务？

说起共青团组织大家一定不陌生，作为中国共产党领导的先进青年的群众组织，共青团是广大青年在实践中学习共产主义的学校，是青年朋友畅想未来、实践创新、携手共进的大舞台。进入大学以后，共青团组织更是校园文化建设的主体，充分发挥着"第二课堂"的育人功能，团结带领广大团员青年积极进取、奋发成才，努力成长为"高素质、高层次、多样化、创造性"的骨干人才。

一、大学里的共青团组织机构设置

学校团委，是共青团的工作和活动的基本单位，它负责指导学校的共青团的组织建设和思想建设，是共青团的管理和教育、共青团活动、共青团干部队伍建设、社团活动及社会实践活动，以及与学生会联系并指导其工作的部门。

大学里共青团的组织机构通常有三个层次：学校团委、院系分团委（团总支）和班级团支部，其中学生能够担任职务的大都在后两个层次。院系分团委（团总支）的书记通常由院系主管学生工作的青年教师担任，全局性把握和指导整个院系的共青团工作，同时还会选配一名学生担任副书记一职，协助书记开展工作。此外，分团委（团总支）的组织委员和宣传委员都是由学生来担任的，根据各自的职责要求开展工作。班级团支部是共青团组织在高校的基层单位，书记和支委等各职务均由本班同学担任，协助党组织和班委会开展工作。

团委的常规设置机构有宣传部、组织部、素质拓展部、社团部、群艺部等，团委也有一些直属机构，如广播台、艺术团、学生活动中心等，还有下属机构，如各院系团总支、各班级团支部等。一些学校的团委设立社团部管理社团工作，还有一些学校设立管理社团事务的社团联合会，也受团委的领导和监督。

二、共青团组织的性质、奋斗目标和基本任务

中国共产主义青年团是中国共产党领导的先进青年的群众组织，是广大青年在实践中学习共产主义的学校，是中国共产党的助手和后备军。

团章规定，共青团的奋斗目标是：坚决拥护中国共产党的纲领，以马克思列宁主义、毛泽东思想、邓小平理论、"三个代表"重要思想、科学发展观、习近平新时代中国特色社会主义思想为行动指南，解放思想，实事求是，与时俱进，团结全国各族青年，为把我国建设成为富强、民主、文明、和谐的社会主义现代化国家，为最终实现共产主义而奋斗。

团章规定，共青团的基本任务是：坚定不移地贯彻党在社会主义初级阶段的基本路线，以经济建设为中心，坚持四项基本原则，坚持改革开放，在建设中国特色社会主义的伟大实践中，造就有理想、有道德、有文化、有纪律的接班人，努力为党输送新鲜血液，为国家培养青年建设人才，团结带领广大青年，自力更生，艰苦创业，积极推动社会主义物质文明、政治文明和精神文明建设，为全面建设小康社会，加快推进社会主义现代化贡献智慧和力量。

 知识链接

中国共青团的发展史

1920年8月22日，上海社会主义青年团由俞秀松、施存统等8人正式发起建立。1921年7月，中国共产党成立后，派出了许多党员去加强对各地团的早期组织的领导工作。1922年5月5日，中国社会主义青年团第一次全国代表大会在广州市东园开幕，中国共青团正式成立。1925年1月26日至30日，中国社会主义青年团在上海召开第三次全国代表大会，会议发表了《大会宣言》，并将中国社会主义青年团正式更名为中国共产主义青年团。

根据2019年5月的中国共青团官网显示，中国共产主义青年团下设12个中央机构及21个直属单位，截至2017年年底，中国共有共青团员8124.6万名。其中学生团员5795.1万名，共有基层团组织357.9万个，其中，基层团委20.4万个，基层团工委1.6万个，团总支16.5万个，团支部319.4万个。

（资料来源：中国共青团网，2021-09-04）

三、共青团的主要社会职能

（1）发挥好党的助手和后备军作用，为党的事业教育、团结和带领好青年，引导青年坚定信念、刻苦学习、奋发成才，使广大青年在全面建设小康社会的伟大实践中锻炼成长为有理想、有道德、有文化、有纪律的一代新人。

（2）发挥好国家政权的重要社会支柱作用，积极协助政府管理好青年事务。参与社会协商对话、民主管理和民主监督，承担政府委托的有关青年工作事务，指导和帮助青联、学联、少先队等青少年组织开展工作。

（3）发挥党和政府联系青年群众的桥梁和纽带作用，依法代表和维护青年的具体利益，反映青年的意愿和呼声。在维护全国人民总体利益的前提下，代表和维护青年的具体利益，全心全意为青年服务，发挥青年利益的社会代表作用。

四、团员必须履行的义务

（1）努力学习马克思主义、毛泽东思想、邓小平理论、"三个代表"重要思想、科学发展观和习近平新时代中国特色社会主义思想，学习团的基本知识，学习科学、文化和业务知识，不断提高为人民服务的本领。

（2）宣传、执行党的基本路线和各项方针政策，积极参加改革开放和社会主义现代化建设，努力完成团组织交给的任务，在学习、劳动、工作及其他社会活动中起模范作用。

（3）自觉遵守国家的法律和团的纪律，执行团的决议，发扬社会主义新风尚，提倡共产主义道德，维护国家和人民的利益，为保护国家财产和人民群众的安全挺身而出，英勇斗争。

（4）接受国防教育，增强国防意识，积极履行保卫祖国的义务。

（5）虚心向人民群众学习，热心帮助青年，及时反映青年的意见和要求。

（6）开展批评和自我批评，勇于改正缺点和错误，自觉维护团结。

五、团员享有的权利

（1）参加团的有关会议和团组织开展的各类活动，接受团组织的教育和培训。

（2）在团内有选举权、被选举权和表决权。

（3）在团的会议和团的报刊上，参加关于团的工作和青年关心的问题的讨论，对团的工作提出建议，监督、批评团的领导机关和团的工作人员。

（4）对团的决议如有不同意见，在坚决执行的前提下，可以保留，并且可以向团的上级组织提出。

（5）参加团组织讨论对自己处分的会议，可以申辩，并且其他团员可以为其作证和辩护。

（6）向团的任何一级组织直至中央委员会提出请求、申诉和控告，并要求有关组织给予负责的答复。

团的任何一级组织或个人都无权剥夺团员的权利。

中国共产主义青年团团旗、团徽国家标准发布

近期，国家市场监督管理总局、国家标准化管理委员会批准发布了《中国共产主义青年团团旗》（GB/T 40055—2021）、《中国共产主义青年团团旗颜色标准样品》（GB/T 40056—2021）、《中国共产主义青年团团徽》（GB/T 40057—2021）3项国家标准，该3项标准由共青团中央会同相关单位编制。

中国共产主义青年团团旗（图2-1）、团徽（图2-2）是中国共产主义青年团的象征和标志。中华人民共和国成立后，针对团旗、团徽的使用管理，团中央先后颁布了一些文件予以规范指导。近年来，针对一些组织和个人在团旗、团徽制作使用过程中存在的不规范问题，团中央于2018年11月印发了《中国共产主义青年团团旗、团徽、团歌制作使用管理规定》，同时组织专业机构着手编制相应国家标准，统一制作生产的技术要求。此次发布的3项标准，首次以国家标准的形式，明确了团旗、团徽的外观图案、颜色尺寸、材质强度、试验方法、检验规则等要求，对于进一步规范团旗、团徽的制作使用管理，维护共青团标识的规范性、统一性、严肃性，维护团旗、团徽的尊严，增强团员意识和光荣感，具有重要意义。

图2-1　中国共产主义青年团团旗

图2-2　团徽

下一步，团中央将会同市场监管总局等部门做好团旗、团徽国家标准的宣传推广，加强正面引导，并适时开展专项检查，推动标准落地实施。

（资料来源：中国共青团网）

改革开放以来，一些青年们要回到城市，从头开始，茫然无措的他们需要奋斗

精神的鼓舞，需要时代楷模的英雄事迹的激励。张海迪"身残志不残"精神在那个时代发挥了巨大的模范作用，很多人都是在她的精神鼓舞下完成了自己的奋斗轨迹的。这位2/3躯体失去知觉而不向命运屈服的姑娘，创造了一系列连普通健全人都无法做到的奇迹，她那高度近视镜后苍白的脸庞，她那清澈愉快的歌声，深深地印在了那个时代国人们的脑海中，她的传奇精神激励着一代又一代的青年人。

第三节 大学生自己的组织——学生会

张力是某高校一名大一新生，入学后，他积极申请加入院系学生会，申请通过后，他成为了学生会体育部的一员，他工作勤勤恳恳，态度认真负责，但是在第二年学生会换届选举时，身为学生会主席候选人的他却落选了，从此之后，他工作明显没有以前那么积极了，做事敷衍，还逢人就说已当选学生会主席的王成的坏话。

讨论：你认为张力有错吗？如果有，错在哪儿？

高等学校的学生会是在学校党组织领导和共青团组织指导下的学生自己的群众组织。它是由具有工作热情和开创精神的学生骨干组成的团体，是全校学生利益的忠实代表，是沟通学校与学生的桥梁和纽带。学生会工作的基本内容是团结引导广大同学健康成长，为广大同学积极服务。凡是在校的学生不分民族、性别、宗教信仰均可成为学生会会员。

学生会是大学生自己的家。在这里，同学们可以发表自己对社会的见解和看法，不断地与社会加强联系，勾画自己的理想，并锻炼自己的社会活动和工作能力，为学校和社会的稳定和发展做一些力所能及的事情。

一、学生会的机构设置

学生会通常分为校院两级，设有秘书部、学习部、生活部、体育部、男女生部等部门。学生会的成员是通过学生代表大会民主选举产生的，他们代表了广大学生的意愿，行使着学生赋予的权利。

二、正确认识学生会工作

加入学生会,要根据自己的特长或兴趣去报名。学生会的招新工作都是非常公开的。在招新前会贴出通知,明确规定一些部门的特殊要求,所以同学们要根据职位要求与自己的实际情况有针对性地报名,报名前要了解这个部门都有哪些工作。比如说,很多人认为秘书部听起来很不错,但秘书部的工作比较烦琐和零碎,所以这样的工作不适合那些愿意搞活动的人。

刚开始定位不能高,要有从基层做起的思想准备。因为加入新团体你什么都不懂,做什么事都放不开,应先认真地完成学生会领导布置的任务,待熟悉了解后,才可进一步发展。从打字、整理材料、跑腿做起,要多学习、多观察,主动参与各种活动、主动与学生会主要学生领导交流,争取多做工作,不要觉得吃亏了,而应看成是锻炼自己的机会。

在大学学生会工作,不能满足于虚荣心。要培养独立工作的能力,要有做创造性工作的意识,这样你才能有所得。许多在大学当学生会领导的人在踏入社会后真的成为"领导",这与大学里在学生会工作的锻炼是分不开的。

每一名学生会的成员都是非常光荣与值得自豪的,同时,也都是肩负着责任和义务的,所以经历过学生会磨炼的学生也必将是最具才干的大学生。例如,学生会体育部举行篮球联赛,相应的组织者就需要根据队伍数目、时间确定赛制,协调分组、确认裁判、场地,面对临时出现的各种问题,通过参与组织活动中的各种体验,自己也能够得到磨炼和提高。

知识链接

拉赞助应注意的问题

学生会的作用大部分体现在学生会的活动上,而开展各项活动必须要有活动经费,因而拉赞助也成了学生会工作的一个重要组成部分。在拉赞助的过程中应该注意以下几个问题:

(1) 首先在待人接物时要有基本的礼节。因为在这个过程中,任何一位同学都代表着学生会的形象、代表着当代大学生的形象。要对他人有最起码的尊重与理解。

(2) 应该通过这样的机会尽量锻炼自己分析问题的能力、语言表达能力、与人沟通能力以及临场应变能力,最大限度地将自身的聪明才智展现出来。

(3) 要按照财务、校园管理等方面的规定确定合作项目,不提不合理的要求,也不许诺做不合理的事情。

(4) 要事先了解对方的身份、单位情况,尽量避免与身份不明的人交往。

(5) 始终坚持诚实谨慎的态度,在明确表示学生会合理意见和要求的同时,要

能够倾听对方的意见与要求，尽量帮助解决他们的问题，力求达到双赢的局面，不能言而无信，也不能盲目许诺。

（资料来源：张钊源、生铁主编，《大学生必读教程》，2007年）

第四节　青春的五线谱——大学生社团

2019年11月，由中国青年报社主办、历时8个月的"寻找全国高校百强学生社团"活动落幕，这是中国青年报社举办的第二届"寻找全国高校百强学生社团"活动。自2019年1月开始，全国共有超过500所高校、2000多个社团参与，经过校园选拔、社团展示、网络投票、技术筛查和专家评审等环节，福建警察学院学生仪仗队等100个学生社团、广东石油化工学院等10所高校最终入选。本届活动的评选范围涵盖"思想理论""学术科技""文化体育""志愿公益"等7个类别。其中，参与"文化体育"类的社团最多。

此次获得"最佳社团"称号的辽宁工程技术大学同乐相声社，是一个已有10年传承的社团，也是一匹"黑马"。同乐相声社现有演艺会员20人，兴趣会员300余人，累计会员近千人。目前，社团每年演出活动超过20场次，观众5000余人。他们的相声围绕大学生活、学风建设展开，主题围绕阳光体育、取消清考、严把大学"出口关"、恋爱、兼职、就业、游戏等展开，让传统曲艺与教育热点和校园生活擦出了新火花，让传统曲艺站稳了校园的"主场"。

讨论：你在大学会加入社团吗？会加入哪些社团？

一所高校的历史离不开其社团的历史，一所名校的多元化离不开社团文化的繁荣。大学生社团组织立足校园，以帮助大学生树立正确的世界观、人生观、价值观为出发点，通过开展思想性、知识性和趣味性的活动，丰富广大大学生的课余文化生活，陶冶高尚情操，培养创新精神和实践能力。通过社团活动提高大学生的综合素质，促进大学生的德、智、体、美全面发展，为社会培养高素质的人才，为丰富多彩的校园生活谱写青春的乐章。

第二章

我的梦想我来圆

一、中国高校学生社团的发展历程

从 1904 年京师大学堂"抗俄铁血会"起，中国高校学生社团已经有 100 多年的历史了。高校学生社团的产生和发展与中国的社会历史背景有着十分密切的联系，在历次学生爱国运动中，高校学生社团不断发展壮大，发挥了其独特的作用。

1. 高校学生社团的萌芽初创阶段（1902—1918 年）

中国高校学生社团的发源地是 1896 年建立的南洋公学（今上海交通大学）以及 1898 年建立的京师大学堂（今北京大学）。这两所大学均是中国最早自主创办的官立大学。

1902 年，上海南洋公学学生因抗议校方压制学生言论自由而退学，爆发了全国首次学生退学风潮，退学的学生在蔡元培及吴稚晖等人的帮助下，于 1902 年 11 月 16 日在南京成立了"爱国学社"，使得退学的学生可以继续完成学业。学社学生成员思想活跃，不仅编印了杂志，还以"国民公会"的名义，宣传资产阶级民主革命，并参与学潮，倡导革命，在爱国运动中均有比较突出的表现。

1903 年，日俄战争在中国爆发。京师大学堂学生丁作霖对于列强侵略中国以及清政府的软弱无能非常愤慨，联合了其他同学于 1904 年年初在奉天发起成立了"抗俄铁血会"，通过集会、演讲、办报、发传单等方式抗议和声讨日俄在东北发动战争，侵略中国的罪行。

虽然"爱国学社"较"抗俄铁血会"成立较早，但其主要活动内容是学习，且是由退学在外的学生组成的，不是严格意义上由在校学生自主建立的社团。因此，由丁作霖发起组织的"抗俄铁血会"可以说是中国高校第一个由在校大学生发起组建的真正意义上的高校学生社团。

由此可以看出，高校学生社团的萌芽起始是基于当时动荡不安的时局，高校学生社团的主要功能是聚集学子进行一系列的爱国运动，社团的成立主要是为了革命救国，对于学生自身职业发展的促进作用并无过多的显现。

2. 高校学生社团的动荡发展阶段（1919—1949 年）

1919—1949 年，中国高校学生社团进入了动荡发展阶段，这一时期的前两年，高校学生社团发展迅速，此后高校学生社团则发展平稳。

1919—1920 年，中国经历内忧外患，各种思潮涌动，康有为、梁启超、谭嗣同、孙中山、宋教仁等新型知识分子群体在这一时期建立了许多社团或政党，虽然目标并不一样，但综合来看，其建立的核心目标都是学习西方先进知识文化。此外，这一时期高校学生社团得以发展繁荣，北大校长蔡元培功不可没。蔡元培先生对学生社团的扶植重视思想，这是"五四运动"前后高校学生社团繁荣发展的最主要的原因之一。至今北京大学学生社团的数量及种类之多、社团活动内容之丰富，都是北京大学的一大特色。

"五四运动"到中华人民共和国成立前夕这段时间，中国社会又经历了北伐战争、抗日战争及抗战胜利后的人民解放战争。在此期间，中国共产主义青年团于1920年8月、中国共产党于1921年7月先后成立，各高校学生联合会等学生组织也相继成立，高校学生社团呈现出蓬勃发展的萌芽之势，但在随后的军阀混战时期，北洋军阀对于学生运动进行了镇压，北方的学生团体受挫严重，仅仅以高校学生为主的社团活动难以继续进行。此后，国民党成为执政党，但依旧视学生社团为不稳定的重大因素之一，对中等以上学校的学生团体进行了镇压，并且严令学生团体及个人不许与社会联系接触。综上，这一历史阶段中国高校的学生社团虽然处于一个动荡的状态，但总体来说还是有所发展的。

纵观这一时期高校学生社团的特点，可以发现，社团的种类与功能逐渐丰富，学生的兴趣爱好等也成了社团成立的主要因素，高校学生社团不仅具有政治上的革命救国的作用，还具有发展学生兴趣爱好、提升学生各方面素质能力的作用。

3. 高校学生社团的调整阶段（1949—1975年）

中华人民共和国成立后，中国社会进入了一个崭新的建设社会主义新中国的历史时期。社会主要矛盾转化为人民内部的矛盾。中国共产党成为执政党之后，可以说高校学生社团政治斗争的历史使命已经结束，各高校对学生社团进行了整顿和重组，学生社团的活动则主要围绕恢复教育和生产、社会服务、学术研究、文化体育等方面来开展。

4. 高校学生社团的改革繁荣阶段（1976年至今）

1976年以后，随着中国改革开放政策的实施，高校学生社团逐渐开始恢复活力，社团数量也逐步增加，高校学生社团再次兴起。尤其是1990年以后，由于国家和高校对高校学生素质教育的培养越来越重视，学生社团作为学生素质教育的重要阵地的地位也越来越重要，对其的投入和支持力度也有了显著增强，因此高校学生社团得到了空前的发展，社团的类别、作用和活动形式由于社会的发展变化也发生了翻天覆地的变化，社团活动的品质有了明显提升，学术水平、科技含量也有所提高，还拓展出服务社会的功能。

 知识链接

中国第一个大学生社团——"抗俄铁血会"

光绪三十年（1904年）初，日俄为争夺中国，在中国境内挑起日俄战争。京师

大学堂学生丁开嶂,基于对列强侵略和清政府的愤慨,与同学张榕等赴东北组织抗俄和反清活动。到东北后,丁开嶂在奉天组织抗俄铁血会,发布檄文,声讨俄国侵略中国的罪行。檄文宣称其宗旨在于"纠合海内外学生将领及直、奉、吉、黑四省之绿林领袖""大败俄罗斯于东清而后止"。入会者半为学界志士半为绿林会党。同年,丁开嶂在兴京一带组成义军,与俄军交战"二十余次"。日俄和约签订后,该会遂告解散。抗俄铁血会是有史可考的北京大学第一个学生社团组织,也是我国第一个严格意义上的大学生社团。

(资料来源:百度文库,2020-05-25)

二、社团的类型

现在的大学社团、协会数不胜数,从学期初的"百团大战"就可以看出它们的规模和气势。它们覆盖了人文、科技、公益、艺术、体育五大方面。吉他协会、绿茵协会、武术协会、跆拳道协会、棋牌协会、舞蹈队、合唱团、绿色协会、红十字会、航模协会、心理协会……各种社团协会无所不包,层出不穷。每学年新生入学后,各学生社团一般都会广而告之,招收新的成员。大学生社团活动丰富多彩,是校园文化中一道亮丽的风景线。

按照社团活动的主要内容,我们可以将社团大致分为5种类型。

(1) 思想政治型社团。它主要以思想政治理论的研究和宣传为主要活动内容,以理论学习为主,通过开展专题讲座、读书报告会和创办刊物等活动,社团成员相对比较稳定,活动也比较规范,活动质量也比较高,在此类社团中,学生的课题研究能力、考察实践能力、学习创新能力都能得到培养和锻炼,一批批理论强的学生骨干层出不穷。

(2) 学术科技型社团。它是学生社团为配合专业教育而组织的活动,是以学术研究、科技发明与科技制作为主要内容的组织。大部分学习型社团都聘请了专业指导教师,对学生的专业学习起到了较大的促进作用。如各种学生专业学会,创业者协会、心理协会、科技兴趣协会、研究会、科研俱乐部、机器人协会等。这类社团主要结合大学生的学习、研究和学术背景,在社团中进行学术争鸣,团结创新,这类社团对形成良好的科研风气、学习风气大有裨益。

(3) 文体娱乐型社团。它是学生社团活动的主要形式,是大学生锻炼体魄、陶冶情操、发展爱好的重要途径,此类社团由于组织形式广泛,活动内容多样,在高校中的数量也最多,相对而言,也较受学生欢迎。学校的乐队、诗社、文学社、戏剧协会、摄影协会、书法协会、影评协会等学生社团都是群众性的文艺社团;学校的武术协会、跆拳道协会、棋类协会等学生社团都是群众性的体育社团。襄阳职业技术学院武术协会合影如图2-3所示。

(4) 志愿服务型社团。它是大学生组织起来服务社会、奉献爱心、锻炼自我的社团组织，是以公益活动为主要活动形式的社团。包括青年志愿者协会、绿色环保协会、动物保护协会、红十字会等。大学生通过参加公益活动，树立良好的劳动观念和服务意识，并在实践中提高技能，提高素质。如北京大学的阳光志愿者协会创建的阳光骨髓库是中国第一家民间骨髓库即造血干细胞数据读库，也是目前为止中国大陆地区规模最大的

图2-3　襄阳职业技术学院武术协会合影

民间骨髓库，还是国际上第一个由白血病患者本人建立的成功骨髓库和第一个可以在线免费查询的骨髓库。骨髓库的建立者刘正琛和阳光志愿者协会开创了我国民间面向白血病患者志愿服务事业的先河。

（5）竞赛活动。竞赛活动在学生社团中占有重要的地位，是各种学生社团组织都具有的活动形式之一。无论是文体娱乐型社团，还是学术科研型社团，它们都开展一系列的竞赛活动，并通过竞赛活动来提高社团的凝聚力，扩大社团的知名度，吸引更多的学生参加社团活动。

知识链接

中国青年志愿者协会

中国青年志愿者协会（英文名 Chinese Young Volunteers Association，简称CYVA，其会徽如图2-4所示）成立于1994年12月5日，是由志愿从事社会公益事业与社会保障事业的各界青年组成的全国性社会团体；是在中国共产主义青年团中央指导下的，由依法成立的省、自治区、直辖市青年志愿者组织和全国性的专业、行业青年志愿者组织和个人自愿结成

图2-4　中国青年志愿者协会会徽

的全国性的非营利性社会组织；是全国青联团体会员，联合国国际志愿服务协调委员会（CCIVS）联席会员组织。协会通过组织和指导全国青年志愿服务活动，为社会提供志愿服务，推动社会主义精神文明建设，促进社会主义市场经济体制的建立和完善，提高青年的整体素质，为经济社会的协调发展和全面进步作出贡献。中国青年志愿者协会在宪法和法律的范围内开展工作，奉行"奉献、友爱、互助、进步"的准则。

（资料来源：百度文库，2011-11-27）

三、学生社团活动的注意事项

学生社团具有自我服务、自我教育、自我管理、自我发展和重要的社会教化功能，其作用和影响力日益扩大，成为高校教育工作中重要的一部分。大学生社团组织多数由校团委统一领导。社团内有相应的组织，社团活动由各社团负责人负责。

（1）学生社团必须服从学校的领导和管理。学生社团在宪法、法律和校纪校规范围内活动，不得从事与本社团宗旨无关的活动。

（2）学生社团邀请校外人员到学校进行社会政治和学术活动，均须经学校同意。

（3）学生社团和个人创办面向校内的刊物，须经学校批准，并接受学校管理。

（4）学生建立跨学校、跨地区的团体和举办面向校外的刊物，须经政府主管部门批准；同时学校禁止非法组织活动和出版非法刊物。

四、大学生的校园活动

如果我们把大学的知识教育称为大学学习的第一课堂，那么，我们在大学期间所参加的各种活动就将成为大学学习的第二课堂。象牙塔里的大学生们已不局限于吸收知识养分的第一课堂，他们更加向往多彩的校园活动及社会实践，它们给大学生提供了发挥自己才干的舞台，在学好专业知识的基础上大学生更多地渴望走出校园，来到社会这个大练兵场中。

大学生参加校园活动有着较为广泛的渠道。大学的社团、协会数不胜数，各社团的活动精彩纷呈。对大学新生来说，应该切实了解每个社团的宗旨和内容，适度、合理地参加学生社团活动。因为，大学生的时间和精力是有限的，参与社团活动关键在于质量而不是数量，大学生的主要任务还是学习。大学生可以加入学生会，参与各类学科竞赛，开展各种文体活动；策划一个社会实践项目，走进街道、社区或者学校，了解基层情况，培养个人的组织能力；报名成为青年志愿者，为弱势群体提供服务；参加学术报告、讲座。如今，邀请诺贝尔奖获得者、国际学术大师、两院院士、著名教授、知名学者，面向大学生进行专题甚至系列学术报告、学术讲座，是大学加强学术氛围建设的重要举措。大学生如果留心学校海报栏、学校官网主页发布的信息，会发现自己能够在大学期间听到许多精彩的报告。

以上这些都是校园活动的参与方式。在这个广阔的展示自我、发展自我的舞台上，当代大学生定能舞出自己的青春风采。

知识链接

襄阳职业技术学院大学生艺术团

"享青春、爱艺术、乐生活"，是襄阳职业技术学院大学生艺术团（图2-5）的

座右铭。襄阳职业技术学院大学生艺术团作为一个校级社团，在8个二级学院均设有分支，涵盖舞蹈、歌唱、器乐、魔术、服装走秀等多种艺术形式。大学生艺术团以兴趣为主导，以文艺特长为亮点，以定期基础训练为根本，以竞技展演为平台，类型覆盖面全，学生参与度广、受益度深，充实了同学们的校园文化生活，培养、选拔出大量文艺人才。大学生艺术团为学校每年举办的两大品牌活动——校园十佳歌手大赛和校园十佳舞蹈大赛提供了精品节目和优秀人才。

图2-5 襄阳职业技术学院大学生艺术团

（资料来源：襄阳职业技术学院微信公众号）

思考与练习

1. 中国共产党党员的基本条件和基本要求是什么？
2. 团员的权利和义务是什么？
3. 对照所学知识，请写一篇入党申请书和思想汇报。
4. 观察你所在学校的社团，选择一个加入。

案例思考

请扫描右侧二维码获得更多资源

知识拓展

请扫描右侧二维码获得更多资源

课外阅读

欢迎登录"爱习课专业版App"查阅

第三章　我的国家我来守

强国必须强军，军强才能国安。坚持和发展中国特色社会主义，实现中华民族伟大复兴，必须统筹发展和安全、富国和强军，确保国防和军队现代化进程同国家现代化进程相适应，军事能力同国家战略需求相适应。当前和今后一个时期是国防和军队现代化建设的关键时期，要统一思想、坚定信心、鼓足干劲、抓紧工作，奋力推进国防和军队现代化建设。

——习近平

素质目标

1. 树立正确的国防观，激发学生的爱国热情。
2. 激发青年学子携笔从戎、参军报国、自觉履行国防义务的热情。

能力目标

1. 增强依法建设国防的观念。
2. 增强国家安全意识。
3. 提高战场安全防护能力。
4. 踊跃参军入伍，报效祖国。

知识目标

1. 掌握国防的含义、基本要素。
2. 熟悉国防法规的基本内容。
3. 了解我国国防建设取得的成就以及新时代国防建设的目标。
4. 熟悉武装力量、国防动员的主要内容。
5. 正确把握和认识国家安全的内涵，理解总体国家安全观。
6. 深刻认识当前我国面临的安全形势。
7. 了解格斗、防护的基本知识。
8. 了解战备、战术的基础知识。
9. 熟悉兵役法规、大学生入伍相关政策、大学生应征入伍流程。

第一节　中国国防

早在2000多年前,战国时期的燕国、赵国、秦国就开始各自修建长城。秦始皇统一六国后,大力修建和扩建长城,把北部长城连接起来。后经多个朝代的修建,到明代便形成了东起辽东山海关、西至甘肃嘉峪关全长5000多千米的长城。

讨论:我国古代为什么要修筑长城?

"国无防不立,民无兵不安。"一个国家如果没有强大的国防,就无法抵御外来侵略、制止武装颠覆和分裂,国家的主权和独立、人民的幸福和民族的振兴也就没有保障。我国的国防是全民的国防,建设巩固的国防,是国家利益和民族利益的最高体现。肩负中华民族伟大复兴神圣使命的当代大学生,应关注国防,增强国防观念,自觉投身到建设强大国防的实践中来。

一、国防概述

(一)国防的内涵

国防是指国家为防备和抵抗侵略,制止武装颠覆,保卫国家主权统一、领土完整和安全而进行的军事以及与军事有关的政治、经济、外交、科技、教育等方面的活动;是国家生存与发展的安全保障,也是国家固有的职能。因此,国防随着国家的产生而产生,随着国家的发展而发展,最终也将随着国家的消亡而消亡。

(二)国防的基本要素

国防包括以下四个基本要素:

1. 国防的主体

国防的主体是指国防活动的实行者,通常为国家。国防是国家的事业,是国家的固有职能。任何国家从诞生之日起,就要固国强边,防备和抵御各种外来侵略,保障国家安全,维系国家生存和发展。从国防的本义来看,国防是国家的防务,是全民族的防务。国防与国家的各个部门、各种组织以及全体公民都息息相关。因此,加强国防建设,进行国防斗争,必须依靠国家各个方面的综合力量。

2. 国防的对象

国防的对象是指国防所要防备、抵抗和制止的行为。这是一个涉及国家在怎样的情况下可以使用国防力量的重大问题。从《国防法》的界定可以看出,我国国防的对象包括两个方面:一是防备和抵抗侵略;二是制止武装颠覆和分裂。

3. 国防的目的

国防的目的是国防行为的目标和结果。根据《国防法》的界定,国防的目的包括以下五个方面:一是国家主权,二是国家统一,三是领土完整,四是国家安全,五是国家发展利益。

4. 国防的手段

国防的手段是指为达到国防目的而采取的方法和措施。根据《国防法》的规定,国防的手段不仅包括军事活动,而且包括与军事有关的政治、经济、外交、科技、教育等方面的活动。

二、国防法规

健全的国防法规是加强国防建设,实现国防现代化目标的客观要求,对于调节和发展国防机制,充分发挥国防威力和活力有着十分重要的意义。同时,国防法规也是一个国家的国防是否具备现代化水平的重要标志之一。

(一)国防法规的含义

国防法规是以国家宪法为基础,由国家制定的有关国防活动的基本法律规范,其主要任务是:调整和规范国家在国防中的各种社会关系,维护国家的军事利益,保证国家关于国防和军队建设方针、政策的贯彻执行,保障和促进国防建设纳入法治化轨道,确保军队革命化、现代化、正规化建设总目标的实现。

(二)我国主要的国防法规

依法进行国防建设和依法治军是依法治国的重要内容。我国非常重视军事法治建设,始终把加强军事法治建设作为实现国防现代化和军队正规化的基本途径和重要保障。

1.《中华人民共和国国防法》（简称《国防法》）

《国防法》是为了建设和巩固国防，保障社会主义现代化建设的顺利进行，依据宪法制定的法律。《国防法》是我国第一部国防方面的基本法，是指导规范国防和军队建设的基本依据，是调整国家及企事业单位、社会团体和公民之间在国防建设方面法律关系的规范，在国家法律体系中占有重要地位。

《国防法》规定了国防活动的基本原则，第六条规定："中华人民共和国奉行防御性国防政策，独立自主、自力更生地建设和巩固国防，实行积极防御战略，坚持全民自卫原则。国家坚持经济建设和国防建设协调、平衡、兼容发展，依法开展国防活动，加快国防和军队现代化，实现富国和强军相统一。"

《国防法》规定了国家机构的国防职权。第二章具体规定了全国人民代表大会及其常务委员会、国家主席、国务院、中央军事委员会等国家机构的国防职权，还规定了地方各级人民代表大会和县级以上地方各级人民代表大会常务委员会以及地方各级人民政府的国防职权。

《国防法》对武装力量作出了全面规范。第三章规定了我国武装力量的性质和任务、建设目标、建设方针、基本要求、组成体制、规模、兵役制度等方面的内容。《国防法》第四章到第八章对边防、海防和空防、国防科研生产和军事订货、国防经费和国防资产、国防教育、国防动员和战争状态等领域的相关制度作出了明确规范，这些规范把国家在上述相关活动中的方针政策予以法律化，保证长期稳定地付诸实施。《国防法》第九章到第十一章对公民、组织的国防义务和权利，军人的义务和权益，对外军事关系做了具体规定。

《国防法》的公布实施，为加强国防和军队建设提供了重要的法律保障，对于适应社会主义民主法治建设的新形势，加快国防现代化建设的步伐，保障改革开放和经济建设的顺利进行，保证国家长治久安，具有重要的现实意义和深远的历史意义。

2.《中华人民共和国兵役法》（简称《兵役法》）

《兵役法》是在调整国家兵役活动中所产生的各种社会关系的法律规范的总称。《兵役法》是根据宪法有关条款的规定，制定的一部兵役方面的基本法律。

（1）兵役制度。

兵役制度，是国家关于公民参加武装组织或在武装组织之外承担军事义务、接受军事训练的制度。主要包括公民依照法律在军队中服现役，在军队外服预备役以及在校学生接受军事训练的制度。《兵役法》第二条规定："中华人民共和国实行义务兵与志愿兵相结合、民兵与预备役相结合的兵役制度。"中华人民共和国公民，不分民族、种族、职业、家庭出身、宗教信仰和教育程度，都有义务依照《兵役法》的规定服兵役。

（2）兵员的平时征集。

《兵役法》规定：每年12月31日以前年满18周岁的男性公民，应当被征集服现役。当年未被征集的，在22周岁以前仍可以被征集服现役，普通高等学校毕业生的征集年龄可以放宽至24周岁。根据军队需要，可以按照前款规定征集女性公民服现役。根据军队需要和本人自愿，可以征集当年12月31日以前年满17周岁未满18周岁的公民服现役。

《兵役法》还规定，国家实行兵役登记制度。每年12月31日以前年满18周岁的男性公民，都应当在当年6月30日以前，按照县、自治县、市、市辖区兵役机关的安排，进行兵役登记。经兵役登记并初步审查合格的，称应征公民。

（3）士兵的现役和预备役。

《兵役法》第五条规定："兵役分为现役和预备役。在中国人民解放军服现役的称现役军人；经过登记，预编到现役部队、编入预备役部队、编入民兵组织服预备役的或者以其他形式服预备役的，称预备役人员。"

现役士兵包括义务兵役制士兵和志愿兵役制士兵，义务兵役制士兵称义务兵，志愿兵役制士兵称士官。义务兵服现役的期限为2年。义务兵服现役期满，根据军队需要和本人自愿，经团级以上单位批准，可以改为士官。根据军队需要，可以直接从非军事部门具有专业技能的公民中招收士官。士官实行分级服现役制度。士官服现役的期限一般不超过30年，年龄不超过55周岁。

士兵服现役期满，应当退出现役，退出现役时，符合预备役条件的，由部队确定服士兵预备役；经过考核，适合任军官职务的，服军官预备役。士兵预备役的年龄为18周岁至35周岁，根据需要可以适当延长。

此外，《兵役法》规定了军官的现役和预备役、民兵和预备役人员的组成与训练，对高等院校、高级中学学生实施军事训练也有明确的规定。《兵役法》的内容还包括：战时兵员动员制度，对现役军人及其家属实行优待，对退出现役的军人实行安置，对拒绝、逃避兵役登记和征集的公民的处罚等。

3.《中华人民共和国国防教育法》（简称《国防教育法》）

《国防教育法》分为总则、学校国防教育、社会国防教育、国防教育的保障、法律责任、附则，共6章38条。

《国防教育法》在总则中对国防教育立法的目的和依据，国防教育的地位、内容、方针、原则和组织实施的基本要求，国防教育的领导体制和有关机构职责，国防教育的表彰奖励等做了规定。第四条规定："国防教育贯彻全民参与、长期坚持、讲求实效的方针，实行经常教育与集中教育相结合、普及教育与重点教育相结合、理论教育与行为教育相结合的原则，针对不同对象确定相应的教育内容分类组织实施。"学校国防教育是全民国防教育的基础，是实施素质教育的重要内容。《国防教

育法》第二章规定，小学和初级中学应当将国防教育的内容纳入有关课程，将课堂教学与课外活动相结合，对学生进行国防教育；高等学校、高级中学和相当于高级中学的学校应当将课堂教学与军事训练相结合，对学生进行国防教育；高等学校应当设置适当的国防教育课程，并可以在学生中开展形式多样的国防教育活动。

此外，《国防教育法》还对社会国防教育、国防教育的保障以及法律责任等作出了明确规定。

三、国防建设

旧中国有国无防，国门洞开，受尽了帝国主义列强的侵略欺凌，中国人民为此付出了惨重的代价，经历了100多年丧权辱国的屈辱历史。新中国的诞生结束了中国封建地主阶级和外国帝国主义统治的历史，标志着中国从此开始了由人民当家作主的新纪元，同时也使我国的国防性质发生了根本的变化。70多年来，在中国共产党的领导下，新中国国防建设取得了举世瞩目的巨大成就。

（一）国防建设成就

1. 铸造了一支强大的现代化人民军队

建设强大的人民军队，是我们党的不懈追求。中华人民共和国成立时，人民解放军基本是一支以步兵为主的陆军，海军、空军仅具雏形，陆军中的炮兵、装甲兵、工程兵、通信兵等技术兵种所占比例较小。经过多年的艰苦努力，中国人民解放军实现了由以陆军为主，向诸军兵种合成军队的发展。1966年组建了第二炮兵。此后，随着军事技术发展，又相继组建了电子对抗部队和陆军航空兵部队。2015年12月31日，组建陆军领导机构，成立火箭军和战略支援部队。2016年9月13日，成立联勤保障部队。

经过多次精简整编和70多年的现代化建设，人民军队不仅掌握了种类较为齐全的常规武器装备，而且拥有了具有一定威力的战略导弹、核武器等尖端武器装备。今天的人民军队，规模适度，结构明显优化，现代化水平和作战能力大为提高，形成了陆军、海军、空军、火箭军、战略支援部队、联勤保障部队等诸军兵种合成的强大人民军队。

近年来，人民军队建设紧紧围绕实现党在新形势下的强军目标，以国家核心安全需求为导向，着眼建设信息化军队、打赢信息化战争，全面深化国防和军队改革，努力构建中国特色现代军事力量体系，不断提高军队应对多种安全、完成多样化军事任务的能力。

2. 形成了门类齐全、综合配套的国防科技工业体系

国防科技是衡量一个国家综合国力的重要标志之一，也是国防现代化建设的重要方面。经过 70 多年的建设和发展，我国的国防科技工业从无到有，从小到大，从落后到先进，建立起了包括电子、船舶、兵器、航空、航天和核等门类齐全、综合配套的科研实验生产体系。

在军用电子方面，逐步发展成为具有相当规模、门类齐全的新兴工业部门，为军队提供了各种新式装备和产品，进一步增强了我军的侦察、通信、指挥和作战能力。在船舶工业方面，自行研制建造了核动力潜艇、常规潜艇、导弹驱逐舰、导弹护卫舰、导弹快艇等作战舰艇，特别是首艘国产航母、国产 055 型驱逐舰、075 型两栖攻击舰、长征 18 号战略导弹核潜艇等的服役，标志着我国船舶工业跨入世界先进行列。在兵器工业方面，研制生产了一大批具有先进性能的装甲车辆、火炮、弹药、轻武器、军用光电器材和综合火控、指挥系统等新型武器装备，为我军现代化建设作出了重要贡献。在航空工业方面，能够生产歼击机、歼击轰炸机、战略轰炸机、直升机、运输机、教练机等，特别是歼－20 隐身战斗机、直－10 武装直升机的纷纷亮相，充分展现了我国航空工业的制造水平。在精确打击武器方面，已拥有地地、地空、航空和空空导弹武器系统。在航天科技工业方面，成功发射了运载火箭、载人飞船、空间站，具备了各种应用卫星的研制和实验能力以及各种应用卫星的发射能力，在世界空间技术领域占有了自己的一席之地。在核工业方面，我国不仅可以生产制造原子弹、氢弹，还掌握了核潜艇技术，形成了我国的核力量。

3. 国防后备力量建设取得了长足的发展

国防后备力量建设是国家武装力量建设的重要环节，是国防建设的组成部分。我们党和国家历来十分重视国防后备力量建设。特别是 1985 年党中央、国务院、中央军委明确提出"精干的常备军和强大的后备力量相结合，是建设现代化国防的必由之路"这一基本指导方针之后，国防后备力量建设越来越受到党和国家的高度重视。

我国国防后备力量建设所取得的成就主要表现为：一是确立并实行了民兵与预备役相结合的制度，并下大力重点狠抓了基干民兵队伍和预备役部队建设，调整规模结构，改善武器装备，推进训练改革，提高了后备力量的整体素质，形成了具有中国特色的国防后备力量体系。二是注重宏观指导，合理布局，边海防、大中城市和重点地区的民兵工作得到加强。三是民兵、预备役部队在参战支前、保卫边疆、发展生产、扶贫帮困、抢险救灾、维护社会治安等方面发挥了重要作用，为国家的改革、发展和稳定作出了巨大的贡献。

（二）国防建设目标

我国国防建设的目标是，到中华人民共和国成立 100 周年时，达到或接近世界先进水平，与国家的国际地位相适应。国防建设的重点是：抓好常备军建设，提高军队的战斗力；加强国防科技的研究，发展高技术和信息技术武器装备；完善国防潜力转化为国防实力的机制。国防现代化是我国国防建设的总目标。

四、武装力量

武装力量是国家或政治集团各种武装组织的总称，是国家机器的重要组成部分。一般以军队为主体，由军队和其他正规的和非正规的武装组织构成。

（一）中国武装力量的构成

中国共产党在领导中国人民进行的长期革命战争中，建立了适应人民战争需要的"三结合"武装力量体制。中华人民共和国成立后，在继承和发扬革命战争年代传统的基础上，不断根据形势的变化加以调整，逐步确立了中国人民解放军、中国人民武装警察部队和民兵相结合的武装力量体制。

1. 中国人民解放军

中国人民解放军是中国共产党缔造和领导的人民军队，由现役部队和预备役部队组成。自 1927 年 8 月 1 日诞生以来，经历了中国工农红军、八路军和新四军、中国人民解放军等几个发展阶段，由小到大，由弱到强，打败了国内外的反动势力和外国侵略者，为建立人民政权立下了不朽的功勋。中华人民共和国成立后，又经历了抗美援朝战争、边境自卫反击作战的考验，捍卫了国家主权和领土完整，并在革命化、现代化、正规化建设中得到了很大的发展，成为人民民主专政的坚强柱石，保卫社会主义祖国的钢铁长城，建设社会主义的重要力量。

中国人民解放军现役部队是中华人民共和国武装力量的主体，是国家的常备军，主要担负防卫作战任务，按照规定执行非战争军事行动任务。

预备役部队是国防后备力量的重要组成部分，组建于 1983 年，是以现役军人为骨干，以预备役军官、士兵为基础，按规定的体制编制组成的部队，预备役部队按照规定进行军事训练、执行防卫作战任务和非战争军事行动任务；根据国家发布的动员令，由中央军事委员会下达命令转为现役部队。

2. 中国人民武装警察部队

中国人民武装警察部队是中华人民共和国武装力量的重要组成部分，是担负国家赋予的国家内部安全保卫任务的部队。武装警察部队肩负执勤、处置突发社会安全事件、防范和处置恐怖活动、海上维权执法、抢险救援和防卫作战以及中央军事委员会赋予的其他任务。

3. 民兵

民兵是中国共产党领导的不脱离生产的群众武装组织，是中华人民共和国武装力量的组成部分。民兵在军事机关的指挥下，担负战备勤务、执行非战争军事行动任务和防卫作战任务。

民兵是国家的国防后备力量，不仅拥有步兵分队，还组建了炮兵、通信、防化、侦察、工程兵分队，以及海军、空军的一些专业技术分队。按照《兵役法》的规定，凡年满18周岁至35周岁符合服兵役条件的男性公民，除征集服现役者外，编入民兵组织服预备役。民兵分为基干民兵和普通民兵。28周岁以下退出现役的士兵和经过军事训练的人员，以及选定参加军事训练的人员，编为基干民兵。其余男性公民，编为普通民兵。根据需要，也可吸收女性公民参加基干民兵。农村的乡镇、行政村，城市街道和具有一定规模的企业事业单位，是民兵的基本组建单位。

（二）中国武装力量的性质、宗旨和使命任务

1. 中国武装力量的性质

中华人民共和国是工人阶级领导的、以工农联盟为基础的人民民主专政的社会主义国家。国家的性质决定了我国武装力量的无产阶级性质。

中国武装力量是社会主义国家的武装力量。中华人民共和国成立70多年来，我国武装力量已多次粉碎了外来侵略和武装颠覆，为维护国家安全，保障国家发展，经受了血与火的考验。我国武装力量不仅拥有较为先进的武器装备，而且具有很高的政治觉悟、灵活机动的战略战术和顽强的战斗作风，是抗击国外敌对势力军事威慑的中坚力量。我国武装力量是实现社会稳定的强力保障，同时也是社会主义国家的建设者。

中国武装力量是人民的武装力量。武装力量来自人民，服务人民。全心全意为人民服务，是我国武装力量的性质使然。我国武装力量是人民的武装，必须始终保持其与人民的鱼水关系。

中国武装力量是中国共产党绝对领导下的武装力量。这是由中国共产党的性质和中国武装力量的无产阶级性质决定的，是由中国革命的历史形成的。没有党的领导，没有党领导的这支人民武装，就没有中国革命的胜利。在新的历史条件下，我国武装力量要保持自己的阶级性、国家性和人民性，要履行自己的职责，就必须置于中国共产党的绝对领导之下。

2. 中国武装力量的宗旨

全心全意为人民服务，是中国人民解放军的宗旨，也是中国武装力量的宗旨。中国人民解放军建军的宗旨，是建军的根本目的，是全军行动的最高准则。它要求参加人民解放军的全体人员，都以广大人民的利益、全民族的利益为出发点和归宿，始终为人民的解放而奋斗。除此之外，不得有自己的特殊利益，也不得为任何少数人或狭隘集团的私利服务；始终同人民群众保持最密切的联系，同甘共苦，生死相依，一刻也不脱离群众，更不得凌驾于群众之上，成为压迫、剥削、奴役人民群众的工具。

3. 新时代军队的使命任务

进入新时代，中国军队依据国家安全和发展战略要求，坚决履行党和人民赋予的使命任务，为巩固中国共产党领导和社会主义制度提供战略支撑，为捍卫国家主权、统一、领土完整提供战略支撑，为维护国家海外利益提供战略支撑，为促进世界和平与发展提供战略支撑。使命任务包括：维护国家领土主权和海洋权益、保持常备不懈的战备状态、开展实战化军事训练、维护重大安全领域利益、进行反恐维稳、维护海外利益、参加抢险救灾等。

五、国防动员

（一）国防动员的内涵

国防动员，是指国家为应对战争或其他安全威胁，使社会诸领域的全部或部分由平时状态转入战时状态或紧急状态的活动，通常包括武装动员、经济动员、人民防空动员、交通动员和政治动员等。

国防动员是将国防潜力转化为国防实力的重要举措，是实现军民结合、寓军于民的重要形式，是加强国防建设、增强综合国力的重要内容。《国防动员法》的颁布与实施，对于积蓄国防潜力，增强国防实力，提升综合国力，维护国家安全和发展，具有十分重要的意义。当今世界，和平与发展仍然是时代的主题。但世界并不安宁，局部冲突和热点问题此起彼伏，传统安全威胁与非传统安全威胁相互交织，我国安全面临诸多挑战，为此，必须增强忧患意识和国防观念，切实提高国家平战转换的能力，确保国家主权、统一、领土完整和安全遭受威胁时，能够依法实施快速动员，为应对危机、遏制战争、打赢战争提供有力保障。

（二）国防动员的主要内容

国防动员主要包括政治动员、武装力量动员、国民经济动员、人民防空动员和交通运输动员等。

1. 政治动员

政治动员，是指国家从政治上、组织上、思想上发动人民和军队参加战争所采取的措施。旨在激发全体军民的爱国热情，动员人民踊跃参军参战，努力增加生产、厉行节约，全力支援战争。政治动员是战争动员的前提和保证，不论是武装力量动员、国民经济动员，还是群众防卫动员，都需要以政治动员为引导和动力，才能顺利地展开。

2. 武装力量动员

武装力量动员，是指国家将军队及其他武装组织由平时体制转为战时体制所采取的措施。通常包括现役部队、武装警察部队、预备役部队、民兵和预备役人员，以及相应的武器装备和物资等动员。

3. 国民经济动员

国民经济动员，是指国家将国民经济各部门和相应的国家机构有组织、有计划地由平时状态转入战时状态，充分调动国家的经济能力，提高生产水平，保障战争的需要。包括：工业动员、农业动员、交通通信动员、物资储备动员、财政金融动员等。

4. 人民防空动员

人民防空动员，简称人防动员，是指国家为了适应战争的需要，发动和组织人民群众防备敌人空袭，减少空袭损失，消除空袭后果所进行的活动。搞好人民防空动员，对于增强国家的总体防御能力具有重要的战略意义。人民防空动员主要包括群众防护动员、人防专业队伍动员、人防工程物资技术保障动员、人防预警保障动员等。

5. 交通运输动员

交通运输动员，是指国家在战时统制各种交通运输线、设施和运输工具，保障人员、物资、装备运输的措施，是国民经济动员的重要组成部分。其任务是：保障军队机动、兵员和武器装备的补充、军工生产、军品供应、居民疏散、工厂搬迁的运输问题，以及其他人员和物资的前送后运等。对于保障战争需要，夺取战争胜利具有重要影响。

第二节 国家安全

案例导入

我国地处亚洲东部，与周边各国有漫长的边界线。与我国有共同陆地边界线的国家有14个，陆地边界线长2.2万千米，包括蒙古、俄罗斯、越南、缅甸、印度、哈萨克斯坦、尼泊尔、朝鲜、吉尔吉斯斯坦、老挝、巴基斯坦、塔吉克斯坦、阿富汗、不丹。我国还分别隔黄海、东海、南海与韩国、日本、菲律宾、印度尼西亚、马来西亚、新加坡、文莱等国相望，海疆线长约3.2万千米，其中大陆海岸线长约1.8万千米，面积500平方米以上的海岛约6.5万个，黄海、东海、南海总面积为468万平方千米。我国及其周边地区不仅邻国众多，人口集中，而且也是世界热点问题最多的地区。世界公认的五大战略力量，除欧盟外，美、日、俄、中均交会于此。

讨论：如何看待我国的这种地缘环境？

国家安全问题事关国家安危和民族存亡，事关每个公民的切身利益。党的十九大报告强调，统筹发展和安全，增强忧患意识，做到居安思危，是我们党治国理政的一个重大原则。当前，我国面临复杂多变的安全和发展环境，国家安全的内涵和外延比历史上任何时候都要丰富，时空领域比历史上任何时候都要宽广，内外因素比历史上任何时候都要复杂，维护国家安全和社会稳定的任务十分艰巨。

一、国家安全概述

（一）国家安全内涵

2015年7月1日，第十二届全国人民代表大会常务委员会第十五次会议审议通过了《中华人民共和国国家安全法》（以下简称《国家安全法》），这是一部立足全局、统领国家安全各领域的基础性、全局性、综合性的法律，同时，全方位地解读了国家安全的内涵。

《国家安全法》第二条对"国家安全"的定义给出了明确的界定：国家安全是指国家政权、主权、统一和领土完整、人民福祉、经济社会可持续发展和国家其他重大利益相对处于没有危险和不受内外威胁的状态，以及保障持续安全状态的能力。《国家安全法》第三条引入了总体国家安全观，将其作为国家安全工作的指导思想，即国家安全工作应当坚持总体国家安全观，以人民安全为宗旨，以政治安全为根本，以经济安全为基础，以军事、文化、社会安全为保障，以促进国际安全为依托，维护各领域国家安全，构建国家安全体系，走中国特色国家安全道路。

《国家安全法》第二章以"专章"形式对维护国家安全的任务作出了具体规定：一是按照总体国家安全观的要求，列举了国家安全11个领域的任务，包括维护政治安全、国土安全、军事安全、经济安全、文化安全、社会安全、科技安全、信息安全、生态安全、资源安全、核安全的任务；二是将金融安全、粮食安全从传统的经济安全中分离出来，在第二十条、第二十二条作了单独规定；三是与时俱进地提出依法维护国家在对外层空间、国际海底区域和极地这些"战略新疆域"中现实和潜在的重大利益安全，以及相关活动、资产的安全。

（二）总体国家安全观

贯彻落实总体国家安全观，必须既重视外部安全，又重视内部安全，对内求发展、求变革、求稳定，建设平安中国，对外求和平、求合作、求共赢，建设和谐世界。既重视国土安全，又重视国民安全，坚持以民为本、以人为本，坚持国家安全一切为了人民、一切依靠人民，真正夯实国家安全的群众基础。既重视传统安全，又重视非传统安全，构建集政治安全、国土安全、军事安全、经济安全、文化安全、社会安全、科技安全、信息安全、生态安全、资源安全、核安全等于一体的国家安全体系。

二、国际战略形势

国际战略形势是指一个时期内对国际事务具有重要影响力的战略力量，在一定的历史时期内相互关联、相互作用而形成的世界全局性的总的格局和态势，是国际政治、经济、科技、文化和军事力量间的相互对比形势的综合体现。科学认识当前国际战略形势的现状与发展趋势，对于维护我国的国家安全具有重要的意义。

（一）世界格局多极化是未来国际战略格局发展的必然趋势

苏联解体导致两极格局终结，美国成为唯一超级大国之后，人们较多地用"一超多强"来描绘世界多极化的态势。冷战结束后，多极化趋势就是美国"一超独大"的地位相对削弱，其他大国及地区强国的国际地位与影响力不断上升，与美国的综合国力差距缩小。作为苏联主要力量继承者的俄罗斯，仍然是当今世界足以和西方，特别是美国进行较量的一支军事力量，对世界军事斗争仍有举足轻重的影响力。中国虽然是一个发展中国家，但是随着中国经济发展和综合国力的增强，中国在国际事务中的地位越来越明显，影响力也越来越大。欧盟、日本、印度等"多强"依托各自区域发挥优势，积极维护提升自身地位和影响力。还有一些"中等强国"自主发展的意愿和能力也不同程度加强，在国际和地区事务中越发活跃。

世界多极化发展进程难以阻挡。新兴市场国家、区域集团和亚洲等地区力量不断发展壮大，各类非国家行为体迅速成长，借助经济全球化和社会信息化拓展影响，成为各国和国际舞台上的重要力量。

（二）经济趋向全球化促进国际战略格局产生深刻的变化

全球化是在市场化和信息化条件下，随同经济一体化和经济自由化应运而生的。发达国家对经济政策进行改革性调整，技术创新速度加快；发展中国家普遍改变发展战略，实行开放政策，二者都促进了经济全球化。

经济全球化成为影响国际关系的重要趋势。不同制度、不同类型、不同发展阶段的国家相互依存、利益交融，形成"你中有我、我中有你"的命运共同体。人类再也承受不起世界大战，大国全面冲突对抗只会造成两败俱伤。

（三）国际战略格局中安全环境复杂化

当今世界存在两大祸根，从全球性范围讲，是指霸权主义与强权政治；从地区性范围讲，是指国际恐怖主义、分裂主义和极端主义。霸权主义危害人类的和平、安全与发展，恐怖主义则以其反人类、反文明、反道德性而遭到国际社会的谴责。霸权主义诱发、利用恐怖主义，恐怖主义则刺激霸权主义，为霸权主义行径提供某种合理依据，彼此正在形成一种恶性互动。

人类安全目前越来越面临非传统威胁。非传统安全威胁与传统安全威胁相互交织，使得国际安全形势更趋复杂化。非传统安全问题比传统安全问题具有更强的社会性、跨国性和全球性，因此解决的手段也就更应注重综合性以及国际合作。

（四）未来国际战略格局中的各国发展模式多样化

各国人民有着不同的经济发展水平、文化背景、社会制度和价值观念，延续着不同的生活方式，这是世界多样性的体现。没有多样性就不称其为世界。这种多样性决定了发展模式的多样化，世界上的问题不能都用一个模式解决。鉴于此，各国人民有权根据本国国情和自己的意愿，选择社会制度和发展道路，而不应受到任何外来势力的干涉。应当说，发展模式多样化既是现实状况，也是各国人民的追求。任何国家的社会制度和发展模式，都必须适合本国的国情和特点。

（五）国际组织和多边合作将促进国际战略格局和谐发展

冷战结束后，由于东西方力量失衡、霸权主义肆虐、恐怖主义猖獗、民粹主义抬头、地区热点增多,世界安全形势更加严峻。形势表明,国家安全、地区安全、世界安全是相互贯通的,维护世界和平与安全的机制需要网络化。为了建立和平、稳定、公正、合理的国际新秩序,摒弃冷战思维是前提,树立新安全观是基础,建立安全机制是保障,发挥联合国作用是重中之重。

联合国是国际多边机制的核心,是实践多边主义的重要舞台。坚持《联合国宪章》宗旨和原则,采取集体行动,加强联合国作用,维护联合国权威,是国际社会的普遍呼声。

3. 我国的国家安全形势

进入21世纪以来,国际形势保持总体和平、缓和、稳定的基本态势,但世界依然面临着现实和潜在的战争威胁。世界急剧变化增大了我国安全的不稳定性和不确定性,使我国在当前新形势下的国家安全面临着以下现实威胁:

(一)祖国统一仍面临复杂严峻的形势

台湾岛是中国第一大岛,是战略要地。台湾岛历来是中国不可分割的领土。台湾是中国内战遗留问题,其本质是中国内政问题。随着1949年中华人民共和国的成立,大陆全面解放,部分国民党军政人员败退台湾。朝鲜战争爆发后,美国公然下令美军第七舰队进入台湾海峡,武装干涉海峡两岸的关系,将中国的台湾地区置于美国的"保护"之下,联合日本阻挠两岸统一。同时,台湾岛内的"台独"分裂势力及其分裂活动仍然是两岸关系和平发展的最大威胁,仍将对我国的统一大业产生重大的挑战,祖国统一面临的形势依然严峻。

(二)海洋领土和权益争端将仍是威胁国家安全的热点问题

我国的海上领土及权益争端是围绕我国沿海岛屿、岛礁主权问题与邻国产生的纷争。

1. 钓鱼岛争端

日本自甲午战争侵占了中国钓鱼岛,并宣称是"无主地"先占。由于日本侵华战争的失败,第二次世界大战结束以后,钓鱼岛被美军所占领。到1971年,美军把冲绳岛归还给日本之时,把所占领的钓鱼岛与赤尾屿、黄尾屿等七个岛的行政管辖权也交给了日本。中国政府根据历史事实曾多次声明钓鱼岛是中国领土,中国从未放弃对钓鱼岛的主权,而日本却以钓鱼岛是"无主地"为由,宣称钓鱼岛为日本领土,并驱赶我国在该海域正常作业的渔船,企图占为己有。目前,钓鱼岛主权的归属问题中日分歧很大,形势严峻。因此,围绕钓鱼岛的主权问题,中日双方的争端仍是诱发冲突的不稳定因素。

2. 南海诸岛纠纷

南海诸岛主要包括西沙群岛、中沙群岛、东沙群岛和南沙群岛，历来是中国固有的领土。其中以南沙群岛数量最多，分布最广，涉及的海域面积最大，被侵占的岛礁最多。目前，在南海海域，我国的海洋资源被掠夺的状况十分严重，南海周围国家单独或与别国联合开发海上石油和天然气。由于这些油气资源给南海诸国带来了巨大的经济效益，因此他们在南海诸岛主权问题上是不会轻易让步的。

3. 大陆架与专属经济区纠纷

我国大陆架的分布相当广，加上一定数量的岛架，面积约占世界大陆架总面积的5%。我国大陆架除渤海外，其他海域大陆架都存在与邻国的划界问题。专属经济区作为一种和大陆架权益联系在一起的问题，同样在未来的海洋权益之争中隐含着不稳定因素。

钓鱼岛及其附属岛屿自古以来就是中国固有领土，中国对南海诸岛及其附近海域拥有无可争辩的主权。海峡两岸中国人民和全体中华儿女都有责任维护东海、南海的主权。在涉及领土主权和海洋权益的原则问题上，中国政府捍卫国家利益的决心和意志是坚定的。

（三）中美关系将始终是影响中国国家安全的重要因素

美国在亚洲的军事调整和不断强化的美日同盟构成中国周边安全的长远威胁，特别是对台湾问题的解决形成障碍。而中美关系的复杂性不仅仅在于它不是单纯的双边关系，中美关系直接影响到中国周边安全的全局；而且还在于它不是一种单纯的安全关系，必须从中国经济、政治、社会的综合角度加以通盘考量。

中美两国作为世界两个最大的经济体，在维护世界和平、安全、稳定，促进全球发展繁荣方面肩负着特殊的重要责任。发展长期健康稳定的中美关系，符合两国人民根本利益，也是国际社会的普遍期待。当前中美关系正处在新的历史起点上，一定要本着相互尊重、互利互惠的原则聚焦合作、管控分歧，确保中美关系长期稳定健康发展。

（四）新兴领域的国家安全

随着社会的不断发展，近年来，太空、深海、网络空间、极地、人工智能等新兴领域高技术的迅猛发展，使得传统国家安全的"领域"与"利益"大大延伸。为此，国家将和平探索和利用外层空间、国际海底区域和极地，增强安全进出、科学考察、开发利用的能力，加强国际合作，维护我国在外层空间、国际海底区域和极地的活动、资产和其他新兴领域的安全提上议事议程。

第三节　军事技能

案例导入

2019年，教育部、中央军委国防动员部联合印发《普通高等学校军事课建设标准》（以下简称《标准》）。《标准》提出，普通高校军事课设"军事理论"和"军事技能"两门必修课程。"军事技能"训练时间2～3周，实际训练时间不得少于14天112学时，记2学分。《标准》还提出，军事课考核成绩记入学籍档案。

讨论：对此你有何感想？

《中国人民解放军内务条令》（以下简称《内务条令》）、《中国人民解放军纪律条令》（以下简称《纪律条令》）和《中国人民解放军队列条令》（以下简称《队列条令》）统称共同条令，亦称三大条令，是中央军委向全军颁布的命令，是全体军人必须遵守执行的法规，是我军建立正规生活、巩固纪律、培养优良作风、保证部队完成训练和作战等各项任务的根本法典。

一、共同条令教育和队列训练

（一）共同条令教育

共同条令是《内务条令》《纪律条令》和《队列条令》的总称，2018年5月1日我军修订的《内务条令（试行）》《纪律条令（试行）》和《队列条令（试行）》颁布施行。

1.《内务条令》

《内务条令》是为了规范中国人民解放军的内务制度，加强内务建设，根据有关法律和军队建设的实际制定的。军队的内务建设，是军队进行各项建设的基础，是巩固和提高战斗力的重要保证。其基本任务是：使每个军人明确和认真履行职责，维护军队良好的内外关系，建立正规的战备、训练、工作、生活秩序，培养优良的作风和严格的纪律，保证军队圆满完成任务。

制定《内务条令》的主要作用是使全军官兵牢固树立战备观念，养成令行禁止的作风，不断提高战斗力；以军事训练为中心，以正规化建设为重点，以建设一支"听党指挥，能打胜仗，作风优良"的人民军队为目标统筹安排各项工作，建立良好的战备、训练、工作和生活秩序；加强战备物资和军事管理，保证其经常处于良好的状态。

2.《纪律条令》

《纪律条令》由军队最高领导机关或领导人颁发全军执行，是军人遵守纪律的准则，是军队维护纪律、实施奖惩的依据，目的在于培养军人高度的组织性和纪律性，使军队执行命令，服从指挥，令行禁止，协调一致，巩固和提高战斗力。

3.《队列条令》

《队列条令》是规定军队队列动作、队列队形和队列指挥的法规，由军队最高领导机关或领导人颁发全军执行，是军队队列动作的准则，队列训练和队列生活的依据，目的在于培养良好的军人姿态、严整的军容、协调一致的动作、优良的战斗作风和严格的组织纪律性，以增强军队的战斗力。

（二）队列训练

1. 集合、离散

集合，是使单个军人、分队、部队按照规范队形聚集起来的一种队列动作。

集合时，指挥员应当先发出预告或者信号，如"全连注意"或者"×排注意"，然后，站在预定队形的中央前，面向预定队形成立正姿势，下达"成队——集合"的口令。所属人员听到预告或者信号，原地面向指挥员成立正姿势；听到口令，跑步到指定位置面向指挥员集合（在指挥员后侧的人员，应当从指挥员右侧绕过），自行对正、看齐，成立正姿势。

离散，是使列队的单个军人、分队、部队各自离开原队列位置的一种队列动作。

2. 整齐、报数

整齐，是使列队人员按照规定的间隔、距离，保持行、列平齐的一种队列动作。整齐分为向右（左）看齐和向中看齐。

报数口令："报数。"要领：横队从右至左（纵队由前向后）依次以短促洪亮的声音转头（纵队向左转头）报数，最后一名不转头。数列横队时，后列最后一名报"满伍"或"缺×名"。连集合时，由指挥员下达"各排报数"的口令，各排长在队列内向指挥员报告人数，如"第××排到齐"或"第××排实到××名"。必要时也可以统一报数。连实施统一报数时各排不留间隔，要补齐，成临时编组的横队队形。

3. 出列、入列

单个军人或分队出、入列通常用跑步（5步以内用齐步，1步用正步），或按照指挥员指定的步法执行；然后，进到指挥员右前侧适当位置或者指定位置，面向指挥员成立正姿势。

4. 行进、停止

横队和并列纵队行进以右翼为基准，纵队行进时以左翼为基准（一路纵队时以先头为基准）。

行进口令："×步——走。"要领：听到口令，基准兵向正前方前进，其他士兵向基准翼标齐，保持规定的间隔、距离行进。纵队行进时，排、连通常成三路纵队，也可以成一、二路纵队。行进中，可用"一二一""一二三四"或唱队列歌曲，以保持步伐整齐和振奋士气。

停止口令："立——定。"要领：听到口令，按立定的要领实施，分队的动作要整齐一致。停止后，听到"稍息"的口令后，先自行对正、看齐，再稍息。

5. 队形变换

队形变换是由一种队形变为另一种队形的队列动作。包括：横队和纵队的互换、停止间的班横队和班二列横队、班纵队和班二路纵队互换、连纵队和连并列纵队的互换、营横队（营并列纵队）和营纵队互换。

6. 方向变换

方向变换是改变队列面对的方向的一种队列动作。包括：横队和并列纵队方向变换、纵队方向变换。

二、防卫与救护基础训练

（一）防卫技能

防卫技能主要包括格斗技能。格斗是一门军事技术，大学生学习和掌握格斗技术，可将其用于强身健体、护身自卫。格斗技能主要包括徒手格斗（不用武器）和器械格斗（使用武器）。

格斗即"打斗""战斗"。从古到今，人们发明了各种各样的格斗技术，常见的格斗有以下几类：

（1）拳击。拳击技术包括攻击、躲闪、放松、移动、扭斗技术和反击。攻击技术包括左右直拳、左右上勾、左右平勾拳、左右摆、左右斜上勾拳、刺拳。拳击运动只能运用拳头来制服敌人，不能使用腿脚肘膝。

（2）摔跤。摔跤被公认是世界上最早的竞技体育运动，两名对手徒手相搏，按一定的规则，以各种技术、技巧和方法摔倒对手。

（3）跆拳道。跆拳道是一种主要使用手及脚进行格斗或对抗的运动。跆拳道以"始于礼，终于礼"的武道精神为基础，其脚法占70%。跆拳道的套路共有24套，另外还有兵器、擒拿、摔锁、对拆自卫术及10余种基本功夫等。

（4）散打。散打，又称散手，是两人按照一定的规则，并运用武术中的踢、打、摔等攻防技法制服对方的、徒手对抗的格斗项目，它是中国武术的重要组成部分。

（二）救护基础知识

战伤是战斗人员在战场这个特殊环境下遭受的身体损伤，战场医疗救护是指战场上对伤者进行救护、负伤者自我救护、负伤者间互相救护的行为过程。在现代信息化战争中，大量品种繁多的致命和非致命武器广泛地应用于战场，致使作战人员受伤的概率大大增加。因此，及时准确地进行战伤救护，能充分挽救伤员的生命，对减少残疾、提高治愈率、保证部队战斗力具有重要意义。

战伤大致分为非火器伤、火器伤、原子武器伤和化学伤。战伤救护包括自救和互救两个方面。当救护人员不在现场或过于繁忙时，伤员自己施行止血、包扎等急救措施叫作自救；由邻近战友给予止血、包扎、骨折固定、运到隐蔽地方、通气等急救措施叫作互救。战伤救护基本技术包括心肺脑复苏、止血、包扎、固定和搬运等五大技术。战伤救护的原则是先抢后救，先重后轻，先急后缓，先近后远。救护时应先根据具体情况，选择使用心肺脑复苏技术，然后止血、包扎，再固定、搬运。

三、战备与战术基础训练

（一）战备基础

战备工作是军队为执行作战和非战争军事行动任务而进行的准备和戒备活动，是军队全局性、综合性、经常性的工作。提高战备水平，保持常备不懈的战备状态，是有效应对多种安全威胁、完成多样化军事任务的重要保证。人民解放军建立正规的战备秩序，加强战备基础性建设，搞好针对性战备演练，周密组织战备值班和边海空防巡逻执勤，随时准备执行作战和非战争军事行动任务。部队根据执行任务需要进入等级战备。

战备等级是部队战备程度的区分，全军战备等级分为四级战备、三级战备、二级战备、一级战备。一般情况下，数字越小，事情越大。

四级战备，即国外发生重大突发事件或者我国周边地区出现重大异常，有可能对我国安全和稳定带来较大影响时部队所处的战备状态。三级战备，即局势紧张，周边地区出现重大异常，有可能对我国构成直接军事威胁时，部队所处的战备状态。二级战备，即局势恶化，对我国已构成直接军事威胁时，部队所处的战备状态。一级战备，即局势极度紧张，针对中国的战争征候十分明显时，部队所处的战备状态。

（二）战术基础

战术是各军种、兵种组织和进行战斗的方法。在我国古代，战术常见于兵法、武经之中，通常包含"法"与"术"的含义。其中的"法"，不仅是指具体的方法、办法，还有标准、规范、法则等含义；"术"则有方术、术策、计谋之意。到了近代，通常把战术称为"战斗之法""运用军队之方术""战场内指挥团队之术策"等。欧美等西方国家，则称战术为"布阵的艺术"或"战斗指挥艺术"，并把战斗队形、部署、指挥等作为战术的主要内容。

自从战术产生以来，世界各国军队曾从不同角度和侧面提出了许多战斗原则，带有共同性、稳定性并在现代条件下仍然运用的原则主要有：保存自己与消灭敌人是战斗的基本目的。

战斗中，消灭敌人是主要的，保存自己是第二位的；只有大量消灭敌人，才能有效地保存自己。进攻与防御是达成战斗目的的基本手段。进攻具有主动性，是消灭敌人的主要手段；防御具有被动性，是保存自己和辅助进攻的手段。信息化武器装备运用于战斗，提高了消灭敌人的能力，也增加了保存自己的困难。

战斗中须充分发挥各种武器装备的效能，灵活运用各种战法，勇敢顽强、坚决积极，歼灭或控制敌人；同时，采取各种有效措施，特别是加强对敌核化生、精确制导等武器的袭击防护，尽可能保存自己的力量。

知彼知己是正确指导战斗的基础。组织实施战斗，应熟识敌对双方的情况，从中找出行动的规律，用于指导自己的行动，使主观指导符合客观实际。

第四节　大学生入伍

宋玺，女，1994年3月出生，北京大学2012级本科生，大三时选择参军入伍，

2016年年底作为唯一的女陆战队队员赴亚丁湾、索马里执行护航任务，为国建功。在部队，她还是官兵的"心理管家"和全队的文艺骨干。

讨论：你对大学生入伍了解多少？

《中华人民共和国宪法》规定："依照法律服兵役和参加民兵组织是中华人民共和国公民的光荣义务。"部队是青年学生成长成才的大学校，是砥砺品格、增强意志的好课堂，是施展才华、成就事业的大舞台。国防和军队现代化建设，迫切需要一大批有责任、敢担当的有志青年携笔从戎、报效祖国。

一、征兵法规

兵役法规包括：《中华人民共和国兵役法》《征兵工作条例》《应征公民体格检查标准》《中华人民共和国军人保险法》《中华人民共和国国防法》《退役士兵安置条例》《军人抚恤优待条例》《中华人民共和国国防动员法》等。具体内容可登录全国征兵网（https://www.gfbzb.gov.cn）查看。

二、大学生参军入伍的十大好处

有人说，当兵虚度年华、浪费青春，不划算；有人说，当兵收入不高、赚钱不多，不实惠；也有人说，当兵亏了家人、苦了自己，不值得。那么，当兵的意义在哪里，到底有多少价值？联想创始人柳传志的一句话很好地回答了这个问题："正是曾经的军营，才成就了今天的我。"其实，单是从青年个体成长发展的角度分析，当兵至少有十个方面的好处。

（1）练就一副素质过硬的强健体魄。"身体是事业的本钱"，健康的体魄是一个人成事立业的基础。火热军营中的队列、体能、战术等科目，是力与美的完美体现，是爆发力和持久力的有机结合。部队严格的训练，能练就阳刚的气质、敏捷的反应、矫健的身型和结实的肌肉。一名合格的士兵能够做到站一个小时岿然不动，坐几小时笔挺如松，跑几公里感觉不累，加班一通宵依然精神抖擞。几年下来，一个弱不禁风的地方青年在部队也能够磨炼成一名身体强健、精神抖擞、英姿勃发的合格军人。

（2）得到一批感情深厚的亲密战友。"战友战友亲如兄弟，革命把我们召唤在一起……"，歌声唱出了战友之间的真挚感情、深厚友谊。部队是个大家庭，战友来自四面八方、五湖四海，从素不相识到同吃一锅饭、同住一间房、同站一班岗，几年来的摸爬滚打、朝夕相处、同甘共苦，培养了兄弟一般深厚的感情。退伍后，这份经得起时间检验的感情，还能为个人建立良好的人脉关系，在经受挫折、遇到困难时战友能伸出援助之手,在谋职就业、创业发展时战友能提供无私帮助,在出差办事、旅游观光时战友能提供便利条件。

(3) 感受一段丰厚宝贵的人生经历。绿色军营学习、训练、生活等丰富的阅历能够培养造就军人的独立生活能力、吃苦耐劳精神、感恩担当品质,成为军人受益终生的立身之根、做人之道、成业之本。训练演习时的相互帮助、面对挫折时的相互鼓励,可以培育团结协作、热情待人的个人品德;站岗执勤时的尽职尽责、滔滔洪水中的并肩作战,可以培养爱岗敬业、勇于担当的职业道德;尊干爱兵的优良传统、日常养成的礼节礼貌,可以培养感恩父母、尊重家人的家庭美德;抗洪大堤上百姓感激的泪水,震后废墟里群众期盼的眼神,可以强化甘于奉献、乐于牺牲的社会公德。

(4) 取得一份社会认可的工作履历。与同龄人相比,当过兵的人纪律性强、责任心强,能吃大苦、肯干累活,为人踏实、值得信任。退伍军人在就业时,军旅生涯被视为地方政府和企事业单位十分认可的工作经历。退役后符合条件的,可以依据规定给予就业安置、就业培训;对于自主创业的,还可以得到国家在补贴、贷款、减免税等多方面的政策扶持;进入国家企事业单位工作的,军龄能够计算到工龄中,工资、福利和其他待遇不低于本单位同等条件人员的平均水平;公务员招考、村干部录用、普通高校招生和企事业单位竞聘时,在同等条件下退役军人在录取时具有明显的政策优势。

(5) 赢得一次弥足珍贵的学习机会。当兵即入学。军营是所"大学校",不仅学习军事,还非常注重文化知识学习和社会技能培训。部队每年都要组织官兵进行法律自考、报考士官学校等学历升级活动,几年下来很多战士都能拿到国家承认的大专或本科文凭;每年都要组织计算机、英文等级考试,退伍离队时相当一部分战士都能拿到国家承认的计算机等级证书;每年都要选送学兵到院校、厂家、集训队等培训单位学习驾驶、炊事、修理、卫生救护等"军地两用"技能,军人掌握一技之长,在服务部队的同时,也为将来走向社会打下专业和实践基础。

(6) 拥有一个提升能力的成长平台。当过兵的人有一个明显优点,具有较强的独立生活能力,衣服、被子脏了得自己洗,每月的工资津贴必须计划好怎么花,遇到困难要自己应对处置……几年下来,一个从小过着衣来伸手、饭来张口,喜欢走"非主流"的90后、00后,也渐渐会转变成一个在任何环境中都有较强适应能力的人,一个在父母眼中长不大、不放心的孩子,也会在部队磨炼中慢慢成熟。当兵能够历练吃苦耐劳能力,部队是座"大熔炉",训练中往往"冬练三九,夏练三伏",寒风呼啸中纹丝不动,炎炎烈日下挥汗如雨,这些高强度训练,能够锤炼青年人坚忍不拔的意志,有了这份吃苦的经历,踏入社会以后,碰到再苦再累的事情也能轻松面对。当兵还能培养团结协作的能力,部队是个集体,小到一次装填发射大到完成一项军事演习,小到一次打扫卫生大到一次救灾行动,任何一项工作的完成都离

不开团队协作的集体力量,日积月累,协作意识就会在战士心中打下深深烙印。这种在地方学校难以培养的团队协作的意识和能力,正是地方大多数单位和工作岗位都非常看重和需要的。

(7) 获得一次改变命运的难得机遇。每个人都有自己的志向,或报效国家,或干事立业。无论哪种志向的实现,都需要通过自己的不懈努力,参军入伍就是实现自己理想的绝佳途径。当兵之后,人生轨迹会随之改变。有的可以通过当国防生、考军校、直接提干等途径成为一名军官,转业后还能成为国家公务员、企事业单位干部;有的可以被选取为士官,成为部队建设的中坚力量,很多农村孩子、待业青年从此领取了工资,连找对象都吃香了很多;有的通过部队几年的培养锻炼,退伍后成为乡村干部、企业老板、致富带头人,甚至直接考取国家公务员。

(8) 挣得一笔走向社会的创业资金。随着国家退役军人安置政策调整,国家正逐步提高退伍军人安置经费标准。这为现役士兵走向社会、创业发展提供了原始积累。随着经济社会的发展,军人的福利待遇将会进一步提高。

(9) 带来一份全家受惠的政治荣誉。一人当兵,全家光荣。国家为保障军人权益专门出台了相关政策,即使以后退伍、转业回地方,也比其他人有就业优势和政策优惠。而对于军人家庭而言,每年地方政府都会发放慰问金、慰问品,张贴"光荣军属"门牌,官兵立功受奖,民政部门会登门报喜。如果军人家庭遇有困难、纠纷或涉法问题,部队、地方人武部和政府有关部门都会积极协调解决。同时,医院、火车站、汽车站都设置了军人窗口,车站还设立军人候车室,国家旅游景点、部分城市市区公交车对军人免票,等等,这些都是国家为军人及军属提供的便利、优惠。

(10) 换来一段终生难忘的美好回忆。"生命里有了当兵的历史,一辈子都不会后悔。"无论是翱翔蓝天的空中卫士,还是驰骋海洋的蓝色水兵,无论是经历过二万五千里长征的老红军,还是在新时期从部队退伍的老兵,当你脱下军装、离开军营,回首往昔,会想起第一次紧急集合时的狼狈、第一次实弹射击时的尴尬、第一次五公里越野冲过终点线时的欣喜、第一次立功受奖时的兴奋;追忆往事,在实兵演习场上真枪实弹射击时的紧张和刺激、在抗洪大堤上日夜鏖战时的忙碌和辛劳、在世博安保等参与国家事务时的神圣和自豪,这些记忆历历在目、历久弥新。军营里有欢笑,也有泪水,有成长的烦恼,也有成功的喜悦,正是因为生命中有了当兵的历史,回忆变得美好和珍贵,正是因为生命中有了当兵的历史,一辈子都不会感到后悔。

三、襄阳市大学生入伍优惠政策

(一) 选拔培养方面

合理分配岗位:综合衡量大学生士兵的专业和特长,发挥其文化、专业知识优势，尽量安排到对口或相近的专业岗位。

优先选取士官：对符合士官选取条件的士兵，同等条件下具有全日制大专毕业以上学历的要优先选取。

报考军队院校：参加全国普通高等学校招生统一考试，经省招生办公室专科统一录取且取得全日制专科学历的毕业生士兵，可以参加全军统一组织的军队院校本科层次招生考试，录取至有关军队院校学习，学制2年，毕业合格的列入年度生长干部学员毕业分配计划。

选拔保送入学：大学毕业生士兵参加优秀士兵保送入学对象选拔，年龄放宽1岁，同等条件下优先列为优秀士兵保送入学推荐对象，具有专科学历的，安排2年本科层次学历培训。

（二）荣誉激励

为烈属、军属和退役军人等家庭悬挂光荣牌，为优抚对象家庭发春节慰问信，为入伍、退役的军人举行迎送仪式；邀请优秀优抚对象代表参加国家和地方重要庆典和纪念活动；将服现役期间荣获个人二等功以上奖励的现役军人、退役军人名录载入地方志；对个人立功、获得荣誉称号或勋章的现役军人，由当地人民政府给其家庭送喜报；优先聘请优秀优抚对象担任编外辅导员、讲解员等，发挥其参与社会公益事业的优势作用等。

（三）经济生活方面

1. 生活优待

参军入伍专属银行卡。凡从襄阳市入伍的现役和退役士兵，可在各大商业银行省内营业网点申请办理参军入伍专属银行卡，享受优先服务，免收卡工本费、卡年费、小额账户管理费和跨行转账费，并可购买专属理财产品。

保障性住房。2021年及以后从襄阳市入伍的全日制普通高校毕业生，退役后被正式录（聘）用，符合条件的，可在安置地或工作地（两者任选其一）优先申请保障性住房。

住房公积金。2021年及以后从襄阳市入伍的全日制普通高校毕业生，符合住房公积金贷款条件的，可适当提高其最高贷款额度。

2. 入伍奖励金

2021年及以后从襄阳市入伍的大学生，在其入伍次年8月1日前，由入伍地县级财政部门给予一次性入伍奖励金。襄阳市标准为专科毕业生3000元/人，在校生2000元/人。

3. 家庭优待金

2021年及以后从襄阳市入伍的义务兵，不分城镇或农村户口，家庭优待金基础标准均按照不低于入伍地县（市、区）上年度城镇居民人均可支配收入的50%执行，义务兵家庭优待金增发标准等仍按现行政策执行。襄阳市2019年人均可支配收入37297元，襄阳市2020年人均可支配收入37707元。

鄂民政发〔2014〕49号文件明确：本科生及以上学历者按基础标准增发100%，专科生按基础标准发50%。进藏（疆）和高原条件兵家庭优待金按基础标准的3倍发放。进藏（疆）和高原条件兵的大学生义务兵，除享受3倍基础标准外，同时享受大学生义务兵家庭优待金增发政策。

举例：小明是一位从襄阳入伍的专科毕业生，分配去向是新疆某单位，服役2年，其享有专科毕业生入伍奖励金、义务兵家庭优待金、学费补偿或国家助学贷款代偿、退役金、自主就业一次性经济补助、两年义务兵基础津贴等，小明服役2年能拿20万元左右。

4. 学历提升

从2021年起，将扩大"退役大学生士兵"专项硕士研究生招生规模，由目前的每年5000人扩大到8000人，重点向"双一流"建设高校倾斜。专科学历学生参军退役并完成专科学业后，从2022年起，可免试入读普通本科或成人本科。

5. 定向招录（聘）

公务员招录（聘）：①在军队服役5年以上（含5年）的退役大学毕业生士兵，可以报考面向服务基层项目人员定向考录的职位，同服务基层项目人员共享公务员定向考录计划，原则上不超过县乡机关招录计划的15%；②新招录基层专武干部全部面向退役大学生士兵。

事业单位招录（聘）：①各地在每年事业单位招聘工作人员时可安排部分岗位，定向招聘我省入伍的退役大学生士兵；高校毕业生退役士兵在军队服役5年（含）以上的，参加省直事业单位招聘公共科目统一笔试，可在折合成百分制的笔试成绩上增加5分；②直接服务退役军人的事业单位，每年招聘岗位中面向退役士兵（含退役大学生士兵）的比例不低于1/3；③在军队服役5年以上（含5年）的退役大学生士兵可与"三支一扶"等服务基层项目人员共享基层专项招聘岗位计划，也可同等享受其他相关优惠政策。

国有企业招录（聘）：全省每年安排不超过国有企业招聘总数10%的岗位，用于定向招聘从我省入伍的退役大学生士兵。退役大学生士兵服现役年限计算为工龄，服现役期间的奖惩情况、边远艰苦地区工作经历等作为录（聘）用的重要参考。

6. 创业扶持

对符合条件的退役士兵创业担保贷款申请予以优先支持，个人贷款额度最高不超过 20 万元。对符合条件的个人创业担保贷款借款人合伙创业的，可根据合伙创业人数适当提高贷款额度，最高不超过符合条件个人贷款总额度的 10%。贷款期限内按规定予以财政贴息。

7. 优先优待

大学生享受优先报名应征、优先体检政考、优先审批定兵、优先安排使用政策以及体检绿色通道。

国家对应征入伍服义务兵役的高校学生实行资助，对其在校期间交纳的学费或获得的国家助学贷款，实行一次性补偿或代偿，对其退役后复学或入学的学费予以减免。学费补偿、国家助学贷款代偿和学费减免标准，本专科学生每人每年最高不超过 8000 元，研究生每人每年最高不超过 12000 元。

四、大学毕业生应征入伍流程

（1）网上报名预征：有应征意向的高校毕业生可在征兵开始之前登录"全国征兵网"（网址为 https://www.gfbzb.gov.cn）进行报名，填写、打印《应届毕业生预征对象登记表》和《高校毕业生应征入伍学费补偿国家助学贷款代偿申请表》（以下分别简称《登记表》《申请表》），交所在高校征兵工作管理部门。

（2）初审、初检：毕业生离校前，在高校参加身体初检、政治初审，符合条件者确定为预征对象，高校协助兵役机关将《登记表》和《申请表》审核盖章发给毕业生本人，并完成网上信息确认。初审、初检工作最晚在每年 7 月 15 日前完成。

（3）实地应征：高校应届毕业生可在学校所在地应征入伍，也可在入学前户籍所在地应征入伍。

（4）组织高校应届毕业生在学校所在地征集的，结合初审、初检工作同步进行体格检查和政治审查，在毕业生离校前完成预定兵，每年 9 月初学校所在地县（市、区）人民政府征兵办公室为其办理批准入伍手续。政治审查以本人现实表现为主，由其就读学校所在地的县（市、区）公安部门负责，学校分管部门具体承办，原则上不再对其入学前和就读返乡期间的现实表现情况进行调查。

（5）在入学前户籍所在地应征入伍的，高校应届毕业生在每年 7 月 30 日前将户籍迁回入学前户籍地，持《登记表》和《申请表》到当地县级兵役机关参加实地应征，经体格检查、政治审查合格的，每年 9 月初由当地县（市、区）人民政府征兵办公室办理批准入伍手续。

思考与练习

1. 我们为什么不能停下国防建设的脚步?
2. 联系当前形势,谈一谈国际战略形势有哪些新的特点?
3. 大学生如何增强国防意识?

案例思考

请扫描右侧二维码获得更多资源

知识拓展

请扫描右侧二维码获得更多资源

课外阅读

欢迎登录"爱习课专业版App"查阅

第四章　我的安全我守护

"发展决不能以牺牲人的生命为代价,这必须作为一条不可逾越的红线。"

——习近平

"安全需要是人类的重要需要之一。"

——著名心理学家马斯洛

"身体发肤,受之父母,不敢毁伤,孝之始也。"

——《孝经·开宗明义》

素质目标

1. 树立安全第一的意识和正确的安全观。
2. 能把安全问题与个人发展和国家需要、社会发展相结合,为构筑平安人生主动付出、积极努力。

能力目标

1. 掌握安全防范技能和安全管理技能。
2. 掌握以安全为前提的自我保护技能、沟通技能、问题解决技能等。

知识目标

1. 了解安全基本知识。
2. 掌握与安全相关的法律法规和校纪校规。
3. 掌握安全问题所包含的基本内容,了解安全问题的社会、校园环境。
4. 了解不同类型的安全问题及安全保障的基本知识。

第一节 大学生安全问题概述

野外探险风险大

2016年12月10日上午,某大学生一行18人从上海某大学出发,踏上"野黄山"这条新探险路线。12日,山上雾气渐浓,团队失去方向,经过几番尝试都无法确定位置,10时40分,团队向黄山市消防支队打来求救电话。当晚,黄山市及景区已经派出由公安、消防、综治、防火等多部门组成的救援队伍前往搜救,第一批救援人员达到70多人。13日凌晨3时许,黄山市政府和黄山风景区负责人表示,18人终于被找到且护送下山,经体检,身体状况均好。命运垂青大学生的同时,不幸还是发生了。3时26分,救援组成员——黄山风景区公安局民警张宁海同志——一路打着手电护送大学生,经过一悬崖绝壁时,他细心地让光柱照亮身边的同学,全部注意力都在探险大学生身上,而自己却不幸坠崖身亡。

(资料来源:李子德,《大学生安全教育》,2019年)

讨论:作为大学生你赞成开展野外探险活动吗?为什么?

一、大学生安全问题成因

(1)缺乏社会经验。当代大学生独生子女较多,没有经受过太多的挫折和磨砺,导致其思想比较单纯,缺乏必要的社会经验,对社会上的不良风气和一些坏人坏事不能理性认识,往往易使自己陷入各种各样的危险之中而浑然不觉。

(2)缺乏安全防范意识。缺乏必要的安全保护知识,几乎不具备什么安全保护能力,对可能发生的各种安全问题,缺乏必要的重视和警惕心理,留下了种种安全隐患。

(3)缺乏对社会消极因素的抵御能力。在市场经济条件下,一些不良社会风气也蔓延到了学校,有的学生经不住诱惑,自觉或不自觉地接受了拜金主义、享乐主义、极端个人主义等不良思想观念的影响,为满足虚荣心走上违法犯罪的道路,害人害己、危害社会。

二、大学生安全教育的主要内容

(一) 安全意识教育、安全防范和自我保护教育

(1) 安全意识教育。向大学生传授交通出行、消防、财物安全、人际交往、自然灾害、反恐防恐、人身安全、生活安全、教学安全和遵纪守法知识等,头脑中有了这些安全知识,自然而然也就增强了安全意识,相对就有了更好的安全保障。

(2) 安全防范和自我保护教育。对大学生的危害既有来自自然的,也有来自社会的,这些危害除极少数不能防范外,绝大多数都是可防可避免的。可防可避免的关键在于拥有安全防范知识和自我保护经验,拥有这些能大大提高学生自我保护的能力。

(二) 校规校纪教育和法律法规教育

(1) 校规校纪教育。没有规矩不成方圆,除了让学生了解和掌握校园秩序管理规定、大学生日常行为守则、大学生学籍管理条例等学生管理规定,还需让学生着重掌握涉及学生日常行为的安全规定、校园治安综合治理的规定、大学生的奖惩措施和违纪处罚条例等。"遵规守纪光荣,违规违纪可耻"应成为每位大学生坚定的信条。

(2) 法律法规教育。从高校出现的一些违法犯罪的案例来看,导致违法犯罪的一部分原因是大学生法治意识不强,许多大学生既不知法,也不懂法,进而也就不守法。还有一部分原因,那就是有些大学生知法犯法、以身试法。因此,对大学生进行法治教育,应首先从增强其法律意识开始。

(三) 应急知识教育和救护能力教育

(1) 应急知识教育。学习《中华人民共和国突发事件应对法》和《国家突发公共事件总体应急预案》,让学生了解和掌握国家和地方公共突发事件应急预案体系、应急组织体系和应急运行机制,知道各类常见灾害、灾难和公共突发事件的应对和避险知识。

(2) 救护能力教育。生活中难免会遇到各种各样的危险和伤害,如何减轻或避免自己或他人遭受伤害,当然离不开救护能力。提高大学生救护能力,一方面要积极组织学生开展逃生和急救等演练活动,学习常见的紧急救护知识和技能;另一方面要引导学生注重社会生活实践,在社会生活的大课堂中增长知识和才干。

三、大学生安全教育的原则

(一) 安全第一、预防为主的原则

(1) 安全第一的原则。学校在任何时候都应把大学生的安全放在首要位置，高校的一切工作都必须为安全工作服务，必须建立健全安全工作的领导体制及其运行机制，加快安全设施建设，抓细安全管理。

(2) 预防为主的原则。在整合社会和学校有关安全工作资源和力量的基础上，结合学校安全工作现状，适当提前做好安全预防，做到未雨绸缪。大力向学生灌输"学习是首要，安全更重要""预防胜于补救""责任重于泰山"等预防理念，实践证明"预防为主"是学校安全工作必须坚持的根本原则。

(二) "三结合"的原则

(1) 学校安全教育与德育教育、课堂教学有机结合的原则。德育教育是安全教育的前提和基础，安全教育是德育教育的保障。安全教育还要和课堂教学紧密结合，始终与实验教学、体育教学、健康教育等课程相互融合、相互贯通。

(2) 认知、体验与实践相结合的原则。传授安全理论要紧密结合学生实际和社会实际，恰当结合典型案例、师生实践经验教训进行教学，对学生进行特定内容的实践演练、实训，把讲授内容与一定的情景模拟结合在一起，让学生在亲身体验中去认知、去感悟。

(3) 学校、家庭与社会相结合的原则。高校责无旁贷地承担着保障大学生安全的责任和义务，发挥着主导作用；家长永远是孩子的老师，需要学生家长的理解和配合；社会媒体、公安司法、交通消防、社区组织、安全监督等部门齐抓共管，形成一股教育合力。

(三) 以人为本、珍惜生命的原则

(1) 以人为本的原则。高校在制定安全教育规划、管理制度和计划安全设施投入等方面，把是否有利于学生的全面发展作为重要的衡量标准，尊重学生的人格，倾听学生的呼声，倾力为学生服务好，争取成为学生们的良师益友，要让学生知道：学生的平安是老师最大的心愿！

(2) 珍惜生命的原则，要在教育教学工作中反复强调生命的宝贵，告诉学生无论身处何种境地，都应将生命安全放在重要位置上。生命对每个人都只有一次，财物失去可以重新获得，但生命不能从头再来，人命和健康是无价之宝，一定要加倍珍惜。在现实生活中，许多大学生由于不懂得生命第一这个道理而使自己受到伤害，有的甚至失去了性命，这非常令人痛心。

第四章

我的安全我守护

第二节　高校安全教育法律法规

兼职刷单是骗局

2018年5月，广州某高校53名学生因"兼职刷单"身陷泥潭，网络贷款总额高达220多万元。自称在某网络贷款平台工作的陈某某与当地某高校学生吴某合谋，拉拢其同学刷单。陈某某宣称无须任何成本，简单一刷就有500元兼职费。刷单同学要提供详细个人信息，如身份证号和银行账户等。陈某某与吴某利用同学们的信息，以刷单为名，用这些同学个人信息开户，在多个平台贷取巨额款项。

吴某与陈某某为牟取非法利益，以他人名义恶意在网络贷款平台贷款，触犯《中华人民共和国刑法》第二百六十六条的规定。广州市××区检察院以诈骗罪对吴某与陈某某两人提起公诉。

中国社会主义法治建设成功与否，取决于新一代接班人法律意识水平的高低。当代大学生的法律素养，关系我们国家和民族的长远发展。调查显示，由于考试制度、成长环境等影响，我国当代大学生的法治意识相对淡薄，法律知识明显不足，造成一些大学生不知法、有法不遵等问题。

（资料来源：李子德，《大学生安全教育》，2019年）

讨论： 作为一名大学生你认为我们的大学生安全意识强吗？为什么？

一、大学生应了解的几种法律法规

（一）国家基本法

国家的基本法指的是规定国家的性质、根本制度、基本路线等具有根本性、重大性问题的法律规范，主要包括《宪法》《民法典》《刑法》等。

(二)国家安全法律法规

主要包括《国家安全法》《保守国家秘密法》《全国人民代表大会常务委员会关于维护互联网安全的决定》等。

(三)常用法律法规

主要包括《道路交通安全法》《治安管理处罚法》《信息网络传播权保护条例》《计算机软件保护条例》等。

二、大学生应具备的法律意识

(一)自由平等的法律意识

依法享有和行使自由,是公民意识中最核心、最基本的内容。每一个社会成员都有自己独立的人格和不可侵犯的权利,个人权利存在的前提就是对他人权利的尊重。不珍视自己的权利,或者不尊重别人的权利,都是公民意识欠缺的表现。

(1)树立权利意识。维护自己的基本权利、人身自由权利、个人财产及隐私不受他人侵犯的权利。世界上没有绝对的权利和自由,任何权利都要受到一定的限制,大学生要在法律允许的范围内正确行使自由权利。随着网络的兴起,有些学生在不经过调查核实的情况下,利用网络随意发表自己对某人、某事的看法,在不经意间会泄露他人的隐私,影响他人的正常生活,甚至侵犯他人的合法权利。一旦超越法律许可的范围,滥用权利和自由,必然会违背公众的意志,损害人民的利益,必将受到法律的制裁,进而丧失自由和权利。

(2)树立平等意识。平等权是我国公民的一项基本权利,它意指公民同等地依法享有权利和履行义务。《宪法》规定"公民在法律面前一律平等"。平等权有三层意思:一是权利平等,即所有的公民平等地享有法律规定的权利;二是义务平等,即所有的公民平等地履行法律规定的义务;三是法律适用平等,即国家机关在适用法律时平等地对待所有的公民,在保护或惩罚上一律平等,不因人而异,任何组织或个人都没有超出宪法和法律的特权。每位学生都享有同等的权利,平等地享受高等教育,不因社会背景、经济条件、职务身份的不同而给予区别对待。权利义务是对等的,在平等享受权利的同时,每位学生应严格遵守国家的法律法规、学校的规章制度。对同样的违规违纪、不履行义务的行为,依据学校管理规定,应当受到同等的处分。

(二)公平正义的法律意识

公平是竞争的基础,而竞争是公平的体现。竞争要求公平,公平保护竞争。在公平的环境中，人们才会更好地去竞争。如果离开了公平，竞争便失去了赖以存在的根本。作为在校大学生，应从自己做起，树立基本的公平正义意识。纵观大学校园，部分学生缺乏公平竞争意识，害怕竞争和不公平竞争现象时有发生，特别是高校学生考试作弊、学术论文作弊等现象屡禁不止。

学生们要养成公平竞争的心理和习惯，这是适应市场经济需要的迫切要求。在新的历史条件下，公平竞争具有丰富而深刻的时代内涵。树立竞争意识，是培养公平竞争心理的基础。竞争意识就是要把自己融入社会的发展中去，通过自己的努力拼搏，来实现自我和社会目标。只有具备竞争意识，才会知难而进，努力去提高和完善自己，壮大自己的实力，通过脚踏实地的学习和锻炼，培养真才实学，提高自身的素质和能力。

三、大学生法律意识培养的重要意义

（一）建设社会主义法治国家的要求

加快建设中国特色社会主义法治体系和社会主义法治国家，以促进社会主义法治迈向良法善治的新境界。提高大学生的法律意识、促进大学生的全面发展对于建设社会主义法治国家具有重大意义。

（二）大学生健康成才的要求

在社会主义法治理念深入人心的今天，在安定、和谐的今天，法律意识的高低直接关系到大学生能否适应这个社会，能否在竞争中立于不败之地。大学生走向社会后，更需要守法意识、维权意识、自我保护意识、诚信意识、合同契约意识，等等。

（三）构建社会主义和谐社会的要求

就业问题、社会治安等问题是当前人民群众关注的热点问题。因此，我们要按照民主法治、公平正义、诚信友爱、充满活力、安定有序、人与自然和谐相处的总要求来构建社会主义和谐社会。

（四）建设平安和谐校园的要求

在当今复杂形势下，大学校园的不稳定因素不容忽略。校园安全事故频发，校园暴力伤害事件时有发生，校园贷、诈骗和传销已成为部分学生心中的噩梦，邪教和反华势力的渗透不容小觑，部分大学生在学术、荣誉的谋取中仍有违法行为。为了大学生的身心健康，高校的平安校园建设刻不容缓。所以，大学生法律意识的培养能提高大学生的自我保护和维权意识，从而使得高校更加平安有序，成为学生发展自我的真正家园。

第三节 安全教育类型与防范措施

防奸反谍要牢记

2014年11月,毕业生廖某某网上求职,某境外间谍情报机关嫌疑人"JANNY"通过QQ群与其搭讪,为其介绍所谓"摄影工作",主要是拍摄某军港停泊的军舰舷号。廖某某按对方指令拍摄并通过网络传送相关照片,获利1000元。2014年11月7日,廖某某观看电视专题片《警惕间谍》及媒体的相关报道后,认识到自己的行为已触犯法律,他主动拨打广东省国家安全机关报警电话自首。有关部门依法对其进行了批评教育,并根据《中华人民共和国反间谍法》第二十八条的规定,免于追究其刑事责任。此后,廖某某积极配合,有立功表现,受到国家安全机关的嘉奖。

(资料来源:李子德,《大学生安全教育》,2019年)

泄露国家秘密遭逮捕

2012年,广东某重点大学新生徐某因家境贫困在QQ群里发了求助帖。一名为"MissQ"的网友自称"境外投资咨询公司的研究员",承诺给予徐某2000元助学汇款,请徐某帮助"搜集解放军部队装备采购方面的期刊资料"。

2012年5月,"MissQ"又向徐某提供了一份"田野调研员"的兼职,月薪2000元。所谓"调研"工作,就是到徐某所在城市的军港码头拍摄军事设施和军舰,到船厂观察、记录在造、在修船舰的情况,并将有船舰方位标识的电子地图记录整理为加密文档,按约定时间上传,"MissQ"即时从境外登录下载。

2013年5月,徐某的资料传输行为暴露,被国家安全机关依法拘留审查。

(资料来源:李子德,《大学生安全教育》,2019年)

讨论:你认为国家安全离我们大学生遥远吗?

第四章

我的安全我守护

一、国家安全

（一）国家安全与总体国家安全观

《国家安全法》指出，国家安全是指国家政权、主权、统一和领土完整、人民福祉、经济社会可持续发展和国家其他重大利益相对处于没有危险和不受内外威胁的状态，以及保障持续安全状态的能力。国家安全工作应当坚持总体国家安全观，以人民安全为宗旨，以政治安全为根本，以经济安全为基础，以军事、文化、社会安全为保障，以促进国际安全为依托，维护各领域国家安全，构建国家安全体系，走中国特色国家安全道路。2014年4月15日，习近平主持召开中央国家安全委员会第一次会议，指出："当前我国国家安全内涵和外延比历史上任何时候都要丰富，时空领域比历史上任何时候都要宽广，内外因素比历史上任何时候都要复杂，必须坚持总体国家安全观。"

（二）国家安全的基本内容

（1）政治安全，是指国家的政治制度和政治形势保持稳定，不受国内外敌对势力的破坏和颠覆，事关党和国家安危，其核心是政权安全和制度安全，最根本的就是维护中国共产党的领导和执政地位、维护中国特色社会主义制度。

（2）国土安全，是指国家的领土、领海和领空安全，不受外来军事威胁或侵犯，涵盖领土、自然资源、基础设施等要素，是领土完整、国家统一、海洋权益及边疆边境不受侵犯或免受威胁的状态，是立国之基。

（3）军事安全，是指国家不受外部军事入侵和战争威胁的状态，以及保障这一持续安全状态的能力。军事安全在国家安全中处于极其重要、不可替代的地位，军事手段是始终维护国家安全的根本保障。

（4）经济安全，是国家安全的基础，首先要保证基本经济制度安全，保障关系国民经济命脉的重要行业和关键领域安全。重点防控好各种重大风险挑战，保护国家根本利益不受伤害。

（5）文化安全，是确保一个民族、一个国家独立和尊严的重要精神支撑。文化是人民血脉，是人民的精神家园，既要建设具有强大凝聚力和引领力的社会主义意识形态，也要加强各级各类思想文化阵地管理，旗帜鲜明地反对和抵制各种错误观点，提升国家形象的国际亲和力，增强中华文化国际影响力。

（6）社会安全，是国家改革发展的重要保障，是国家安全的"晴雨表"，与人民群众切身利益关系最密切，直接反映人民群众的幸福感和满意度。涉及打击犯罪、维护稳定、社会治理、公共服务等各个方面，涉及生产、工作、生活等各个环节。要协调社会利益关系，积极预防、减少和化解社会矛盾，促进各阶层成员和谐共处，最终实现人民安居乐业、社会文明进步。

（7）科技安全，是指科技体系完整有效，国家重点领域核心技术安全可控，国家核心利益和安全不受外部科技优势危害，以及保障持续安全状态的能力。科技安全是国家安全体系的重要组成部分，是支撑国家安全的重要力量。

（8）网络安全，是我国面临的最复杂、最现实、最严峻的非传统安全问题之一。没有网络安全就没有国家安全，就没有经济社会稳定运行，广大人民群众也难以得到保障。要加强网络综合治理，形成从技术到内容、从日常安全到打击犯罪的网络治理。

（9）生态安全，是指一个国家具有支撑国家生存发展的较为完整的、不受威胁的生态系统，以及应对国内外重大生态问题的能力。维护生态安全直接关系人民群众福祉、经济可持续发展和社会长久稳定。生态安全已成为国家安全体系的重要组成部分和基石。

（10）资源安全，从国家安全的角度看，资源的构成包括水资源、能源资源、土地资源、矿产资源等多个方面。资源安全的核心是保证各种重要资源充足、稳定、可持续供应。

（11）核安全，维护核安全，要采取措施防范核攻击、核事故和核犯罪行为，坚持核不扩散立场，确保核设施和核材料的安全，防止和应对核材料的偷窃、蓄意破坏、未经授权的获取、非法贩运等违法行为，防范恐怖分子获取核材料、破坏核设施等。

（12）海外利益安全，主要包括海外能源资源安全，海上战略通道以及海外公民、法人的安全。

全民国家安全教育日

《中华人民共和国国家安全法》是为了维护国家安全，保卫人民民主专政的政权和中国特色社会主义制度，保护人民的根本利益，保障改革开放和社会主义现代化建设的顺利进行，实现中华民族伟大复兴，根据《中华人民共和国宪法》制定的法规。第十二届全国人民代表大会常务委员会于2015年7月1日通过新的《中华人民共和国国家安全法》。该法第十四条规定，每年4月15日为全民国家安全教育日。

辽宁舰泄密事件

2014年4月，23岁的张某在微信上添加了一个自称"记者"的人。此人以需要新闻报道材料为由,请张某为其提供军舰照片。张某被优厚条件吸引,想方设法进行拍摄。在境外间谍机关的指使下,张某设法进入某军工企业。到2014年8月被采取强制措施时,张某已向对方提供辽宁舰等目标照片500余张,其他敏感照片200余张。2015年2月12日,张某因"为境外刺探、非法提供国家秘密罪"被判处有期徒刑6年,剥夺政治权利3年。

力拓铁矿石案

2009年7月9日,上海市国家安全局证实,力拓上海办事处的4名员工因涉嫌窃取中国国家机密被拘捕,其中包括该办事处总经理、力拓铁矿石部门中国业务负责人胡某。经查实,自2002年以来,在中外进出口铁矿石谈判期间,胡某等人采取不正当手段,通过拉拢收买中国钢铁生产单位内部人员,刺探窃取了商业机密,使中国企业在铁矿石谈判中处于不利地位,给中国的钢铁行业带来了巨大的损失,对我国经济安全和利益造成重大损害。

"海莲花"黑客组织案

名为"海莲花"(Ocean Lotus)的境外黑客组织,在国外政府支持下,自2012年4月起针对中国海事机构、海域建设部门、科研院所和航运企业展开精密组织的APT(高级持续性威胁)网络攻击。"海莲花"使用木马病毒攻陷、控制政府人员、外包商、行业专家等目标人群的电脑,意图获取受害者电脑中的机密资料,截获受害电脑与外界传递的情报,甚至操纵该电脑自动发送相关情报,从而达到掌握中方动向的目的。

(资料来源:邵长胜,《大学生安全教育》,2020年)

二、人身安全

(一)预防传销

误入网络传销殒命

2017年8月2日,有自媒体报道一名"985"高校的毕业生疑陷"招聘骗局",误入网络传销组织殒命,引发社会舆论哗然。小李,28岁,出生于山东德州的一个普通家庭,2016年毕业于某大学资源勘查工程专业,但始终没有找到心仪的工作,便在北京报了个IT培训班学习,想找个IT行业的工作。2017年5月15日,小李完成学习后,开始在互联网招聘平台,投递简历应聘Java工程师岗位。最终,他拿到

了一家名为"北京科蓝公司"的Offer。5月18日，自称上述公司的"人事部"电话面试小李，面试比较专业。两天后，他就被通知到天津静海区报到。小李的朋友小丁说，在电话面试结束后，小李还和他商量了一下这个工作机会，跟他说了自己的想法："就只有电话面试了一下，我都不知道靠不靠谱，我怕是传销的。"小丁说，可以让自己在天津的朋友帮忙打听一下，让小李先别去天津，但没想到他犹豫了一下还是直接去了。小李去了天津之后，大家发现他"变了"，态度开始冷淡并频繁失联，其间还曾向朋友多次借钱。6月28日上午，小李找同学给他的微信发送验证码，说是手机丢了，当天小李还联系了他母亲，让她把她和父亲的手机号发给他，说忘了他们的号码。7月14日，小李的尸体在天津静海区被发现，属溺亡。家属由此怀疑小李身陷"招聘骗局"，加入传销组织并被害。

经调查，所谓的"北京科蓝公司"其实是一家冒名招聘的"李鬼"公司，该"李鬼"公司涉及传销。

（资料来源：李友玉、李洪渠、雷震德，《大学生安全指导》，2018年）

从上数案例中你能分辨传销行为吗？万一误入传销组织，你该如何自救？

1. 传销的概念与特征

传销是指组织者通过发展人员或者要求被发展人员以交纳一定费用为条件取得加入资格等方式非法获得财富的行为。其特征一是交纳入门费，需要认购商品或交纳费用取得加入资格或发展他人加入的资格，牟取非法利益。二是拉人头，需要发展他人成为自己的下线，并对发展的人员以其直接或间接滚动发展的人员数量为依据给付报酬，牟取非法利益。三是计酬方式，以直接或间接发展人员为依据计算报酬，牟取非法利益。

2. 学生参与传销的原因

一是少数大学生存在"一夜暴富""三个月开宝马"的错误思想；二是部分学生被高薪收入、共同创业的幌子诱骗；三是被传销组织感情攻势蒙蔽；四是被传销组织"密不透风"的管理方式控制。

3. 传销的危害

一是传销活动对社会的诚信体系、伦理道德、社会风气，对家庭、学校和个人均造成了巨大伤害，不仅严重扰乱社会经济秩序，还给社会治安管理带来了严重挑战。二是扰乱学校正常的教学秩序。大学生本该坐在教室里学习，却被骗入传销组织，在谎言和欺骗中尔虞我诈，不仅导致学业荒废，蒙受巨大的经济损失，还饱受身心折磨。三是给参与者及其家庭造成严重伤害。传销组织成员发展对象往往是在亲属、同学、老乡、朋友等与其有一定关系的人中展开，最终导致亲友反目、父子成仇、亲情分离。四是违法犯罪,危害社会安全稳定。五是破坏社会伦理道德和价值体系。传销人员价值观扭曲、敌视仇恨他人、道德败坏、报复社会,对社会伦理道德和价值体系造成巨大破坏。

(二)溺水自救法

不听劝告殒命深潭

某年4月的一个周日,湖北宜昌某高校大二学生小张和小魏等8位同学,相约到市郊踏青春游。中午时分,气温升高,他们来到一条小溪中戏水,8个人中只有小张会游泳。4月的溪水,水温还很低,小张只游了几分钟腿部就出现抽筋现象,便回到岸边休息。此时,不会游泳的小魏在水中慢慢摸索前进,水快超过他胸部时,同学们提醒他注意安全,不要到深水中去。也许是好奇心的驱使,也许是想逞能,小魏不以为然,继续缓慢前行。过了一会儿,大家突然听到一声"救命"的呼叫声,回头一看,只见小魏掉进了深潭,在水中不停地挣扎。小张和部分同学迅速去救,施救过程中,小张再次出现腿部抽筋现象,其他同学又不会游泳,营救未能成功,眼睁睁地看着小魏沉入潭底。半小时后,小魏被闻讯赶来的村民救起,但年轻的心脏已停止了跳动。

(资料来源:李友玉、李洪渠、雷震德,《大学生安全指导》,2018年)

溺水自救措施如下:

(1)保持镇静,不要惊慌。应当边呼唤他人相助,边设法自救。如果出现体力不支、过度疲劳等情况,应停止游动,仰游在水面上,保持体力,等待救援。

(2)不慎呛水时应保持冷静,在水面上闭气静卧一会儿,再把头抬出水面调整呼吸,很快就会恢复正常。如果心慌意乱,就有可能接连发生呛水,引起喉头痉挛,造成溺水进而危及生命。

(3)当发生手脚抽筋时,如果离岸很近,应立即出水,到岸上进行按摩。如果离岸较远,可以采取仰游姿势仰浮在水面上,尽量对抽筋的肢体进行牵引、按摩,以求缓解。如果自行救治不见效,应尽量利用未抽筋的肢体划水靠岸。

(4)如不慎被卷进漩涡,应立即平卧在水面上以加大漂浮面积,迅速冲出漩涡,或吸气后潜入水下,并用力向外游,等游出漩涡中心再浮出水面。若遇到水草,应用仰游的姿势从原路游回,万一被水草缠住,不要乱踢、乱抓,应仰浮在水面上,一手划水,一手解开水草,然后仰游从原路游回。

(5)不熟悉水性的人落水,除呼救外,应先镇静,取仰卧位,把水面当作柔软的"水垫床",仰面向天不要低头,使口、鼻露出水面呼吸,以便他人施救。如果将手臂上举和胡乱扑动,则会呛水和加速下沉。

湖北有千湖之省的美誉，襄阳毗邻汉江，湖泊众多。但我们这里呈现给大家的却是水的无情的一面，通过一桩桩大学生溺水身亡的悲剧，提醒大家知晓水也无情！大家在欣赏水给我们带来的美丽风光时，要保护好自己不被水吞没。有关统计资料表明，全国每年有6万人左右死于溺水，溺水死亡人数约占我国青少年意外死亡人数的2/3，占据首位。每年的春夏之际，是青少年溺亡事件的高发期。

学生们相约郊外踏青、旅游本是一件非常惬意的事情，不料突生意外，令人扼腕叹息。大家游泳、戏水一定要到正规的游泳池和熟悉、安全的水域，这样才能防止意外发生。在不知情的水域，地理环境复杂、水深不一，水坑、杂草、暗礁、暗流、漩涡等，都有可能成为夺命杀手。在游玩过程中学生之间要互相提醒、互相照顾，增强安全防范意识。

如果我们平时多学习一点安全知识，多掌握一些救助技能，多一份思量，多一些准备，就可以避免不必要的人生悲剧。

大学新生溺亡游泳池

从大西北到湖北来上大学的新生小常，也许是因为家乡缺水没条件游泳，对游泳特别感兴趣，军训之余邀同宿舍的同学小王到学校旁边的某社会游泳池去自学游泳。小常在浅水区自我练习了两天，进步很快，第三天就能游上几米了，感觉非常好，恨不得马上学会并畅游。第四天下午军训结束后，小王要参加临时班委会会议，小常便一个人去了游泳池，却一去不复返，不幸溺亡在游泳池的深水区，溺亡原因至今仍是个谜。

（资料来源：李友玉、李洪渠、雷震德，《大学生安全指导》，2018年）

上述案例中，来自大西北的小常对水好奇和向往，想尽快学会游泳的心情是可以理解的，但小常初识水性，技艺不精，溺亡深水区的教训是十分深刻的。如花的生命，就这样逝去了。若小常能多一些安全意识，不独自一人去游泳；若小常到了游泳池以后，能够主动告诉管理员自己是初学者，请多关注；若小常能够注意游泳池的安全标志，分清深水区和浅水区，不闯入深水区，悲剧或许就不会发生。但再多的假设也永远无法挽回小常年轻的生命，难以抚慰他家人心中永远的痛。

 （三）预防毒品危害

在校女生吸毒、贩毒、抢劫被抓

湖北某高校大二女生姚某，21岁，上学时不小心沾上了新型毒品"麻果"并吸食上瘾，后来发展到不仅自己吸食，还经常引诱、组织其他在校生吸食，引诱、容留未成年人吸毒，甚至贩毒渔利和抢劫。2014年6月11日凌晨，姚某在襄阳某宾馆组织几名在校大学生和社会青年聚众吸毒，并策划和组织两名吸毒的同学，对其中一名新加入的社会青年毒友实施了持刀抢劫。11日中午，公安机关在该宾馆将姚某等人抓获，其中有一位同学还不满18岁。

（资料来源：李友玉、李洪渠、雷震德，《大学生安全指导》，2018年）

(1) 大学生吸毒的危害。一是对身心危害极大。吸毒对身体有毒副作用，通常伴有机体的功能失调和组织病理变化，会造成精神障碍与变态，中毒的主要特征有嗜睡、感觉迟钝、运动失调、出现幻觉、妄想、定向障碍等，或死于严重的身体戒断反应，或由于痛苦难忍而自杀身亡。二是伤害大学生的家庭。吸毒者在自我毁灭的同时，也破坏了自己的家庭，使家庭陷入经济破产、亲属离散甚至家破人亡的困难境地。三是危害社会的安定。毒品活动容易诱发各种违法犯罪活动，扰乱了社会治安，给社会安定带来巨大威胁。四是荒废学业。

(2)《刑法》规定的毒品犯罪主要有走私、贩卖、运输、制造毒品罪；非法持有毒品罪；包庇毒品犯罪分子罪；走私制毒物品罪；非法买卖制毒物品罪；非法种植毒品原植物罪；非法买卖、运输、携带、持有毒品原植物种子、幼苗罪；引诱、教唆、欺骗他人吸毒罪；容留他人吸毒罪；非法提供麻醉药品、精神药品罪。

大学生吸毒断送前程

小陈，海南省澄迈县人，就读于石家庄某医学院中西医专科。放寒假在家休息的小陈应朋友邀请到歌舞厅唱歌，在歌舞厅包厢里，小陈轻信了朋友"吸一点，不会上瘾"的劝说，勉强地用吸管吸了毒。从此一发不可收拾，整个寒假，一有朋友相邀就去泡歌厅，吸毒的次数多了，也就慢慢地上瘾了。

寒假结束后，毒瘾越来越大的小陈拿着父母给的5000元学费和生活费，谎称上学而离开了家门，到海口市租了一处民房开始了他的职业吸毒生涯。数日后，小陈谎称学校马上要安排他们实习，要求父母每月多给他1000元生活费。拿着父母给的生活费，小陈在海口过上了"夜游神"似的生活：上午睡觉，下午闲逛，晚上吸毒。

一天深夜，几个毒友正聚在小陈租住的地方吸毒，被民警逮个正着。第二天，小陈父母接到民警打来的电话，得知儿子在海口吸毒被抓，小陈的母亲当场就晕倒在地。

（资料来源：李友玉、李洪渠、雷震德，《大学生安全指导》，2018年）

吸毒、贩毒是违法犯罪行为。案例中的小陈，最初是在好朋友和社会不良青年的引诱下，抱着好奇、好玩的心理吸食毒品的，等待他的将是法律的严惩。禁毒工作事关国家安危、民族兴衰和人民福祉。

（四）意外人身伤害救助措施

经典案例

带病长跑出意外

一天晚上，某高校工商管理专业学生小王、小余在学校运动场上锻炼，在围着操场跑了三圈以后，小王提出休息一会儿，小余说："我想再跑几圈。"小王提醒道："你体检时心律不正常，不要再跑了。"小余一边说"不要紧"，一边继续往前跑。小余没跑多远，突然一头栽倒在地，不省人事。小王和附近的同学赶紧施救和打"120"，但还是没有救回小余的生命。

（资料来源：李友玉、李洪渠、雷震德，《大学生安全指导》，2018 年）

当你身体有某种先天性疾病时，请一定要告诉老师或同学们。

1. 心肺复苏术

心肺复苏的关键时间：心脏骤停后 4 分钟之内开始正确的心肺复苏，8 分钟内开始维持生命支持，抢救生命的黄金时间是 4 分钟，现场及时开展有效的抢救非常重要。

心肺复苏步骤如下：

步骤一：判断意识。轻拍伤病员肩膀，高声呼喊："喂，你怎么了！"

步骤二：高声呼救："快来人啊，有人晕倒了，快拨打急救电话！"或赶快呼叫附近的急救人员。

步骤三：将伤病员翻成仰卧姿势，放在坚硬的平面上。

步骤四：打开气道。用仰头举颏法打开气道，使下颌角与耳垂连线垂直于地面。

步骤五：判断呼吸。一看，看胸部有无起伏；二听，听有无呼吸声；三感觉，感觉有无呼出气流拂面。判断呼吸的时间不能少于 5～10 秒。

步骤六：口对口人工呼吸。救护员将手放在伤病员的前额，用手的拇指、食指捏紧伤病员的鼻翼，深吸一口气，用双唇包严伤病员口唇，缓慢持续将气体吹入。吹气时间为 1 秒钟以上，吹气量为 700～1100 毫升（吹气时，伤病员胸部隆起即可，避免过度通气），吹气频率为 12 次/分钟，每 5 秒钟吹 1 次（正常成人的呼吸频率为 12～16 次/分钟）。

步骤七：胸外心脏按压。按压部位为胸部正中两乳连接水平处。

按压方法如下：

（1）救护员用一手中指沿伤病员一侧肋弓向上滑行至两侧肋弓交界处，食指、中指并拢排列，另一手掌根紧贴食指置于伤病员胸部。

（2）救护员双手掌根同向重叠，十指相扣，掌心翘起，手指离开胸壁，双臂伸直，上半身前倾，以髋关节为支点，垂直向下用力，有节奏地按压30次。

（3）按压与放松的时间相等，下压深度大于6厘米，放松时保证胸壁完全复位，按压频率为100次/分钟（正常成人脉搏每分钟60～100次）。按压与通气之比为30∶2，做5个循环后可以观察一下伤病员的呼吸和脉搏。

（4）心肺复苏成功的主要表征：伤病员自主循环及自主呼吸恢复，大动脉出现搏动，收缩压（高压）在60毫米汞柱以上，瞳孔缩小，发绀（又称紫绀，为皮肤黏膜的青紫色改变）减退等。

2. 常见运动损伤的简易治疗方法

（1）皮肤损伤。多发生于身体四肢部位。如果擦伤部位较浅，涂上红药水即可。如果擦伤部位较脏或有渗血，应先用生理盐水清洗创口，然后再涂红药水。

（2）肌肉损伤。运动中，肌肉急剧收缩或被过度牵拉容易造成肌肉拉伤，此时应立即停止运动，并进行冷处理，即用冷水冲洗或毛巾冷敷，使小血管收缩，减少局部充血和水肿，切忌立即揉搓和热敷。

（3）软组织损伤。身体局部与钝器发生碰撞，造成软组织挫伤。轻度损伤不需要特殊处理，比较严重的损伤可以外用活血化瘀的药物，比如正红花油、止痛喷雾剂、云南白药等。

（4）韧带及关节损伤。最易发生韧带及关节损伤的部位有膝关节、踝关节、腰椎以及腕掌关节。急性损伤发生后，应立即停止活动，然后局部冷敷。1～2天后，可用温热毛巾热敷，并按摩受伤部位以促进血液循环，帮助身体恢复。如果损伤较重，发生腕掌带撕裂或关节脱臼，应保持安静，尽量不要活动，及时到医院就诊。

（5）出血。如果肢体被割伤、戳伤后导致出血，可通过以下方法紧急处理：抬高肢体，使出血部位高于心脏，简单清洗伤口，然后用绷带挤压包扎；手脚、小臂或小腿发生出血时，可弯曲肘关节或膝关节并加棉垫，用绷带做"8"字形包扎。

（6）骨折。常见的骨折分为闭合性骨折和开放性骨折。发生骨折后，应首先用纱巾做初步固定；再用担架或平木板固定伤病员后送往医院处理。注意运送伤病员过程中尽量不挪动和碰撞骨折部位。

三、财产安全

无心机的新生遭遇有心机的小偷

武汉某高校的大一新生杨某，"十一"国庆节放假回家途中，在高铁上认识了与

自己年龄相仿的邻座无业青年王某。王某非常热情,主动和杨某聊天,从天文地理、时政新闻到大学学习生活等。杨某觉得王某的见识很广,和王某越聊越投机,不知不觉地把自己家里的情况、学校的情况、同学的情况等都告诉了王某。放假期间,王某利用杨某回家不在学校的空隙,来到杨某的宿舍,对杨某的同学说自己是杨某的中学同学,在另外一所学校上学,假期过来找杨某玩。因大家都是新生,入学不久还不熟悉,就没太在意。王某趁机偷走了一位同学的手机和一台崭新的笔记本电脑。

(资料来源:李友玉、李洪渠、雷震德,《大学生安全指导》,2018 年)

(一)学生宿舍常见的盗窃方式

(1)顺手牵羊。主要指趁学生宿舍没人,或物主短暂离开、临时外出、粗心大意或注意力不集中时,顺手拿走他人的笔记本电脑、手机、钱包等贵重物品。

(2)乘虚而入。有的宿舍不锁门,还有的学生对自己的贵重物品和随身物品保管不严,随意搁置。

(3)暴力破门。学生宿舍中有一些宿舍门锁质量较差,使用一段时间后只能勉强锁住门,很不牢固,用力一撞或一踢,门就能打开。

(4)插片入室。有一些宿舍门的门板和门框之间缝隙比较大,足以用身份证等"插片"开锁,常被窃贼所利用。

(5)偷配钥匙。有些窃贼作案前有预谋地偷配了钥匙,然后寻找机会,开门入室盗窃。

(6)外员留宿。有些学生违反学校相关规定,擅自带老乡、以前的同学等留宿在宿舍,在自己和宿舍同学去上课时,放心地将钥匙交给他们,留宿人员在宿舍内进行盗窃作案。

(二)宿舍被盗案的特点与规律

(1)作案人员类型。一是内部人员,多是本班、本宿舍或生活在周围的其他人员。二是外来人员,他们往往打扮成学生或老师的模样,趁宿管人员不注意,以各种借口伺机窜入学生宿舍。三是宿舍同学内外勾结。

(2)案发时段。校园窃案发时段较为固定,主要集中在新生入学时,开学期间,临近放假期间,毕业离校期间,上午一、二节课期间以及晚上学生睡觉期间。

防范措施如下:

(1)预防现金被盗。要妥善保管好现金、银行卡等;不要随身携带大量的现金;保管好贵重物品,不要随便放在桌上、床上,要放在抽屉、柜子里,并且锁好;养成随手关窗锁门的习惯;不要违反学校规定,丧失警惕,留宿他人,引狼入室;发现形迹可疑的人应保持警惕,及时报告;做到换人换锁,不把钥匙随便借给他人,防止宿舍被盗。

（2）预防银行卡被盗提。若银行卡不慎遗失应立即挂失，银行卡密码要保密；在银行办理业务时，警惕不法分子偷窥银行卡密码、卡号，手续办完，将废单撕碎扔进纸篓；警惕不法分子故意使取款机产生"吃卡"现象，然后再在取款机上张贴"紧急告示"，要求用户按通告进行操作，以此来获取你的资料信息，盗取资金。

（3）预防贵重物品被盗。少量不用的现金可存放于带锁柜中，如需随身携带，最好放在贴身内衣口袋里；存放个人物品的桌柜钥匙要妥善保管，不更随便借给他人，手机是你和外界联系的重要工具，不可人机分离；要将电脑锁进箱柜，或随身带走，妥善保管。

一旦发现被盗应立即向学校保卫部门和公安机关报案，保护好现场，以防证据被破坏；如发现存折或银行卡丢失，应立即到银行挂失；如实回答公安或保卫人员提问，力求时间清楚、回答全面。

（三）校园公共场所防盗措施

（1）图书馆防盗。衣服不可随意搭在椅子上，特别是装有现金、手机或其他贵重物品时，以防被顺手牵羊；离开座位查阅图书时，不可将手机、贵重物品随意放到桌子上，或交代同伴保管。

（2）体育场所防盗。在参加体育活动时，尽可能不要携带钱物及贵重首饰，如携带应交由专人保管，如果没有专人，应尽可能集中放置于显眼处；对周围东张西望、不参加活动的陌生人应提高警惕，必要时委婉询问；离开时清点物品。

经典案例

新生的7000元学费被"借走"

某年8月29日下午6点多，湖北十堰某大学蕲春籍新生小张独自从老家坐车到武汉，在武昌火车站准备买票转车去十堰上学，这时一名20多岁的年轻女子向他走过来"求助"。该女子说自己叫"杨娇"，是上海交通大学的学生，途经武汉中转去上海上学，无奈在火车站钱物被盗了，身无分文，希望小张能借点钱给她。为了取得小张的信任，"杨娇"拿出上海交通大学的"学生证"给他看，还借小张的手机给自己的"哥哥"打电话说自己的钱物被盗了，并让小张和自己的"哥哥"通电话。"哥哥"在电话里狠狠批评了"妹妹"的单纯和警惕性不高，并说"妹妹"在武汉举目无亲，希望小张能借他"妹妹"1000元，让她赶去上海上学，自己马上通过网银将钱转到小张的银行卡上。涉世未深的小张信以为真，被"兄妹"俩的双簧戏蒙住了，便去附近的银行取了1000元借给了杨娇，还将自己的银行卡号等信息告诉了她"哥哥"。"兄妹"俩看小张如此好骗，又继续演双簧。不一会儿，"哥哥"

打电话给小张说，1000元已经打到他的卡上，明天到账，并要求小张好人做到底，再借6000元给他"妹妹"交学费，钱马上转到他的银行卡上。小张不假思索地又取了6000元借给了"杨娇"，甚至还帮她拦了一辆出租车让她去机场赶飞机。第二天，已到十堰的小张发现自己的银行卡里并没有收到7000元，忙打"杨娇""哥哥"的电话，结果关机，方知上当受骗。

（资料来源：李友玉、李洪渠、雷震德，《大学生安全指导》，2018年）

案例中小张的善良和天真被套路深的"兄妹"俩给利用了，导致自己的学费一次又一次地被"借走"了。这种传统的诈骗手法在开学季更是高发期，不少学生特别是新生要提高警惕，此类诈骗一招即可破解：要借钱请找警察借！作为大学新生，要特别警惕！

四、消防安全

（一）高校火灾的主要类型

近年来，校园火灾已经成为危害学生生命安全的重要因素之一，在已查明原因的各类火灾中，90%以上是人为因素造成的，火灾主要有以下几种类型：

1. 电气火灾

经典案例

"热得快"引发大火导致4名女生跳楼摔死

2008年11月14日早晨6时10分左右，上海商学院徐汇校区学生宿舍602室冒出浓烟，随后又蹿起火苗，屋内6名女生被熏醒。靠门较近的2名女生拿起脸盆冲出门外到公共水房取水，另4名女生则留在房中灭火。当取水的女生回来后，却发现木制的宿舍门被烧得变形了，被高温气流牢牢吸住打不开了。不一会儿，火越烧越大，4名穿着睡衣的女生被浓烟逼到阳台上。蹿起的火苗不断扑来，吓得她们惊声尖叫。隔壁宿舍女生见状，忙将蘸过水的湿毛巾从阳台上扔过去，想让被困者蒙住口鼻，争取营救时间。宿舍楼下，大批被紧急疏散的学生纷纷往上喊话，鼓励4名女生不要慌乱，等待消防队员前来救援。可是，在凶猛的火魔面前，4名女生逐渐失去了信心。又一团火苗蹿出后，1名女生的睡衣被烧着了，惊慌失措的她大叫一声，从6楼阳台跳下，摔在底层的水泥地上。看到同伴跳楼求生，另2名女生也等不及了，纵身一跃，消失在众人的视野中。3名同伴先后跳下，让最后1名女生没了主意。她在阳台上来回转了好几圈后，决定翻出阳台跳到5楼逃生。可她刚翻出阳台外的栏杆，还没找准跳下的位置，双臂已支撑不住，一头掉了下去。几分钟后，消防人员赶到现场，但4名女生已不幸全部遇难。

事后查明，事发前一晚，602室女生曾用"热得快"烧水，晚上11时宿舍断电后6人均忘记将插头拔掉。次日清晨6时恢复供电后，"热得快"开始自行加热，10分钟后，高温引发了电器故障，迸发出的火星不巧落在女生们晾挂的衣物上，最终酿成事故。

（资料来源：李友玉、李洪渠、雷震德，《大学生安全指导》，2018年）

电器火灾多发生在学生宿舍，一是电器设备出现故障或电线老化引起的火灾。二是使用大功率电器引发的火灾。在宿舍内使用电饭锅、电磁炉、电热杯、"热得快"等大功率电器，使供电线路过载发热引发火灾。三是不良用电习惯引起的火灾。手机、电动剃须刀充电时充电时间过长，用电吹风、电熨斗、电暖风或电热毯等电器时没有养成用完断电、人走断电的习惯，导致电器长时间工作，这极易引发火灾。四是有的学生安装电器不当、私拉乱接电线、使用操作不当或者电器产品质量不合格，引起导线的绝缘层发生燃烧，从而造成火灾。

2. 使用明火不慎引起的火灾

小烟头点燃宿舍

某高校男生张某上午8点多离开宿舍外出，但他并不知道危险正随着他的离去而临近。9点左右，几位同学发现张某宿舍内冒出浓烟，他们迅速报火警119，并大声喊叫："起火了，起火了，宿舍起火了！"同学们闻讯后迅速撤离。9点45分，消防官兵扑灭了火灾。张某宿舍内的床铺、桌子、衣服、显示器、音箱、书籍等悉数被烧，直接经济损失达1万余元。

公安消防部门勘察火灾现场时发现，张某床边的地板炭化严重，一支烟未掐灭烟头，就顺手丢进了放在旅行包上用塑料瓶做成的"烟灰缸"内。没有被掐灭的小烟头烧穿了塑料瓶，进而引燃旅行包引发了火灾。

（资料来源：李友玉、李洪渠、雷震德，《大学生安全指导》，2018年）

禁止在宿舍使用酒精炉、点燃蜡烛、蚊香、烟头，以防引发火灾；禁止在室外野炊、烧烤、燃放烟花、玩火等，以防引发火灾。

3. 实验实训操作不当引起的火灾

确保化学危险品安全储存和正当使用，实验室仪器、明火设备操作要规范严谨。

(二)火灾逃生十大要诀

第一诀：熟悉环境，记住出口。当你来到公共场所时，务必留心疏散通道、安全出口及楼梯方位等，当大火燃起、浓烟密布时，便可以摸清通道，尽快逃离现场。

第二诀：通道出口，畅通无阻。楼梯、通道、安全出口等是火灾发生时最重要的逃生之路，切不可堆放杂物或设闸上锁。请记住，自断后路，必死无疑。

第三诀：保持镇静，快速撤离。突遇火灾，面对浓烟和烈火，首先要强令自己保持镇静，快速判明危险地点和安全地点，决定逃生办法，千万不要盲目地跟从人流相互拥挤、乱冲乱撞。

第四诀：不入险地，不贪财物。生命是最重要的，不要因为顾及贵重物品，而把宝贵的逃生时间浪费在穿衣或寻找、拿走贵重物品上。

第五诀：简易防护，不可缺少。家中、宿舍、酒店应备有防烟面罩，逃生时可使用。也可用毛巾、口罩蒙鼻，用水浇身，俯身前进等方法。

第六诀：善用通道，莫入电梯。发生火灾时，要根据情况选择进入相对较为安全的楼梯通道，千万不要进入电梯。

第七诀：缓降逃生，滑绳自救。可用身边的绳索、床单、窗帘、衣服自制简易救生绳，并用水打湿，从窗台或阳台沿绳缓滑到下面一层。

第八诀：大火袭来，固守待援。大火袭近时，假如用手摸到房门已感烫手，此时开门，火焰和浓烟将扑来，这时可以采取关紧门窗，用湿毛巾、湿布塞堵门缝，或用水浸湿棉被、蒙上门窗的办法，防止烟火渗入，然后等待救援人员到来。

第九诀：发出信号，寻求救援。在逃生无门的情况下，被困者要尽量待在阳台、窗口等易于被人发现和能避免烟火近身的地方，及时发出求救信号，引起救援人员的注意。在将要失去知觉前，应努力滚到墙边，便于消防人员寻找、营救，因为消防人员进入室内都是沿着墙壁摸索前进的。

第十诀：火已烧身，切勿惊跑。火烧身时，千万不要惊跑拍打，因为奔跑和拍打时会形成风势，促旺火势。最佳办法是设法脱掉衣服或就地翻滚，压灭火苗。

(三)违反消防法规的法律责任

(1)刑事处罚，主要有失火罪、放火罪、消防责任事故罪，以及生产、销售不符合安全标准的产品罪、妨碍公务罪、滥用职权罪、玩忽职守罪。

(2)行政处罚，是指行政机关依法对公民、法人或者其他组织违反行政管理秩序的行为所给予的惩戒和制裁。

五、交通安全

女大学生横穿马路命丧车轮

某年5月的一天中午,在西安市东二环一高校门前,一名女大学生嫌走200米外的人行天桥过马路麻烦,便直接横穿马路,结果被一辆疾驰而来的小货车撞倒,不幸当场死亡。同行的一名女生泣不成声:"刚才还跟我有说有笑呢,怎么才几分钟就……"200米外就有人行天桥,如果这名女大学生不贪图方便、违反交通规则乱穿马路,这起事故是可以避免的。生命只有一次,应该格外珍惜。大学生是社会的骄子,应该学会"走路"。

(资料来源:李友玉、李洪渠、雷震德,《大学生安全指导》,2018年)

(一)大学生交通事故的主要形式

(1)听音乐过马路,要时尚不要安全。很多大学生走路不专心,不注意观察路面状况,却专注于听音乐、聊天、接电话、收发手机短信等,这些带来了安全隐患。

(2)路上嬉闹游戏,危险增加。大学生精力旺盛、活泼好动,即使在马路上也喜欢嬉戏打闹,还有的在路上进行轮滑、滑板等体育活动,这增加了发生事故的突发性。

(3)违规骑车,教训惨重。大学生多选择自行车、共享单车等作为出行工具,比乘车自由,比步行快捷。但违规情况也不少,如超速、多人共乘、骑飞车、路上追逐或搂扶骑行等,一旦遇险,后悔莫及。

(4)乘坐"黑车",因小失大。许多大学附近,"黑车"屡禁不止。引发的交通事故时常见诸报端,乘坐"黑车"完全没有保障,千万不要为贪图小便宜和方便而乘坐"黑车",遇险后只能自食苦果。

(5)酒后驾车。

(二)掌握基本的道路交通规则

(1)人车靠右通行。无论车辆还是行人,如果靠道路左侧通行就是"逆行",这是一种违章行为。

(2)人车各行其道。行人、机动车、非机动车都应在规定的路面范围内通行,应注意观察隔离带、护栏、交通标线等物理隔离标志,不要随意进入路面通行。

(3)严格按照交通信号和标志通行。"按灯行走"是关键,很多人都是急于通行,不顾红灯的警示,违规穿越马路而遭遇车祸。大学生应掌握基本的交通标志:

①警告标志。用于警告车辆、行人注意前方危险地点的标志，颜色为黄色、黑边、黑色图案；形状为等边三角形，角向上。

②禁令标志。用于禁止或限制车辆、行人交通行为的标志，除个别标志外，颜色为白底、红圈、红杠、黑图案，图案压红杠；形状有圆形、八角形和顶角向下的等边三角形。

③指示标志。用于指示车辆、行人行进的标志，颜色为蓝底、白图案；形状有圆形、长方形和正方形。

④指路标志。用于传递道路方向、地点、距离信息的标志，颜色除个别标志外，一般道路为蓝底白字，高速公路为绿底白字；形状通常为长方形和正方形。

交通事故防范措施如下：

（1）掌握基本的交通安全知识。学习掌握《中华人民共和国道路交通安全法》，培养自觉遵守交通法规的好习惯，增强自我保护意识，摒弃心存侥幸、思想麻痹、安全意识淡薄的思想，牢固树立遵守规则、安全第一的交通理念。

（2）路上行走时不要戴耳机听歌，不要玩手机，以免听不到鸣笛声和出现险情时避让不及。

（3）在有人行横道、地下通道、人行天桥的地方，要走人行横道、地下通道、人行天桥。

（4）在没有人行横道、地下通道、人行天桥的地方，通过没有红绿灯的路口时，要集中精力，注意观察来往车辆，在确认没有车辆临近时快速通过，做到不逗留、不嬉戏打闹。切勿在车辆临近时突然横过或者中途倒退、折返。

（5）过人行横道时要注意观察交通信号灯的变化。红灯亮时，不能过马路；绿灯亮时，也要左右察看，确定没有来车时才可以过马路。如果走到马路中间时信号灯变了，要赶快过马路，千万不要惊慌。

（6）通过有多条车行道或者车流量较大的车行道时，可以采取"左右左"的观察方式，判断和确认安全后迅速完成横穿马路的整个过程。

（7）外出乘车遇驾驶人员属无证驾驶、酒后驾驶、超速驾驶时，一是不要乘坐，二是要劝告和制止其违规、违法驾驶。

（8）严禁醉酒驾驶、飙车以及危险驾驶行为。

（9）发生交通事故后处置措施。首先要对当事人进行急救，及时拨打112报案；其次要保护交通事故事发现场，利用手机、相机等记录现场声像、音频资料，为后续事宜积累有利证据，记录的重点包括事故发生时的原貌、肇事车牌号、肇事司机体貌特征等。如果在校内发生交通事故，应及时报告学校保卫部门和所在院系老师。

第四章 我的安全我守护

六、饮食卫生与食品安全

 经典案例

山涧溪水喝不得

"五一"黄金周期间,某高校计算机信息管理专业的小罗和同学们结伴到某风景区游玩。中午时分,他们在一条山间小溪边停下来休息,口渴的小罗见溪水清澈见底,情不自禁,手捧溪水解渴。没过多久,小罗便捂着肚子,直叫肚子疼痛,瘫软在地,同学们见状,只好中断游玩计划,赶紧将小罗送到了景区医务室,医生诊断小罗得了急性肠胃炎。

(资料来源:李友玉、李洪渠、雷震德,《大学生安全指导》,2018 年)

(一)大学生的不良饮食习惯

(1)随意型饮食。有些大学生自恃身强力壮、消化功能好,认为"不干不净,吃了没病";不讲搭配不讲节制,饥一顿饱一顿,饮食全无规律。

(2)无节制饮食。有些学生经常到校外饭馆大吃大喝,这些学生喜欢享受美食美酒。

(3)洁癖型饮食。有些学生怕"病从口入",对食物的选择极严,不吃着色食品,不吃防腐食品,不吃生冷食品,不吃荤类食品,拒食多样食品。

(4)节食型饮食。部分学生追求线条美而盲目减肥,不进食,唯恐长肉,于是选择节食型饮食,仅以水、果品、蔬菜充饥,导致头晕、乏力、困倦、虚脱等现象时有发生。

(5)无规则进食。无规则进食很容易引起胃病,这就是许多大学生肠胃功能不好、胃病发病率高的重要原因,同时也会造成营养失调,人体的免疫力下降等后果。

(二)培养正确的饮食习惯

(1)注意饮食安全。尽量在学校食堂就餐,在外就餐时选择具有饮食卫生许可证和经营许可证的餐厅,付费后记得保留点菜菜单、发票,发生争议时以此作为维权依据。

(2)养成良好的饮食习惯。饮食结构要合理,既要满足机体的生理需要,又要避免饮食构成比例失调和某些营养素过量,而引起机体不必要的负担和代谢上的紊乱。饮酒应适量,按时吃饭,合理减肥。

(3)注意食品标注消息。在零售店、超市购买食品时,要注意查看食品生产厂家及生产地址、生产日期和保质期、质量安全标志、有无添加防腐剂等食品信息。

（4）选择规范的市场购买食品。

（5）网上订餐务必索取消费票据，留存交易凭证，养成良好的消费习惯，如发现餐饮安全卫生问题，要留存好证据，依法主动维权，并及时拨打食品安全投诉举报热线12331。

(三) 食物中毒处理方法

（1）立即停止食用可疑中毒食物。

（2）采用指压咽部等紧急催吐办法尽快排出毒物。

（3）尽快将病人送往附近医院救治。

（4）马上向所在地的卫生监督所或防保所、疾病预防控制中心报告，同时注意保护好中毒现场，就地收集和就地封存一切可疑食品及其原料，禁止转移、销毁。

（5）配合卫生部门调查，落实卫生部门要求采取的各项措施。

七、自然灾害与意外事件安全防护

(一) 雷电天气防护措施

树下避雨打电话遭雷击

某年6月的一天中午，湖北省随州市上空电闪雷鸣，大雨倾盆，两个年轻人在随州市经济开发区十里铺村8组316国道旁两棵大树下避雨，其中一人正在使用手机打电话。突然一声炸雷响起，两名年轻人应声倒地。附近的村民赶紧跑过来施救，发现打电话的男青年当场死亡，另一人重伤，5分钟后苏醒，被紧急送往医院抢救。湖北省防雷中心的专家现场查看后分析说，此次雷击事故发生地点比较空旷，路边的大树成为附近的突出物，加上手机电磁波的引导，雷击中大树后产生的强大电流击中两人，导致惨剧发生。

（资料来源：李友玉、李洪渠、雷震德，《大学生安全指导》，2018年）

防范措施如下：

1. 避开雷击易发生地

易发生雷击的地方主要有以下几处：缺少避雷设备或避雷设备不合格的高大建筑物、储罐等；缺乏良好接地的金属屋顶；潮湿或空旷地区的建筑物、树木等。

2. 预防雷电的措施

（1）留在室内，尽量不要靠近门窗、炉子、暖气炉等金属的部位。

（2）外出行走不要赤脚，不要与路灯杆、信号灯及落地广告牌的金属部分接触。

（3）躲避雷时不能站在空旷的高地上，切勿靠近高压电室、烟囱、电线杆、大树、旗杆等。不要停留在山顶、开阔地、海滩或船只上。

（4）勿穿潮湿的衣服靠近或站在露天金属物品的建筑上。

（5）拔掉室内电视、电冰箱以及天线电源的插头，防止空间电磁波干扰造成不必要的损失。

（6）不要打手机，尽可能关闭手机。

（7）不要认为安装了避雷针的建筑就是安全的，不要靠近避雷针的任何部位。

（二）暴雨、洪水、泥石流、山体滑坡的防护措施

1. 暴雨防护措施

（1）在路上遇到暴雨，一定要找地方躲雨，如亭子或者商店等。

（2）在旅游途中遇到暴雨，就近找旅馆安顿下来，不要冒雨前行。

（3）在家中遇到暴雨，要关好门窗，关闭电源，尽量避免出门。

（4）在学校遇到暴雨，应安心待在教室，不要随意走动。

2. 洪水防护措施

（1）关注天气预警，备足食品、干净饮用水。

（2）遇洪水时，应该迅速登上山岗，爬上屋顶、高屋、大树、高墙，做暂时避险，在城市应向高层建筑的平坦顶部处转移。

（3）不要单身游水转移。发现高压线铁塔倾倒、电线低垂或断折，要远离避险，不可触摸或接近，防止触电。

（4）注意收集使用各种漂浮物如木盆、门板、木桶等，不了解水情一定要在原地等待救援。

3. 泥石流与山体滑坡防护措施

（1）选择最短路径向沟谷两侧山坡或高地跑。

（2）遇到山体前滑时，要朝垂直于滚石前进的方向跑。切忌在逃离时朝着滑坡方向跑。

（3）避灾场地应选在易滑坡两侧边界外围。当无法继续逃离时，应迅速抱住身边的树木等固定物体，应注意保护好头部，可利用身边的衣物裹住头部。

（4）滑坡停止后，不可返回，因为滑坡可能连续发生。

（5）救助被滑坡淹埋的人和物应先将滑坡体后缘的水排开，从滑坡体的侧面开始挖掘，先救人，后救物。

（三）地震防护措施

1. 室内应急避震措施

迅速躲在坚固的床沿旁边，躲避在课桌下、讲台旁、卫生间、小厨房、小储藏间、内承重墙的墙角和墙根、已经固定好的大衣柜的旁边。躲避时，要用随手物件保护头部、捂住口鼻，以免砸伤大脑或被泥沙烟尘呛到。躲避的姿势：身体尽量蜷曲、卧倒或蹲下，随手用物件护住头部、捂住口鼻，另一手抓住一个固定物（墙角或桌角）。如果没有任何可抓的固定物和保护头部的物件，则头部尽量向胸部靠拢、闭口，双手交叉放在脖后，以保护头部和颈部。

震后应尽快疏散到空旷安全地带，不要乘电梯，不要到阳台上，也不要找衣物或贵重物品。

2. 室外应急避震措施

最好将身边的皮包或柔软的物品顶在头上，无物品时可用手抱头，快速转移到安全地带，远离电线杆、路灯、变压器、烟囱、高大建筑物等危险设施、设备和围墙、狭窄通道等。

3. 震后自救

（1）防止发生窒息。要尽量用湿毛巾、衣物或其他布料捂住口、鼻和头部，防止灰尘呛闷发生窒息，也可以避免建筑物进一步倒塌造成的伤害。

（2）扩大活动空间。尽量活动手、脚，清除脸上的灰土和压在身上的物件，用周围可以挪动的物品支撑身体上方的重物，避免进一步塌落，扩大活动空间，保持足够的空气。

（3）团结配合脱险。几个人同时被埋压时，要互相鼓励，团结配合，寻找和开辟通道，朝着有光亮、更安全宽敞的地方移动，设法逃离险境。

（4）坚守待援。一时无法脱险，不要盲目大声呼救，要尽量节省气力、保存体力，等候救援。要仔细倾听周围动静，当听到上面有人活动时，用砖、铁管等物体有节奏地敲打墙壁发出声音，向外界传递消息，当确定不远处有人时再呼救。

（四）台风防护措施

防范措施如下：

（1）切勿随意外出。关紧门窗，紧固易被吹动的搭建物，妥善处置花盆等。检查电路、炉火、煤气等设施是否安全。为防止窗玻璃被强风震碎伤人，可在窗户玻璃上贴膜或用胶布、纸条贴成"米"字形状。

（2）及时收听、收看或上网查阅台风预警信息，了解政府的行动对策，不要到台风经过的地区旅游或到海滩游泳，更不要乘船出海。

（3）露天集体活动或室内大型集会应及时取消，并做好人员疏散。

（五）应对城市暴雨内涝防护措施

1. 道路积水预防口诀

水有漩涡进不得，以防掉入水坑中。
看到积水不蹚入，避免可能把电触。
不明路况快折返，要过先探水深浅。
现场不慌不强行，服从指挥听交警。

2. 涵洞积水预防口诀

一旦涉水早开窗，提前选准免伤亡。
车门闭死人难跑，侧窗四角敲碎逃。
上学路上遇暴雨，快到安全处躲避。
刚出家门快回来，已在校的听安排。

（六）踩踏事故自救措施

上海外滩元旦迎新倒计时活动踩踏事件

2014年12月31日23时35分许，上海外滩在迎新年倒计时活动中，在陈毅广场东南角通往黄浦江观景平台的人行通道的阶梯处，人流量极大，秩序混乱，一部分人想通过台阶上到观景平台上去，一部分人想下到观景平台，人流产生对冲，发生拥挤踩踏，造成36人死亡、49人受伤的重大事故，其中许多是大学生。

（资料来源：李友玉、李洪渠、雷震德，《大学生安全指导》，2018年）

（1）熟悉周围环境。到人群密集的封闭场所，要熟悉安全出口、疏散通道的位置，确保发生意外时知道如何出去。

（2）了解脚下及周围地面状况。不论是静坐还是走动，都要注意脚下及周围地面状况，对于湿滑或不平的地面，一定要站稳脚跟，防止意外摔倒。

（3）及时扶起摔倒人员。要随时留心身边情况，如发现在自己前面有人突然摔倒，要马上上前救助，朝四周大声呼救，告知后面的人不要向前靠近。

（4）在人流中做好自我保护。如果发现自己身处移动人群的中央，不要反抗压力，不要站着不动或坐下来，要保护自己的胸部，在拥挤人群中，左手握拳，右手握住左手手腕，双肘撑开平放胸前，形成一定空间保证呼吸。保持身体直立，利用任何空出的间隙，往人群外围移动，迅速摆脱摔倒困境。不慎摔倒或被绊倒后，要马上站起来，如果因为受伤不能站起来，应立即求助身边人，让他们拉你起来。

（5）采用人体麦克法制止踩踏事故。联合你前后左右的人一起有节奏地呼喊"后退"，指挥人流停止前行而后退。具体做法如下：

①迅速与周围人沟通。如果你意识到有发生踩踏的危险或者已经发生了踩踏，你要迅速与身边的人（前后左右的五六个人即可）做简单沟通，让他们也意识到有发生踩踏的危险，要他们迅速跟你协同行动。

②联合身边人一起有节奏地呼喊"后退"。你先喊"一、二"，然后和周围人一起大声喊"后退"。如此有节奏地反复呼喊。接着，让更外围的人加入呼喊，以此把呼喊声一直传递到拥挤人群的最外围。

③最外围的人迅速撤离疏散。如果你是身处拥挤人群最外围的人，当你听到人群中传出有节奏的呼喊声"后退"时，你应该意识到这是一个发生踩踏事故的警告信号。此时你要立即向外撤离，并尽量让你周围的人也向外撤离，同时尽量劝阻其他人进入人群。谨记不要向前冲，不要到人群中去寻亲，即便你有亲属在人群中，在听到"后退"的呼喊声后，也不要冲向人群进行寻亲或施救，而是要意识到后退疏散是此时最明智的救助亲属的方式。

北京密云春节灯展踩踏事件

2004年2月5日，北京市密云区在密虹公园举办第二届迎春灯展，大批密云本地和北京市区的居民都带着家人前来看灯。傍晚6时许，张灯结彩的密虹公园里已经是人头攒动，而如潮的人流还在不断地涌入。晚7时40分左右，公园内白河上的彩虹桥是观赏灯展的最佳地点，很多人在这里驻足观展，这里一时成了人群最密集的地方。桥两端的人为了更好地观展，不断地从两端涌向桥面，造成桥中央的人下不去、桥两头的人上不来的局面，瞬时形成剧烈拥堵。桥中央的很多人都被挤得晕死过去，还有的被挤倒了，发生踩踏事件。踩踏持续七八分钟，造成37人死亡、15人受伤的重大事故，现场惨不忍睹。

（资料来源：李友玉、李洪渠、雷震德，《大学生安全指导》，2018年）

从社会和管理的角度看，上述案例中的重大拥挤踩踏事件是因对群众性活动预防准备不足、现场管理不力、应对处置不当,而引发的并造成重大伤亡和严重后果的公共安全责任事件。从学生的角度看,拥挤踩踏事故的发生与学生爱新奇、看热闹、图刺激、不知防范和当拥挤踩踏发生时又不知如何应对有关。

在人潮拥挤的人群中,避免发生踩踏事故既需要人们的冷静和智慧,也需要培养人们应对风险的社会公德。在人群中撒钱、起哄、打闹、分发或争抢免费及优惠品、看热闹等,都有可能引发意想不到的惨剧。学生还是远离人群密集的地方为好!

八、心理健康安全

恋爱不成杀人后跳楼自杀

男生彭某和女生小谢都是某高校大四的学生,两人同班,正在谈恋爱。小谢成绩优异,考研获得面试机会,彭某却考研失败。从彭某的遗书中发现,小谢曾告诉彭某,只有考研通过才能继续交往。彭某考研失败后,小谢提出分手,彭某无法接受,双方发生激烈争执。某日凌晨,彭某在自己租住的房间将小谢掐死,和小谢的遗体在租住房间里待了约一天,次日凌晨4时许,彭某从租住房12楼跳下自尽。

(资料来源:李友玉、李洪渠、雷震德,《大学生安全指导》,2018年)

(一)大学生常见心理问题

1. 环境适应问题

这一问题在刚入大学的新生中比较常见。大一新生离开长期依赖的父母、亲人、朋友和熟悉的环境,独自来到大学后,面对着陌生的校园、教师和同学,开始独立生活,一些学生会出现对环境的不适应。有的学生不适应学校的水土和饮食方面的差异以及气候、语言环境与作息时间的变化;有的学生感觉到自己所考的大学与自己梦想的大学相去甚远;有的学生对自己所学的专业没兴趣,学不进去;有的学生面对丰富多彩、目不暇接的校园文化活动无所适从;有的学生因缺乏集体生活的习惯,人际关系相处不融洽等。所有这些都会给学生带来不同程度的环境应激,使学生怅然若失、忧心忡忡、情绪低落,感到前途迷茫。当这种应激超过限度时,就会出现失眠、食欲不佳、注意力不集中以及严重焦虑不安、头疼、神经衰弱等症状。

2. 自我问题

这一问题主要包括自卑感和对自我的迷茫。自卑感的问题在大学生中较为普遍。例如,有的学生因为高考成绩不理想,未能进入知名高校,总觉得自己低人一等,对自己的前途不乐观；有的学生因为家境原因，感到自己不如别人，从而产生自卑感等。对自我的迷茫问题，近年来在大学生当中也越来越突出，很多大学生会发出这样的感慨："人生的意义在哪里，我为什么要活着？"

3. 人际关系问题

常常表现为难以和别人愉快相处，人情冷淡，没有知心朋友，缺乏必要的交往技巧，过分委曲求全等，从而引起孤单、苦闷、缺少关爱等痛苦感受。"踏着铃声进出课堂，宿舍里面不声不响，互联网上诉说衷肠"成了一些大学生的人际关系现状。

4. 学业问题

进入大学后学生首先面临的是学习环境、学习内容、学习方法等与以往不同的问题，还面临英语和计算机等级考试、各类职业资格考试以及专升本考试的压力等，部分学生会出现学习目标不明确、迷茫、方法不得当或所学专业与自己的兴趣相抵触等情况，因高考失常产生无助感进而失去学习兴趣等。究其原因就是不能很好地应对学习上遇到的挫折，因而产生学习心理问题。

5. 情绪问题

很多大学生比较苦恼，经常会听到一些学生问："我怎样改变自己的暴脾气啊""我抑郁了该怎么办呢"等。大学生常见的情绪问题有焦虑、抑郁、愤怒、恐惧、嫉妒等。这些消极情绪如果不能及时得到合理的处理，就会对学生的身心健康产生影响。

6. 情感问题

大学生谈恋爱是一种普遍现象，但是有很多大学生在恋爱中存在情感困惑，在恋爱的过程中会出现单相思、感情纠葛和失恋等心理挫折。特别是失恋，如果处理不好，在心理上会受到极大伤害，造成心理失调，甚至精神崩溃，在短期内出现极端行为，如报复、轻生等。

7. 就业问题

当前就业形势非常严峻，这使得很多大学生在面临就业时感觉压力很大，很多学生缺乏就业主动性，对面试缺乏自信心，出现种种困惑和苦恼，有的甚至产生逃避心理。

8. 神经症问题

神经症通俗的说法就是神经衰弱，也称为神经官能症，它是一种常见的精神心理疾病，包括焦虑症、强迫症、恐惧症、躯体形式障碍等。在大学中有极少数学生会出现焦虑症、抑郁症等病症。

(二) 判断心理健康的标准

（1）能对学习保持较浓厚的兴趣和求知欲望。

（2）能保持正确的自我意识、接纳自我。自我意识是人格的核心，是人对自己与周围世界关系的认识和体验。

（3）能协调与控制情绪，保持良好的心境。心理健康者经常能保持愉快、自信、满足的心情，善于从行动中寻求乐趣，对生活充满希望，情绪稳定性好。

（4）能保持和谐的人际关系，乐于交往。

（5）能保持完整统一的人格品质。心理健康的最终目标是保持人格的完整性，培养健全人格。人格完整是指人格构成的气质能力、性格与理想、信念、人生观等的平衡发展。

（6）能保持良好的环境适应能力，包括正确认识环境及处理个人和环境的关系。

（7）心理行为符合年龄特征。一个人的心理行为经常严重地偏离自己的年龄特征，一般都属于心理不健康的表现。

(三) 促进大学生心理健康的主要途径

1. 学习心理健康知识

健康的认知模式在很大程度上影响一个人的心态和生活的幸福指数，所以大学生要发展健康的认知模式。可利用课堂、学校广播、电视、网络、校刊、校报、橱窗、新媒体等，积极参加心理健康教育活动，主动学习心理健康知识和心理调适技能，在需要的时候可以借助正确的渠道寻求帮助。

2. 积极参与"心理体检"

可以通过心理问卷、心理测试等科学方法，了解自身的个性状况、智力水平、心理健康水平、职业兴趣等，也可将自己的心理状况记录下来，参加学校心理健康状况测评，及时掌握自己心理健康状况，防患于未然。

3. 养成良好的生活习惯

健康的身体与健康的心理是密不可分的。良好的生活习惯是一个人身心健康的重要保障。一般来说，一个良好习惯多、不良习惯少的人，往往是心灵健康的人。良好的生活习惯使人精力充沛，而不良的生活习惯则会对人的身心健康造成危害。

4. 科学对待心理问题

大学生遇到的心理问题，大部分是每一个个体在成长中都会经历的问题，要科学对待心理问题。解决心理问题常用的方法有"找人倾诉""尽情发泄"，可以到学校的心理咨询中心寻求专业的帮助，进行一对一帮扶、疏导。

（四）心理障碍和疾病的防治

1. 抑郁的症状

一个人偶尔感到悲伤、疲劳或气馁，不是抑郁症。抑郁症从情绪低落开始，基本表现是懒、呆、变、忧、虑，同时伴有各种各样的躯体上的痛苦症状。

（1）懒：表现为浑身乏力，做事提不起劲。
（2）呆：表现为行动迟缓，记忆力衰退，大脑反应迟钝。
（3）变：表现为性情大变，前后判若两人。
（4）忧：表现为意志消沉，无缘无故地感到沮丧。
（5）虑：表现为焦躁不安，胡思乱想，对生命价值产生怀疑。

躯体症状主要有疼痛、厌食、便秘、恶心、胸闷、疲乏、睡眠障碍等。在抑郁症缓解之前，不要做重大的决定。严重的抑郁症通常需要使用抗抑郁的药物治疗，同时配合心理治疗；轻、中度的抑郁症，通过单纯的心理治疗就可以恢复。

2. 自杀的预防

自杀是可以有效预防和干预的，自杀前常见的线索如下：

（1）对自己关系亲近的人表达想死的念头，或在日记、绘画、信函中流露出来。
（2）情绪明显不同于往常，焦躁不安，常常哭泣，行为怪异、粗鲁。
（3）陷入抑郁状态，食欲不佳，沉默少语、失眠。
（4）回避与他人接触，不愿见人。
（5）性格行为突然改变，像变了一个人似的。
（6）无缘无故地收拾东西，向人道谢、告别、归还所借物品，赠送纪念品。

3. 自杀有一个发展的过程

自杀不是突然发生的，一般会经历产生自杀意念、下决心自杀、行为出现变化、思考自杀的方式、选择自杀的地点与时间、采取自杀行为等环节。不同年龄、不同个性、不同情景下的人，自杀过程有长有短。大学生自杀的特点有：

（1）多发生在节假日期间、节后、开学不久、毕业季等。春季是抑郁症的高发期，也是抑郁症自杀的高发期。

（2）女生有自杀企图的人数是男生的3倍，但男生自杀成功的居多。

（3）多发生在校内，自缢、跳楼、吃药是自杀者最常用的方式。

4. 自杀危机干预

（1）多倾听，少说话，向他们表达关心，给予希望。

（2）留心他人任何自杀的念头，直接询问他们是否考虑自杀："你的心情是否如此糟糕，以至于想结束自己的生命？"这样反而会挽救他们的生命。

（3）不要承诺你会对此保密；不要独自一个人扛起帮助他们的责任，应请其他人特别是专业人员一起承担。

（4）如果发现有人即将采取自杀行动，不要让他（她）独处。

九、预防电信网络诈骗

轻信网友被骗失身

23岁的小徐是安徽某高校的大二学生，2021年4月，她在网上认识了嘉兴一周姓男子并互有好感。7月初，小徐向周某透露，由于家境不好，她暑假期间想找一份工作，周某称自己是老板，能随时帮小徐安排工作，并且包食宿。随后涉世未深的小徐来到了嘉兴，在海宁看望一个打工的亲戚后，被周某接到市区一家简陋的小工厂。当晚，周某进屋欲行不轨，小徐强烈反抗，周某未得逞。两日后，周某再次欲行不轨，并不顾小徐反抗将其强奸，事后他不断安慰小徐，请求得到原谅。但没过多久，工厂放假，周某竟然又企图大白天在车间强奸小徐，小徐极力反抗，并逃到了海宁的亲戚处。小徐失踪后，周某因为害怕她报案，便发短信威胁小徐，声称如果报警，就会报复。8月8日，小徐在亲戚的陪同下到当地派出所报案，警方当晚便将周某抓获。据查，周某并不是什么老板，只是一个小工厂的普通员工。

网购退款诈骗

2014年11月15日，大学生小王接到某购物网站的电话，对方称小王"双十一"期间在某购物网站买的货物缺货需办理退款，并给小王发来链接让其办理退款手续。"双十一"的疯狂使小王相信缺货是正常的，小王在对方提供的链接上按提示执行了操作。随后小王发现自己的账户在对方网站上消费了2000多元，对方解释说是网站系统出问题了，让小王收到验证码之后提供给对方，钱就会返还。小王操作后发现账户又被消费5000元，始觉被骗。

（资料来源：李友玉、李洪渠、雷震德，《大学生安全指导》，2018年）

（一）电信网络诈骗的主要形式

（1）淘宝刷信誉、刷单诈骗。目前大学生选择"电商"自主创业的越来越多，多在淘宝上经营店铺。犯罪分子在网上发布刷淘宝信誉、刷单广告，引诱被害人为提高店铺信誉度、刷单返利进行投入，进而完成诈骗。

（2）盗取QQ号码诈骗。事先通过木马程序等盗号软件和强制视频软件盗取QQ的密码，截取并录制对方的视频影像，随后登录盗取的QQ号码与其好友聊天，并将所盗取的QQ号码使用人视频播放给其好友观看，以骗取信任，最后以急需用钱为名向其好友借钱，实施诈骗。

（3）以购物退款等名义诈骗。犯罪分子盗取被害人最新的网购订单或者机票航程资料后，冒充电商或航空公司的客服人员，以发错货或飞机延误等名义进行退款，被害人难辨真伪，容易听从犯罪分子指示操作网银或者点击对方提供的钓鱼链接，犯罪分子盗取电商账号密码后立即将其账户资金转走。

（4）利用扫描二维码方式进行诈骗。"扫描二维码，领取购物红包"，犯罪分子通过诱使被害人扫描二维码链接一个会有木马病毒的网站，使其自动下载木马病毒，同时通过木马截取手机短信，更改支付宝密码，窃取支付宝内的余额。

（5）冒充熟人诈骗。犯罪分子通过拨打被害人电话冒充其外地朋友或熟人，谎称来出差办事，以出车祸、嫖娼或赌博被抓、家人住院等理由，要求被害人通过银行汇款进而达到骗取钱财的目的。

（6）中奖信息诈骗。犯罪分子利用被害人想致富的侥幸心理，借助网络、短信、电话、刮刮乐、信件等媒介为平台发送虚假中奖信息，继而以收取手续费、保证金、邮资、税费为由，骗取钱财。

（7）利用短信链接诈骗。通过引诱被害人点击短信中的链接，从而从后台下载木马程序或链接钓鱼网站的方式，获取被害人手机中的通信录、短信、银行卡、支付宝信息等实施诈骗。比如，犯罪分子发送"这是我们以前的照片，你打开看看 http:/1/123344.com"等短信进行诈骗。还有的犯罪分子利用伪基站，伪装成银行等客服号码（95588、95533等）发送短信进行诈骗。如"尊敬的用户，您的工商银行密码已被暂停使用，请登录域名 wap.icbcevc.com 重新激活，给您带来不便敬请谅解！【工商银行】"。

（8）冒充公安局、检察院、法院办案人员诈骗。犯罪分子使用改号软件将自己的号码伪装成公安局、检察院等司法机关办公电话，自称某公安局、法院、检察院，谎称被害人涉嫌诈骗、贩毒等，利用被害人急于证明清白的心理，要求被害人提供保证金并交纳至其指定的账户。

（二）防范措施

（1）加强防诈骗安全教育，提高安全防范意识。通过班会、广播、黑板报和网络等形式开展警示教育，节假日、周末是购物的高峰期，同时也是诈骗案件高发期，及时告知群众犯罪分子的诈骗手法及防范措施。

（2）学习网络安全知识，保护电脑上网安全。电脑、手机安装防火墙和防病毒软件，升级系统，堵塞软件漏洞。不要上一些不太了解的网站和一些明令禁止的网站，不要轻易执行从网上下载的未经杀毒处理的软件，加强对各社交软件病毒的防范和清除措施。

（3）在正规平台进行交易，使用安全支付方式。调查发现，85%以上的网络电信诈骗是因为受害者没有通过官方支付平台的正常交易流程进行交易。

（4）仔细甄别网站，远离虚假网站。虚假网站、克隆网页的域名、逼真程度，与官网的域名、制作精美程度还是有差别的，特别需要注意域名是否多了后缀或篡改了字母，如果有改动，就需要提高警惕。

（5）增强法治意识，利用法律维权。记下交往信息，及时报警，通过银行冻结支付账号资金。

（6）预防电信网络诈骗技巧。

"十个不"：

①不随意添加好友，不参与扫描免费送礼品活动，不随意转发不明链接的帖文或网址、不点击不明链接和网址；

②不参与网络兼职刷单、网络赌博等活动；

③不提供银行卡、手机卡、短信验证码给他人使用；

④不随意扫描不明二维码；

⑤不在陌生网站填写登记个人资料、银行卡信息；

⑥拒接或不轻信陌生人电话；

⑦不向陌生人转账、汇款；

⑧不接受以"公检法"名义发送的向"安全账户"转款要求；

⑨不接受网络、电话推介投资理财炒股；

⑩不在非正规平台或境外平台炒股、炒币、炒期货、炒黄金等。

"八个凡是"：

①凡是网上贷款需要先交钱的，就是诈骗；

②凡是网上兼职刷单刷信誉的，就是诈骗；

③凡是公检法电话要求转账的，就是诈骗；

④凡是索要卡号密码验证码的，就是诈骗；

⑤凡是网上交友推荐投资类的，就是诈骗；

⑥凡是网恋后以各种理由要钱的，就是诈骗；

⑦凡是买游戏装备私下交易的，就是诈骗；

⑧凡是信用卡提额度要交钱的，就是诈骗。

"六个一律"：

①接电话，不管对方是谁，只要一谈到银行卡，一律挂掉；

②只要一谈到你中奖了，一律挂掉。

③只要一谈到是公检法税务机关或领导干部的，一律挂掉；

④所有短信，但凡让你点击链接的，一律删掉；

⑤微信不认识的人发来的链接，一律不点；

⑥所有170/171开头的电话，一律不接。

请牢记以上事项，并告知家人和朋友，如遇诈骗或有不明事项，第一时间拨打110求助。

十、移动终端安全

经典案例

贩卖账户终获刑

2015年8月，青岛某高校大三学生宋某，采用QQ联系、提供网盘账号及密码等手段，向江苏省的王某贩卖一个网盘，内含淫秽视频1415个，获利300元。江苏警方侦破此案，并经当地检察院提起公诉后，×××市人民法院经审理，一审判处宋某有期徒刑10年。

（资料来源：李子德，《大学生安全教育》，2019年）

照片被挂激情网

福州某大学的大三女生小玲和往常一样进入了福建某同城约会网站，还没聊上几分钟，一个网名为"我在等待"的网友要加她聊天。刚开始，小玲只是把他当作一个普通网友，在双方进行简单的自我介绍后，"我在等待"称要看看小玲的真面目，小玲就把视频打开了。视频打开后，"我在等待"一个劲地夸小玲长得漂亮。虽然对方说的有些话小玲根本没往心里去，但她还是被"我在等待"的帅气外形打动了。双方聊了对方的家庭、各自的工作情况、彼此的爱情观和择偶观，最后还互留了联系电话和地址等信息。没过几天，一个朋友告诉她，她的照片被挂在某激情网站上做"模特"了。当她打开那家网站时，发现自己的照片和其他一些性感女孩的照片放在一起，所有照片上面都写着："想和她们聊天吗？注册成会员你就可以知道她们的联系方式了。"小玲被气晕了，仔细一看照片，小玲想起来了，照片上的这个姿势正是她上次和"我在等待"视频聊天时的姿势。

（资料来源：李友玉、李洪渠、雷震德，《大学生安全指导》，2018年）

（一）安全使用智能手机

（1）设置安全密码。这是保护手机安全的第一道防线，以防手机丢失时，犯罪分子可能会获得通讯录、文件等重要信息并加以利用。

（2）安装安全防护软件。经常对手机系统进行扫描，到权威网站下载手机应用软件，并在安装时谨慎选择相关权限，不要试图破解自己的手机，以保证应用程序的安全性。

（3）不要轻易打开陌生人通过手机发送的链接和文件。

（4）做好安全设置。在QQ、微信等应用程序中关闭地理定位功能，并仅在需要时开启蓝牙。

（5）经常为手机数据做备份。

（二）防止手机泄露信息

（1）不要晒火车票、飞机票、登机牌。很多人出差、旅游都喜欢拍下火车票、登机牌发到朋友圈里晒一晒，一些自我保护意识强的人会将姓名进行模糊处理，票面上的内容却未曾留心。需要特别提醒的是，机票和火车票的条形码或者二维码含有乘客的个人信息，包括身份证号等，有被人利用高科技窃取个人信息的可能，这些证件既不能晒，也不能随意丢，最妥当的处理方法就是撕毁！

（2）不要晒护照、家门钥匙、车牌号。有这些信息的照片会透露你特定时间所处的特定位置，也会透露你的生活圈范围。

（3）不要晒位置。如果在朋友圈发布了带有位置信息的图片，将会暴露非常真实的个人信息，使坏人的作案成功率直线飙升。

（4）不要晒家中老人的照片。晒家中老人的照片，会让坏人有更高的概率将他们认出来。如果有人突然对老人说出自己孙子的姓名，再附加任何一条谎言，都能轻易让老人掏出半辈子积蓄。

（5）不要泄露日程、行踪等信息，以防盗贼判定家中无人时行窃。

（6）对于节假日旅游，如遇人群拥挤、道路堵塞、社会事故等，在没有掌握真实情况前不要盲目散布、转发。

（7）对于女性，贵重饰品、名牌包等少"晒"为宜，以防他人心生歹意。

（8）不要发布有关情感、情绪上的牢骚信息，既容易引起不怀好意的人注意，也有损人际关系。

（三）保护手机支付安全

1. 移动支付存在的安全问题

一是手机丢失或被盗，不法分子盗取受害者手机后，利用手机的移动支付功能，

窃取受害者的财物。二是用户信息安全意识不足，轻信钓鱼网站，当不法分子要求自己告知对方敏感信息时无警惕之心，从而导致财物被盗。

2. 保护智能手机支付安全的措施

（1）保证手机随身携带，手机支付客户端与手机绑定，使用数字证书，开启实名认证。

（2）从官方网站下载手机支付客户端和网上商城应用。

（3）使用手机支付服务前，按要求在手机上安装专门用于安全防范的插件。

（4）登录手机支付应用、网上商城时，勿选择"记住密码"选项。

（5）警惕街头二维码陷阱，不扫描来路不明的二维码。

（6）经常查看手机任务管理器，检查是否有恶意程序在后台运行，并定期使用手机安全软件扫描手机系统。

（7）更换手机后及时解绑手机上网银行卡，并删除手机敏感数据和信息。

（8）卸载带支付功能的 App 后，及时解除银行卡、微信、支付宝等的绑定。

发表不当网络言辞终害己

2018 年 4 月 19—20 日，福建某大学田某某（网名）在新浪微博上发表错误言论，引起广大网友声讨，产生了十分恶劣的社会影响。2018 年 4 月 23 日 23 时，福建某大学在官网发布《关于对田某某同学处理情况的通报》，给予田某某留党察看、留校察看的处分。2018 年 9 月 1 日，该大学通报该网络事件处理情况，当事人田某某被开除党籍、退学。

（资料来源：李子德，《大学生安全教育》，2019 年）

随着互联网的普及，网络已经成为大学生日常学习和生活不可或缺的一部分。网络为大学生提供了丰富的信息资源和广阔的学习空间，成为大学生增长知识、开拓视野、休闲娱乐、互动交往、展示自我的重要平台。然而，网络也是把双刃剑，利用不好，它也会给大学生带来一些负面影响和危害。许多学生把大量的时间、金钱、精力花费在虚拟的网络世界中，影响到正常的学习和生活。当前，由于网络法规的相对滞后、管理被动等多方面原因，一些不法分子在网上散布封建迷信、色情暴力、流言蜚语、反动言论等不良信息，给大学生带来财产损失和人身伤害，甚至诱发违法犯罪行为。由此，我们应遵守国家的法律法规，共同营造移动终端的蓝天白云。

第四章

我的安全我守护

十一、就业、创业安全

两名女生求职被骗遇害

2011年10—11月，刑满释放人员甘某在武汉光谷一家建筑公司打工，住在公司办公楼地下一楼。为寻求刺激，甘某以网上求职的女大学生为目标，发布虚假招聘信息，诱骗女大学生周末前来应聘面试并将其杀害。甘某把见面时间都安排在周末，和前来应聘的女大学生见面后，冒充公司招聘人员，以"公司待遇好，我带你去看看"为诱饵，将女大学生骗至地下室，然后将其残忍杀害。10月15日下午2时左右，他哄骗武汉某高校21岁的女大学生刘某至住处将其杀害，碎尸后掩埋于光谷三路小树林。11月12日下午2时左右，甘某以同样的手法将武汉某高校的女生左某杀害，趁天黑将尸体拖至九峰森林动物园附近掩埋。当天还有另外一个高校的女生与甘某预约，因见面时间和左某冲突被甘某推掉才免遭毒手。甘某交代，他与这几个女大学生均不熟悉，"因为是网上找的陌生女性，不容易被警方注意到"。

（资料来源：李友玉、李洪渠、雷震德，《大学生安全指导》，2018年）

（一）求职安全注意事项

（1）在求职过程中，一定要经常与家长、教师、同学保持联系。

（2）不要轻信陌生人或网上的就业招聘信息，要在切实了解用人单位的实际情况后再决定是否应聘，防止用人单位利用招聘信息制造骗局。

（3）在求职过程中，遇到以下情况一定要提高警惕：应聘单位每次都用移动手机与你联系，很少或是几乎没有使用固定电话；你从未针对某家单位投递过简历，却又收到了该单位的面试或录取通知；被录用之后，要求你交纳培训费、服装费、押金等。

（4）女大学生尤其要警惕：坚决不单独前往宾馆或酒店的某房间应聘；对方给的工资超出预期特别高，但是工作内容讲得比较模糊，应拒绝应聘；男性招聘者邀请你前往某住处或娱乐场所，应拒绝前往。

（5）识别与防范黑中介的技巧：查看相关证件，正规的职业介绍所应当具有"职业介绍注册证""营业执照""税务登记证"和"行政事业性收费许可证"，职业介绍中的从业人员应当具有"职业介绍从业员资格证"，如果无法提供这些证件，则该中介为黑中介；当中介机构提出缴费要求时，应要求对方提供盖有单位印章的收据或证明。

（6）在求职过程中，要特别留心自身的信息安全。一般情况下，家庭详细地址、家人联系电话等不要填写得过分详细；上交证件时尽量避免交出原件，在复印件上应注明"供求职应聘专用"等字样，以防不法分子利用相关证件复印件侵害应聘者权益。

经典案例

女大学生被家教借口施暴

2014年6月底，暑假来临，正是同学们寻找家教和其他工作进行勤工俭学的高峰期。一有前科的逃犯利用大学女生求职心切的心理，在湖北省黄石市某高校校园里，以为上小学五年级的女儿找家教为名，先后将3名女生骗至校园外偏僻处，企图行骗和施暴，幸亏3名女生觉察得早并奋力反抗，才得以逃脱魔爪，但背包、手机等物品被犯罪嫌疑人抢走了。

学生贪小便宜被强制消费

武汉市江汉路步行街、光谷步行街、街道口商圈，是大学生喜欢光顾、扎堆的地方，骗子看到这些学生模样的人，立即就贴身跟上，以兼职、免费美容、山寨手机、办模特卡等为诱饵，将其拉到附近小区强制消费。高峰时，一天有近百名学生上当受骗，很多学生被骗得身无分文。

（资料来源：李友玉、李洪渠、雷震德，《大学生安全指导》，2018年）

（二）签订劳动合同注意事项

（1）劳动关系起算。根据《劳动合同法》第十条规定：用人单位与劳动者在用工前订立劳动合同的、劳动关系自用工之日起建立。

（2）试用期包含在劳动合同期限内。有些用人单位往往对试用期内的劳动者不签订正式的劳动合同，经常会等到劳动者"转正"以后，再签订劳动合同，这种做法是错误的。

（3）单位应当为试用期内的劳动者缴纳社会保险。根据《劳动合同法》规定，试用期员工有权享受养老保险、工伤保险、医疗保险等各项社会保险，如果单位没有在职工试用期缴纳社会保险，可以在正式签订劳动合同之后为职工补缴。

（4）用人单位对劳动者进行免费专项技术培训。

（三）创业注意事项

（1）创业建议。一是规划人生，制订计划。征求"过来人"的意见，再结合自己的实际情况制定一些小目标，再慢慢地开始规划自己的人生。二是具备胆识和魄力。决策的胆识和魄力一定要建立在深思熟虑的基础之上，既要选择风险小又要兼顾利益最大化。三是实施团队管理、信息管理、目标管理。

（2）最易创业四大方向。一是高科技领域。推荐商机为软件开发、网页制作、网络服务、手机游戏开发等。二是智力服务领域。推荐商机为从事家教和家教中介，开办设计工作室和翻译事务所等。三是连锁加盟领域。推荐商机为从事快餐业和家政服务业，开办校园小型超市和数码速印站等。四是开店。

（3）创业成功四要素。一是加强创业知识学习。二是要具备较强的创业心理素质。能承受挫折、具备独创性和冒险精神、有计划和组织能力、能吃苦有恒心的人，被认为能够成为一个合格的创业者。三是要有好的发展思路和发展方向，锻炼敏锐的市场洞察能力。四是要懂得利用多方资源，考虑诸多存在和潜在的问题。

十二、体育安全

新生在长跑测试中猝死

某高校新生小李，体育课中参加1600米体能测试，途中不慎摔倒，经抢救无效死亡。医院诊断小李是因先天性心脏器质性病变引起的猝死。经了解，小李的父母和小李自己都知道小李患有先天性心脏病，入学前，因担心影响录取而在体检时造假，入学后碍于面子，又没有及时报告辅导员和军训教官，导致小李猝死。

（资料来源：李友玉、李洪渠、雷震德，《大学生安全指导》，2018年）

（一）体育运动损伤产生的原因

（1）思想认识不到位。对运动损伤的危害性认识不足，未能积极地采取有效的预防措施；不注意科学的锻炼方法，忽略循序渐进和量力而行的原则，不顾主客观条件的可能，盲目地或冒失地进行锻炼。

（2）准备活动不充分。不做准备活动就进行激烈的体育活动，易造成肌肉损伤、扭伤；准备活动敷衍了事，在神经系统和各器官功能未达到适宜运动的水平就开始剧烈运动；准备活动的内容不得当，未活动到目标肌群和相关关节；过量的准备活动致使身体功能不是处于最佳状态而是有所下降。

（3）身体、心理素质不佳。不良的心理状态，如思想麻痹、情绪急躁或在练习中因恐惧、害羞而产生犹豫不决和过分紧张等。体育基础差、身体素质差、不自量力而强行运动，容易发生损伤事故。

（4）技术动作有缺陷或错误。技术动作违反了身体结构与功能特点及运动的力学原理，就容易受伤，这是学习新动作时发生损伤的主要原因。

（5）带伤练习或疲劳状态下训练。在患病或伤病初愈阶段或睡眠不足、休息不好及过度疲劳的情况下,生理功能和运动能力相对下降。这时若参加剧烈运动可因肌肉力量弱、反应迟钝、身体协调性差而导致损伤。

(6)气候不良或场地不合适。如过高的气温和潮湿的天气,导致大量出汗失水,在冰雪寒冷的冬季易发生冻伤或其他损伤事故,场地光滑或者不平,容易导致摔伤或者扭伤。

(二)体育运动安全防范

(1)保证体育场地、器材安全。定期对运动场地、教学场地的地面、护栏、照明设施以及体育教学设施、器材等进行检查,发现隐患及时整改,确保体育器械、设备等牢固安全。

(2)正确使用体育器材。要掌握器材的性能、功能及使用方法,严格遵守相关操作规程,在器械上做高难度、危险动作时做好安全保护。

(3)做好运动前的准备工作。要有足够的安全意识,切勿麻痹大意;穿着适宜的运动服装,保证运动场地、器材的安全;做好充分的热身运动。

(4)控制运动负荷。运动负荷以有疲劳但承受得住,适当休息后,体力即可恢复正常为原则。注意运动间歇,加强自保和互助,合理补充物质,防止身体脱水。

(5)做好运动后的保护。运动后要注意放松,采用正确的休息方式。注意膳食的合理搭配和卫生保健。

(三)运动损伤应急处理

(1)擦伤。小伤口,用红药水外涂局部;有污染的伤口,用生理盐水冲洗,碘酒消毒后包扎;大伤口,止血处理后送医院。

(2)扭伤。停止运动,加压包扎。在冷水或冰水中浸10分钟,间隔10分钟后再浸10分钟,不超过30分钟;抬高患肢,48小时内不进行按摩和理疗。

(3)溺水。救上岸后要先清洁口、鼻,控出腹中积水,如已经发生呼吸骤停和心搏骤停,则需施行人工呼吸和心脏按压术。

(4)运动中腹痛。用手按压腹痛部位,减轻运动强度,点掐足三里、内关、中脘等穴位。要预防运动中腹痛,需做到运动前不要过饥过饱。运动前、运动中不要大量饮水,做好准备活动。

(5)肌肉痉挛(抽筋)。停止运动,反方向牵引痉挛的肌肉。要预防肌肉痉挛(抽筋),需做到提高身体耐寒能力,提高肌肉工作能力,做好准备活动,冬季注意保暖。

(6)岔气。胸壁呼吸肌的痉挛,引起胸肋部的疼痛并伴有呼吸不畅,俗称"分气"。处理方法是深吸气后憋气,由上向下锤拍胸壁两侧,缓缓呼气,点掐人中、外关穴。做足准备活动可预防岔气。

（7）骨折。有开放式伤口的先进行包扎止血，用消毒棉纱或干净毛巾压迫伤口止血，再用木板、竹片将伤肢上下两关节固定。要正确运送，运送过程中避免移位，预防运动中骨折。

知识链接

1500名学生中有300人因体育锻炼不当受伤

大理学院体育科学学院的一份调查发现，大学生运动损伤严重。该调查随机抽取云南师范大学、昆明理工大学、云南民族大学、大理学院4所院校的大一和大二学生，每校男、女生各200名，年龄18~23岁。发放调查问卷1600份，收回有效问卷1568份。

调查问卷内容包括运动损伤发生的时间、损伤性质、运动项目和受伤原因等。调查结果显示，受伤学生304名，占被调查学生的19.4%。其中在体育课程中损伤的占12.2%（37/304），课外体育活动占50.6%（154/304），课余训练损伤占13.8%（42/304），体育竞赛中损伤占23.4%（71/304）。软组织损伤283例，占受伤人数的93.1%；关节脱位4例，占1.3%；骨折17例，占5.6%。最易受伤的项目是足球、篮球、田径、体操等课程；其中课外活动中受伤率较高，占总受伤数的71.4%。

（资料来源：淘豆网，2021-03-27）

第四节　平安校园建设

案例导入

校园不良商店藏杀机

2018年6月15日，云南某学院2011级女毕业生张某晴与家属失联，其男友赵某向警方报案。时隔24小时后，警方找到了张某晴的遗体。经××公安分局调查发现，云南某学院内一理发店老板黄某昆有重大嫌疑。

6月15日下午4时许，张某晴来到涉事理发店，在位于二层阁楼的沙发上躺下

等待洗头时，黄某借口查看张某晴的办卡记录，来到一楼，然后迅速从里面将店门反锁，戴上手套，拿着毛巾、胶布等作案工具回到二楼。黄某昆趁张某晴不注意，将其杀害。为了毁尸灭迹，黄某昆还将受害人遗体抛至远处河沟。

据黄某昆交代，他早有抢劫的图谋，当天看到张某晴使用的是一部苹果手机，此外，张某晴长相漂亮，穿着比较时尚，这让黄某昆选定了她作为行凶目标。

（资料来源：李子德，《大学生安全教育》，2019 年）

一、平安校园的含义

"平安"现代汉语词典解释为"没有事故，没有危险，平稳安全"，这是狭义的"平安"。广义的平安指的是政治稳定、社会太平、百姓生活安康。平安校园，这里的"平安"，不是狭义的、纯粹意义上的"平安"，而应该是涵盖校风、校训、校园秩序、校园文化和校园建设等各方面的宽领域、大范围、多层次的广义的"平安"，是一个公平正义、诚信友爱、充满活力、安定有序、师生之间和学生之间和谐相处的校园。

二、高校安全教育对平安校园创建的意义

高校安全教育与平安校园建设的目的是一致的，都是为了教育、培养大学生成长成才，根本目的在于提高学生安全意识和安全技能，促进大学生全面发展。高校开展安全教育，可以大力地促进平安校园建设。

第一，高校安全教育是平安校园建设的重要环节，对平安校园建设具有保障作用。平安校园建设的根本目的就是维护高校安全稳定，而高校安全教育是高校安全稳定的前提和基石。学校通过开展安全教育，让学生学习基本的安全知识，掌握必备的安全技能，并在参与平安校园的实践中获得安全经验，这样便可形成"生命至上，安全第一"的良好氛围，可以极大地推动平安校园的建设。

第二，高校安全教育作为高校思想政治教育的一部分，对平安校园建设有激励和促进功能。因为高校安全教育，不仅仅是安全知识的灌输和安全技能的传授，还是一种心灵的沟通和灵魂的交流，体现着深厚的人文关怀。它能够激发大学生的内在需要和情感，激励大学生积极地投入平安校园建设之中，起到润物细无声的教育效果。

三、保障校园安全的有效途径和策略

（1）培养自我安全防范意识。哲学家特莱斯说："人生最难的事是了解自己。"学校制定大学生安全教育计划，通过课堂、课外活动等教学，让学生学习、掌握其所必需的安全基本理论知识，使学生逐步具有比较固定的安全知识理念，并养成重视安全的行为习惯。

（2）建立健全学生安全信息网络。校园安全信息网络对学校校园安全的维护至

关重要，积极调动学校各职能部门的力量，夯实学校安全管理工作队伍，建立学生安全信息员队伍，覆盖到每个班级、每个宿舍，确保能够将各类校园安全事故或安全隐患在第一时间传达至相关部门，并得到及时的疏导与解决。

（3）定期开展心理隐患排查。随着经济社会的快速发展，大学生心理疾患也呈现为多元化与复杂化趋势。学校对每一位新生开展心理健康普查，对异常学生建立学生心理健康档案，给予援助、跟踪、心理辅导，确保其健康、快乐地生活与学习。

（4）建立健全安全责任管理体系。高校应建立安全管理专责领导机构，负责组织、管理、协调学校安全教育工作，明确工作职责，按照"属地管理""谁主管，谁负责"原则，从严管理，落实责任。

大学时期是人生历程中一个至关重要的成长时期，也是各种安全事故频发期。了解各种安全隐患，处理各种安全事故，不论是对于大学学校、大学师生还是社会都极为重要。希望通过家庭、学校以及社会各界的共同努力，尽量消灭各种安全隐患，将大学真正打造成为一个读书的圣殿。

思考与练习

1. 大学生安全问题的成因是什么？
2. 联系实际谈谈大学生安全教育的重要性。
3. 大学生安全教育的原则有哪些？
4. 结合自身实际，谈谈如何防范安全隐患？
5. 你关注过学校周边环境吗？你能发现哪些安全隐患？
6. 面对陌生人搭讪，你会如何恰当地处理？
7. 在日常的学习生活中，大学生应如何学法、守法、用法？请以宿舍为团队，制作常用法律知识PPT，举行主题班会，展开交流与推广。
8. 作为一名大学生，你关注过哪些违法犯罪的典型事件？你了解哪些保护自身权益不受侵犯的法律法规？

案例思考

请扫描右侧二维码获得更多资源

知识拓展

请扫描右侧二维码获得更多资源

课外阅读

欢迎登录"爱习课专业版App"查阅

第五章　我的生活我创造

锄禾日当午，汗滴禾下土。谁知盘中餐，粒粒皆辛苦。

——李　绅

我觉得人生求乐的方法，最好莫过于尊重劳动。一切乐境，都可由劳动得来，一切苦境，都可由劳动解脱。

——李大钊

我们在我们的劳动过程中学习思考，劳动的结果，我们认识了世界的奥妙，于是我们就真正来改变生活了。

——高尔基

用劳动来创造美的时候，美才能使人的情操更为高尚。

——苏霍姆林斯基

劳动是一切幸福的源泉。

——习近平

劳动创造了中华民族，造就了中华民族的辉煌历史，也必将创造出中华民族的光明未来。

——习近平

素质目标

1. 具有正确的劳动观念。
2. 具有积极向上的劳动精神和认真负责的劳动态度。
3. 形成良好的劳动习惯和品质。

能力目标

1. 掌握基本的劳动技能。
2. 具备完成一定劳动任务所需要的设计、操作能力及团队合作能力。
3. 具备一定的创造性劳动能力。

知识目标

1. 了解劳动及劳动精神的本质内涵。
2. 理解劳动的价值和意义。
3. 熟悉劳动精神与个人职业发展的内在联系。

第五章 我的生活我创造

第一节 劳动价值与劳动意义

杂交水稻之父——袁隆平

这位新中国杂交水稻之父，1930年生于北平，是新中国杂交水稻育种专家，中国工程院院士。他自1964年开始研究杂交水稻，1973年实现三系配套。在随后的一年中，他培育出第一个杂交水稻强优组合南优2号。1975年研制成功杂交水稻种植技术，并为随后的大面积种植奠定了基础。而他也被誉为建国以来贡献最大的农学家。他因任劳任怨，艰苦奋斗的精神，被中共中央、国务院授予"全国劳动模范"的光荣称号。

（资料来源：百度文库，2019-11-30）

讨论： 袁隆平从事的工作有什么社会价值？

劳动是一种奉献，更是一种分享，分享劳动，也就是分享快乐，分享幸福，分享累累果实。从一个人对劳动的看法中，我们可以清楚地知道其行为准则和道德品质。

一、劳动的基本内涵

（一）劳动

劳动是人类区别于其他动物的一种普遍特质，是人类维持自我生存和自我发展的唯一手段。《现代汉语词典》中，"劳动"有三层含义：人类创造物质或精神财富的活动；名词，专指体力劳动；动词，指进行体力劳动。《辞海》中，劳动的首要含义是"人们改变劳动对象使之适合自己需要的有目的的活动，即劳动力的支出或使用"，也有"操作""体力劳动""劳驾"的含义。

人们常将"劳动"与"工作"两个概念混淆，其实两者之间是存在较大区别的。工作是劳动的一个层面，工作更多的是指人类通过劳动分工而进行的、有组织的以获得劳动报酬为目的的生产活动。因此，工作更加强调以获得报酬为目的，比如，我们在家打扫卫生是一种劳动，但不是一种工作，而保洁员在写字楼打扫卫生是一种劳动，也是一种工作。

（二）劳动力

"劳动"一词也容易与"劳动力"混同。《辞海》对劳动力的定义为"人的劳动能力，即人所具有的能运用于劳动过程的体力和脑力的总和。有时也指具有劳动能力的人"。从这个定义来看，劳动力有两方面意思：一方面是指具有劳动能力的人口，比如，在统计劳动力人数时，通常会考虑劳动年龄和劳动能力，这两方面同时达标才称得上是劳动力；另一方面，劳动力是社会生产力中的能动要素，指劳动过程的体力和脑力的总和。在马克思主义学说中，劳动和劳动力是两个不同的概念，劳动要么是具体的行动，要么是抽象的行为，劳动力更多与剩余价值有关，是"肉体力和精神力的内总体，存在于人的身体中，存在于活的人格中，其发动，通常会产生某种使用价值"。马克思主义学说认为，雇佣劳动的特点是劳动者出卖他们自己的劳动力，这样劳动力就成为一种特殊的商品，具有价值。

（三）劳动者

跟"劳动"和"劳动力"相关的概念还有劳动者。劳动者是在一定的社会分工体系下，具有一定的劳动能力，处于一定的劳动岗位，遵循一定的劳动规范，有目的、相对持续地从事或向他人提供有价值物品或服务的社会人。

二、劳动的分类

按照不同的标准，劳动有不同的分类结果。各种分类从不同角度揭示了劳动的多样性。说明了劳动的内在差异。

（一）简单劳动与复杂劳动

从价值分析的角度，劳动可分为简单劳动与复杂劳动。所谓简单劳动，就是没有太大难度、不需要专长、普通人都可以进行的劳动。复杂劳动是比简单劳动更高级、更复杂的劳动，需要花费更多的劳动时间，或需要经过专业训练才能从事的劳动，因此，它具有更高的价值。比如，搬砖通常被认为是简单劳动，编程通常被认为是复杂劳动。

（二）体力劳动与脑力劳动

从呈现方式的角度，劳动可分为体力劳动与脑力劳动。体力劳动与脑力劳动的分工是人类劳动发展到一定阶段出现的。原始社会中，由于共同体内部不能提供剩余产品，有劳动能力的人都要参加体力劳动，还没有出现专门从事脑力劳动的人。随着分工的发展，社会生产力水平提高，共同体内部产生了剩余产品，就逐渐形成了"从事单纯体力劳动的群众同管理劳动、经营商业和掌管国事以及后来从事艺术和科学的少数特权分子之间的大分工"。随着资本主义的发展，科学技术融入机器大工业生产过程，从事科学技术研发和生产管理的人员从直接生产活动中分离出来，实现了脑力劳动与体力劳动的分离。

脑力劳动与体力劳动具有相互依存、相互促进、互为补充的辩证统一关系。一般的人类劳动由脑力劳动和体力劳动按照不同的比例关系组合而成。通常意义上的脑力劳动是指那些脑力劳动占主要比例的复合劳动，体力劳动是指那些体力劳动占主要比例的复合劳动。

（三）重复性劳动与创造性劳动

从创造性程度的角度，劳动可分为重复性劳动和创造性劳动。重复性劳动主要是工作流程和内容基本固定的体力劳动。比如，发传单、搬运物品、送外卖、工厂流水线员工的分拣工作等。

创造性劳动即创新性劳动，是主要通过人的脑力劳动萌发出新技术、新知识或新思维，从而创造出新型社会财富或成果的劳动。在创造性劳动中，每次劳动的流程或内容均与之前不太相同，而是具有一定的新元素。

人类社会的日常运转要靠重复性劳动，人类社会的进步要靠创造性劳动，比如，城市里保洁工人每天的工作是重复性劳动，保证了城市的干净整洁；城市里的公交驾驶员、地铁驾驶员、快递员的日常工作以重复性劳动为主，保证了城市的正常运转。作家、科研人员、艺术家、企业家的工作以创造性劳动为主，他们创作新的故事、发明新的产品、设计新的图纸、推出新的方案，为社会增加了新的观念、事物或财富，有利于促进社会进步和人类安居乐业。

三、劳动的价值与意义

（一）劳动创造人本身

恩格斯在《劳动在从猿到人转变过程中的作用》一文中指出，在动物转化为人的过程中，劳动起了不可或缺的作用。早期的猿为了获取食物，为了生存而劳动，在劳动过程中手逐渐变得灵巧，大脑也得到锻炼，并产生了意识和语言。"动物仅仅利用外部自然界，简单地通过自身的存在在自然界中引导起变化；而人则通过他所作出的改变来使自然界为自己的目的服务，来支配自然界。这便是人同其他动物的最终的本质的差别，而造成这一差别的又是劳动。"因此，人本质上是在劳动过程中生成和发展完善的，劳动创造了人本身。

(二)劳动实现自我

劳动是人类真正的生命活动,是人本质力量的外在表现。通过劳动,人们不仅获得自身的物质需要,而且获得精神上的满足感、成就感、快乐感。劳动不仅是一种谋生手段,而且是生命的一部分,如阳光、空气一样不可或缺。劳动不是我们受罪和痛苦的根源,恰恰相反,劳动是激发我们创造力的源泉。正如高尔基所说:"我们世界上最美好的东西,都是由劳动、由人的聪明的手创造出来的。"

(三)劳动促进社会进步

人可以在不断劳动的过程中探索大自然,获取新的知识和技能,并将之转化为新技术和生产力。例如鲁班发明了锯,牛顿从落下的苹果中发现了万有引力,瓦特改良了蒸汽机,屠呦呦发现了青蒿素等。马克思在《1844年经济学哲学手稿》中就指出,创造力是人在不断劳动中形成的"本质力量",正因为这种人类所特有的"本质力量",才使得一个个发明创造不断改变我们的生活,人类社会才得以不断地发展、进步。

新型冠状病毒疫情下的劳动力需求

2020年春节前后中国出现新型冠状病毒疫情,疫情对各行各业产生了巨大的影响。

2020年第二季度,用人单位招聘各类人员约441.2万人,环比减少79.5万人;进入市场的求职者约333.7万人,环比增加9.1万人。需求端的减少主要是受全球疫情冲击,世界经济衰退,外贸型企业面临较大压力,减少了岗位释放。供给端的变动是因为受疫情防控影响,第一季度求职人员数量较少,进入第二季度后,我国疫情防控取得阶段性成果,求职人数回升。

相比第一季度,第二季度招聘需求人数和求职申请人数分别增加34.74%和42.55%。数据显示,随着稳就业举措全面落地,4—6月招聘需求人数逐渐上升,市场需求回暖,劳动就业局势逐步回稳。特别是小型企业展现出强大韧性,第二季度劳动力需求回升迹象明显,招聘需求人数环比上涨超45%。

分区域看,中、西部地区市场用人需求缺口较大。与2019年同期相比,西部地区市场用人需求增加了5.6万人,增长了5.4%,展现出较好的发展势头。

分行业看,企业用人需求主要集中在制造业、批发和零售业、居民服务和其他服务业、住宿和餐饮业、信息传输计算机服务和软件业、交通运输仓储和邮政业等行业。其中,交通运输仓储和邮政业招聘需求上涨最为明显。快递员连续两个季度成为最短缺职业第二名,在重庆、西安、郑州,快递员求人倍率高达10∶1,缺口较大。

(资料来源:中研普华研究报告,2020-08-19)

第二节　劳动精神与职业发展

地铁检修中的劳动精神

尹星是青岛地铁集团有限公司运营分公司通营二中心车辆部一名工程车检修工,荣获"2020年全国劳动模范"称号。

尹星虽年近不惑,但学业务理论钻劲十足;言语不多,但在疑难故障面前眼睛发亮。多年来,他主导实施技术创新项目20多项,获得国家实用新型专利10项;发表技术论文35篇。为实现"科技保安全"目标,他主导完成的科技创新项目《运行监控系统在青岛地铁工程车的应用研究》在深圳地铁全线网内47辆车上得到了广泛应用,推广应用效益1070万元,实现了将"机器人+机器视觉+信息化"手段融入轨道交通列车检修作业中,是国内外首次在城市轨道交通车辆日常检修领域应用人工智能机器人技术的项目,每年可节省人工成本3000万元以上。

在这背后,是尹星多年来扎根一线、大胆实践、心无旁骛致力于轨道技术研究的成果。他19岁技校毕业后,在工程车检修工作岗位上一干就是26年,参与完成的科技创新项目,填补了国内城市轨道交通行业轨道车安全防护设备的空白,他用脚步丈量轨道,用双手为青岛地铁安全运行保驾护航,他力求每一件事情都做到最完美,在每一次检修作业当中,他总是把螺丝拧到最好,不放过任何一个细节。根据安全运行的要求,工程车每月都进行检修,一台车检修下来,需要三四个人通力合作3天。而每次检修完毕,尹星必须要对整车1000多个螺丝再检查一遍。对尹星而言,干一行、爱一行、精一行是技术工人的职业准则,他从一名普通检修工成长为地铁技工行业中的佼佼者,他在坚持自己梦想的道路上不断前进。

尹星的付出和努力得到了人们的认可,他先后荣获山东省劳动模范、齐鲁首席技师、山东省创新能手、山东省富民兴鲁劳动奖章、青岛市创新能手、青岛市首席

技师、青岛大工匠、青岛地铁集团优秀共产党员等称号。他充分发挥高技能人才引领作用，组织开展各类劳动竞赛和技术日比武活动5次，技能培训200余次，3000多人次受训，授课培训时间达500多课时。多年来，他带领培养多人成为技师和工程师，其中1人既具有钳工技师职业资格又具有电工技师职业资格，成为"双师人才"，1人荣获"青岛市首席技师"和"青岛市劳动模范"等称号，团队成员共获得市级荣誉奖励10余项，为城市轨道交通事业的发展提供了坚实的人才保障，为青岛地铁的"畅达幸福"服务品牌增光添彩。

（资料来源：青岛新闻网，2020-11-25）

讨论：
1. 尹星在多年的工作中，哪些行为体现了劳动精神？
2. 劳动精神对尹星的日常工作有哪些促进作用？

劳动精神表现为"崇尚劳动、热爱劳动、辛勤劳动、诚实劳动"，既包含对劳动的理解和态度，也包括个体在职业生涯中体现出的种种心理素质和精神追求。一个人活在社会中，他的底气、动力和能力都与劳动精神有关。作为一名新时代中国特色社会主义劳动者，劳动精神在很大程度上决定着我们的职业和幸福。

一、新时代的劳动精神

从最近几十年中国社会的巨变来看，国家所取得的成绩归功于亿万人民在各自的职业岗位上付出的巨大劳动。这些巨大劳动的背后有一种劳动精神，它是中国劳动人民为创造美好生活、实现中国梦而在劳动过程中展现的劳动态度、劳动理念、劳动品质和劳动风貌的总和。2020年11月24日，习近平总书记在全国劳动模范和先进工作者表彰大会上的讲话中指出，要大力弘扬"崇尚劳动、热爱劳动、辛勤劳动、诚实劳动"的劳动精神。这是对新时代劳动精神的总体概括。

新时代的劳动精神根植于人类发展和中华民族的悠久历史中，具有鲜明的中华传统文化特征和社会主义特征，对于树立时代新人的正确劳动价值观，培养时代新人的崇高劳动品质，塑造时代新人的健全人格等都具有重要意义。

（一）崇尚劳动

在《马克思恩格斯选集》（人民出版社1995年版）第4卷第337页、374页中，恩格斯分别写道："首先是劳动，然后是语言和劳动一起，成为两个最主要的推动力，在它们的影响下，猿脑就逐渐地过渡到人脑。""劳动创造了人本身。"习近平总书记指出："劳动创造了中华民族，造就了中华民族的辉煌历史，也必将创造出中华民族的光明未来。"一言以蔽之，劳动创造了人类社会的一切文明，也创造了中华民族的过去、现在、未来。所有的社会进步都是劳动的结果，不是空想和投机取巧的结果，崇尚劳动既是对社会历史的科学认识，也是人文精神的强烈体现。

（二）热爱劳动

劳动对于一个奴隶来说，是痛苦的，但对于一个自由发展的人来说，是幸福的。人的自由潜能被激发、培养并展现出来的时候，他一定会热爱这种潜能在社会上对应的劳动。同时，就像凡·高所说的"你爱得越多，就知道得越多"，一个人对自己的劳动越热爱，他能学到和体会到的就越多、越丰富。热爱劳动是符合人性的，同时也是需要不断付出主观能动性的。

（三）辛勤劳动

辛勤劳动表现为勤奋工作、只争朝夕、不辞劳苦、长期坚持。勤劳是中华民族的传统美德，我们自古流传精卫填海、愚公移山的劳动精神，赞美"谁知盘中餐，粒粒皆辛苦"的珍惜劳动成果精神。孔子的"力行近乎仁"，陆游的"纸上得来终觉浅，绝知此事要躬行"，王阳明的"知行合一"，《弟子规》的"不力行，但学文，长浮华，成何人"，讲的都是努力、实践、探索的精神。改革开放40多年来，中国取得了伟大的成就，这是全体中国人民共同奋斗、勤奋劳动的结果。在新时代，我国面临大量的发展任务，依然需要辛勤劳动。

（四）诚实劳动

随着国家的不断繁荣富强，随着民主法治的不断推进，随着社会信用体系的不断升级加强，国民对诚信的重视越来越成为一种社会共识。与此同时，社会创新也需要诚实劳动作为坚实的基础。在新时代的中国，没有创新就很难取得更大的成就。如果没有对知识产权的尊重，没有对诚信、诚实底线的基本坚守，就没有对原创的保护与鼓励。未来依然需要中国人民以伟大的创新精神去推动各行各业的进步。

二、职业之于幸福

（一）幸福与职业有关

哈佛大学泰勒·本·沙哈尔教授关于幸福的公开课一度在我国引起巨大的关注。课堂上，教授博古通今，从各种观点、各个角度去介绍、讨论人类对于幸福的理解。哈佛大学也做过一项关于幸福的长期的实证研究，研究表明：幸福确实是跟人与人之间的关系有关，包括亲密的亲子关系、男女关系，也包括友谊、个体与社会的关系，甚至个体与天地宇宙的关系。而所有的这些关系，都离不开一个现实的东西来建立与体现——职业！

(二) 职业的过程与职业的结果

从职业的过程来看,职业的过程或劳动的过程本身就是幸福的另一个名字。《十日谈》作者薄伽丘说过:"经过费力才得到的东西,要比不费力就得到的东西更能令人喜爱。一目了然的真理不费力就可以懂,懂了也只是感到暂时的愉快,但是很快就被遗忘了。"英国思想家大卫·休谟说过:"正是劳动本身构成了你追求的幸福的主要因素,任何不是靠辛勤努力而获得的享受,很快就会变得枯燥无聊,索然无味。"通过劳动过程获得结果,我们才能欣然领受并由衷欢喜,反之,"十指不沾泥,鳞鳞居大厦"式的不劳而获,是不会有多少深度的快乐可言的,对于那些只想不劳而获的学生,罗曼·罗兰有句名言:"生活中最沉重的负担,不是工作,而是无聊。"另外,每个职业过程本身就是帮助我们拓展认知、升华生命的过程,比如,演员因为工作,天然就可能去认识到很多人、去到很多地方,这就是一种天然的学习、历练;再比如,学者因为工作,天然就会带领人去见识到人类思想的神妙深邃;再比如,从政或从商都会让我们见识到人性或瑰丽或疯狂或波澜壮阔或执着痴迷的风景,人生况味自在其中。不同的职业带给人们不同的成长和阅历,所以说,拥抱职业就是拥抱幸福。

从职业的结果来看,职业可以带给我们生存所需的生活资料、名誉、影响力,也可以带来安全感、社会归属感、价值感和自我实现。总之,人性不同层次的需要,基本都要靠职业来满足,即便是爱情之类的人际交往,很多时代也经常受职业的影响。这是因为,首先,你的朋友圈跟职业密切相关;其次,你从事某个职业就会具备这一职业的一些思维方式、气质、习惯等;再者次你的职业节奏会规定你时间使用方式的可能性,你遇到的人、事、物都是以职业为轴、为原点展开,并逐步演化的,这是无可避讳的事实。

职业与人生意义、人生幸福直接相关,而职业或工作的本质就是劳动。判断一个人的成功、地位、贡献,都与其劳动的量和质直接相关,一个人付出的劳动越多,价值越大,就越容易得到社会的认可,人生就越有意义。

(三) 个体的职业与群体的职业

个体的职业与群体的职业密不可分,也与全社会劳动者的职业密不可分。

从个体来讲,正如恩格斯所言:"生产劳动给每一个人提供全面发展和表现自己全部(体力的和脑力的)能力的机会,这样,生产劳动就不再是奴役人的手段,而成了解放人的手段,因此,生产劳动就从一种负担变成一种快乐。"每个人尽可能按照自己的自由意愿去劳动,并能因此获得生存的丰足、生活的丰富、生命的升华,那就是最美好不过的事情。

一些人的劳动没有与自己的天分或人生的使命结合起来,所以,多多少少是错位的、不够幸福的，但反过来讲，个体对于自我认识得越充分，对人生意义的信念越清晰、正向，他就越可能在职业道路上走出自己的风采，也越容易获得很多人都无法体验到的深度幸福。正如马克思在他的中学毕业论文《青年在选择职业时的考虑》中所写："如果我们选择了最能为人类福利而劳动的职业，那么，重担就不能把我们压倒，因为这是为大家作出的牺牲；那时我们所感到的就不是可怜的、有限的、自私的乐趣，我们的幸福将属于千百万人，我们的事业将默默地，但是永恒发挥作用地存在下去，面对我们的骨灰，高尚的人们将洒下热泪。"你有没有被激励到呢？

从群体来讲，劳动就是人类有意识地、自觉地改变环境和世界的活动，是人类社会赖以生存和发展的前提，劳动不仅创造了世界，创造了历史，创造了人本身，还是改变世界的根本力量。随着社会发展，分工越来越多元和精细，很多新职业是我们以前根本无法想象的，比如剥虾师、地铁助推员、球鞋鉴定师等，这说明群体的劳动让我们的生活变得丰富多彩了，也催生了新的需求和供给。

职业选择与幸福工作——抗疫英雄李彩芹34天的秘密

2020年的春节，面对突如其来的新冠肺炎疫情，全国各地打响了抗击疫情防控阻击战。疫情就是命令，防控就是责任，医院就是战场。一大批优秀的医务工作者心怀大爱甘愿逆行，在抗疫一线勇于担当、无私奉献，始终坚守在这场没有硝烟的战场上。其中一位基层医生就是李彩芹。李医生是1975年生人，系古交矿区总医院重症监护治疗病房副主任护师。从2月15日出征到3月19日平安归来，离晋整整34天，她不敢也不能给妈妈打电话，因为她是瞒着妈妈走上前线的。

出发当天，她拨通了姐姐的电话，再三叮嘱姐姐不要把自己去武汉的消息告诉妈妈，并且要告诉家中的亲朋好友一定替她保守秘密。姐姐含泪答应，她心里清楚，肆虐的新冠病毒正疯狂地席卷武汉乃至全国，但她毅然奔赴武汉，并做了最坏的打算。

2月18日，进入方舱医院第一天。班次是14点—20点，12点30分医疗队准时从驻地出发赶往光谷科技会展中心方舱医院。面对陌生的环境，未知的患者，紧张和恐惧如影随形。第一次进舱，穿防护服用了整整1个小时，生怕哪一步没做好而前功尽弃。入舱后不久她就感觉憋气，头晕恶心，可面对患者们无助又焦灼的眼神，她不再感到害怕，恐惧感早已烟消云散，她为患者们测量指脉氧、呼吸频率、体温，发放药品……短短一天，班组收治了150多名新冠肺炎患者，当班的1名医生6名护士全力以赴迎接新病人，新一轮的战役再次打响。晚上8点，与下一班次的战友们交接工作后，乘车返回驻地已是晚上10点30分。消杀，洗澡，清洗被汗水湿透的衣服，用开水泡些中午从餐厅拿回来的凉饭当作晚餐，她终于可以坐下来休息一下。

看表已是夜里12点多,十几个未接来电也随之映入眼帘。她赶紧回拨电话给家人,传来的是丈夫和女儿的焦急与惶恐,她嘱咐家人不要再看新闻了,看新闻就会联想到前线的自己,就会有各种猜测。为了不让家人担心,李彩芹把所有的艰难都深深埋在心底。直到有一次丈夫看到一篇报道后才知道,她由于过度劳累,血压升高,巡视病房时走路摇晃险些摔倒,电话中半是责怪,半是怜惜……

完成使命平安归来后,三晋大地用最高的礼遇迎接李彩芹等英雄回家。幸福!而那份保守了34天的秘密,也终于可以公开了!

(资料来源:澎湃新闻,2020-04-11)

点评:职业选择就是选择自己想要做的事情并坚持下去;坚持自己的兴趣,有一些东西并不是马上产生立竿见影的效果,而要看到它未来的价值;不要让他人的观点所发出的噪声淹没你内心的声音,最为重要的是,要有遵从你的内心和直觉的勇气。要学会用意义、快乐、优势帮助自己正确定位。

三、在个人职业发展中践行劳动精神

(一)摒弃不良观念

1. 价值观过度功利

许多人看到美妆主播李佳琦丰厚的收入以后就开始盲目模仿,而忽略了他背后付出的辛勤劳动,比如,他每天长时间的工作、不间断地熬夜,因为要反复涂抹擦拭口红导致嘴唇干裂出血,他常年处于过劳的状态,这种代价并非一般人可以承受。

还有早年流传的"宁可在宝马车里哭,也不愿在自行车上笑"的段子,为了使自己在人前显得光鲜,一些人宁愿做很多违背真善美的事情,可主宰他(她)们行为的动机是什么呢?通常是为了虚荣和物质上的一些享受而已,但又是什么造成他(她)们这样的追求呢?通常是由于理想信念缺乏,价值观混乱,精神上空心化,导致没有安全感、归属感。由于没有精神上的深度幸福体验,就造成自尊水平低、物欲强;由于对很多正能量的东西信念感弱,人就会表现为过度的功利主义,唯功利马首是瞻,原则、底线和温情丧失,产生一连串影响。

因此,我们的大学生务必要多学多干,广开见识,多寻体验,探索出适合自己人格和能力的目标,并努力践行实现。大发明家爱迪生曾说:"世间没有一种具有真正价值的东西,可以不经过艰苦辛勤劳动而能够得到。"何况是我们普通人呢?戒骄戒躁,辛勤诚实,这些贴近生活的真理,应该作为我们每个人的行为理念。

2. 认知上存在误区

一些学生家境优越,毕业就想当老总、当领导,可是我们现在来想象一下:你现在就是你喜欢的一个机构的负责人了,接下来有五个部门的经理来对你汇报工作,你知道如何回应可以既使企业效率提高,又能让部门之间的利益平衡协调吗?第二天,有三员大将突然集体辞职,同时市场波动,股价下跌,你的身价缩水到1/10,你准备怎么面对?

有些时候,我们想要的并不是光荣和梦想,而是名利的虚妄。我们以为那样就是美好生活,却根本不知道生活内在的复杂性与微妙性是多么难以琢磨和操作,我们连对生活的敬畏心都没有,就以一个孩子的实质去冒充大人的样子,那显然会遭到生活的教训。大作家王朔都说:"生活面前,我们永远都是孩子。"何况我们这些涉世未深、努力未到位的年轻人呢?

还有一些学生家境艰难,从小多灾多难,刚上大学,已经经历了很多生活的沉重打击,有些自卑,不知道如何去开拓、建立自己独立的小世界,在周围浮躁气氛的影响下,就可能选择一些不那么健康的方式去生存,或者更糟糕地,自暴自弃,走上邪路。

年轻人的未来充满无限可能,但如果不建立脚踏实地、积极向上的思想认知,未来也可能是一片灰暗。所以不论你身处何种艰难,只要正视困难和挑战,勇敢面对,就有希望。当然这里需要很多技术性的操作,比如你离不开手机,那就可以固定在一段时间内不去看,再比如你忍不住想跟某同学一样打游戏、吃喝玩乐,那你就要翻开你经常记在本子上的励志语录,激励自己要提高自制力。

认知决定格局,格局决定结局。不断审视自己的认知,按《论语》的教导"一日三省吾身",是年轻人成才的必然路径。

(二)认识基层工作的光荣

《道德经》有云:"贵以贱为本,高以下为基。"五星级酒店金碧辉煌或唯美宜人的环境带给客人的尊贵,难道背后不都是酒店基层员工的汗水挥洒而成?一线城市一望无际的万丈高楼、明亮闪耀的万家灯火,难道不都是没日没夜奋斗的中国新工人建设出来的?所以,何谓高贵、何谓低贱呢?不过是脑中一个执念而已。"劳动最光荣、劳动最崇高、劳动最伟大、劳动最美丽",我们确实要去维护劳动者的权益,提高劳动者的待遇,但同时需要树立正确劳动观念,培育积极的劳动精神,基层工作可能就是费力不讨好,但仍然需要把工作不折不扣地做好。

如李大钊所言:"我觉得人生求乐的方法,最好莫过于尊重劳动。一切乐境,都可由劳动得来,一切苦境,都可由劳动解脱。"投入劳动,尤其是自己有兴趣的劳动,确实能让人乐而忘忧。

很多时候，基层工作容易让人迷失、迷茫、倦怠，于是产生一大堆抱怨，这个时候，不妨想想如果自己是中层、高层领导的话，会怎么继续工作，还会这么抱怨下去吗？抱怨下去能使得自己晋升吗？所以与其抱怨不公、不满、不平，不如把时间花在提升自己、增强本领上，并且假想你将成为你想成为的人，尽可能带着这种人的意识去工作。试试看，你会做得很好的，哪怕你就是一个小小的班长。这种从基层蓄势待发准备成长为中流砥柱的样子，也是劳动美丽的体现。

（三）为自己的职业发展蓄积力量

1. 做好职业生涯规划

职业生涯规划越早越好，要一直去思索和调整，直至达到明晰、现实、心安的结果为止。怎么找、怎么规划？符合自己的志趣和能力特点最重要。工作的薪水待遇如同你要追求对象的财富，公司名气与形象像是你要追求对象的相貌，这些都是看似重要却次要的东西。我们还是要倾听自己内心的声音，看看哪个工作最能调动我们的激情，或者值得我们去构思未来5年、10年的梦想。这就需要诚实面对自己的内心和水平，广泛地了解社会各行各业，理性地思考自己的前途未来。

同时，人生之路往往一环扣一环，除非你总是有勇气和能量重启。第一份工作会对职业生涯产生路径依赖。一个年轻人对社会的认知和信念往往从第一份工作得来。如果第一份工作太不适合自己，风险就很多。比如，你可能会很痛苦，这个痛苦会影响你的身心健康；再比如，你可能对社会、人性的认知走向负面，这种负能量可能会拦截和遮蔽掉你本可以发挥出的潜能；再比如，你偏好守成，虽然自己不喜欢这份工作，却又不知如何跳槽，继续下去，直到中年，那就可能一路南辕北辙，再回头为时已晚。老话叫"男怕入错行"，今天，男女平等，女也怕入错行。这里讲的"第一份工作"，未必是狭义地讨论你的第一份工作，应该广义地指你毕业以后的两三年中，你应该谨慎选择自己的职业，因为后面的人生很可能就以你这两三年的选择为起点和基础。

2. 练好基本功

有的毕业生进入一个单位以后，突然发现现实和理想差距很大，灰心丧气，羡慕别人，但其实你改变不了什么又离不开的时候，正是磨炼自己心态和基本功的时候。拿不到宝刀宝剑，那就全力站你的桩、练你的马步，不要太计较琐碎得失，这会为你打下坚实的基础。历练来自多方面，工作本身的、人际的、意志力的、心性的，等等。否则，在一个风雨交加的夜里，机会真正来敲门的时候，你可能又受不了风雨中的泥泞。

3. 挖掘内在潜力

近年似乎流行"斜杠青年"，但细看这个群体，大多都身处基层，本职的工作无法满足自己的物质需要与精神自由，逐渐在本职工作之外发挥自己的特长。第二职业源于"爱好"，但发展好了，就会变成"爱"，那就是转型的时候。可是转型成功的人又总是占比小的那一小拨人，你可能只能斜杠过过瘾、稍微贴补家用，从业余到职业这段路，往往比看起来的要长得多。

总体而言，一方面，我们要多元地发展自己的能力，深入挖掘自己的各方面潜能，有机会也不妨趁着年轻广泛尝试；另一方面，要善于把时间精力管理起来，凡不构成正向累计的事情，要想想是不是可以放弃，然后把火力都放在最能带给自己发展的事情上。所以，技不压身的意思应该是，尽可能地发展自己的综合素质，但是在做事的时候要有取舍，而且最好把多才多能落实到自己选择的主业中，构成正向累积。青年时间宝贵而短暂，要管理好每一天，这样才能越走越远。

4. 知行合一

不论是生理状态还是心理状态，血气方刚又阅历不足的大学生在行为选择上，往往会鲁莽冲动、随波逐流、好高骛远、说得多做得少。这涉及经典的知行命题，古圣先贤已有诸多经典论述。

孔子曰："知及之，仁不能守之，虽得之，必失之。"就是说，你虽然知道了，但心意、行动不到位，你脑子里得到的东西也会丧失。

朱熹："知行常相须，如目无足不行，足无目不见。论先后，知为先；论轻重，行为重。"知如眼，行如脚，眼先行，但脚步更重要。

王阳明："知者行之始，行者知之成。圣学只一个功夫，知行不可分作两事。""行之明觉精察处即是知，知之真切笃实处即是行。若行而不能精察明觉即是冥行，所以必须说个知。知而不能真切笃实，即是妄想，所以必须说个行。"知行严格来讲是一体的，是辩证统一的，真正的知以行来证明，真正的行才意味着真正的知。

经典案例

劳动创造美好生活——李子柒的劳作生活

和许多同龄人比，幸运并不是一直眷顾着李子柒。父母离异，父亲早逝，她打小就和爷爷一起做木工，陪婆婆一起做饭，下地干活。小学五年级，爷爷去世，婆婆抚养她到14岁，生活难以为继。她孤身一人去城市打工，端过盘子，做过DJ，睡过桥洞，一包方便面掰成两半吃。

生活让李子柒练就了能吃苦的本事。她的手比较粗糙，看得出来是长期劳作的结果。她的手也很灵巧，随手拿起桌上的餐巾，七叠八叠，一个漂亮的折花就成了。"这个是'文竹'，这个是'黛尾'……都是在餐厅打工时学的。除了折花，还要给客人报菜名，介绍每道菜的原料、制作方法以及味型。"李子柒说。

李子柒的短视频全程都是在干活。她会剪窗花、写对联、绣花染布、酿造烘焙、造纸刻字……新打下的稻谷，水分大，一袋至少七八十斤，她能背背上，爬坡上坎。才砍下的毛竹，五六米长，三四根一捆，扛在肩上就走。

网友很好奇她怎么能掌握那么多生活技能。李子柒回答说："大家眼中的生活技能，只是我的求生本能。以前是为了生存，现在是生活。"她坦言自己并非什么都会，比如木工、刺绣、书画等，都是提前学的，即使是厨艺，在她自己看来也不完美，"比如我包饺子，从来就包不好那个褶，不止一次被嫌弃包得丑。"

摄影也是李子柒自己去钻研的。她手机里保存着3年前自学摄影的笔记：WB键是白平衡，P挡是自动挡，光圈越大背景就越虚化……那时候，她每天到论坛上去看去学。最初拍视频时，就简单写写有哪些流程，要拍些什么场景就完了，两三行字，其余的都在脑子里。白天拍，晚上剪，经常一干就是通宵。

在拍《水稻的一生》时，她从播种到收获、耙田、抛秧、插秧、守水、巡水，全程亲力亲为。拍水稻的一生、辣椒的一生、黄豆的一生，拍大米怎么来，酱油怎么酿，李子柒在视频里对农作物的生长追根溯源，从头到尾讲得清清楚楚。画面里，她忙里忙外，播种犁地、插秧打谷、劈柴生火、飞针走线，张罗一家人的生计，动作娴熟麻利。画面外，她要构思视频架构，思考拍摄内容，处理后期剪辑。

李子柒的努力获得了认可，新浪微博粉丝2185万、抖音粉丝3485万、B站粉丝310.2万、Youtube开通两年多订阅人数超过800万……

（资料来源：《人民日报》（海外版），2020-01-20）

点评： 青年人初出茅庐，在不忘初心的同时，需稳扎稳打，慢慢积累，提升基本能力和专业才能，"不经一番寒彻骨，怎得梅花扑鼻香"。

第三节　劳模精神与职业道德

习近平给中国劳动关系学院劳模本科班学员的回信

中国劳动关系学院劳模本科班的同志们：

第五章

我的生活我创造

你们好！"五一"国际劳动节前夕，收到你们的来信，我感到十分高兴。你们为党和国家事业发展作出了突出贡献，被评为劳动模范，如今又在读书深造，这是对大家辛勤劳动、无私奉献的褒奖，也是党和国家对劳动者的关怀。

社会主义是干出来的，新时代也是干出来的。希望你们珍惜荣誉、努力学习，在各自岗位上继续拼搏、再创佳绩，用你们的干劲、闯劲、钻劲鼓舞更多的人，激励广大劳动群众争做新时代的奋斗者。

我一直强调，劳动最光荣、劳动最崇高、劳动最伟大、劳动最美丽。全社会都应该尊敬劳动模范、弘扬劳模精神，让诚实劳动、勤勉工作蔚然成风。

值此"五一"国际劳动节之际，我向你们、向全国所有劳动模范、向全国广大劳动者，致以节日的问候。

习近平

2018年4月30日

（资料来源：《人民日报》，2018-05-01）

讨论：劳动模范可以在哪些方面激励广大劳动者？普通劳动者如何弘扬劳模精神？

一、劳模与劳模精神

劳模是优秀劳动者的代表，劳模精神对新时代中国特色社会主义建设具有重要的意义。职业道德在规范劳动者职业行为、提高劳动效率、提升劳动者职业素质等方面有举足轻重的作用。如何结合劳模精神，提升自己的职业道德，对当代大学生和劳动者的职业发展意义重大。

（一）劳模的基本内涵

劳模，即劳动模范。劳模有两种定义，第一种是在社会主义建设事业中成绩卓著的劳动者，经职工民主评选，有关部门审核和政府审批后被授予的荣誉称号；第二种是我们党在新民主主义革命、社会主义建设和改革开放不同历史阶段，为调动和激发工人阶级的先进性、创造性、历史主动精神，通过发现并开展选树先进典型活动而造就的优秀人物。"劳"表示劳动，这是劳模的基本前提。"模"体现了一种"示范"和"楷模"的价值导向，一种可近、可亲、可信、可学的榜样作用。"劳模"是对生产建设中先进人物的一种崇高称号，以表彰劳动中有显著成绩或重大贡献，可以作为榜样的人。

劳动模范分为全国劳动模范与省、部委级劳动模范、市级劳动模范和县级劳动模范等。一些大企业也评选企业劳动模范。另外，"五一劳动奖章"和"五一劳动奖状"是中华全国总工会为表彰在技术创新、管理创新和体制创新中取得显著成绩，为经济建设和社会发展作出了突出贡献的先进个人和集体而授予的荣誉称号，是中国劳动者最高奖项之一。

（二）劳模的社会贡献

在国家建设发展中，劳模是各行各业的杰出代表，在他们身上体现着社会对某一类劳动方式、劳动精神的最高评价。劳模是先进生产力、先进生产关系的优秀代表，也是先进文化的优秀代表。同时，劳模及其群体也是巩固国家政权的社会支柱、党和政府联系人民群众的桥梁与纽带。劳模以自己的聪明才智和奉献精神为国家经济建设默默无闻地作出贡献，以自己的创造性劳动推动着社会进步，以自己的崇高思想和先进事迹为全国人民树立了学习的榜样和光辉的旗帜。

习近平总书记在系列重要讲话中多次提及劳动模范，并用较多篇幅论述劳动模范的历史贡献和劳模精神的宝贵价值。2013 年以来，他先后指出，"劳动模范是民族的精英、人民的楷模""一代又一代的劳动模范和先进工作者、先进人物，是我国劳动人民的杰出代表，是祖国和人民的骄傲""劳动模范和先进工作者是坚持中国道路、弘扬中国精神、凝聚中国力量的楷模""劳动模范是劳动群众的杰出代表，是最美的劳动者"，这充分肯定了广大劳动模范和先进工作者。2020 年 11 月 24 日，习近平总书记在全国劳动模范和先进工作者表彰大会上发表的重要讲话中强调，"劳动模范是民族的精英、人民的楷模，是共和国的功臣。我国是人民当家作主的社会主义国家，党和国家始终坚持全心全意依靠工人阶级的方针，始终高度重视工人阶级和广大劳动群众在党和国家事业发展中的重要地位，始终高度重视发挥劳动模范和先进工作者的重要作用。"这些重要论述充分体现出中共中央对劳动模范成绩的高度认可，对劳动模范的殷殷关怀。

（三）劳模精神的时代价值

在不同的历史阶段，劳模始终是彰显革命精神、民族精神和时代精神的一面旗帜，始终是推动社会进步的带头羊，始终是催人奋进的时代领跑者，劳模精神具有丰富的时代价值。

1. 国家层面

劳模精神为实现中华民族伟大复兴的中国梦注入强大的精神动力。中国梦是强国之梦，是实现国家富强之梦。推动事业发展、实现美好蓝图，要依靠全体劳动人民的智慧和创造。

"空谈误国，实干兴邦"，只有脚踏实地劳动，真抓实干、埋头苦干才能实现个人发展和社会发展，从而实现国家发展。劳模精神是引领中华民族发展的先进的、科学的、文明的思想道德和价值取向，代表的是优秀的价值观、道德观，展示的是中华民族顽强拼搏、自强不息的崇高品格，体现的是中华民族与时俱进、开拓创新的精神风貌。

2. 社会层面

劳模精神有利于营造崇尚劳动的浓厚氛围和精益求精的敬业风气。榜样蕴藏无穷力量，精神激发奋斗意志。劳模的最大价值在于给广大职工群众精神上的感染和鼓舞，影响和带动周围的人。劳模精神凝结着中华民族的优秀品德，闪烁着时代发展的光芒，为社会发展营造积极向上的氛围。大力弘扬劳模精神，有利于进一步激发人们心中蕴藏的道德热情，提升人们的工作积极性；有利于引导人们树立尊重劳动、学习劳模、争当劳模的思想意识；有利于营造社会良好的劳动氛围，促进社会公平正义的发展。劳模精神已经逐渐得到全体劳动人民的认同，各行各业都掀起了学劳模、做劳模的新风尚。

3. 个人层面

劳模精神可以感染并引领广大劳动者勤奋做事、勤勉为人、勤劳致富，培育并践行社会主义核心价值观，有利于培养德智体美劳全面发展的社会主义建设者和接班人。2018年9月10日，在全国教育大会上，习近平总书记再次指出："要在学生中弘扬劳动精神，教育引导学生崇尚劳动、尊重劳动，懂得劳动最光荣、劳动最崇高、劳动最伟大、劳动最美丽的道理，长大后能够辛勤劳动、诚实劳动、创造性劳动。"中国特色社会主义伟大事业需要依靠一代又一代中国人辛勤劳动、继续奋斗来实现。加强劳动教育，培育青少年深厚的劳动情怀，对于实现中华民族伟大复兴的中国梦至关重要。

经典案例

黄文秀——把青春和生命献给脱贫事业

在2020年的新年贺词中，习近平总书记点赞了一些"以普通人的平凡书写了不平凡的人生"的英雄，这些英雄中就有把青春和生命献给脱贫事业的黄文秀。这不是习近平总书记第一次点赞她，在此之前，习近平总书记对黄文秀先进事迹作出重要指示并强调：黄文秀研究生毕业后，放弃大城市的工作机会毅然回到家乡，在脱贫攻坚第一线倾情投入、奉献自我，用美好青春诠释了共产党人的初心使命，谱写了新时代的青春之歌。

黄文秀生前是广西壮族自治区百色市委宣传部干部。2016年，她从北京师范大学研究生毕业后，回到家乡百色工作。2018年3月，黄文秀积极响应组织号召，到乐业县百坭村担任驻村第一书记,她埋头苦干,带领8户418名贫困群众脱贫,全村贫困发生率下降20%以上。2019年6月16日,黄文秀周末回田阳县看望病重手术不久的父亲后,当日暴雨,她心系所驻村群众的生命财产安全,连夜开车返回工作岗位,途中遭遇山洪暴发,不幸遇难,年仅30岁。黄文秀是在习近平新时代中国特色社会主义思想指引下成长起来的优秀青年代表,是在脱贫攻坚一线挥洒血汗、忘我奉献的基层党员干部的缩影。2019年7月17日,中华全国总工会追授黄文秀全国五一劳动奖章。

(资料来源:求是网,2020-05-01)

点评:劳模始终是彰显革命精神、民族精神和时代精神的一面旗帜,始终是推动社会进步的带头羊,始终是催人奋进的时代领跑者,无时无刻不在感染和激励着我们。

(四)劳模精神的内涵

据新华社2020年11月24日报道,习近平总书记在全国劳动模范和先进工作者表彰大会上的讲话中指出,要大力弘扬"爱岗敬业、争创一流、艰苦奋斗、勇于创新、淡泊名利、甘于奉献"的劳模精神。24字劳模精神是对劳模们崇高精神的全面概括,也是引领各行各业劳动人民共同奋斗的精神指引。

1. 爱岗敬业、争创一流

爱岗敬业是爱岗与敬业的总称。爱岗,就是热爱自己的工作岗位,热爱本职工作。工作岗位没有高低贵贱之分,也没有价值大小之别。敬业,就是以高度负责的态度对待自己的工作,忠于职守,把职业当事业。爱岗和敬业互为前提,相辅相成。爱岗是敬业的基石,敬业是爱岗的升华。

争创一流是一种积极奋发的精神风貌,是一种凝心聚力的目标追求,可以内化为每个人的工作动力之源。劳模们积极参加技术革新、技术协作、发明创造活动,充分焕发创新潜能和创造活力,创造一流的工艺、一流的质量、一流的管理、一流的服务,推动我国社会生产力不断跃升。

"爱岗敬业、争创一流"是劳模的奋斗目标,是劳模精神的本质特征。劳动模范用自身模范行为带动广大群众立足本职、尽职尽责、精益求精,在平凡工作岗位上作出不平凡的业绩。

全国劳动模范李素丽把"全心全意为人民服务"作为座右铭,真诚、热情地为乘客服务,被誉为"老人的拐杖、盲人的眼睛、外地人的向导、病人的护士、群众的贴心人"。全国劳动模范李斌自主设计了刀具,改进工装夹具,先后开发新产品55

项、工艺攻关 210 项、加工工艺编程 1500 多条，直接创造经济效益 830 多万元。

2. 艰苦奋斗、勇于创新

艰苦奋斗是一种精神追求、工作作风和生活态度，也是我们党的优良传统。劳模的艰苦奋斗精神是综合性、全方位的"精神链"，渗透、贯穿于劳模精神的各个方面。在建设中国特色社会主义现代化的今天，艰苦奋斗精神不仅没有过时，而且应该进一步发扬光大。劳动者需要继续发扬艰苦奋斗精神，始终保持昂扬向上、奋发进取的精神状态。

勇于创新的精神是各行各业创新精神的总结，是一个民族进步的灵魂，是事业发展的不竭动力。在很多职工看来，技术创新是专家、技术人员的专利。其实，普通职工经过反复研究同样可以创造出令人瞩目的新技术。一线工人将科学家的实验成果、工程师设计的图纸变成现实的产品，也是一个再创造的过程。

"艰苦奋斗、勇于创新"是劳模的精神风貌和品质体现。全国劳动模范马军武和妻子在极端艰苦的环境下，以哨所为家，23 年风雨无阻地在 20 多公里长的边境线上从事巡边、护林、守水任务，从未发生一起违反边防政策的事件。全国劳动模范孔祥瑞坚持学习、坚持实践、坚持创新，从一名只有初中文凭的码头工人，成长为一名享誉全国的"蓝领专家"。他主持开展的技术创新项目 200 余项，创造效益过亿元，多个项目获得国家实用新型专利。

3. 淡泊名利、甘于奉献

淡泊名利是以超脱世俗、豁达客观的态度看待一切。劳模具有淡泊以明志、宁静以致远的优秀品格，把为理想奋斗当作人生快乐的源泉，用高尚的理想和情操充实自己的精神世界，努力实现人生价值。许多劳模几年、十几年，甚至几十年如一日，在平凡的工作岗位上默默耕耘，并且能做到清心寡欲、淡泊名利、脚踏实地地实现人生理想和生命价值，成为广大职工和全社会尊敬的先进劳动者。

甘于奉献是指为了维护社会集体利益或他人利益，个人能够自觉地让渡、舍弃自身利益的一种高尚品格，是中华民族世世代代自强不息的精髓。奉献是一种高尚的情操，无论时代发生怎样的变化，奉献永远是鼓舞和激励人们奋发向上的精神力量。

"淡泊名利、甘于奉献"是劳模精神中凝结的恒久不变的核心价值和内在动力，体现了他们不求索取、不为名利的精神品质。申纪兰曾于 1952 年、1978 年、1989 年三次被评为全国劳动模范。1954 年她提出男女同工同酬的权利，后来被写入 1954 年《中华人民共和国宪法》。她当选山西省妇联主任时，郑重地向组织提出："我永远是一个普通农民，不领工资，不转户口，不定级别，不配专车。"申纪兰生活拮据，每年除了国家的一点补助和村里的几百元补贴外，她的收入主要依靠 1 亩 4 分责任田,其他贴补她一概不要。她对此有一个朴素的解释:"党员干部的本色是啥?是劳动,是奉献,是服务。"

知识链接

习近平会见四川航空"中国民航英雄机组"全体成员

中共中央总书记、国家主席、中央军委主席习近平专门邀请四川航空"中国民航英雄机组"全体成员参加庆祝中华人民共和国成立69周年招待会。

习近平表示,5月14日,你们在执行航班任务时,在万米高空突然发生驾驶舱风挡玻璃爆裂脱落、座舱释压的紧急状况,这是一种极端而罕见的险情。生死关头,你们临危不乱、果断应对、正确处置,确保了机上119名旅客生命安全。危难时方显英雄本色。你们化险为夷的英雄壮举感动了无数人。得知你们的英雄事迹,我很感动,为你们感到骄傲。授予你们"英雄机组""英雄机长"的光荣称号,是当之无愧的。

习近平强调,平时多流汗,战时少流血。危急关头表现出来的沉着冷静和勇敢精神,来自你们平时养成的强烈责任意识、严谨工作作风、精湛专业技能。你们不愧为民航职工队伍的优秀代表。我们要在全社会提倡学习英雄机组的英雄事迹,更要提倡学习英雄机组忠诚担当、忠于职守的政治品格和职业操守。

习近平指出,伟大出自平凡,英雄来自人民。把每一项平凡工作做好就是不平凡。新时代中国特色社会主义伟大事业需要千万个英雄群体、英雄人物。学习英雄事迹,弘扬英雄精神,就是要把非凡英雄精神体现在平凡工作岗位上,体现在对人民生命安全高度负责的责任意识上。

四川航空"中国民航英雄机组"全体成员分别是:飞行机组责任机长刘传健、第二机长梁鹏、副驾驶徐瑞展,客舱乘务组成员毕楠、张秋奕、杨婷、黄婷、周彦雯,航空安全员吴诗翼。为表彰他们成功处置"5·14"事件,6月8日,中国民航局和四川省政府授予川航3U8633航班机组"中国民航英雄机组"称号,授予机长刘传健"中国民航英雄机长"称号。

(资料来源:央广网,2018-10-01)

二、职业道德范畴与行为规范

职业道德是从业人员在职业活动中应该遵循的符合自身职业特点的职业行为规范,是人们通过学习与实践养成的优良职业品质。职业道德行为规范是根据职业特点确定的,它是指导和评价人们职业行为善恶的准则。

（一）职业道德的主要范畴

职业道德与职业义务、职业权力、职业责任、职业纪律、职业良心、职业荣誉、职业幸福和职业理想等紧密相关，这些都是职业道德在职业活动不同方面、不同层次的反映和折射。

1. 职业义务

职业义务是指从业人员在职业活动中对他人、对社会应尽的责任和不要报酬的奉献。它是一定社会、一定阶级、一定职业对从业人员在职业活动中提出的道德要求，又是从业人员对他人、对社会应该承担的道德责任。比如，"救死扶伤，实行革命的人道主义"既是医疗职业对医生提出的职业道德要求，又是医生对病人应承担的道德责任。

职业义务具有利他性，也就是从业人员在履行职业义务时，实际上作出了有利于他人有利于社会的行为，这种行为的客观效果是对他人有利，而不是对自己有利，甚至有时还要作出某种程度上的自我牺牲。比如，司机在履行"安全行驶"的义务时，就要全神贯注而不去观赏沿途的风光；交警在履行"站岗执勤"的义务时，就要经受严冬酷暑的考验；教师在尽"教书育人"的义务时，就要像蜡烛照亮别人，"燃烧"自己。职业义务具有无偿性，是指从业人员在履行职业义务时，不把谋求个人权益和回报与履行职业义务相联系或相对应。比如国家安全工作人员要履行"保守国家机密"的义务，共产党员要履行"执行党的决定，服从组织分配"的义务。履行职业义务是每个从业人员义不容辞的责任，忽视或者逃避职业义务是违反职业道德的行为。

2. 职业权力

职业权力是指从业人员在自己的职业范围内或职业活动中拥有的支配人、财、物的力量。职业权力不只属于有领导权的人，所有从业人员，哪怕是最基层最普通的人员，都有相应的职业权力。例如，交通警察在交通岗位上，有指挥来往车辆行驶与否的权力，有对违反交通规则的驾驶员进行罚款、没收驾照、予以相应处罚等权力。每个从业人员都有相应的职业权力，其核心是如何使自己手中的职业权力为广大人民群众服务。

一些行业腐败和不正之风恰恰就和滥用职业权力有关。"冷、硬、拖、抵、推"的工作态度，"门难进、口难开、脸难看、事难办、理难辩"的衙门作风，干哪行吃哪行带来的"吃、喝、卡、拿、要"的工作行为，"电老虎""税老虎""路霸""水霸"等负面现象都是利用职业权力导致的行业不正之风。在职业权力的执行中，从业人员要严于律己，不该得的不得、不该拿的不拿，绝不能以权谋私、损公肥私、

化公为私，要敢于抵制滥用职业权力的不正之风。

3. 职业责任

职业责任是指从事某种职业的个人对他人、集体和社会所应承担的责任。职业责任是社会义务、使命、任务的具体体现。由于职业分工不同，行业特点不同，职业的作用不同，从业人员承担的职业责任也就有所不同。职业责任一般用岗位职责、业务规范、规章制度、任务目标或行为公约等形式来表现。例如，工人的职业责任主要是坚守生产岗位，维护生产秩序，学习科学文化，钻研业务技术，文明生产，保质保量完成生产任务，创造更多的物质财富。

各行各业的职业责任各不相同，但忠于职守，尽心尽力，保质保量，按时完成党和国家、行业、单位交给自己的各项任务，安心本职工作，以主人翁的态度对待本职工作等，都是共同的职业责任要求。达到了这些要求，就是具体地履行了自己的职业责任。

4. 职业纪律

职业纪律是在特定的职业范围内从事某种职业的人们要共同遵守的行为准则。人们常说，党有党纪，国有国法，家有家规，厂有厂律。为了维护正常的生活和工作秩序，确保安全生产，确保产品质量，各行业、各单位、各岗位都要制定自己的行为规则，这些行为规则对本行业、本单位、本岗位的从业人员来说都是职业纪律。这种由不同组织制定的规章制度，就是人们通常所说的纪律。比如，在银行工作的职员，必须为存款人的姓名、地址、金额、密码保密。

不同职业的职业纪律有共同性，比如个人服从组织，下级服从上级；上班不迟到、不早退、不旷工；要照章办事等。同时职业纪律也有特殊性，比如，一些工作内容涉密，不该问的不问，不能打听的不打听等。这些职业纪律都是维护国家、集体、个人利益的行为准则，要求有关从业人员在职业活动中必须遵守，具有强制性。制定纪律的目的是维护集体和人民的共同利益，确保大家正常的工作秩序和生产秩序。

5. 职业良心

职业良心是指从业人员在职业活动中对工作的负责精神、对他人的同情感、对社会的责任感、对自己职业行为的是非感和对错误行为的羞耻感。

职业良心与职业义务相辅相成，互相促进。职业义务是他人和社会对从业人员提出的客观要求和愿望，为了满足人们的这些要求和愿望，必然要借助于职业良心这一内在驱动力，通过尽到职业义务来实现。因此，职业义务迫使人们要讲良心；而职业良心又使职业义务的履行得到切实保证。这样，人们在职业良心促使下履行职业义务，在履行职业义务的过程中培养他人和社会期待的职业良心，以实现职业义务与职业良心互相促进的良性循环。在工作中，做到事前"扪心自问"，事中"良心发现"，事后"问心无愧"，这既是对职业良心应有的要求，也是培养职业良心有效的手段。

6. 职业荣誉

职业荣誉是社会对职业行为的社会价值所作出的肯定性评价，也是从业人员对自己的职业行为所具有的社会价值的自我意识和自我体验。换句话说，职业荣誉就是从业人员的职业行为得到社会的公认、肯定和褒奖以及从业人员对自己的职业行为的肯定和欣赏。

在职业生涯中，劳动者需要树立正确的职业荣辱观，在职业活动中明辨是非、分清善恶美丑，判断和选择正确的职业行为。劳动者争取职业荣誉的动机要纯洁、纯正，不能太功利，不以金钱的多少和地位的高低来评价贡献的多少。同时，获得职业荣誉的手段要正当，不能对荣誉斤斤计较，也不能靠毁坏他人的声誉来抬高自己的身价和地位，更不能欺上瞒下、弄虚作假骗取荣誉。最后，对待职业荣誉的态度要谦虚，要把它作为新的起点，以更加谦虚的态度、更加努力的工作来回报单位和社会的认可和表彰。

7. 职业幸福

职业幸福是指从业人员经过辛勤奋斗后实现职业理想而获得的精神满足和愉悦。比如保质保量完成生产任务后就会产生一种心情愉快的感觉；通过钻研努力，解决了某项技术难题，得到领导和同事高度评价，就会产生一种精神上的满足感；攻克难关收获某项创新和发明，就会产生一种自豪感。所有这些，都是职业幸福的具体体现。

每一种职业、每位从业人员都有自己的职业幸福。环卫工人起早摸黑地保洁劳动使人们生活在整洁卫生的城市，他会为此感到幸福；交通警察春夏秋冬不分昼夜、不畏严寒地在现场指挥，保证了群众出行安全，他也会为此感到幸福。

8. 职业理想

职业理想是指人们对未来职业和所要取得何种成就，对社会作出哪些贡献的向往和追求。一个理想的职业不仅是人们谋生的手段，而且能更好地发挥人的聪明才智，在实现为人民服务、奉献社会的同时，实现个人的人生价值。

只有树立正确的职业理想，才能明确个人奋斗的正确方向，坚定为中国特色社会主义事业奋斗的信念，增强为追求事业成功而战胜困难的力量，最终实现人生价值。

（二）职业道德的行为规范

职业道德的行为规范包括爱岗敬业、奉献社会、诚实守信、办事公道、服务群众等五个方面，前两个方面与劳模精神高度契合，这里主要介绍后三个方面。

1. 诚实守信

诚实守信是做人的基本准则，也是社会道德和职业道德的基本规范。诚实就是表里如一，说老实话，办老实事，做老实人。守信就是信守诺言，讲信誉，重信用，忠实履行自己承担的义务。

2. 办事公道

办事公道是指人们在办事情、处理问题时，要站在公正的立场上，对当事双方公平合理、不偏不倚，不论对谁都是按照一个标准办事。办事公道要求从业人员在职业活动中坚持工作原则，做到办事公开、公平、公正，做到办事合法、合情、合理，并充分体现追求公正，维护公共利益的精神。

3. 服务群众

服务群众就是为人民群众服务。服务群众不仅是对领导干部的要求，也是对每一位普通从业人员的要求；服务群众不仅是对服务性行业的要求，也是对各行各业的共同要求。一切依靠人民群众，一切服务于人民群众，是我们党的群众路线的重要内容。

三、弘扬劳模精神与职业道德

劳模精神源于广大劳动者的从业经历，不仅与外在的职业有关，也与内在的道德有关。劳模精神与职业道德有共通性，弘扬劳模精神可以引领职业道德，良好的职业道德对弘扬劳动精神也有促进作用。大学生需要充分认识两者的关系，同步弘扬劳动精神和职业道德。

（一）劳模精神与职业道德的联系

1. 劳模精神囊括了职业道德的基本内容

"爱岗敬业、争创一流、艰苦奋斗、勇于创新、淡泊名利、甘于奉献"的 24 字劳模精神内涵与职业道德基本准则的"爱岗敬业、奉献社会、诚实守信、办事公道、服务群众"的内容高度契合。广大劳模不仅业务水平精湛，也具有高尚的职业道德。

2. 劳模精神为职业道德的培养提供方向和目标

劳模精神和职业道德均以社会劳动过程为依托。在职业道德教育中融入劳模精神，可以起到鼓舞人心、振奋精神的作用，给劳动者以积极引导。劳模是各条战线上的劳动能手，不同企业、行业、产业中的劳模所体现的劳模精神具有不同的品格，对各行各业的职业道德养成都提供了明确的培养方向和目标。

3. 劳模精神促进职业道德修养的养成

学习职业道德理论知识是提升职业道德品质的基础，但职业道德认知并不等于职业道德的养成，必须将职业道德与工作岗位实践相结合。劳模在工作岗位上表现出的艰苦创业精神、忘我的劳动热情、强烈的奉献精神、锲而不舍的开拓意识，很好地体现了职业实际中的道德规范。因此，全社会需要弘扬劳模精神，以劳模高尚的人格和动人事例来教育和感染劳动者，使劳动者能够明白职业道德修养的重要性。

（二）以劳模精神引领职业道德

1. 摆正心态，人人皆可学劳模

劳模绝不平凡，并非人人皆能为劳模，但平凡人完全可以学习劳模精神。劳模的典型事迹，普通职工也能做到，只要我们愿意去做，只要有心、用心、恒心，从今天做起，做好本职工作，以平常心做每件事情都尽心尽力，就是践行了劳模精神。

2. 以劳模为目标，找到差距，找准自身定位

与劳模的先进事迹相比，大多数普通劳动者确实存在一定甚至很大的差距。学习劳模精神，就要以劳模为榜样，主动找出差距，学习领会劳模先进事迹的精神实质，学习劳模的优秀品质。只要认真领会，认真践行，普通劳动者也会取得不平凡的成绩，逐渐成长为行业内的佼佼者。

3. 激发职业热情，在本职工作中作出贡献

对每一个普通职工来说，学习劳模精神并不需要有惊天动地的业绩，更多的是享受向劳模学习的过程，发现劳动的乐趣，激发对职业的热情，并最终在实际工作生活中取得进步，作出贡献。学习劳模精神绝不是盲目照抄照搬。不能因为某劳模是钢铁公司的炉前工，就改行当炉前工；不能因为某劳模是企业家，从此就想下海经商。我们要细细体会劳模精神的实质，只要尽心尽力做好每一件事情，只要有水滴石穿的坚忍精神，终将放射出耀眼的光彩。

（三）大学生如何提升职业道德

职业道德修养是一种自律行为，是从事各种职业活动的人员按照职业道德基本原则和规范，在职业活动中所进行的自我教育、自我改造、自我完善，使自己形成良好的职业道德品质，达到一定的职业道德境界。提升职业道德修养，提高职业道德水平，不仅是建设和谐社会、实现中国梦的基本要求，也是形成职业个体和群体美好形象、促进行业兴旺发达的内在要求。

1. 学习理论，以模范人物为榜样

只有学习和掌握了科学理论，才能坚持职业道德修养的正确方向。新时代的劳模为我们加强社会主义职业道德修养树立了榜样。我们要虚心了解职业模范的典型事迹，不但要向这些模范人物学习，还要向身边的教师、同学、前辈学习，学习他们的长处，克服自己的缺点，把职业道德境界提升到一个新的高度。

2. 自觉提高职业道德修养

在职业道德修养上，自觉是非常重要的。人一旦有了自觉性，就能处处留心。时时提醒自己，严格要求自己，提升自己的职业道德水平。良好的习惯一经形成就是终身受用的资本；反之，不良的习惯则会成为一生的羁绊，阻碍自己的发展。一个整天喜欢蒙头大睡、沉迷游戏的人，不可能在梦中和游戏中成就他的事业。

大学生自我管理和约束能力相对较低，但具有很强的可塑性和可引导性，若能从自己内心培植职业道德的土壤，建立长效自我约束机制，就会在工作中爱岗敬业、谦逊礼让、严于律己、宽以待人；在感情上，以为社会多作贡献为荣，以自己的劳动成果能为社会和他人带来幸福为乐，从而更好地在自我教育中提升职业道德水平。

3. 积极参加社会实践活动

参加社会实践是提高职业道德修养的根本途径。人的道德品质不是与生俱来的，是在长期的社会实践中逐步形成和发展的。实践是人们养成道德品质的源泉，也是进行职业道德修养的目的和归宿。大学生在学习职业道德理论的基础上，只有不断融入社会，把自己的学习和社会实践活动联系起来，才能更深刻地认识自身的价值，正确审视自己的不足，并在社会实践中锻炼自己，陶冶自己，完善自己，最终提升职业道德水平。

1. 劳动精神对我们的职业发展有哪些促进作用？
2. 大学生应如何弘扬劳模精神和提升职业道德？
3. 对照所学知识，你认为大学生应具备的劳动素养有哪些？查找自己的不足，并对应列出提升计划。

请扫描右侧二维码获得更多资源

请扫描右侧二维码获得更多资源

欢迎登录"爱习课专业版App"查阅

第二部分

职业素质素养篇

第六章　职业素养与人生

种树者必培其根，种德者必养其心。

——王阳明

养成他们有耐劳的体力、纯洁高尚的道德、广博自由能容纳新潮流的精神，也就是能在世界新潮流中游泳，不被淹没的力量。

——鲁　迅

素质目标

认识到职业素养对于未来从业人员的重要性并能主动提升自身的职业素养。

能力目标

能明确认识自己缺失哪些职业素养并能有针对性地写出提升自身职业素养的方案。

知识目标

1. 掌握职业素养的内涵。
2. 掌握职业素养的核心要素。
3. 了解职业素养在人才培养中的地位及培养的意义。
4. 了解职业素养提升的实现路径。

第六章

职业素养与人生

第一节 职业素养的内涵与基本要素

 案例导入

厦门博格管理咨询公司的郑甫弘在他所进行的一次招聘中遇到一位大学生,这位来自上海某名牌大学的女生在中文笔试和外语口试中都很优秀,但最后一轮面试被淘汰。他说:"我最后不经意地问她,你可能被安排在大客户经理助理的岗位,但你的户口能否进深圳,还需再争取,你愿意吗?"结果,她犹豫片刻回答说:"我先回去和父母商量再决定。"

(资料来源:百度文库,2019-03-11)

讨论: 你认为公司会录取她吗?为什么?

三百六十行,行行出状元。真正在职场上成功的,学什么专业的都有。搜狐董事长张朝阳的专业是物理学,复兴集团总裁郭广昌的专业是哲学。各行各业的职场杰出人士,他们最初的专业真的是五花八门。所以,不管你的专业是什么,关键是要提升自己的职业综合素质,只要你在这个领域确实学有所成,你就一定能利用你在这个领域的知识成就一番事业。不怕专业冷门,只怕学艺不精,就如同海尔总裁所言:"没有疲软的市场,只有疲软的产品。"靠人不如靠己,埋怨政府和学校都没有用,一步步地扭转自己的劣势,工作几年后求职,企业更是不看你原来的专业,而看你毕业后都做了什么样的工作。

我们不能活在理想之中,迟早要面对现实,要学会如何思考未来。现在有些大学生在面对就业时,主要存在的问题如下:

(1)就业意识淡薄——不知道毕业后原来是要工作的。

(2)求学历程中职业意识缺位——不知道一切学历必须以职业定位为最终目标,结果今年硕士、明年博士、后年就失业。

(3)从业心态糟糕——进入职场后往往不懂得如何珍惜工作机会,如何竞争发展空间,如何处理与上司、同事、客户之间复杂的关系……

这不是哪一个专业的问题,而是很多专业的毕业生都会遇到的问题。

一、职业素养的内涵

职业素养是指职业人在社会活动中需要遵守的行为规范。是职业内在的规范和要求，是在职业过程中表现出来的综合素质。简而言之，就是职业人在从事职业中把工作做好的素质和能力。它能很好地衡量从业人员能否适应、胜任所任职的岗位，体现个人在职场中能否成功的素养和智慧。

职业素养的内涵很宽泛，专业是第一位的，但是除了专业，敬业和道德也是必备的，体现到职场上的就是职业素养；体现在生活中的就是个人素质或者道德修养。

二、职业素养的分类

职业素养可分成两大类：显性职业素养，如文化知识、专业基础、专业技能、创新能力。隐性职业素养，如职业道德、职业理想、职业意识等。职业素质冰山理论认为，个体的素质就像水中漂浮的一座冰山，如图6-1所示，水上部分的知识、技能等仅仅代表表层的特征，不能区分绩效优劣；水下部分的自我意识、个性、动

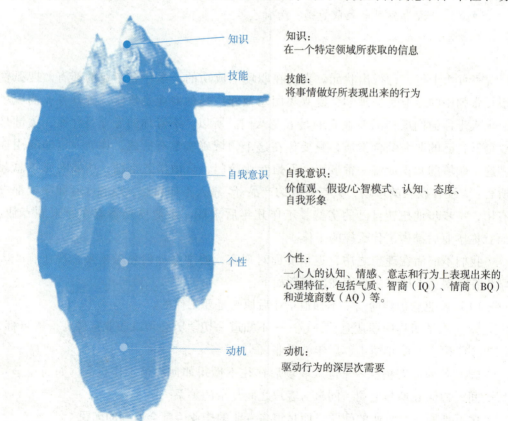

图6-1 职业素质冰山模型

机才是决定人的行为的关键因素,用来鉴别绩效优秀者和一般者。大学生的职业素养也可以看成是一座冰山:冰山浮在水面以上的只有 1/8,它代表大学生的形象、资质、知识、职业行为和职业技能等方面,是人们看得见的、显性的职业素养,这些可以通过各种学历证书、职业证书来证明,或者通过专业考试来验证;而冰山隐藏在水面以下的部分占整体的 7/8,它代表大学生的职业意识、职业道德、职业作风和职业态度等方面,是人们看不见的、隐性的职业素养。显性职业素养和隐性职业素养共同构成了大学生所应具备的全部职业素养。由此可见,大部分的职业素养是人们看不见的,但正是这 7/8 的隐性职业素养决定、支撑着外在的显性职业素养,显性职业素养是隐性职业素养的外在表现。因此,大学生职业素养的培养应该着眼于整座"冰山",并以培养显性职业素养为基础,重点培养隐性职业素养。本书着重论述的是隐性职业素养的培养。

根据冰山模型,职业素养可以概括为 7 个层级,如表 6-1 所示。

表 6-1 职业素养层级

素养层级	定义	内容
技能	一个人能完成某项工作或任务所具备的能力	如表达能力、组织能力、决策能力、学习能力等
知识	一个人对某特定领域的了解	如管理知识、财务知识、文学知识等
角色定位	一个人对职业的预期,即一个人想要做些什么事情	如管理者、专家、教师
价值观	一个人对事物是非、重要性、必要性等的价值取向	如合作精神、献身精神
自我认知	一个人对自己的认识和看法	如自信心、乐观精神
品质	一个人一致、持续而稳定的行为特性	如正直、诚实、责任心
动机	一个人内在的自然而持续的想法和偏好,驱动、引导和决定个人行动	如成就需求、人际交往需求

 知识链接

素质冰山模型

美国学者莱尔·M.斯潘塞和塞尼·M.斯潘塞博士(Lyle M. Spencer, Jr. & Signe M. Spencer)从特征的角度提出了素质冰山模型。素质冰山模型把个体素质形象地描述为漂浮在洋面上的冰山,其中知识和技能是属于裸露在洋面上的表层部分,这部分是对任职者基础素质的要求,但它不能把表现优异者与表现平庸者区别开来,这一部分也称为基准性素质(Threshold Competence)。基准性素质是容易被测量和观察

的，因而也是容易被模仿的；换言之，知识和技能可以通过有针对性的培训习得。内驱力、社会动机、个性品质、自我形象、态度等属于潜藏于水下的深层部分的素质，这部分称为鉴别性素质（Dif-ferentiating Competence）。它是区分绩效优异者与平平者的关键因素；职位越高，鉴别性素质的作用比例就越大。相对于知识和技能而言，鉴别性素质不容易被观察和测量，也难以改变和评价，这部分素质很难通过后天的培训得以形成。

（来源：百度文库，2019-08-27）

三、职业素养的基本要素

职业素养是完成职业活动以及谋求职业持续发展的知识、能力和态度的集合，我们将从职业思想素养、职业知识素养、职业心理素养和职业能力素养各方面探讨大学生职业素养的要素，如表6-2所示。

表6-2 大学生职业素养的要素

职业思想素养	职业知识素养	职业心理素养	职业能力素养
1. 职业理想 2. 谦虚务实 3. 吃苦耐劳 4. 责任心 5. 忠诚度	1. 专业知识 2. 专业技能 3. 管理知识 4. 法律知识 5. 礼仪知识	1. 进取心 2. 环境适应能力 3. 抗压耐挫能力 4. 恒心毅力	1. 沟通协作能力 2. 自我学习能力 3. 实践执行能力 4. 组织协调能力 5. 创新创造能力

（一）职业思想素养

 1. 职业理想

职业理想（图6-2）是人们在职业上依据社会要求和个人条件，借想象而确立的奋斗目标，即个人渴望达到的职业境界。它是人们实现个人生活理想、道德理想和社会理想的手段，并受社会理想的制约。职业理想是人们对职业活动和职业成就的超前反映，不仅与人的价值观、职业期待、职业目标密切相关，还与人的世界观、人生观密切相关。

职业生涯规划对所有职场中的人来说都很重要，对于刚刚步入社会的年轻人，将对其一生的成就产生重大影响。我国台湾地区学者江文雄先生认为"生涯要规划，要经营，起点是自己，终点也是自己，没有人能代劳"。调查中有用人单位反映，部分学生自主择业的意识不强，在自身的生涯设计、生涯发展方面存在"等、靠、要"的思想，缺乏主动探索的意识和深入思考的精神。掌握一定的生涯规划知识能使大学生及早了解当前的就业形势，正确认识自我，合理定位，并为职业生涯的发展制定可行的目标。

第六章
职业素养与人生

图6-2 职业理想

2. 谦虚务实

越来越多的用人单位反映,许多新入职的大学生存在眼高手低、好高骛远的浮躁心态。谦虚务实是一个从业人员对待职业最基本的情感和态度。在一项大学生就业调查中,中铁电气化局西铁工程公司人力资源部介绍,脚踏实地是他们招聘的重要条件之一。

3. 吃苦耐劳

部分学生缺乏经验,却不肯用心学习,吃不了苦。吃苦耐劳也是一个从业人员对待职业最基本的情感和态度。在一项大学生就业调查中,中铁电气化局西铁工程公司人力资源部介绍,吃苦耐劳也是他们招聘的重要条件之一。

4. 责任心

责任心也是大学生应该具备的职业素养。每个人的岗位不尽相同,所负责任有大小之别,但要把工作做得尽善尽美、精益求精,却离不开一个共同的因素,那就是强烈的事业心和责任感。对于职业生涯刚刚开始的大学生来讲,只有保持满腔的热忱和积极进取的心态,才能为自己梦想的航船建造一个精神的港湾。责任心就是在工作中要将自己作为公司的一部分,不管做什么工作,一定要做到最好,发挥出实力,对于一些细小的错误,一定要及时地改正。责任心不仅仅是吃苦耐劳,更重要的是用心去做好公司分配的每一项任务。态度是职业素养的核心,好的态度如负责的、积极的、自信的、建设性的、欣赏的、乐于助人的态度等是成功的关键因素。

5. 忠诚度

在调查中,很多用人单位还提及,对企业的忠诚度也是职业核心素养之一。一

位通信企业的老总说:"我们接触到的一些大学毕业生,往往会'这山望着那山高',一看到好的企业和发展机遇,就会立马跳槽,对原来的企业没有丝毫感恩之情,那些频繁跳槽的大学生稳定性差,企业是不会留用的,因为他们对企业缺乏最起码的忠诚度。"

(二)职业知识素养

调查显示,除了职业所需的专业知识,大学生需要具备的核心职业知识还包括以下几点:

1. 专业知识

专业知识是指一定范围内相对稳定的系统化的知识。

2. 专业技能

专业技能是做好一份工作应该具备的专业知识和能力。俗话说:"三百六十行,行行出状元。"没有过硬的专业知识,没有精湛的职业技能,就无法把一件事情做好,就更不可能成为"状元"了。各个职业有各自的专业技能,每个行业还有各自的专业技能。总之,学习提升职业专业技能是为了让我们把事情做得更好。

3. 管理知识

美国管理大师彼得·德鲁克指出:"目标管理能使我们用自我控制的管理来代替别人统治的管理,自我控制意味着更强的激励,它意味着更高的成就目标和更广阔的眼界。"调查中某知名企业人力资源经理在谈论该企业用人之道时说:"青年员工要学会目标管理和时间管理,似乎很多大学毕业生身上都缺少。"掌握一定的目标管理和时间管理知识,能促使大学毕业生在工作中增强目标意识,有效地进行职业规划,从而进一步提升工作业绩。

4. 法律知识

在调查中,很多用人单位及高校职业指导教师都指出,大学生要掌握一定的法律知识,包括《劳动法》《劳动合同法》《就业促进法》等相关就业方面的法律以及当前国家对大学生就业的一些优惠政策等,这些法律知识和就业政策能为大学生的就业权益提供保障。面对目前的就业形势,大学生更应该树立理性的择业观,增强法治意识,否则,很可能由于不了解自己相应的权利义务而导致在就业过程中遇到一系列的法律问题。

5. 礼仪知识

当代大学生面临着激烈的择业竞争,除了专业知识等"硬标准",职场礼仪的重要性也日渐凸显出来。调查中某事业单位人事部门主管指出："大学生从校园步入职场，职业礼仪方面需要更加注重，多数大学生在穿着、言谈、沟通等方面礼仪意识不够、规范性不强。"掌握一定的职业礼仪知识能规范自身的行为，树立良好的形象，推动职业活动朝着有序、和谐的方向发展。

知识链接

小处不可随便

于右任是一位大诗人、大书法家，当时许多人都以得到他的片纸只字为荣。有一次他挥毫写了"不可随处小便"六个大字，以告诫路人要懂礼貌，不要随处小便。有人拿去经过剪裁、调整，装裱成"小处不可随便"的一帧条幅。于老看后惊讶不已，拍案叫绝。原来难登大雅之堂的六个字，竟然变成浑然一体、天衣无缝的警世格言，一时传为民间佳话。这个传说真实与否可另当别论。但"小处不可随便"这句格言的确值得人们深思之、践行之。显然，"小处不可随便"比"不可随处小便"含义更广，品位更高。

细节决定成败。礼仪虽是小节却事关宏旨，礼仪重在显小。"泰山不拒细壤，故能成其高；江海不择细流，故能就其深。"所以，大礼不辞小让，细节决定成败。在一个细节决定成败的时代，小事也会影响到你的成功之路，小节之处显精神。例如，公务活动虽然是通过一个具体的办公人员的行为来实施的，但它却体现着一个社会组织乃至国家和民族的整体形象。公务员的公务活动因其主体的权威性、内容的规范性、对象的专指性、往来的频繁性、效果的重要性而越来越引起人们的关注。古之贤哲也留下无数类似的箴言，诸如"千里之堤，溃于蚁穴""小不忍则乱大谋""天下大事，必作于细""勿以善小而不为，勿以恶小而为之"……都是我们耳熟能详的待人处事接物的行动指南。

（来源：《文摘报》，2019-05-07）

（三）职业心理素养

1. 进取心

进取心也称上进心，是不断要求上进、立志有所作为的心理状态。有进取心的人，往往有理想、有志气、积极肯干并且不怕困难。对于职业生涯刚刚开始的大学生来讲，只有保持满腔的热忱和积极进取的心态，才能为自己梦想的航船建造一个精神的港湾。

2. 环境适应能力

职业环境复杂多变，要尽快缩短从学校到职场的适应期，大学毕业生须具有较强

的适应能力，能较快地融入新环境，悦纳新同事，并能根据岗位的需求尽快完善自己的知识结构，正确定位自我。某知名快餐连锁企业招聘负责人说："我们更看重的是毕业生踏上工作岗位之后能否尽快上手，这就要求毕业生具有较强的岗位适应能力来缩短职业适应期。毕业生的适应能力如何，是影响毕业生就业成功与否的重要因素。"

3. 抗压耐挫能力

在调查过程中，近50%的用人单位认为当前许多大学毕业生抗挫折的心理承受能力亟待加强。某进出口公司的招聘人员说："现在的大学毕业生基本都是独生子女，成长过程中受到很多的呵护，一般没有遇到过什么压力，所以，我们怕他们到了公司后，稍微遇到压力就受不了，马上换工作，这样企业哪里受得了？"某高校的一名就业指导教师说："我们很多毕业生都有这样的感觉，工作中不像学校那么轻松，你要应对随时出现的工作任务，加上工作节奏快，出现了失误还要面对领导的批评，所以在工作中坦然面对困难和挫折，并学会自行调节是十分重要的。"

4. 恒心毅力

持之以恒的毅力，是指人具有的坚持达到目的或执行某项计划的决心和持久不变的意志，指人所常有的善良本心。恒心毅力是一种心智状态，是可以培养训练的。

（四）职业能力素养

1. 沟通协作能力

现代社会，人与人之间的交往日益频繁，良好的沟通协作能力能使双方达成共识。调查中某大型国企的招聘人员提到："新时期的大学生需要有较强的沟通和团队合作的能力，我们更希望看到在大学毕业生身上显现出团队合作与协同努力的精神，这一点非常重要，因为它关系到整个团队甚至是整个企业的发展。"

2. 自我学习能力

自我学习能力是指能有意识地通过一定的途径和方法有效地吸纳和扩充知识的能力。我们要把自我学习变成职业行为习惯，因为职业素养就是在职场上通过长时间的学习—改变—形成而最后变成习惯的一种职场综合素质。心态可以调整，技能可以提升。要让正确的心态、良好的技能发挥作用，就需要不断地学习、练习、再学习，直到成为习惯为止。由于知识更新的周期缩短，社会要求从业人员不断学习，所以终身化学习成为必然趋势。某软件公司的招聘工作人员说："我们这种软件行业，基本上每天都要学习新的知识，不学习就跟不上技术的更新速度。"某高等职业学校的招聘人员则对大学生提出"精一手、会两手、学三手"的要求。

3. 实践执行能力

对于个人而言，实践执行能力就是办事能力；对于团队而言，实践执行能力就是战斗力；对于企业而言，实践执行能力就是经营能力。它是指能有效地将专业知识转化为实践，面对突发问题时能积极有效地应对，调动一切可利用的资源解决问题的能力。多数用人单位十分看重大学生的实践执行能力，他们认为"将书本的专业知识运用到实践中十分重要"。某食品公司人事招聘负责人持有这样的观点："一个人的动手能力和实际操作能力是最重要的。我们招聘时，非常注重求职者在试用期和基层锻炼期的表现。"所以要把一件事情做好，就必须坚持不断地关注行业的发展动态及未来的趋势走向；就要有良好的沟通协调能力，懂得上传下达，左右协调，从而做到事半功倍；还要有高效的执行力。我们研究发现：一个企业的成功30%靠战略，60%靠企业各层的执行力，只有10%靠其他因素。中国人在世界上都是出了名的"聪明而有智慧"，中国不缺少战略家，缺少的是执行者！执行能力也是每个成功职场人必须修炼的一种基本职业技能。

4. 组织协调能力

组织协调能力是指根据工作任务，对资源进行分配，同时控制、激励和协调群体活动过程，使之相互融合，从而实现组织目标的能力。一般认为组织协调能力包括组织能力、授权能力、冲突处理能力、激励下属能力。

5. 创新创造能力

IBM人力资源总裁在谈到用人要求时，把创新创造能力作为一项重要的用人标准。刘俊彦等人围绕"企业最重视应聘者的哪些能力"这一问题对惠普、西门子等30多家世界最为知名的跨国公司进行的调查显示，被调查的企业都非常看重应聘者的创新能力，比例达100%。在调查中，用人单位普遍认为，创新型人才更能得到青睐。某企业人事经理说："创新型人才是企业永不衰竭的强大动力，我们欢迎更多的具有创新创造能力的毕业生加入我们的企业。"

第二节　职业素养的地位及培养的意义

一天傍晚5点左右，某公司仓管员小王接到采购部电话，说有物料将运到，他

等到晚上 8 点多也没有供应商来送货,在用内线联系不到采购部人员后,他就下班回家了。而这批原料是公司生产急需的,因原料未及时到位,给公司造成了严重损失,小王也被领导痛批没有职业素养。

讨论:你认为小王错在哪了?

一、职业素养在工作中的地位

工作中需要知识,但更需要智慧,而最终起关键作用的就是职业素养。良好的职业素养是企业必需的要素,是个人事业成功的基础,是大学生进入企业的"金钥匙"。缺少职业素养,一个人将一生庸庸碌碌,与成功无缘;拥有职业素养,会少走很多弯路,以最快的速度通向成功。

《一生成就看职商》的作者吴甘霖回首自己从职场惨败到走上成功之道的过程,再总结比尔·盖茨、李嘉诚、牛根生等著名人物的成功历史,并进一步分析所看到的众多职场人士的成功与失败,他得到了一个宝贵的理念:一个人的能力和专业知识固然重要,但是,在职场要成功,最关键的并不在于他的能力与专业知识,而在于他所具有的职业素养。他提出,一个人在职场中能否成功,取决于其职商,而职商由十大职业素养构成,如表 6-3 所示。

表 6-3 十大职业素养

序号	职业素养	说明
1	敬业	只有你善待岗位,岗位才能善待你
2	发展	与单位需要挂钩,才会一日千里
3	主动	从要我做到我要做
4	责任	会担当,能担当,才会有大发展
5	执行	保证完成任务
6	品格	小胜凭智,大胜靠德
7	绩效	不重苦劳重功劳
8	协作	在团队中实现最好的自我
9	智慧	有想法更有办法
10	形象	你就是单位的品牌

前文已经提到,很多企业之所以招不到满意人才,是因为找不到具备良好职业素养的毕业生,可见,企业已经把职业素养作为评价人才的重要指标。如成都大翰咨询公司在招聘新人时,要综合考察毕业生的 5 个方面:专业素质、职业素养、协

作能力、心理素质和身体素质。其中，身体素质是最基本的，好身体是工作的物质基础；职业素养、协作能力和心理素质是最重要和必需的，而专业素质则是锦上添花的。

二、职业素养培养的意义

（一）职业素养培养对个人的成长意义重大

从个人的角度来看，培养职业素养最直接的意义在于能大大提高学生的就业竞争力。适者生存，个人缺乏良好的职业素养，就很难取得突出的工作业绩，更谈不上建功立业。

职业素养中的职业道德，属于人生观和价值观的范畴，其重要内涵是爱岗敬业、诚实守信。随着大众化高等教育的发展，用人单位对人才的选择余地渐宽，超越学历之外的劳动力职业素养问题逐渐为用人单位所关注。

现在很多人缺乏对所投身职业的基本素养的了解，还不懂得学历与职业之间经常不对称的关系。当一个人的职业素养与工作技能不能满足用人单位的要求时，就业难的问题就难以避免。一方面，大学生感叹就业难；另一方面，许多用人单位也在抱怨找一个合适的新员工难。多数企业在招聘一些重要岗位时，更多的考虑是为企业输入所需人才，实现合理配置，以实现企业长足发展。因此，应聘人员的职业素养尤其是道德品质就成为一个重要的录用标准。如果学生具有一定的专业水准，又能够表现出良好的职业素养，就有被录用的可能。但现实是不容乐观的，大多数毕业生的基本职业能力普遍达不到雇主的要求，学生们在校的时候更多地专注于技能的养成而忽视了基本工作能力，但这恰是职场中很重要的素质。企业对一些新员工评价低，大部分原因是其工作态度差，而非工作业绩和业务能力欠缺。大学毕业生在供需见面会上的自主择业过程中，职业素养好的往往受招聘单位的欢迎，比较容易就业，而职业素养差的可能难以就业。在求职过程中，部分学生专业水平较低，不能通过专业测试；部分学生能顺利通过专业测试，但终因不善沟通、不注重细节、不讲诚信等职业素养的欠缺而失去就业机会。

经典案例

杨浩——绽放生命的精彩

主人公杨浩履历：配音员、主持人、语言表演老师、模特、2015成都全民男神冠军、现任成都逐舞空间威尚文化传播有限公司艺术总监。

杨浩，营口职业技术学院2011级新闻采编与制作专业学生。按照教学计划的安排于2013年9月—2014年1月在营口日报报社顶岗实习。

杨浩在学校时就重视主持人职业素养的培养，主动学习，利用学校提供的各种平

台展示自己，他不辞辛苦，勇于担当，组织同学排练节目，2011年参加营口电视台与联通杯代言人大赛，获得最佳上镜奖；在学校举办的导游词大赛中荣获一等奖；在学校举办的各种文艺演出中当主持人、参加演唱会，是一个活跃的、有理想的好学生。

毕业后的他，仍然坚持着自己的梦想，不断提高职业素养，取得了许多骄人成绩：参加中国梦之声西南区比赛，荣获人气选手；世界环球旅游小姐配音员；中国超模争霸赛主持人；中国国际超模大赛主持人；四川电视节金熊猫青少年电视盛典主持人；卡其屋少儿模特大赛中国区主持人；西南各大比赛评委；西南知名少儿语言表演导师；成都泡桐树小学天府校区特聘语言表演老师；成都草堂小学西区特聘语言表演老师；2015年成都全民男神冠军，与我国台湾地区明星明道一起跨年。

光芒四射的他感慨地说："非常感谢母校对我的培养，正是学校搭建的平台使我充分地展示自我，使工作后的我有了自信、豁达、开朗的一面，在工作岗位上一步一个大飞跃，真正实现了作为一个媒体工作者的荣誉感。"

杨浩在学校时就重视主持人职业素养的培养，主动学习。他不辞辛苦，勇于担当，经常组织同学排练各种节目，而且自己当主持人，他充分利用学校提供的各种平台展示自己，是一个活跃的、有理想的好学生。有良好的职业素养，这是他个人事业成功的基础，也是大学生进入企业的"金钥匙"。他真正享受到了作为一个媒体工作者的荣誉感。

（来源：韩富军、贺立萍，《现代职业素养》，2017年）

（二）职业素养培养可以提高企业在市场上的竞争力

从企业角度来看，唯有具备较高职业素养的人才能实现生存与发展的目的，他们可以帮助企业节省成本，提高效率，从而提高企业在市场上的竞争力。

经典案例

V-Back主题餐厅——追梦人首创业

主人公马旭履历：礼宾部行李员、礼宾部领班、礼宾部主管、宾客服务经理，自主创业，成立沈阳V-Back主题餐厅。

马旭，营口职业技术学院中文系2009级旅游管理专业学生。

2011年5月—2012年1月，在金泰珑悦海景大酒店顶岗实习。不积跬步，无以至千里；不积小流，无以成江海。马旭用他的实际行动实践着他的人生格言。

2012年1—5月，马旭没有毕业就在金泰珑悦海景大酒店做了礼宾部行李员，负责酒店客人的行李服务、雨伞服务、礼宾车服务以及报纸服务，并且完成了一系列的委托代办以及前厅部的接待工作。马旭的细心、耐心、热心很快就得到了领导和同事们的一致好评。

2012年5月—2015年5月，马旭在职场上又向前迈了一步，他入职营口五矿豪生大酒店，做了礼宾部领班。之后凭借着自己不懈的努力，先后升任礼宾部主管、宾客服务经理。他是一个极具亲和力的经理，代表酒店管理层，对外处理日常的宾客关系投诉和意见，平衡酒店各部门人际关系并保持与宾客的良好关系；对内负责维护酒店的正常秩序与安全，处理酒店内发生的紧急事件，并帮助协调酒店各部门之间的运作，同时，协助前厅部经理对前厅部所辖各岗位员工进行指导和管理，把工作做得极为出色。然而，马旭最终还是离开了营口五矿豪生大酒店。尽管营口五矿豪生大酒店的领导层非常看好他，他升职的空间也很大，但是，马旭是一个追梦的人，他不会放弃自己的追求。

2015年5月至今，他在沈阳自主创业，成立了V-Back主题餐厅，圆了自己的第一个创业梦想。他运用在学校所学的专业知识以及几年的餐饮酒店工作经验，把餐厅经营得很好。相信他会加快自己的脚步，向更高的目标迈进。

马旭在学校时就重视创业素养的培养，用他的实际行动实践着他的人生格言："不积跬步，无以至千里，不积小流，无以成江海。"他不辞辛苦，从礼宾部行李员做起，先后升任礼宾部领班、礼宾部主管、宾客服务经理，培养了良好的职业素养，为创业加足了油，向自己的追求迈进。

（资料来源：吴吉明、王凤英，《现代职业素养》，2018年）

（三）职业素养培养直接影响着国家经济的发展

从国家的角度看，国民职业素养直接影响着国家经济的发展。正因如此，职业素养教育才显得尤为重要。当前大学生群体中，有相当一部分学生对自己要求不严格，职业素养缺失，从而导致就业状况不理想。因此，着力培养大学生的职业素养已成为当前高校教育的一个迫切的社会任务。这就需要高职院校深入实际，不断探索，重视学生职业素养的培养，为社会培养合格有用的人才，为我国社会主义经济的稳步发展作出贡献。

第三节 职业素养提升的实现路径

王华在一所职业技术学院上学。学校按照教学计划的安排，组织王华所在的专

业学生去旅行社顶岗实习。在实习期间,王华虚心学习,经常向老员工请教,勤于锻炼,主动工作,不怕吃苦,任劳任怨。每次带团回来后都进行总结反思,向领导同事请教,探讨业务上不明确的问题,渐渐锻炼了自己的能力,在同学中脱颖而出,受到旅行社领导的赏识,领导经常派他去完成一些重要的任务。

讨论:王华为什么会得到旅行社领导的赏识?

大学生职业素养的培养应该着眼于整座"冰山",并以培养显性职业素养为基础,重点培养隐性职业素养。当然,这个培养过程不是家长、学生、学校、企业哪一方就能够单独完成的,而应该由四方共同协作,实现"四方共赢"。

一、自我培养层面

作为职业素养培养主体的大学生,在大学期间应该学会自我培养。

(一)培养职业意识

雷恩·吉尔森说:"一个人花在影响自己未来命运的工作选择上的精力,竟比花在购买穿了一年就会扔掉的衣服上的心思要少得多,这是一件多么奇怪的事情,尤其是当他未来的幸福和富足要全部依赖于这份工作时。"很多高中毕业生在跨进大学校门之时就认为已经完成了学习任务,可以在大学里尽情地"享受"了。这正是他们在就业时感到压力的根源。清华大学的樊富珉教授认为,中国有69%~80%的大学生对未来职业没有规划、就业时容易感到压力。中国社会调查所最近完成的一项在校大学生心理健康状况调查显示,75%的大学生认为压力主要来源于社会就业。50%的大学生对于自己毕业后的发展前途感到迷茫,没有目标;41.7%的大学生表示目前没考虑太多;只有8.3%的人对自己的未来有明确的目标并且充满信心。培养职业意识就是要对自己的未来有规划。因此,大学期间,每个大学生应明确我是一个什么样的人,我将来想做什么,我能做什么,环境能支持我做什么。着重解决这些问题,就是要认识自己的个性特征,包括自己的气质、性格和能力,以及自己的个性倾向,包括兴趣、动机、需要、价值观等。据此来确定自己的个性是否与理想的职业相符。对自己的优势和不足有比较客观的认识,结合环境如市场需要、社会资源等确定自己的发展方向和行业选择范围,明确职业发展目标。

(二)显性职业素养的培养

配合学校的培养任务,完成知识、技能等显性职业素养的培养。职业行为和职业技能等显性职业素养比较容易通过教育和培训获得。学校的教学及各专业的培养方案是针对社会需要和专业需要所制定的,旨在使学生获得系统化的基础知识及专业知识，加强学生对专业的认知和知识的运用，并使学生获得学习能力、培养学习习惯。因此，大学生应该积极配合学校的培养计划，认真完成学习任务，尽可能利用学校的教育资源，包括教师、图书馆等获得知识和技能，作为将来职业需要的储备。

（三）隐性职业素养的培养

有意识地培养职业道德、职业态度、职业作风等方面的隐性职业素养是大学生职业素养培养的核心内容。核心职业素养体现在很多方面，如独立性、责任心、敬业精神、团队意识、职业操守等。事实表明，很多大学生在这些方面存在不足。有记者调查发现，缺乏独立性、爱抢风头、不愿下基层吃苦等行为表现容易断送大学生的前程。而喜欢抢风头的人被认为没有团队合作精神，用人单位也不喜欢。如今，很多大学生生长在"6+1"的独生子女家庭，因此在独立性、承担责任、与人分享等方面都不够好，相反他们爱出风头、容易受伤。因此，大学生应该有意识地在学校的学习和生活中主动培养独立性、学会分享感恩、勇于承担责任，不要把错误和责任都归咎于他人。自己摔倒了，不能怪路不好，要先检讨自己，承认自己的错误和不足。

大学生职业素养的自我培养应该加强自我修养，在思想、情操、意志、体魄等方面进行自我锻炼。同时，还要培养良好的心理素质，增强应对压力和挫折的能力，善于从逆境中寻找转机。

知识链接

北京职教试点"隐性能力"培养

近日，记者从北京市教委职成处获悉，由北京市教委与德国巴登·符腾堡州教育部合作推出的胡格教育模式改革试验班实验正在进行。再过两个学期，北京将培养出首批按照德国先进职业教育模式培养的高端职业人才，职业态度、团队合作等"隐性能力"强，将是这些新型职业人才的特色。

发源于德国巴登·符腾堡州的胡格教育模式，将职业教育中的非专业能力培养作为最重要的目标和内容。这些被称为职业"隐性能力"的非专业能力，包括职业态度、沟通展示、团队合作、解决问题和阅读书写五个维度。每个维度下又包含若干个能力指标，包括爱国、敬业、独立性、团队、合作、沟通、友善、阅读、理解、表达、倾听、书写、时间管理、成本控制、规范性、环保等。

北京市教委职成处处长王东江说，多年以来我国的职业教育都是重"显性能力"，而胡格教育模式把人格塑造、职业素养这些决定职业人才职业生涯的"隐性能力"放到了首要位置，课堂教学的重点不再是技能的传授，而是职业素养的养成。

记者从北京交通运输职业学院了解到,进入胡格教育实验班的学生,在学习过程的不同节点,将接受学校和中德职业教育创新学习联盟联合进行的综合职业能力测评。北京市教科院职成所自主开发编制测评任务题库,学生完成测评后将对应生成个人职业行动过程分析报告和综合职业能力诊断报告,报告将作为个性化培养的参考。

(资料来源:《中国教育报》,2017-01-13)

二、学校培养层面

为了培养大学生的职业素养,高职院校应该从以下几个方面着手满足社会需要:

(一)将大学生职业素养的培养纳入专业人才培养方案

专业人才培养方案是对大学生从入校到毕业出校期间进行系统化培养的实施方案,包括课程设计、课外活动设计、实践教学等。学生从进入大学校门的那一天起,学校就必须按照人才培养方案的设计要求,严格执行,有针对性地实施教育培养;应该使他们明白高校与社会的关系、学习与职业的关系、自己与职业的关系;全面培养大学生的显性职业素养和隐性职业素养,并把隐性职业素养作为重点培养。

(二)成立相关的职能部门协助大学生职业素养的培养

如以就业指导部门为基础成立大学生职业发展中心,并开设相应的课程,及时向大学生提供职业教育和实际的职业指导,最好是配合提供相关的社会资源。另外,深入了解学生需要,改进教学方法,提升大学生对专业学习的兴趣,满足学生对本专业各门课程的求知需求,尽可能向学生提供正确、新颖的学科信息。

(三)帮助学生形成正确的职业意识

帮助学生树立人生观和价值观,养成良好的学习和生活理念,帮助学生认识社会、观察社会,并结合学生自身的实际情况,使学生初步形成正确的职业意识和理性的从业观念。

(四)帮助学生懂得专业课的重要性

要在课堂教学中,尤其是专业学科教育中加强引导,专业课的学习将直接影响学生将来的就业或进一步从事研究工作。新生从入学开始,如果能懂得专业课的重要性。就可以在未来四年的大学学习期间做到有的放矢,围绕专业课,逐步了解并热爱自己的专业,为未来工作奠定坚实的基础。通过专业知识的学习研究,使学生养成好学上进的优良品质,最终形成良好的职业素养。

（五）帮助学生培养职业理想

指导学生设计职业生涯规划，培养学生的职业理想。职业生涯规划是指个人和组织相结合，在对一个人职业生涯的主客观条件进行测定、分析、总结研究的基础上，对自己的兴趣、爱好、能力、特长、经历及不足等各方面进行综合分析与权衡，结合时代特点，根据自己的职业倾向，确定其最佳的职业奋斗目标，并为实现这一目标作出行之有效的安排。美国的戴维·坎贝尔说过，目标之所以有用，仅仅是因为它能帮助我们从现在走向未来。职业生涯规划的目的就是要对自己的未来有规划。职业规划的过程，也是认识自我、分析自我、要求自我的过程，学生根据自身的个性设计职业生涯规划，明确职业发展目标，筹划未来，选择一条真正适合自己的事业发展道路，最终实现职业理想。

（六）强化学生的职业意识

积极开展第二课堂，强化学生的职业意识。学校要积极为大学生创造在课外学习和锻炼的机会，通过具备实际社会工作经验的实习指导教师对学生进行职业层面的帮助，通过学习、实践和锻炼，逐步培养学生良好的职业修养和职业素质。要通过开展公益活动、社会调查、社会服务、勤工助学等方式，增强大学生的社会责任感和使命感，增强艰苦奋斗、吃苦耐劳和自强、自立的意识，为他们自觉树立良好的职业道德意识打下基础。在参与社会实践活动时，要让学生在工作中学会交往、学会包容、学会竞争和合作。通过严格管理，有效规范学生的行为，强化他们的时间观念，使他们养成遵规守纪的良好习惯。通过习惯养成，把职业规范内化为自身道德素养，渗透到思想中去，转化为工作中的实际行动。总之，社会的进步和高速发展，对劳动者的职业素养提出了越来越高的要求，大学生这一特殊的群体要在社会和高校的合力培养下，严格要求自己，充分发挥自身的主观能动性，努力提高职业素养，提升就业竞争力，较快地适应职业岗位的要求，进而实现"就业—职业—事业"的转变，成长为新世纪的合格人才，为社会发展作出更大的贡献。

三、社会资源与大学生职业素养的培养

大学生职业素养的培养不能仅仅依靠学校和学生本身，社会资源的支持也很重要。很多企业都想把毕业生直接投入"使用"，但是却发现很困难。企业界也逐渐认识到，要想获得职业素养较好的大学毕业生，企业也应该参与到大学生的培养中来，可以通过以下方式来进行：

（1）企业与学校联合培养大学生，提供实习基地以及科研实验基地。

（2）企业家、专业人士走进高校，直接提供实践知识、宣传企业文化。

（3）完善社会培训机制，并走入高校对大学生进行专业的入职培训以及职业素

质拓展训练等。

总之，大学生职业素养的培养是目前高等教育的重要任务之一，而这一任务的进行，需要家长、大学生、高校及社会4个方面的协同配合，如此才能有效。

思考与练习

1. 职业素养有哪些核心要素？
2. 为什么在学校期间就要着手职业素养的培养？
3. 对照所学知识，查找自己缺失的职业素养，并对应列出提升计划。

案例思考

请扫描右侧二维码获得更多资源

知识拓展

请扫描右侧二维码获得更多资源

课外阅读

欢迎登录"爱习课专业版App"查阅

第七章　职业生涯规划与设计

青年处于人生积累阶段，需要像海绵汲水一样汲取知识。广大青年抓学习，既要惜时如金、孜孜不倦，下一番心无旁骛、静谧自怡的功夫，又要突出主干、择其精要，努力做到又博又专、愈博愈专。特别是要克服浮躁之气，静下来多读经典，多知其所以然。

——2017年5月3日，习近平考察中国政法大学时强调

素质目标

1. 学会学习，养成终身学习的习惯，乐于做好生涯规划设计并贯彻实施。
2. 树立终身学习的思想意识，愿意培养终身学习的习惯。

能力目标

1. 能设计出合理的高职学业生涯规划方案并付诸实践。
2. 能设计出合理的职业生涯规划方案并付诸实践。

知识目标

1. 认识高职院校的生活、学习等方面的特点。
2. 掌握学业生涯规划设计的方法。
3. 了解职业生涯规划的内涵，掌握职业生涯设计的方法。
4. 了解继续教育和终身学习的概念和内涵、意义和途径。

第一节 大学青春不虚度

乐学善学改变人生

王洪亮初中的时候迎来了叛逆期，2015 年中考发挥失利，只考了 369 分，距离普通高中录取线还有一段差距，因为喜欢旅游行业，于是他报考了海南省海口旅游职业学校旅游外语专业并被录取。

军训结束时，他用两个脱了皮的手臂，昂起黝黑的脸庞，从校长手里接过"军训标兵"的锦旗。之后他在学校认真学习专业知识和技能操作，获得2017年海南省职业技能大赛客房项目一等奖，全国职业技能大赛客房项目优胜奖；获得校园十大歌手比赛第二名；他还是学校羽毛球队骨干队员，获得海南省大中专羽毛球比赛单打第三名；喜爱文学，获得全国中小学生朗诵比赛第一名、全国中小学生征文比赛一等奖。他在校期间是学校广播站主持人，负责主持每周的升旗仪式。经努力，他于2017年7月参加海南省"国际大专班"入学考试，顺利进入新西兰理工北方大学学习语言，大学期间主持了2017年新西兰华人同胞庆国庆迎中秋晚会，2018年新西兰华人同胞春节联欢晚会。2018年，他递交了有"南半球的哈佛"之称的怀卡托大学的入学申请，学校看中了他在母校的综合成绩，给了他免试入学读本科的机会。

（资料来源：《海口日报》，2019-05-22）

讨论：从王洪亮的经历中我们能得到哪些启示？

大学生迈进大学校园，接受大学教育，开始了新的人生征程！大学的教育过程正在向终身化发展。所以，大学并非奋斗的结束，而恰恰是奋斗的开始。大学的学业生涯是我们职业生涯的前奏，大学青春不虚度，我们的人生将更精彩。

一、学会学习，终身受益

1996 年，国际 21 世纪教育委员会向联合国教科文卫组织提交了一份报告——《教育：财富蕴藏其中》，提出了"现代教育由四大支柱支撑"的现代教育观念，它们是：学会学习、学会做事、学会生活、学会发展。其中第一位的就是学会学习，即掌握认识世界的工具，以便从终身教育提供的各种机会中受益。联合国教科文组织的埃德加·富尔说：未来的文盲不再是不识字的人，而是没有学会怎样学习的人。说起"学习"，每个人都不会觉得陌生，因为我们每个人都有十几年的学习经验。可是，你真的会学习吗？你思考过高职学习和以前学习的特点吗？

（一）高职学生学习的特点

学习有狭义和广义之分。狭义的学习是指通过阅读、听讲、思考、研究、实践等途径获得知识和技能的过程，是一种使个体可以得到持续变化（知识和技能、方法与过程、情感与价值的改善和升华）的行为方式。广义的学习则是指人在生活过程中，通过获得经验而产生的行为或行为潜能的相对持久的方式。

高职学生学习是在教师的指导下，有目的、有计划、有组织地掌握系统的科学知识和技能，发展各种能力，形成一定世界观和道德品质的过程。高职学生的学习是高层次的学习活动，在目的、方法、内容等方面都和中学学习有很大的不同，因而高职学生的学习活动具有新的特点。

1. 专业性

高职学生的学习是在确定了基本的专业方向后进行的，因此其学习的职业定向性较为明确，即为将来走上工作岗位，适应社会需要所进行的学习。高职学习实质上就是一种专业学习。随着专业学习内容的逐渐深化，知识积累不断向高深层次发展，在整个专业学习过程中教师指导性强于指令性，各种教学环节给高职学生提出的任务和要求更高、更复杂。因此高职学生需要做好相应的思想准备。

2. 自主性

高职的学习虽然也强调教师的课堂教学，但教师授课之后对知识的吸收、消化等各个环节主要靠学生独立完成，这样一来，除了上课之外，高职学生还有很多时间是可以自由支配的。这从客观上对高职学生独立自主的学习能力提出了较高的要求，不能科学合理地安排好学习时间，制定相应的学习进程表，就会出现学习适应不良。在学习内容的选择上，高职学生独立自主的学习能力得以展示。除了必修课外，形式多样的选修课给学生提供了多样的选择。

3. 多样性

职业院校的课程设置主要分为三个方面：素养课程、专业基础课程和专业实训操作课程，这三方面的学习都很重要。素养课程能够帮助学生建立正确的三观世界、启迪科学的思维方式、塑造优秀的品格、锻炼坚强的意志；专业基础课程主要学习概念和原理性知识，提高学生的思考能力和解决问题的能力，为实训操作提供理论基础；实训操作课程主要是在理论知识指导下，利用实训装置进行动手操作，增强学生的动手能力、协作能力，与企业对接，尽量达到零距离上岗。此外，高职学生的学习途径还有听讲座、阅读、上网查资料等。这一特点也给一部分高职学生的学习生活带来困惑，有些学生能够通过各种途径进行学习，而有的学生则只会听教师讲课。

(二) 提高学习效率的有效途径

一些学生早出晚归，勤奋刻苦，学习成绩却不是很好；同样一堂课，有人学到了知识，有人似懂非懂，有人一无所获。因此，养成良好的生活习惯和有规律的作息时间，懂得科学的学习规律，掌握科学的学习方法，运用科学的学习手段，是提高学习效率的有效途径。

提高学习效率，还要努力做到以下几点：

1. 学习时要精神饱满，全神贯注，心无杂念

（1）学会把精力最充沛的时间用在最需要心力的课程中。

（2）提高学习效率，留出放松的时间。"痛快地玩、认真地学"是许多成功人士的学习秘诀。不间断地学习4个小时，远不如学习3个小时，休息1个小时的效率高。所以劳逸结合是最佳的学习方法。

2. 健康体魄是学习的根本保证

（1）要保证充足的睡眠，以免读书时打瞌睡。
（2）坚持体育锻炼。以强健的体魄应对学习。

3. 制定学习目标，给自己施加一定的学习压力

（1）不要在松弛、散漫的环境里读书。教室或图书馆是最好的学习场所，这也是高年级想考研的学生天天泡在图书馆的原因。

（2）不要在学习时听音乐、看电视或者在不安静的环境中学习。有研究表明，这样的学习效果远不如专心致志的学习效果好。

4. 不要用太长的时间学习同一门功课

每天可以轮流安排学习几门课程，不同的科目可以锻炼大脑不同的区域，经常在大脑制造一种新的冲击和刺激，帮助大脑均衡发展。

5. 不要在没有准备的情况下走进教室

要事先准备好要学科目的学习材料。上课前要做简短的预习。如果是特别难的

课程，在预习的时候，可以先把不懂的地方勾出来，在上课时问授课教师。

职校生获世界大赛金奖

宋彪，21岁毕业于江苏省常州技师学院。他在第四十四届世界技能大赛中以779分在1260多名参赛选手中排列第一，获得工业机械装调项目的金牌——本届大赛最高奖。

并不是每个人，都要成为世界冠军，但有一技之长就更能实现人生价值，不管是在鸡蛋上刻字，还是在机床上加工，都需要耐下性子，用心磨炼。"建设知识型、技能型、创新型劳动者大军，弘扬劳模精神和工匠精神，营造劳动光荣的社会风尚和精益求精的敬业风气。"党的十九大报告在年轻的宋彪心中激起涟漪。在他心目中，新时代的技术人才，除了需要具备工艺、道德、专业知识外，还对创新、优化等提出了更高的要求和目标。

阿尔伯特•维达尔大奖前三天的比赛都很顺利，第四天到达赛场之后计时裁判说原本3个小时的时间现在只有2个半小时。当时他心急如焚，因为对于装配来说每一分每一秒都至关重要。时间就是分数！又要保证装配精度是一个非常大的挑战。按照调整后的计划他加快了自己的操作节奏，后来教练说他当时在赛场的动作"就像飞起来一样"。但他心里清楚这与日常的扎实训练是分不开的。前期备赛准备了1年零3个月，这个项目不仅是新设立的项目，而且是暗题，没有经验可以借鉴。

宋彪现在是江苏省常州技师学院智能装备学院的一名教师。他的办公桌上还一直摆放着他的第一个作品，这个作品是他在没经历过专业训练时做出来的，却包含着他学习机械专业的热爱，宋彪希望自己能保持初心，不断磨炼精湛的技能。

获奖不是一个终点，更是一个新的起点。他说："毕业后我留校任教，母校培养了我，我想要回报母校。在比赛中我不只获得了奖牌，我还积累了很多经验，学习到了很多技能，我想把这些技能和经验，传授给更多的青年人，也希望母校培养出更多的高技能人才。"

（资料来源：人民网，2021-02-24）

学习是高职大学生的主要任务，也是大学生活中的主要内容。我们只有完满地完成大学期间的学习任务，掌握扎实系统的专业知识，才能为将来的工作和学习打下坚实的基础。学好理论和技能不但能让我们做好本职工作，最重要的是让我们在学习过程中养成精益求精的良好态度和习惯，这会让我们终身受益，实现职业生涯的飞跃。

知识链接

世界技能大赛

世界技能大赛是最高层级的世界性职业技能赛事，每两年举办一次，被誉为"世界技能奥林匹克"。它是世界技能组织成员展示和交流职业技能的重要平台。

截至2013年第四十二届世界技能大赛，世界技能大赛比赛项目共分为6个大类，分别为结构与建筑技术、创意艺术和时尚、信息与通信技术、制造与工程技术、社会与个人服务、运输与物流，共计46个竞赛项目。大部分竞赛项目对参赛选手的年龄限制为22岁，制造团队挑战赛、机电一体化、信息网络布线和飞机维修4个有工作经验要求的综合性项目，选手年龄限制为25岁。

世界技能大赛的举办机制类似于奥运会，由世界技能组织成员申请并获批准之后，世界技能大赛在世界技能组织的指导下与主办方合作举办。第四十一届世界技能大赛于2011年10月在英国伦敦举办，第四十二届世界技能大赛于2013年7月在德国莱比锡举办，第四十三届世界技能大赛于2015年8月在巴西的圣保罗和阿联酋的阿布扎比举办，第四十四届世界技能大赛于2017年10月在阿联酋阿布扎比举办，第四十五届世界技能大赛将于2019年8月在俄罗斯喀山举办。

2017年10月13日，在阿联酋阿布扎比举行的世界技能组织全体成员大会一致决定，2021年第四十六届世界技能大赛在中国上海举办。

历届世界技能大赛以在欧洲举办为主。欧洲以外的地区，只在亚洲举办过4届，即第十九届（1970年）于日本东京、第三十二届（1993年）于中国台北、第三十六届（2001年）于韩国汉城（今首尔）、第三十九届（2007年）于日本静冈县。

中国上海获得2021年9月的第四十六届大赛举办权，由于受新冠肺炎疫情影响，大赛延期一年，计划于2022年10月12—17日举办。

（资料来源：百度百科）

二、激发学习动机，培养非智力因素

学习中的非智力因素包括学习动机、自信心、意志力、心态等，它们与智商无关却对学习效率起到决定性作用，且可以通过后天培养得到增强和提升，改善非智力因素能有效地解决学习问题，提升学习能力。

动机是由某种需要所引起的有意识的行动倾向。它是激励或推动人去行动以达到一定目标的内在动因。大学生学习动机是直接推动学习的内部力量，是学习成功的原动力。有些学生总觉得对学习提不起劲来，一拿起书就觉得很厌烦，学习上拖拉、散漫，这些都是缺乏学习动机的现象。

（一）学习动机的分型

学习动机一般分为两大类型：第一类，学习动机从作用持久或暂时性来看，有间接的远景性学习与直接的近景性动机。前者是与社会意义相联系的动机，这是社会要求在大学生学习中的体现，如青年马克思为人类幸福而奋斗的人生目标是在中学时代确立的，早年周恩来"为中华崛起而读书"的理想，毛泽东将理想称为"人生之鹄"；20世纪80年代大学生的学习以"为振兴中华而读书"，这些都与大学生的人生观、世界观有着密切的联系，具有较大的稳定性和持久性，能在较长时间内发挥作用。直接的近景性学习动机是与学习活动直接联系的动机，是由对学习的直接兴趣、对学习活动的直接结果的追求引起的，如大学生为了获得学位、通过某门考试而学习，其作用短暂而不稳定，容易受情景变化而变化。随着大学生知识经验的积累，世界观的形成，学习动机更多地具有社会性，与未来的生活、工作理想紧密地联系在一起。这时，无论是与社会要求相适应的间接的远景性学习动机，还是与学习活动本身相联系的直接的近景性学习动机都发展到了一个更高级的水平，更加稳定、深刻而持久。

第二类，从内部与外部分为内部动机与外部动机。美国心理学家J.布鲁纳认为，内在动机由3种内驱力引起：①好奇的内驱力，这是一种求知欲，驱使学习者产生探究反射；②胜任的内驱力，这是一种求成欲，在取得学习成就时获得满足；③互惠的内驱力，这是一种个人与他人和睦相处、协同合作的需要。内在动机是学习者对学习活动本身感兴趣，学习活动本身就能使其获得满足，学习者无须外力推动而自愿学习。外在动机是由某些外部权威人士（家长、教师等）人为地灌输给学习者的，由外部诱因激发的竞赛、奖赏都属于外在动机。内在动机效应强且持久，而外在动机效应弱且短暂。大学生的学习动机以自己的意识倾向为核心并受其支配，这种较高级水平的自律性动机使得大学生的学习活动具有更高的自觉性。

（二）学习动机对学习的影响

学习动机和学习的关系是辩证的，学习能产生动机，而动机又推动学习，二者相互关联。动机可以增强行为方式促进学习，而所学到的知识反过来又可以增强学习的动机。动机具有加强学习的作用。对大学生而言，学习动机在学习中发挥着重要作用。

1. 学习动机决定着学习方向

学习动机是以学习目的为出发点的，它是推动学生为达到一定的学习目的而努力学习的动力。没有明确的学习目标的学生自然不会产生动机力量，因此，学生首先要懂得为什么而学，朝着什么方向努力。

2. 学习动机决定着学习注意力

有研究表明,学习动机对学习活动的促进作用,主要是通过注意力的加强作为中介来实现的。学习不良的主要原因之一,就在于没有养成良好的注意习惯,注意广度不足,易于受分心刺激的影响;而学习动机强的学生往往能够迅速地使注意集中于学习的对象。

3. 学习动机影响着学习效果

尤古罗格卢和华尔伯格考察了大量的关于动机与成就关系的研究报告,分析了其中 232 项动机测量和学业成就之间的相关系数,发现其中 98% 是正相关(估计平均相关系数是 0.34)。该调查覆盖面为 1~12 年级的学生共 637000 人,是有一定代表性的。这一相关系数表明,高动机水平的学生,其成就也高;反之,高成就水平也能导致高的动机水平。心理学家洛威尔在一项实验研究中,比较了成就动机强度不同而其他条件相同的两组大学生的学习效果,他给两组大学生被试者的任务是要求他们把一些打乱的字母组成词(如将 b、a、n、k 组成 bank),19 名成就动机强的大学生在完成学习任务中能不断取得进步,而 20 名成就动机弱的被试者进步缓慢,且有倒退现象。

(三)学习动机的激发

作为大学生,其实每个人都有学习需要,只是由于个体所处的客观环境对人的要求不同,人的学习需要存在一定的差异。学习动机的激发是指利用一定的诱因,使已经形成的学习需要由潜在状态变成活动状态,形成学习的积极性。

1. 提高认识

了解学习的意义所在,是激发大学生学习动机最直接有效的途径。只有认识到学习的重要性,才可能增强学习动机,才能够提高学习效率与成绩。知识就是力量,大学生要充分认识到,未来社会的发展对知识的需求将会越来越强烈,知识的价值将越来越得到体现,国与国之间的竞争实际上就是人才的竞争,而在社会上人与人之间的竞争实际上就是知识与能力的竞争。意识到学习对社会发展以及个人自我实现的重要性,了解到学习的重要价值,就会促进我们对学习的责任心和使命感,学习动机就会更为强烈。

2. 培养兴趣

对所学专业厌倦,学习中无精打采,很少感受到学习成功所带来的快乐,是学生学习动机缺乏的常见表现。爱因斯坦说:"真正有价值的东西并非从舒心或责任感产生，而是从人对客观事物的热爱与热忱产生，热爱是最好的老师。"兴趣能让我们有选择、积极愉快地去探究某种事物或进行某项活动。表现在学习方面，就是对某一学科、某类书籍、某项活动特别喜欢，学习起来不知疲劳，常常会自觉或不自觉地进入一种迷恋状态。浓厚的学习兴趣可以使学生对学习充满热情、能主动克服各种困难、全力以赴地实现自己的学习愿望。兴趣是学习动机中最现实、最活跃、带有强烈情绪色彩的因素。值得指出的是，学习兴趣并不完全是天生的，是可以通过后天培养的。培养兴趣的途径有以下几种：

（1）积极的自我强化。所谓自我强化，通俗地讲就是自己奖励自己。在学习的时候，如果你取得了一定的成绩，或者达到了你预想的目标，没人表扬你也会很高兴，成绩本身就会成为学生继续学习的激励。试想一个数学不好的学生，考试之前突然下决心考好，下苦功夫复习，结果取得比以前好得多的成绩。努力的成果本身会成为正强化，强化他的行为，同时也会得到被教师表扬、受同学注目这种社会性强化。结果，他在下次考试的时候也会努力学习，这样数学成绩就会渐渐提高起来。积极强化可以同时产生"学数学真有乐趣""真盼着下一次考试"这种感情，会与主动学习的态度联系起来，也就是他喜欢上了数学。而对数学的感情又会较容易地迁移到别的科目上，他也有可能喜欢上英语和理科，并为此而努力学习。

（2）运用积极的自我暗示。暗示既能产生正面影响，也能产生负面影响。每当学习时，满怀热情、充满自信、心情愉快、自言自语地说："这门功课很有用，这门功课很有意思！""我一定能学好它！""我对这门课充满兴趣！"在头脑中浮现获得学习成功的愉快情境和生动形象；将暗示训练与实际学习活动结合起来，就是说带着训练产生的愉快心理去学习，效果就会好。如此长期反复练习，就会形成信念，使之嵌入潜意识，发挥意想不到的学习效果。

（3）带着问题去学。抓住本学科中一些没有定论的、有争议的问题，广泛搜集资料，通过独立思考，提出自己的看法，这往往会使你对此学科产生强烈的兴趣。

（4）积极主动地参与学习实践活动。学生应该尽可能多地参加学习活动来激发学习兴趣。比如我们现有的实验课、实习课等，都是很好的学习实践。学习实践既能动手操作，又能积极思考解决问题，多练习、多实践，使基础知识和基本技能不断加深和拓宽，从而可以激发未知欲，培养学习兴趣。

3. 树立目标

学习目的，是指学生进行学习所要达到的结果或实现的目标。学习动机作为促使学生达到学习目的的动因，总是以某种学习目的为出发点的，只有树立明确的学习目标，才能产生强烈的学习动机，保持高度的学习自觉性，因此，学习目的作为产生和保持学习动机的因素，在学习行为中起着重要的指导作用。人有了明确的学习目的，学习就有了动力。

学习目的有远大与短近之分，远大的学习目的是建立在社会需要的基础之上的，例如，"为祖国富强而学习"。浅近的学习目的是与学习的具体活动或具体教学要求相联系的，如准确理解某个词的含义就是课堂教学要求的反映。大学生在学习过程中，既要有长远明确的学习目标，又要有短近具体的学习目的，后者是有效地完成学习任务，从而成功地达到远大学习目的的关键。确定具体的学习目的时，应掌握三个原则，一是求近不求远，要完成某项学习是眼前的事而非远距离指向未来的学习目标。二是具体明确而非笼统模糊，没有明确的学习目标，就不能做到有的放矢。三是分析个体情况，制定具体的学习目标，具有适度的挑战性。

经典案例

世界技能大赛金牌得主曾是中考落榜生

2019年8月底，在俄罗斯喀山举行的第四十五届世界技能大赛上，来自江西省电子信息技师学院的选手肖星星参加了电气装置项目，斩获了金牌，实现了我国在该项目世界技能大赛上金牌零的突破。2014年6月，中考失利的肖星星入读江西省电子信息技师学院电子技术应用专业，他像寻找到人生崭新大门的钥匙一样重拾希望。当年肖星星暗下决心，掌握扎实的技术技能，改变自己的命运。

课堂上，肖星星总是最认真的一个，到周末就一头扎进技能学习的实训场地。"第一眼的感觉就是淳朴、老实。"肖星星的导师赖勋忠说，当初肖星星选了自己主讲的选修课，"他特别刻苦，自主学习能力很强。这一点给我印象很深。"

技术革新很快，传导至应用领域要学的新东西更是多。以智能家居为例，以前只能实现用遥控器开关电器设备，现在已经能够做到随着阳光的照射、温度的控制，智能控制窗帘、打开空调等。肖星星每天早上5点多就起床，在操场跑步5公里，然后学1小时英语。早上9点，肖星星的训练时刻正式开启：安装器件、线槽桥架和管路，设计电路，敷设电缆，电气箱接线，安装开关面板和灯具，KNX箱接线，连接电缆，接下来是通电、编程、调试，最后排除电路故障。肖星星既需要在环境内大范围跑动，又需要在安装部分精细准确地操作。实训室六面有五面封闭，加上穿戴着各项防护用具干活，说是"蒸桑拿"一点也不为过。就在这样的环境下，他每天的训练时长都超过12个小时。

"完美地做好了作品，并且做得比别人好，我享受这个过程。"肖星星说，他享受每次训练完大汗淋漓的感觉，享受安装调试成功的喜悦。成就完美作品的背后是对工艺细节的精益求精，是周而复始地做好同一件事。误差控制在1毫米、控制线路安装出错率为零……肖星星说："我布下的线要用50年以上。"

"学技术是比较苦的，但是非常热爱，技艺提高对我来说是一件很有乐趣的事情。"肖星星不喜欢片面强调学技术的辛苦。他说，即使没有世赛金牌，他依然对高技能之路充满自信。

（资料来源：《工人日报》，2019-10-29）

从上述案例肖星星的经历中可以看出他进校就找到了学习的兴趣，一步步制定了目标，并为之努力，最终实现了自己的理想。学习动机是以学习目的为出发点的，它是推动我们为达到一定的学习目的而努力学习的动力。没有明确的学习目标自然不会产生动机力量，因此，我们首先要明白为什么而学，朝着什么方向努力。做好学业规划，为成功实现就业或创业打好基础。

二、大学学业生涯规划

（一）高效率管理时间

为什么有的人整天忙忙碌碌却常常感觉没有多少收获？为什么花同样的时间有些人的学习和工作效率都不高？根本原因在于这些人没有高效率地管理自己的时间。进入大学，大学生们拥有了较为宽松的学习环境，没有家长和教师的监督，丰富的业余时间完全由个人支配。在这完全自由的时间里，你可以花前月下，也可以网上冲浪；你可以勤工助学，也可以在街上闲逛；你可以去自习室，也可以去图书馆；你可以侃大山，也可以打牌下棋，总之，所有的业余时间全在于你的选择，全在于你的规划或随心所欲。爱因斯坦说："人才的差异就在于业余时间。"对于业余时间，你是自己的老板，要么珍惜如黄金，要么挥霍如敝屣，这就在于你对将来选择的是杰出，还是平庸，抑或是沉沦。然而，时间却是最为公正的了，处于相同学习环境、相同时间的大学生们，成绩和成就却是参差不齐，大小各异。毕业之后，这之间的差异就不仅仅表现在成绩单上，更多地体现在大学毕业时的结果上。这些结果包括你是否拥有了足够的知识和能力，能否成功实现专升本，能否找到好工作，离自己最初的梦想是近了还是远了，等等。

1. 时间管理的方法

（1）列出目标清单：未来一段时间内所要达到的目标。

（2）将这些目标按其重要程度排序。

（3）列出实现目标所需进行的活动。

（4）对活动进行排序，按重要性和紧迫性程度区分标准。

（5）按所给出的优先顺序制定每日工作时间表或备忘录。

（6）按时间表开展学习和工作。

（7）每天学习和工作结束时，要总结，并安排第二天的学习和工作。

2. 时间管理中应注意的问题

（1）掌握生物钟：每个人在不同的时间里其工作效率是不同的。在自己精力最充沛的时间段安排最重要的学习项目和工作内容。

（2）按重要程度对目标进行排序，把不太重要的事情集中在一起处理。

（3）无论学习和工作都讲求效率，力争用最短的时间完成任务。

（二）大学学业生涯规划

大学学业生涯规划是大学生对与其人生发展目标相关的学业所进行的安排与筹划。大学学业生涯规划一般包括自我认识、学业生涯条件分析（包括家庭条件、学校条件、社会环境、职业环境等）、学业目标定位和具体规划。制定学业生涯规划，首要一点是清晰地认识自己，具体而言就是通过对自身性格、兴趣、能力、价值观及未来社会需要的深入分析和正确认识，确定自己的学业目标，进而确定学业发展方向，然后结合自己的实际情况制订学业成长计划。简而言之，就是通过解决学什么、怎么学、什么时候学、学到什么程度等问题，确保自身顺利完成学业，为成功实现就业或创业打好基础。

大学学业生涯规划的设计步骤如下：

（1）自我评估：对自身性格、兴趣、能力、价值观及未来社会需要进行深入分析和正确认识；分析自己各方面的优点和缺点。

（2）确定学业目标：希望大学期间培养自己哪些能力，修正哪些缺点，考取哪些专业资格证，学习方面有什么目标。

（3）具体规划和安排：根据自我评估的各项指标以及由此确定的学习、能力培养目标，制订大学三年的学习计划和各项能力培养方案，时间安排和计划可以具体到每个学年、每个学期、每个月、每一周、每一天。

（4）执行计划。计划一经制订就要严格执行，并且要养成定期总结的习惯，争取每天都学有所获。

（5）评估调整。计划可能赶不上变化，在学习和生活过程中，计划可以根据实际情况的变化进行适当的调整和修改。

荣耀来自努力和汗水

金牌、国旗、鲜花、掌声、呐喊……回忆起站在俄罗斯喀山第四十五届世界技能大赛领奖台上的高光时刻，22岁的重庆小伙梁攀仍觉得心潮澎湃。而时光倒流回到7年前，梁攀还是一个中考失利的少年，在工地、车间彷徨，看不到未来的方向……1997年，梁攀出生在重庆九龙坡金凤镇一个普通家庭。上初中时，物理是他最喜欢的一门课程，每次考试都是接近满分。在梁攀心中，那些物理小实验有趣又好玩，尤其是和电有关的，更是让他着迷。虽然物理成绩优异，但命运似乎与梁攀开了个玩笑。在初三那年，因为父母离婚，父亲天天喝酒，给他带来了很大的影响，他中考发挥失利，没能考上高中。紧接着，父亲又检查出疾病，15岁的梁攀不得不肩负起照顾父亲的重担。没过多久，父亲就去世了。未满16岁的梁攀找工作四处碰壁，只能跟着亲戚去工地搬砖，去工棚守夜，去餐厅端盘子。"每天都是精疲力尽，手上磨起了厚厚的茧子，当时觉得生活特别苦。"回忆起那段日子，梁攀唏嘘不已。16岁后，他进入一家电子厂做普工。正是在这里，他下定决心重新回到校园。没文凭没技术，梁攀干的活儿又累，工资又低，每天都是枯燥的重复劳动。而那些读了大专或能力过硬的同事，却能当组长、班长，轻松拿上五六千元。再加上母亲也觉得他年纪还小，支持他再去读书。就这样，2013年9月，梁攀报名入读重庆市机械高级技工学校，学习电机电器装配与维修专业。那时候的梁攀，只是将学习技能作为未来谋生的手段，从没想到自己有一天也可以靠技能站上世界舞台，为国争光。

因为尝过没知识没技术的苦，梁攀格外珍惜学习的机会。他不仅学习十分勤奋，还积极承担了许多班级工作，总能又快又好地完成。很快，他就被推选为团支部书记。机会出现在梁攀读二年级时。2015年6月，学校接到邀请，重庆市正在举办第四届中国重庆职业技能大赛，要组建一支电子技术项目重庆集训队。于是，品学兼优的梁攀被推选参加比赛。最后以重庆市第二名的成绩，拿到了参加全国选拔赛的名额。第一次参加国家赛的结果，对他来说是又遗憾又幸运。遗憾的是，他最终没能代表国家队出征，但幸运的是，学校十分重视这个机会，自掏腰包送他跟比赛选手一起去赛场观摩。当时是第四十四届世界技能大赛，在阿联酋阿布扎比举行。赛场上紧张的竞技氛围，和各国选手们高超的水平，让梁攀感觉自己的眼界被整个打开了。梁攀下定决心，下一届世赛，自己一定要拼一把！

这一次，梁攀对比赛项目有了清晰的认知和了解，也开始有备而战。回国后，梁攀开始没日没夜地训练。每个星期，他规定自己只休息一天。周一到周六的早上，他准时6点12分起床，6点30去操场锻炼身体，7点20吃早餐，8点到教室，开始一天的训练，持续到晚上9点。有时候遇到难关，经常要查阅资料，反复动手试验，钻研到夜里两三点。严苛的时间表，日复一日枯燥的训练，他也有心浮气躁的时候，但每一次，他都咬牙坚持了下来。2018年6月，经层层选拔，梁攀再次进入国家队。最终，他以选拔第一名的成绩，一举拿下世赛全国电子技术项目中国代表队唯一一个名额。这一次，梁攀终于拿到了世界舞台的入场券，五年磨一剑，4天16个小时，最终，梁攀不负所望，将金牌收入囊中。这枚金牌是中国队在世赛"电子技术项目"中拿到的首个金牌，实现了零的突破，含金量相当高。

"曾经是一名技工学校学生的我,能站在世界技能大赛的领奖台上,明天的你们,一样也可以。"在宣讲中,梁攀讲起了自己的经历,给了学弟学妹们极大的激励。

有一句话,梁攀特别想与同龄人共勉——所有的荣耀,都是努力、汗水与成功的公平交易,每一滴奔跑的汗水,都将浇灌出美好的未来。

（资料来源：新华社新媒体,2021-05-04）

进入大学,我们有丰富的业余时间由个人支配,这就需要我们高效率地管理自己的时间,制定出适合自己的、切实可行的学业生涯规划。只有清晰地认识自己,确定自己的学业目标,结合自己的实际情况制定学业成长计划并严格执行,我们才能学有所得,实现梦想。

第二节　职业生涯规划从大学开始

读职校不是混日子

2020年12月10日,习近平主席致信祝贺首届全国职业技能大赛举办。在备赛、参赛中涌现的青年技能人才,是先进制造的后备军,终将成为制造业高质量发展的中坚力量。

本次比赛中原型制作项目冠军是许思路。2014年初中毕业,许思路成绩不够上高中,后来他选择了广州市技师学院学习数控加工。早在2015年,他就被学校选中加入集训,起步早,却一直欠一点"比赛运"。一开始他参加数控铣项目集训,一直没有参加世赛选拔。后来在2017年跟随教练转到了原型制作项目,参加第四十五届世界技能大赛广州选拔赛,只获得了第四名。备赛多年,许思路觉得越练越疲惫,于是选择到企业实习1年。"但我还是不甘心,毕竟年龄符合比赛资格,实力也有,何不再努力一把?教练也想给我一次机会。"于是,他回到学校报读"3+1"预备技师课程,同时再度冲刺世赛。一段时间没有训练,加上遭遇疫情,备战关键时刻却无法回校,在家没有场地和设备根本无法操作,这让许思路一度很焦虑。所幸的是,回校后他凭借实力过关斩将,以全省第一的成绩跻身"国赛"。比赛开始,他沉稳应战,过程虽有小瑕疵,但无碍最终一举夺魁。回想6年前,许思路证明了自己最初的想法:"我读职校就是学技能的,不是在这混日子的,我是这样认为的也是这样实践的。现在我的目标理想就是近期要代表中国参加世界技能大赛,远期要么教书育人培养更多国手,要么进入企业发挥一技之长。"

本届大赛对优秀选手授予了"全国技术能手"等荣誉,这既是荣誉,更是激励,让职校学生"有技能、好就业"成为社会共识,让技能成才、技能报国成为广大青年人向往的目标。

(资料来源:大洋网,2020-12-21)

讨论:许思路的经历给了我们哪些启示?

在做职业生涯规划时,我们需要从社会现实和自己的实际情况出发,主动地把现实与理想结合起来,既不盲目地好高骛远,又不轻易地妄自菲薄。而是脚踏实地,充满自信地面向未来,制定出人生最可行、最有价值的职业生涯规划。

一种规划可以成就一段精彩的未来。确定好人生的目标和规划,就像一艘有航行目标的船,坚定执着,步步为营。今天是昨天选择的结果,而今天的选择将会决定明天的生活。所以,面对大学的时光、面对人生的漫漫路途,让我们从大一开始,用心规划并付诸实践,从今天着手,从现在出发。

一、职业生涯概述

职业生涯,亦即事业生涯,是一个人人生工作职业的发展道路。如何科学合理地为自己做好职业生涯规划已成为高职高专大学生现在和将来都要面对的人生课题之一。那么什么是职业生涯规划?规划,是给提供我们方向,让我们思考未来的方法。我们要为自己的职业生涯作出科学合理的规划,就一定要注意把理想与实际结合起来。

西方发达国家比较重视职业生涯规划的设计。中学在学生们上八年级时就要请专家为他们做职业兴趣分析。十几岁的学生职业兴趣并没有定型,但通过职业日、职业实践活动,可以根据其暴露出来的特征进行有效引导,达到以兴趣定职业的目的。

据新华网报道,就业难已成为大学生最为关注的问题,但是教育专家经观察发现,大学毕业生择业盲从、缺乏职业规划的情况相当普遍,这给他们择业和长远发展带来了不利的影响。

二、职业生涯规划的意义

职业生涯规划的意义在于寻找适合自身发展需要的职业,实现个体与职业的匹

配，最终实现个体价值的最大化。

（1）通过职业生涯设计可以明确个人职业发展的目标。在现代社会中，职业发展的机会众多，但往往使求职者无所适从，缺乏明确的目标，也使不少人在职业发展的道路上走了不少弯路。有了职业生涯发展目标，就会使人在每一天的工作和学习中，都在为这个目标积累资源，创造条件。如果你不知道将去哪里，你就不知道何时能到达。事实表明，大学生毕业后无目的、无规划的盲目就业，将影响他们的长远发展。职业生涯设计作为大学生进入社会前应做好的关键一环，理应受到他们的重视。

（2）通过职业生涯设计，可以使人了解自己，了解周围的环境，以便在纷纭的环境中找到适合自己的人生坐标，并在自己的潜能方面不断地发掘和拓展，最终实现事业的辉煌。传统的人力资源管理注重的是人职匹配，即将合适的人放在合适的位置上。现代人力资源管理与开发更注重的是人职发展。因此进行职业生涯设计，制定员工的职业生涯规划是一项必要的管理活动。通过职业生涯设计，最大程度发挥员工的潜能，使组织的效能最大化。对于即将毕业、走向社会的大学生，恰当的择业决策意味着成功的职业生涯开始，而失误的择业决策意味着未来的职业生活中可能潜伏了危机。

（3）职业生涯规划是组织人力资源开发的有效途径。一方面，社会变化和技术革新的速度越来越快，不确定性大大增加；另一方面，任何人都面临着比以往更大的风险，婚姻的稳定性消失，爱人已经不能成为很可靠的依赖，子女的数目减少，养儿防老的可能性显然很小，以任何方式进行储蓄，都必须预估贬值的损失，再加上各种各样预想不到的天灾人祸，更让人终身难安。在这种情况下，人无远虑，必有近忧。

职校学习就要提素质，展才能

艾宇磊，男，中共党员，襄阳职业技术学院建筑工程学院2017届建筑装饰工程技术专业毕业生，现为湖北比邻装饰有限公司总经理。2014年他考入襄阳职业技术学院，学习建筑装饰工程技术专业。在校期间，他担任学生会男生部部长、班级生活委员职务，工作认真负责，积极参加各项活动，配合学院学生会各项工作，学习努力进取，获得室内设计师证书。

2016年8月，艾宇磊进入湖北金陵装饰有限公司实习，实习期间表现优秀多次获得领导好评，并在一个月内成功由实习生转为正式员工、助理设计师。2016年9—12月，先后参与绿地三期、襄北监狱、山水家园、融侨城等襄阳各大楼盘小区家居住宅室内装饰设计。在湖北金陵装饰有限公司工作的4个月中，他的专业技能综合素质得到了提升,他从一个略知皮毛的新手成长为一个可以单独完成从设计到整个工程竣工过程的合格设计师。

2017年年初,通过对市场的调查,他作出了一个大胆的决定,离开湖北金陵装饰有限公司,自己创业开公司。于是在2017年3月8日,他注册了一家工作室(湖北比邻装饰有限公司工作室),整个公司从筹备到装修再到开业,经历了各种困难,一路走来摸索着前进。不断地学习,不断地突破自我。目前,比邻装饰服务遍布全城核心区域及高端商业楼盘,建立起科学完整的服务管理体系,拥有集设计、客服、工程、质监、售后于一体的专业管理中心,引入各层专业管理人士,拥有行业内资深设计师和经专业培训并持证上岗的固定施工队伍。由于诚信实干,管理科学,公司迅速成长,湖北比邻装饰有限责任公司在2018年的年产值达到了400多万元。

在这个知识大爆炸的时代,高职生从学历上来说相对存在弱势,但艾宇磊却通过不断学习提升了自己立足社会的能力。

(资料来源:襄阳职业技术学院网,2019-06-19)

除了努力学习之外,学生还可以利用课外时间积极参加各种组织和社团来充实生活、展示才能,主要展示途径有参加班委、院系学生会和院系各个社团组织。在积极参加各种团体活动的过程中,可以提高我们的语言表达能力、组织协调能力、交流和沟通能力、团结协作能力、个人执行力、解决问题的能力,优化我们的思维习惯和思考方式,为将来走向社会积累人脉、强化拼搏精神和提高自信心奠定良好基础。

三、职业生涯的阶段

人的职业生涯大致分为以下阶段:

第一阶段:生涯成长期(出生~14岁)。这一阶段,人们从外界获得各种关于职业的知识,扮演各自喜爱的职业角色,产生职业兴趣,有意地培养能力。

第二阶段:生涯探索期(15~24岁)。这一时期,人们对自身兴趣和从业条件、社会价值进行考虑,参加职业培训,尝试择业,从事某种职业活动,扮演某种职业角色。

第三阶段:生涯建立期(25~44岁)。这一时期,劳动者对前期选定的职业进行满意或不满意的评价、变换,并致力于职业的稳定。

第四阶段:生涯维持期(45~64岁)。这一时期,劳动者取得成就,获得一定的社会地位,维持自己的工作成就,提高自己的社会地位。

第五阶段:生涯衰退期(65岁以上)。这一时期,人的健康状况和工作能力都在衰退,职业生涯接近尾声,逐渐退出职业舞台。

四、职业生涯设计的步骤

职业生涯规划设计的步骤一般可以分为以下几步：

(一) 正确认识和评价自我

认识自己是人生准确定位的前提。不同的人有不同的职业适应范围，不同的职业对人有不同的职业要求。认识自我就是由"我想干什么"到"我能干什么"，认识自我并不容易，它难在以主体的我去认识客体的我。自我评估就是对自我做全面分析，就是对自己的兴趣、特长、性格、学识、技能、智商、情商、德商、组织管理、协调、活动能力等作出全面而深刻的分析，找出自己的优势、劣势、优点、缺点，为选定生涯路线、目标、制定生涯规划提供依据。

有效的职业生涯设计，必须是在充分认识自身条件与相关环境的基础上进行的。对自我及环境的了解越透彻，越能做好职业生涯设计。

自我条件可以从以下四个方面评估：第一，生理自我，主要是对自己相貌、身材、穿着等方面的观察与认识；第二，心理自我，主要是对自我性格、气质、意志、情感、能力等方面优缺点的评判与评估；第三，理性自我，主要是对自我的思维方式和方法、知识水平、道德水准等因素的评价；第四，社会自我，主要是对自己在社会上所扮演的角色，在社会中的责任、权利、义务、名誉、他人对自己的态度以及自己对他人的态度等方面的评价。

(二) 找准职业定位

在进行职业生涯设计时，在了解自己的已有"资源"后，应对自己的职业进行定位，合适的定位对于你取得职业成功是非常重要的。这里应着重考虑以下几个问题：

(1) 你想从生活中得到什么，换句话说，什么对你最重要，例如家庭、名誉、事业或者金钱。

(2) 有何特长，所谓特长，是指你的特殊才能，这在规划职业生涯时应予以重点考虑。你有何才能？把它们全部列出来，选择三种最重要的才能，然后把每种才能用一两个词来表达，例如，"我最重要的三个才能是我的听力、创造力和表达能力"。如果你没有特长，那么就应尽早去"充电"。

(3) 你的追求是什么？什么是你梦寐以求的，使你希望为之付出更多的精力？在哪些事情上你愿意一展才华？在哪些主要领域你愿意投入自己的精力？

(4) 什么样的环境让你感到如鱼得水？什么样的工作和生活环境最适合你发挥才能？例如，"我经常在随意的学习环境或与别人一起游览自然风景时，展现出我的才华。"

（5）判断现状。此时你正处于哪个阶段？这一阶段有些什么特别之处？重要的事有哪些？尽量以"局外人"身份进行判断，然后对原计划作出相应调整。

（6）确保你的目标在任何时候都适用。心中牢记你的职业目标对你大有裨益，尤其是当你处在生活转变时期时更是如此。通过这种方式，工作中的种种压力也就变得更加合乎情理，而且你能更好地将生活中的变化同全新的视野及明智的选择联系起来。当你明确你的目标后，就能更加容易地规划时间和找出生活中各事的优先顺序。

（三）确定生涯路线

生涯路线按照修业（学习）、就业、创业三个阶段，分等级由低到高，成功概率由小到大，形成宝塔型。

（1）修业阶段，分为文史、理工、边缘学科三条修业路线。凡逻辑思维能力强、偏内向性格、黏液质和抑郁气质、爱好理工者可攻读理工科。凡形象思维能力强、外向性格、多血质、胆汁质气质、爱好文史科者可攻读文史专业。凡逻辑、形象思维能力相当、中性性格、混合气质者可攻读边缘学科，如经济、管理等。

（2）就业阶段，分专业技术、行政管理、专业管理三条路线。钻研能力强，爱静不爱动的内向性格，黏液质、抑郁质的人适合从事专业技术工作。组织协调能力强，爱动不爱静的外向性格，多血质、胆汁质的人可从事行政管理工作。既有一定专业技术水平、善于研究，又有一定组织协调能力，中性性格，混合气质者可从事专业管理工作。

（3）创业阶段，分为创新、创效、创建三条路线。有一定知识、技能和创新精神，内向性格，具有抑郁、黏液质者可走创新之路，研制、发明科技成果，开展技术革新。有一定组织领导能力和交际能力，外向性格，具有多血质、胆汁质者，可充当管理参谋，要借助原有事业进行改造、提高，创出高效。组织领导能力强、业务技术水平高，中性性格，具有胆汁、黏液质，有一定的经营管理才能者可选择创建新业。

（四）确定职业目标

有效的生涯设计需要切实可行的目标，以便排除不必要的犹豫和干扰，全心致力于目标的实现。如果没有切实可行的目标作为驱动力，就很容易对现状妥协。目标是灯塔、是动力，确立目标就是设立人生使命。确立目标要根据社会和组织需求、个人生理特点、心理特点和自身能力，结合当前社会经济形势和发展趋势，制定出未来发展目标。选择目标要保证目标适中，不可过高或过低，还要把长远目标和短期目标结合起来，通过不断实现短期目标最终实现长远目标。职业目标选择应把握四条原则：择世所需，择己所爱，择己所能，择人所利。

我们要成为一个成功的职业人，就要学会在社会、他人和自己之间，选择一个平衡点，以实现人生价值的最大化。

（五）制定规划

在确立志向、自我测评、认识自己、分析生涯背景、选择生涯路线、确立生涯目标的基础上，制定十年生涯规划、五年计划、三年计划、一年计划，作出月、周、日具体安排，以推动职业生涯进程。

（1）确定一生奋斗总体设想，主要确定今生今世你想干什么、想成为什么样的人、想取得哪些成就等。

（2）制定十年生涯规划，规划在此十年中要干哪几件大事、取得什么样的社会地位、获得多少收入等。

（3）作出五年、三年、一年计划，将十年规划分阶段进行计划、细分，分阶段实施推进，并列出每个计划的实施步骤、方法和时间表。

（4）作出月、周、日具体安排，将计划细分，具体安排在月、周、日内，提出完成任务、质量和数量及财务收支要求，安排学习哪些知识、技能、干哪几项工作、交哪些朋友等，并按照轻重缓急进行先后顺序排列，有条不紊地围绕总体目标进行学习、工作、创业，进而实现目标，走向成功。

（六）实施和调整

有效的生涯设计需要有确实能够执行的生涯策略，这些具体且可行性较强的行动方案策略会帮助其一步步走向成功，实现目标。因为在确定了职业生涯目标后，行动便成了关键的环节。没有达成目标的行动，目标就难以实现，也就谈不上事业的成功。这里所指的行动，是指落实目标的具体措施，主要包括工作、训练、教育、轮岗等方面的措施。例如，为达成目标，在工作方面，你计划采取什么措施，提高你的工作效率？在业务素质方面，你计划学习哪些知识，掌握哪些技能，提高你的业务能力？在潜能开发方面，你计划采取什么措施开发你的潜能？这些都要有具体的计划与明确的措施。并且这些计划要特别具体，以便于定时检查。

俗话说："计划赶不上变化。"影响职业生涯规划的因素很多（身心状况、教育、家庭负担、性别、社会环境、机遇等）。有的变化因素是可以预测的，而有的变化因素难以预测。在此状况下，要使职业生涯规划行之有效，就要不断地对职业生涯规划进行评估与修订。其修订的内容包括：职业的重新选择、职业生涯路线的选择、人生目标的修正、实施措施与计划的变更等。

 知识链接

大学生职业生涯规划设计书范文

一、引言

作为当代大学生，若是带着一脸茫然，踏入这个拥挤的社会怎能满足社会的需

要,使自己占有一席之地?在这个机遇与挑战并存的时代,强手如林,一旦自己失去了目标,就无法抵达彼岸。一个明确的目标就如同黑夜中矗立的灯塔,引领我们走向成功。职业生涯规划是帮助柔弱个体对抗变幻莫测的世界的一种不变的工具。我要很好地规划自己的职业生涯,使自己以后回首时不会感到后悔。

二、自我分析

1. 个人简介

我性格热情开朗,为人诚实谦虚,比较内敛,但是也有着活泼的一面,属于胆汁质的人,比较平易近人,富有同情心,待人诚信,责任心强。

在工作上,积极,富有责任心,忍耐力比较强。在思想上,感性大于理性。对事物的分析较注重侧面,但往往能恰到好处,思想过于丰富,天马行空。在做事上,有时过于墨守成规,但是做事从来不拖沓,喜欢当前事情当前做,不喜欢把今天的事留到明天做,将所想落实于实践,从不打无把握之仗,正所谓运筹帷幄。

此外,我还积极参加课外实践活动。加入了学校的营销协会和青年志愿者协会。在这些活动中学到了很多。在周末时,有空也会去做兼职,如促销员等。

2. 职业兴趣

心理学家认为,兴趣是人积极探索某种事物的认识倾向。个人不是很喜欢变动很大的工作,如面对面的销售工作。天马行空的思想使我更愿意做策划类的工作,这也正好切合了自己的专业。我注重团队合作,善于发现问题。

3. 职业能力

个人适应环境的能力较强,易随着环境的变化而作出相应的调整。独立能力也在高中和大学独自求学中得到了相应的锻炼。对工作的态度从来都是从一而终,责任心很强。

4. 职业价值观

营销销售方面的工作我并不是我特别喜欢,反而较喜欢策划方面的先遣工作和广告策划方面的工作。

5. 胜任能力

能力优势:行动力较强,行事风风火火,注重团队精神,喜欢听取别人意见和建议,追求成就与效率,喜欢创造性地解决问题,注意细节与精准度,工作讲究条理与计划性,从不打无把握之仗,较严于律己。

能力劣势:只谈实际的事务,会把实情藏在心中,有时过于墨守成规,但一旦有了自己的想法或主张就会贯彻到底。

三、职业分析

1. 家庭环境分析

家庭比较简单。从小生活在农村,父母均从事农业劳动,使我更加奋发前进。家庭比较和睦、温馨,他们都希望我往上走,继续深造学习,对我寄予了很深的期望。

2. 学校环境分析

就读于襄阳职业技术学院，师资力量雄厚，是国家级示范高职高专类院校。学校比较注重学生的实际操作能力。

营销与策划专业是我们学校比较活跃的专业，实训活动较丰富，这使得我们的专业知识得以实践，提高了我们的动手能力。老师们都很可爱，专业知识很丰富，使我受益匪浅。

3. 社会环境分析

（1）中国经济的快速增长，真正融入WTO后，更深更广地与世界接轨。

（2）人才竞争激烈，以后的企业更需要具有先进理念的T字形人才，以后企业更多的是要关注世界的变化，把握世界的脉搏。

（3）我国现在大学毕业生渐渐增多，而且需求量渐渐饱和，但技能性人员仍不足，竞争时代，实力为先，然而金融危机的冲击导致就业环境不佳。

4. 职业环境分析

市场营销类职位是人才市场需求榜上不落的冠军！有关统计数据推测："销售类职位依然是需求量最大的。"近乎所有高校都设置了营销类的专业，导致人才供给连年增加不断。从总体角度分析，具备良好沟通技巧和心态平和的年轻人就业形势将一直被看好。随着人才市场一步步趋于规范化、完善化，国内市场上无论是国有企业、民营企业还是外资企业，都站在同一起跑线上参与市场竞争——其核心就是营销人才的竞争。

四、职业定位

1. 职业目标

在外企或国企成为一名营销策划精英。

2. 职业的发展路径

从最底层销售做起到营销策划主管再到营销策划精英。

五、计划实施方案

（1）步入社会初期：2015—2016年在校期间，强化学习营销知识，考取有关营销证书和英语证书，抓住可利用的机会锻炼自己的知识应用能力和执行能力。实习期间，积极向前辈们学习，注重细节，不断提高自己的交际能力和口才，积累社会经验。

（2）立足社会：2016—2018年一边工作一边利用业余时间勤奋学习，吸取不同领域知识，进而继续深造。建立良好的交际圈，对于自己认为可以交往的人要保持联系；锻炼自己的创新能力，勇于探索，多问自己几个为什么；有想法大胆说出来，听取别人的意见及建议；积极参加更多有益的培训活动。

（3）长期计划：通过前几年的学习和工作经验的积累，深造考取工商管理MBA

提升自己的学历水准,用以获取更多更好的晋升机会。

六、评估调整

职业目标评估:拥有自己的策划团队,成为高层次的营销策划师。也许道路比较艰难,如果遇到很大的弯路,我会选择做和这个目标相似的工作坚持不懈,走自己的发展道路。

职业路径评估:总体大的方向不会改变,条件允许,我会选择更好的工作岗位,学习其他方面的知识充实并巩固自己的专业知识。

实施策略评估:实施策略可据现实条件适时调整,但总体上"就业—升本—择业—创业"的总策略不会改变。

七、结束语

通过职业生涯规划,我可以更清楚地认识自己,确立自己努力的方向和职业定位,但现实情况多变,我需要不定时地进行调整,在整个过程中,保持平稳和正常的心态,按照目标和理想有条不紊、循序渐进地努力。当然,计划虽好,最重要的还是具体的实践和所取得的成效。

(资料来源:学生优秀作业作品)

第三节　继续教育与终身学习

从维修工到大国工匠

刘云清,中车戚墅堰机车车辆工艺研究所有限公司首席技师,2018年全国五一劳动奖章获得者,被称作"设备名医",能诊治数控设备的各种"疑难杂症";也被叫作"技改大王",自主设计的数控珩磨机达到国际领先水平。

1996年,中专毕业的刘云清进入中车戚墅堰所当机修钳工,跟着老师傅学习维修数控机床。"干活就要用心。"他把师傅的话深深记在心中。晚饭后,他会到车间转转,琢磨机器的构造,思考维修中遇到的难题;睡觉前,他还一遍遍回想着各种工作细节。凭着这份对工作的痴迷,刘云清从机械维修工成长为全面系统掌握数控设备机械、电气、液压、软件等各方面故障维修的专家,并练就一身"医术":能从

嘈杂的轰鸣声中听出哪一台机器"生病了",并能准确判断"病因"所在。

2015年,当时国内功率最大的高铁制动设备一次锻压成型机出现故障,等德国的配件送达要1个多月,每天光设备折旧就要消耗5万元,还不包括生产上的损失。在对这台近5层楼高、有数万根光控制线路的设备进行检查后,刘云清很快分析出是电路板故障,仅用半天时间就解决了问题。

中车戚墅堰所有一台全国顶级的22000吨的一次锻压成型机,专门为高铁"复兴号"生产锻钢制动盘。作为厂里唯一全面掌握这台机器维修技术的专家,刘云清维修技术之高,远近闻名。一些外地企业遇到了相关维修难题,甚至也会打来电话咨询。其实,刘云清更厉害的,是能让老设备变新设备。两台诞生于20世纪80年代的国产磨床,本应属于淘汰序列,却因为国内外都买不到适合生产要求的设备,被当作难题交给了刘云清。一个微米,就是0.001毫米,面对这样的精度要求,刘云清沉下心来,摸透了每一个零件的偏差度,用了三四个月的时间,愣是把不可能变成了可能。让十几万的国产设备达到上百万的进口设备都无法达到的精度要求,这正是刘云清想要的结果。

刘云清一直有一个梦想:设计建造更多自动化、智能化的生产线,为客户定制最适合的系统解决方案,帮助更多企业生产出高品质的产品,打响中国"智能制造"的民族品牌。2018年,不愿安逸、不惧挑战的刘云清又开启了新征程,工作的重心开始从维修、研发向自动化生产线、智能化车间的搭建转移。因为其团队既是产品的开发者,也是使用者,能最精准地把握客户需求,目前已经有不少客户对刘云清自主研发的设备产生兴趣。

如今,中专学历的刘云清,手下却带着一批博士、硕士,他带领自主研发的设备直接创造经济效益超过1.5亿元。而这些,在刘云清看来,还只能算是跨出的小小一步,离梦想的实现还有很长的距离,他会继续脚踏实地的前进,让梦想早日成真。

(资料来源:澎湃新闻,2019-04-30)

讨论:你认为刘云清成功的因素有哪些?他的成功给了我们哪些启示?

现代社会的发展使人们对教育有了新的认识,小学教育和初中教育被称为一次性教育或基础教育。高职教育不再是教育终结的标志,而是继续学习的新起点。继续教育由于对象和内容的特殊性而形成了自己的特征。继续教育能够使专业技术人员经常保持专业的先进水平,能够提高专业人员的素质,能够改善专业队伍的结构,它是培养和造就高水平专业性人才的重要途径,它能把最新的科技成果和管理方法尽快地转化成现实的生产力;参加继续教育是高职生在专业方面取得更大的学术成果,接受更高层次教育的需要。有人称现代社会为"学历社会",在高职生越来越多的时代，社会对高学历人才的需求更为旺盛。参加继续教育是高职生适应社会对人才要求的必然。

一、继续教育

（一）继续教育的定义和含义

继续教育一般是指对高职毕业后的专业技术人员进行知识技能补缺、更新、拓宽和提高的一种追加教育，是高职教育的补缺、延伸和发展。继续教育的内容一般是新知识、新技术、新理论、新方法、新信息、新技能，学习的目的是更新补充知识、扩大视野、改善知识结构、提高创新能力，以适应科技发展、社会进步和本职工作的需要。

继续教育是人类社会发展到一定历史阶段出现的教育形态，是教育现代化的重要组成部分。它在社会发展过程中所起到的推动作用，特别是在形成全民学习、终身学习的学习型社会方面所起到的推动作用，越来越明显。

由于世界经济社会的发展对继续教育提出了更高的要求，继续教育在实践领域不断发展，研究范畴也在不断地扩大和深入，特别是终身教育思想已经为越来越多的人所接受，人们对继续教育在经济、社会中的地位、作用、方法等都有了初步认识和实践，继续教育科学研究也有了重大发展。

（二）继续教育的形式

高职毕业后学生参加继续教育的形式主要有职业岗位培训、升学深造等。升学深造主要通过"专升本"考试、成人高考、自学考试、远程网络教育、电视大学等途径参加专科升本科的教育。

（1）"专升本"考试是指从普通高校专科层次（高专和高职）应届毕业生中通过考试选拔部分优秀学生进入本科教育学习。近年来，专科教育已走出"本科压缩型"的老路，建立起"应用型""实用型"的人才培养模式。许多有识之士指出："技术应用型"本科教育应作为本科教育的一种类型，是专科与本科衔接的"切入点"。目前，一些省市已开展此项专升本试点工作。与自考、成人高考相区别，它是面向专科在校生或应届毕业生的。

（2）成人高考是成人高等学校招生全国统一考试的简称，是指全国各类成人高等学校举行的，以大学专科为起点的本科班招生考试，是一项检验考生是否具备大学专科毕业的合格水平，以及是否具有继续学习深造能力的水平考试。成人高考的招生学校是经教育部审定核准的广播电视大学、职工高等学校、职业技术学院、农民高等学校、管理干部学院、教育（教师进修）学院、独立设置的函授学院和普通高等学校所属的成（继）教院（以下统称成人高校）。考试分专科起点升本科（简称专升本)、高中起点升本科(简称高起本)和高中起点专科(高升专)三个层次。全国成人高等学校招生统一考试成人高等教育属国民教育系列，列入国家招生计划，国家承认学历。成人高等学校的学习形式有三种：脱产、函授、业余(包括半脱产、夜大学)。

（3）自学考试。高等教育自学考试是对自学者进行以学历为主的高等教育国家考试，是个人自学、社会助学和国家考试相结合的高等教育形式，是专升本的另一条重要途径。凡教育部备案承认其学历的专科毕业生、经考生所在地自学考试办公室承认学历资格后，可以继续报考相同、相关及不相关专业的本科，以取得国家承认的本科学历。

（4）远程网络教育是一种新兴的教育模式，自1999年以来，教育部批准如清华大学远程教育，对外经济贸易大学远程教育学院等68所普通高等学校开展现代远程教育试点工作，允许上述试点高校在校内开展网络教学工作的基础上，通过现代通信网络，开展学历教育和非学历教育。对达到本、专科毕业要求的学生，颁发高等教育学历证书，学历证书电子注册后，国家予以承认。

（5）电视大学。电大开放教育是相对于封闭教育而言的一种教育形式，基本特征为：以学生和学习为中心，取消和突破对学习者的限制和障碍。比如开放教育对入学者的年龄、职业、地区、学习资历等方面没有太多的限制，凡有志向学习者，具备一定文化基础的，不需参加入学考试，均可以申请入学；学生对课程选择和媒体使用有一定的自主权，在学习方式、学习进度、时间和地点等方面也可以由学生根据需要决定；在教学上采用多种媒体教材和现代信息技术手段；等等。

知识链接

继续教育是在20世纪30年代从美国发展起来的一个新的教育工程，称为CEE（Continuing Education Engineering），目的是对一些工程技术人员再次进行必要的培训，以便更快更好地适应迅速发展的生产需要，完成越来越难以掌握的新技术、新产业规定的任务。当时美国许多大学都设置了工程技术革命专题讲座和培训班。第二次世界大战后，特别是20世纪60年代以后，随着新技术革命的深入发展和终身学习教育思想的广泛传播，人们普遍地认识到继续教育工程的重要性，甚至有些国家开始利用政府的行政手段强有力地推动这一工程。英国政府多次提出要重新考虑教育和培训的作用。德国已经用法律的形式规定了继续教育工程的范围、对象、要求和方式。日本政府也提出：企业应该重视科技人员的知识更新，人才战略需要跨出一个误区：人才老化、人才知识陈旧、人才专业领域无发展、人才培训基地固步自封、人才继续教育工程盲目性和无效性。1962年，联合国教科文组织专门邀请各国专家成立了"继续教育工程国际专家工作组"，对各国继续教育工程的情况进行调查、分析、研讨和论证，并介绍和推广了先进经验。此后各国继续教育工程如日中天，所设置的继续教育组织和机构也如雨后春笋。例如，美国设有美国工程教育协会、美国工程技术认证委员会，其本科生、硕士和博士生毕业以后，必须通过国家级的相应证书考试，才能取得工程师、律师、医生、护士等从业资格。还有一系列专业资格认证，如美国财务会计认证（ICMA）、美国房地产协会的注册房地产投资师资格认证（CCIA）。再如，英国拥有一套国家资格证书框架，囊括了各种学术和职业资格。新加坡国立大学通过设立工程师活动中心这一公共组织实施对外短期课程、对内短期课程、特殊学生计划和研讨会等形式完成继续教育项目。菲律宾通过学术科研伦理教育和设立专门组织来推进工程道德建设，通过学术、科研伦理教育增强工程师对社会的责任感，通过设立机械工程师协会、民间工程学术机构、技术教育团体等专业组织推进工程伦理教育。这些机构和组织每年召开会议讨论工程伦理，并将与会论文出版发行。可见，当代继续教育已经发展成为以终身教育理念为指导的宽门类、多样化、灵活性地开展的包括准学历教育、大学后的继续教育、各类行业培训、各类专业培训的大众教育，已经成为社会化终身教育体系的重要组成部分。

终身教育思想的传播对继续教育研究的深入开展起着重大的推动作用。1970年法国教育学家保罗·郎格朗发表的《终身教育引论》一书和1972年国际教育发展委员会向联合国教科文组织提交的关于国际教育策略的研究报告（题目为《学会生存》）都提出了传统的学校教育体制必然为终身教育体制所代替，最终走向"学习化社会"的发展方向。这对继续教育、成人教育研究持久发展具有极为重要的意义。

（资料来源：百度百科）

二、培养终身学习的习惯

（一）终身学习的概念

我们所常说的"活到老学到老"或者"学无止境"其实就是终身学习。终身学习是社会每个成员为适应社会发展和实现个体发展的需要，贯穿于人的一生的，持续的学习过程。终身教育和终身学习提出后，各国普遍重视并积极实践。终身学习启示我们在学校学习过程中要养成主动的、不断探索的、自我更新的、学以致用的和优化知识的良好习惯。

（二）终身学习理论形成过程

终身学习的思想古已有之，儒家创始人孔子就是终身学习的倡导者和践行者，同样在日本，古代亦有"修业一生"的观念。20世纪70年代，联合国教科文组织第一次提出了终身教育的理念，"学会生存""终身教育""学习化社会"等观念传遍世界。1973年，美国卡耐基高等教育委员会出版了《迈向学习社会》一书，描述了学习社会的构想，解释了从传统学习向新的学习方式转变的原则。1979年，罗马俱乐部发表题为《学无止境》的研究报告，提出面向未来的"创新性学习"。1990年，世界全民教育大会通过《世界全民教育大会宣言——满足基本学习需要》，它告诉人们，人类社会命运共同体维系的基本前提是全体人民都能享受应有的教育。1994年，首届世界终身学习会议召开，提出了终身学习是21世纪的生存概念，认为人们如果没有终身学习的概念，就难以在21世纪生存，并将终身学习定义为：终身学习是通过一个不断支持的过程来发挥人的潜能，它激励并使人们有权利去获得他们终身所需要的全部知识、价值、技能和理解，并在任何任务、情况和环境中有信心、有创造性和愉快地应用它们。

1996年，联合国教科文组织发布了《学习：内在的财富》报告，提出了学习的四大支柱，即"学会认知""学会做事""学会共同生活"，以及"学会生存"，同时宣扬终身学习和学会学习理念。总之，人类文明已发展到了一个新的转折点，学习也从来没有像现在这样成为一个人最基本的生存能力，学习是我们每一个人乃至整个社会开启富裕之门的钥匙。

（二）终身学习的特点

1. 终身性

这是终身教育最大的特征。它突破了正规学校的框架，把教育看成是个人一生中连续不断的学习过程，是人们在一生中所受到的各种培养的总和，实现了从学前期到老年期的整个教育过程的统一。它包括了教育体系的各个阶段和各种形式。

2. 广泛性

终身教育既包括家庭教育、学校教育，也包括社会教育。可以说，它包括人的各个阶段，是一切时间、一切地点、一切场合和一切方面的教育。终身教育扩大了学习天地，为整个教育事业注入了新的活力。

3. 全民性

终身教育的全民性，是指接受终身教育的人，包括所有的人，不论男女老幼、贫富差别、种族性别。联合国教科文组织汉堡教育研究员达贝提出终身教育具有民主化的特色，反对教育知识为所谓的精英服务，应使具有多种能力的一般民众能平等获得教育机会。而事实上，当今社会中的每一个人，都要学会生存，而要学会生存就离不开终身教育，因为生存发展是时代的主流，会生存必须会学习，这是现代社会给每个人提出的新课题。

4. 灵活与实用性

终身教育具有灵活性，表现为任何需要学习的人，可以随时随地接受任何形式的教育。学习的时间、地点、内容、方式均由个人决定。人们可以根据自己的特点和需要选择最适合自己的学习。

（三）培养终身学习的习惯

有人说：播种一种态度，收获一种行为；播种一种习惯，收获一种命运。

1. 主动学习的习惯

主动学习，是指把学习当作一种发自内心的、反映个体需要的活动。它的对立面是被动学习，即把学习当作一项外来的、不得不接受的活动。主动学习的习惯主要包括六个方面的内涵：一是把学习当成自己的事情；二是对学习有如饥似渴的需要；三是能对自己的学习及时有效地进行评价；四是主动调节自己的学习行为，以适应不同的环境和需要；五是遇到困难坚持不懈；六是要正确对待别人的帮助。

2. 不断探索的习惯

不断探索，就是在未知的领域里，凭借自己的兴趣爱好、凭借自己的发现和寻找进行学习，多方寻求答案，解决疑问。首先，要对周围某些事物、现象，对听到和看到的观点、看法有浓厚的兴趣。其次，还需要不断丰富自己的信息资源。信息资源，既包括人的方面的资源，也包括知识方面的资源。

3. 自我更新的习惯

自我更新，就是不固守已经掌握的知识和形成的能力，从发展和提高的角度，对自己的知识、认识和能力不断地进行完善。培养自我更新习惯可从以下几方面入手：要让自己心态开放；培养对新事物、新现象的敏感性；要善于进行反思；要进行自我更新；虚心；重视别人的意见，主动纳言。

4. 学以致用的习惯

常常听到有学生抱怨学校里学的东西没有用，果真如此吗？学不致用，当然无用；学以致用，自然会有用。在我国现阶段的学校教学中，可能由于种种原因，教师并不能经常引导学生把刚刚学到的知识与生活实践联系起来，很少给学生出一些生活类的题目，把一段时期学习的某个专题，甚至多种学科的多个专题的知识结合起来，进行综合运用。"学以致用"的精髓，一方面在于把间接的经验和知识还原为活的有实用价值的知识。这个还原的过程需要有一双敏锐的眼睛和一颗始终思考的

心灵。而始终思考的心灵，则让人们不断去发现现象背后隐藏的规律；另一方面在于动手。理论上行得通的东西，在实践中做起来可能远远比想象的复杂得多。

对于技术性的工作，最优秀的往往不是学历高的人，而是有操作倾向、操作能力和操作经验的人，培养学以致用的习惯，可从以下几方面入手：首先，要经常观察和思考。观察和思考是一切智慧的源泉。现象和规律都是客观地存在着，就像苹果园里的苹果年年都会往下掉，被砸中的人也不计其数，却只有牛顿因此发现了万有引力定律，这就是观察和思考的效果。可以说，几乎所有的发现都来源于细心的观察和思考。其次，要学会"做"。"做"是这一习惯的核心，我们要不断动手去做实验，验证自己的想法和提出的观点。

5. 优化知识的习惯

在知识社会里，信息浩如烟海，会游泳者生，不会游泳者亡。这里的"游泳"就是指管理知识与处理信息。可以肯定地说，21世纪最重要的学习能力就是学会管理知识和处理信息。具体来说，个体不可能也不需要记住所有的知识，但他可以知道去哪里找自己需要的知识，并且能够迅捷地找到；个体不可能也不需要了解所有的信息，但他可以知道最重要的信息是什么，并且明确自己该怎么行动。

优化知识习惯的内涵。首先，科学管理知识和处理信息，要学会反思。中国之所以有改革开放的巨变，得益于对历史与现实的反思。人类之所以向往和平与发展并越来越重视环境保护，也得益于对历史与现实的反思。具体到每一个人的真正进步，无不得益于对过去的反思。所以说，人之所以为人，反思是特别重要的特点之一。其次，科学管理知识和处理信息，要学会有效地利用计算机和网络，同时要在了解的基础上避免对计算机和网络的不良运用。

培养优化知识习惯的要点如下：

（1）要多思考。做错了题或写错了字，要自己主动思考，而不是急于去向教师、父母和同学问正确答案。因为学习是一个"悟"的过程，而"悟"是别人替代不了的。做完了作业，首先要自己检查，自己反思总结。

（2）要多复习。读书学习有一个把书变薄再变厚的过程，即读完厚厚的书或学完长长的课，经过反思会悟出最重要的知识，这就是把书由厚变薄。抓住最紧要的东西，加以联想、引申、升华，薄薄的东西便逐步加厚，又成为一本厚书。但是，这已经不是原来的书，而是学习者个人独创的书。

（3）要多动笔。俗话说："好记性不如烂笔头。"由于写作往往比讲话更深刻、更严谨，多动笔便成为反思的基本方法之一。譬如，写日记、写读书笔记等方法，值得大力提倡，这对自己的成长有特殊意义。每个人的成长过程都是自我意识发展的过程，是个人与社会互动的过程，必定伴随着酸甜苦辣，而这些都需要自己去一一品味。

（4）有效利用互联网。计算机和互联网有如此大的作用和影响，我们要学会健康有效地利用互联网。

经典案例

中职生率200博硕本科生创业，年营收过亿元

进入技校学习对李振全来说是偶然也是必然。1991年，李振全在哈尔滨一家国营单位工作。一个偶然的机会，他陪一位亲戚的孩子到深圳技师学院报考卡通动画专业，在学校教师的介绍下，李振全作出了一个大胆的决定，毅然从公司辞职，以29岁的"高龄"进入深圳技师学院脱产学习卡通动画专业，成了校园里年龄最大的学生。毕业后，李振全认为，自己年龄太大，如果进入大公司与更年轻的毕业生熬加班拼技术，并没有优势，而自己的优势是社会阅历较为丰富，有一些创业和管理经验。于是，他开启了艰辛的创业之路。公司创立于2004年，公司创始人李振全等6名高管均是深圳技师学院设计学院的毕业生。近年来，许多国内外名牌大学的研究生、本科生纷纷加盟，员工人数突破200人，员工学历构成包含博士、硕士、本科等各类学历制人才。如今，李振全的广告公司年营业额接近1亿元，已成长为全球顶尖交互展示提供商，拥有数十项专利及软件著作权，是国家高新技术企业、国家一级广告企业，长期提供优秀展览展厅综合解决方案、数字多媒体和创新互动体验的全方位服务交互展示，并成为华为公司多媒体展览展会广告领域最大的供应商。

（资料来源：《南方都市报》，2020-01-18）

上述案例中作为"过来人"，李振全建议那些刚毕业的学生，清晰地思考、了解自己的短板和长处，找准自己的定位，"技能类人才要务实，像一个工匠不断地去磨炼，把一件事做到极致"。另外，他还提醒在校生们要积极学习，提升学习能力和创新意识。对于当今这个高速发展的社会，唯有不断地学习才是应对未来变化最好的方法。

（四）终身学习是实现劳动者价值的需要

1. 终身学习是职业生存的需要

以往，一个人只要在学校学好一门专业，就可以一辈子当专家；学会一种技术和手艺，就可以受用终身。可是随着现代科学技术的发展，许多行业已不再是代代相承、永远不变。尤其是信息技术的迅猛发展，对人们的生活方式、学习方式产生了重要的影响，终身学习的重要性也越来越明显。"只有终身学习，终身受教育，才能终身就业"，终身学习已经成为现代劳动力市场的一条基本规律。

2. 终身学习是被尊重的需要

劳动者想要受人尊重，首先得有一定的学识，具备较高的素质。而学习是获得

这些的前提和必要条件。学习是人类生存和发展的重要手段，终身学习是个体自身发展的必由之路。"活到老，学到老"是每个人应有的学习观。如果个体不能经常更新知识结构，不能对新知识、新技能保持好奇与敏锐，就有可能落后于时代的脚步，成为别人眼里的"老古董"，甚至被职场和社会淘汰。

3. 终身学习是提高幸福感的需要

幸福感是一种心理体验，它既是对生活的客观条件和所处状态的一种事实判断，又是对生活的主观意义和满足程度的一种价值判断。它是在生活满意度基础上产生的一种积极心理体验。而幸福感指数，就是衡量这种感受具体程度的主观指标数值。终身职业学习可使个体紧跟时代的脚步，获得社会的认可，个人的认识有所提高，职场发展顺利，因此，个人生活的满意度也会随之提升，从而提升幸福指数。从对幸福感的影响因素的分析中不难发现，就业状况、收入水平、教育程度等因素起着至关重要的作用，而这些因素无不可以通过终身职业学习去获得。对于个体来说，只有通过自己的刻苦努力，坚持不断地学习和实践，才能紧扣时代的脉搏，跟上时代的步伐，进而才可能拥有较好的职业和收入，职业幸福指数才能提升。

4. 终身职业学习是适应社会和实现个人梦想的必然要求

学习是人类生存和发展的重要手段，要想更好地适应社会，驰骋职场，终身职业学习是必由之路。21世纪是"知识爆炸"的时代，知识老化加速，职工更替频繁，社会变化急剧，任何人都不可能拥有足以应对社会发展的知识。因此，必须通过学习，不断丰富自己。通过终身学习，可以促进自己的学识、能力和素质的全面发展，提升个人的社会竞争力，适应飞速发展的社会，进而实现个人梦想。

1. 为自己设计制订一个详尽的大学学业生涯规划并付诸实施。
2. 为自己设计制订一个详尽具体的职业生涯规划。

请扫描右侧二维码获得更多资源

请扫描右侧二维码获得更多资源

欢迎登录"爱习课专业版App"查阅

第八章　工匠精神的理解与培育

在推进高等职业教育高质量发展中，把发展高等职业教育作为优化高等教育结构和培养大国工匠、能工巧匠的重要方式，使城乡新增劳动力更多地接受高等教育。办好职业教育活动周和世界青年技能日宣传活动，深入开展"大国工匠进校园""劳模进校园""优秀职校生校园分享"等活动，宣传展示大国工匠、能工巧匠和高素质劳动者的事迹和形象，培育和传承好工匠精神。

——2019年2月13日，国务院印发《国家职业教育改革实施方案》

素质目标

丰富发展工匠精神，加入"中国工匠"队伍，助力"中国品牌"，推动中国经济发展。

能力目标

1. 能结合自身专业特长培育和传承好工匠精神。
2. 探索大国工匠、能工巧匠的重要方式。

知识目标

1. 了解工匠精神的时代特征。
2. 掌握工匠精神的内涵。
3. 掌握工匠精神的核心要素。
4. 掌握工匠精神的培育方法。

第一节　工匠精神的时代特征

天工"样式雷"：从普通工匠到皇家首席建筑师

"样式雷"现在很多人可能没听说过它，但在清朝，这个词是非常出名的。清廷设有样式房，负责建筑、服装和各类器物的设计制作，有点儿相当于我们现在的建筑设计院。雷家多年担任样式房的掌案头目人，因此被尊称为"样式雷"。

从康熙时起，"样式雷"7代10人先后主持皇家建筑设计，故宫、天坛（图8-1）、颐和园、承德避暑山庄、清东陵和清西陵这些大家耳熟能详的名胜古迹均出自他们的手笔，这6项建筑已入选世界文化遗产名录。

图8-1　北京天坛

还有圆明园、香山静明园、玉泉山静宜园、三海、恭王府等如今一大批全国重点文物保护单位，甚至我们现在国务院的办公地点中南海、毛泽东住过的菊香书屋、周恩来住过的西花厅，也由他们设计建造。2007 年 6 月，清代"样式雷"建筑图档，入选联合国《世界记忆名录》，这是中国迄今为止获得的第五项世界记忆遗产项目。

一个建筑世家与这样多的世界文化遗产密切相关，这在世界建筑史上是绝无仅有的。

讨论：雷氏家族凭借什么成了皇家御用首席建筑设计师？

从雷氏家族的身上我们可以看出，工匠绝不是简单的工作者，他们有技术、有思想，他们的作品是工具与巧思的综合，是技术与艺术的融合，是思想与审美的契合，是理想与现实的结合，更是个人价值与社会价值的统一，而凝结于其中的最宝贵的品质，就是工匠身上的精神——工匠精神。那什么是工匠精神呢？

一、工匠精神的本质内涵

（一）工匠精神的基本概念

工匠精神是指凝结在从业人员身上，体现在其作品当中的价值取向和行为追求。它是一种职业精神，是职业道德、职业能力、职业品质的体现。

（二）工匠精神的本质内涵

我们可以从价值和行为两个方面来理解工匠精神的内涵。

1. 从价值层面来看，工匠精神追求的是德、艺、器的统一

宋末元初著名的棉纺织家黄道婆的行为所体现的就是德、艺、器相统一的工匠精神。元贞年间，她将在崖州学到的纺织技术进行改革，制成一套扦、弹、纺、织工具，提高了纺纱效率。在织造方面，她用错纱、配色、综线、花工艺技术，织制出有名的乌泥泾被，推动了松江一带棉纺织技术和棉纺织业的发展。黄道婆由于传授先进的纺织技术以及推广先进的纺织工具而受到百姓的敬仰，在清代的时候，被尊为布业的始祖。黄道婆传授技艺造福百姓是德，先进的纺织技术和工具是艺，乌泥泾被是器，可见工匠精神追求的是德、艺、器的统一。

2. 从行为层面来看，工匠精神追求的是知、行、意的统一

（1）工匠们需要学习专业理论和前沿知识。中国古代拥有大批能工巧匠，如铸剑精妙的欧冶子、精于雕刻细小之物的王叔远等，他们在制造一件件巧夺天工的作品之前，就必须学习掌握专业理论和知识。

（2）在实践过程中工匠们通过不断琢磨，将知识内化到技能中。创造的过程实质上是"知—行—知"这样一个循环往复的过程。它需要经验的积累、技术的磨合、反复的思考和总结，没有长期的实践是很难实现的。

（3）我们要获得成功必须以意志力作保证。孟子有云："天将降大任于斯人也，必先苦其心志，劳其筋骨，饿其体肤，空乏其身……生动地说明了意志力的重要性。要想实现自己的理想，达到自己的目的，必须具有坚强的意志、顽强的精神，克服前进道路上的一切困难。

因此，工匠精神是德、艺、器的统一，也是知、行、意的统一。

（三）工匠精神的提出背景

工匠精神，2016年两会期间，李克强总理在政府工作报告中强调要"培育精益求精的工匠精神"。"工匠精神"一词曾一度淡出人们的视野，首次被写入政府工作报告后瞬间红遍大江南北，各行各业纷纷打造匠心，培养工匠精神。

2017年，在全国瞩目的十九大报告中，习总书记号召"建设知识型、技能型、创新型劳动者大军，弘扬劳模精神和工匠精神，营造劳动光荣的社会风尚和精益求精的敬业风气"。

为了更好地促进技术进步，改进产品质量，2017年11月，第十二届全国人民代表大会常务委员会第三十次会议修订了《中华人民共和国标准化法》，规范了农业、工业、服务业以及社会事业等领域统一的技术要求。

2018年4月10日，习近平主席在博鳌亚洲论坛年会开幕式的主旨演讲中宣布，我国政府将加强知识产权保护，重新组建国家知识产权局。习主席的讲话体现出了只有尊重工匠大师们的知识，才能够培育真正的工匠精神的理念。

2018年，《国务院关于推行终身职业技能培训制度的意见》（国发〔2018〕11号），提出"强化工匠精神和职业素质培育"并明确由人力资源社会保障部、教育部等九部门负责落实该项工作。

二、工匠精神的时代特征

 知识链接

新时代，为何呼唤大国工匠？

"天下大事，必作于细。"执着专注、精益求精、一丝不苟、追求卓越的工匠精神，既是中华民族工匠技艺世代传承的价值理念，也是我们开启新征程，从制造业大国迈向制造业强国的时代需要。

2021年4月27日，全国总工会召开大会庆祝"五一"国际劳动节，表彰2891

个集体和个人。记者了解到，今年的表彰注重推荐产业工人特别是高技能人才，363 名高技能人才获得 2021 年度全国五一劳动奖章。

人生在勤，勤则不匮。习近平总书记一直关心劳模、关爱劳动者，对弘扬工匠精神的倡导和要求一以贯之。

不久前，他对职业教育工作作出重要指示强调，要加快构建现代职业教育体系，培养更多高素质技术技能人才、能工巧匠、大国工匠。

新时期，产业工人有了新使命。

"在工厂车间，就要弘扬'工匠精神'，精心打磨每一个零部件，生产优质的产品。" 2016 年 4 月，习近平总书记在安徽合肥主持召开知识分子、劳动模范、青年代表座谈会并发表重要讲话时这样强调。此后，他又在多个场合提及高技能人才、大国工匠、工匠精神，明确"当代工人不仅要有力量，还要有智慧、有技术，能发明、会创新"。

对工人的新要求多次体现在治国安邦的文件中。2016 年，政府工作报告首次提到工匠精神。2017 年印发的《新时期产业工人队伍建设改革方案》明确指出，造就一支有理想、守信念、懂技术、会创新、敢担当、讲奉献的宏大的产业工人队伍。党的十九大报告指出，建设知识型、技能型、创新型劳动者大军，弘扬劳模精神和工匠精神。2020 年，十九届五中全会《中共中央关于制定国民经济和社会发展第十四个五年规划和二〇三五年远景目标的建议》指出，实施知识更新工程、技能提升行动，壮大高水平工程师和高技能人才队伍。

现实中，产业工人绽放光芒的舞台愈加广阔。从更多的中国技工参加世界技能大赛到各类技能赛事和培训遍地开花，从深化职业教育改革到加大对技能人才的奖励表彰，时代呼唤更多的高技能人才、能工巧匠、大国工匠。

推动经济转型升级，大国工匠是重要助力。

高凤林，如今已是首都航天机械有限公司特种熔融焊接工、高级技师、全国总工会副主席（兼），曾先后攻克航天焊接领域内 200 多项难关。

十几年前，由 16 个国家和地区参与的 AMS-02 探测器项目遇到制造难题——焊接导致装备变形，诺贝尔奖得主丁肇中邀请高凤林解决，后者凭借精湛焊接技艺解决了这项国际难题。回首中国航天事业的发展历程，一大批像高凤林一样的工人在关键制造工艺中取得突破。

高凤林告诉科技日报记者："要改变技术受制于人或落后于人的现状，要加强创新研究，也要提升产业工人队伍素质，培养更多大国工匠。"

然而，近年来我国技能型人才难求。2019 年统计数据显示，中国技能型人才缺口约 2000 万人。与此同时，虽然我国已成为全世界唯一拥有联合国产业分类中所列全部工业门类的国家，但制造业在全球价值链中仍处于中低端。

在高凤林看来，技术工人总量短缺，高技能人才匮乏，是制造大国转型为制造强国面临的痛点。

党的十九大报告指出,我国经济已由高速增长阶段转向高质量发展阶段。这意味着,支撑发展的要素条件随之发生了变化。

"中国经济要迈上中高端,劳动者的职业技能首先要迈上中高端。"中华全国总工会研究室主任吕国泉在接受科技日报记者采访时说,我国劳动年龄人口占比进入下降阶段,劳动力成本优势逐渐减弱,经济发展要从"向人口要红利"转为"向人才要红利"。

吕国泉表示:"再雄厚的资本必须由人来变成生产力,再先进的技术需要劳动者付诸实践才能落地。技能人才买不来,必须自己培养。大国工匠是技能人才的佼佼者,发挥他们的引领示范作用能促进领域内整体技术水平的提升。"

塑造良好社会风尚,工匠精神不可或缺。

培养大国工匠是否有数量指标可参考?吕国泉认为,追求数量有失片面。"'大国工匠'还没有统一的明确定义。我们认为,面向行业内,大国工匠要在技术上出类拔萃;面向全社会,大国工匠要在精神上起模范作用。"

高凤林持有类似看法:"'顶天立地'是为'工','利器入门'是为'匠'。工匠要有塑造产品品质的卓越技能,也要有精进、专注的良好风貌。"

"技艺高超但精神风貌差,不能称为大国工匠;精神风貌好但技不能服人,也不能称为大国工匠。"吕国泉认为,"术"和"道"统一才能构成完整的大国工匠形象。

为此,不仅要呼吁培养更多大国工匠,还要弘扬工匠精神、厚植工匠文化。"让大国工匠激励各行各业的人爱岗敬业、不断磨炼、改变浮躁心态。"高凤林说。

吕国泉称,经济发展需要大国工匠的高超技艺,社会进步需要弘扬"执着专注、精益求精、一丝不苟、追求卓越"的工匠精神。"工匠精神有助于塑造良好的社会风尚,这种影响更广泛、更久远。进入新发展阶段,实施'十四五'规划期间,在两个百年历史交汇点,弘扬工匠精神具有重要意义。"

"弘扬工匠精神也有利于全社会形成热爱劳动的氛围。视劳动为光荣、以社会进步为己任,这才是国家发展的原动力,也是和平年代个人追求幸福生活的前提。"高凤林说。

(资料来源:中国经济网,2021-04-28)

讨论: 新时代,工匠精神有哪些时代特征?

(一)工匠精神的继承发扬与学习借鉴

在中国,"工匠"一词最早出现在春秋战国时期,即在社会分工中开始独立存在专门从事手工业的群体后才出现的，此时工匠主要代指从事木匠的群体。随着历史的发展，东汉时期工匠一词的含义已经基本覆盖全体的手工业者。

中国古代工匠精神包括以下特点：首先，创新精神。美丽的丝绸、精美的陶瓷，以及数不清的发明创造，无不体现着古代中国工匠无与伦比的智慧和对完美的不懈追求。其次，精益求精的职业态度。庖丁解牛、运斤成风、百炼成钢……这些耳熟能详的成语，不仅是对中国古代工匠出神入化技艺的真实写照，也是对他们精益求精、追求卓越职业态度的由衷赞美。最后，敬业精神。中国传统十分强调"敬"这一观念。对于古代工匠群体而言，他们十分尊敬自己从事的职业劳动，因此形成了内涵十分丰富的"敬业"观念。

正是因为根植于中华传统的丰厚土壤之中，新时代中国工匠精神才具有鲜明的民族性。中国传统工匠精神中那种德艺兼修、物我合一的境界，始终为新时代中国工匠精神提供着源源不竭的动力。

工业化时代生产的特点是标准化和通用化，因此，工业化时代更多地强调工人对标准和规范的遵循和坚守。而在信息化时代，随着互联网技术的发展，满足消费者个性化需求的定制服务成为可能。这一变化强调了为满足个性化需求而进行的创新和创造。

为适应工业化和信息化的需要，保持产品在国际上强大的竞争力，西方发达国家非常重视对工匠精神的培育和坚守。例如，"德国制造"之所以具有强大的优势，一方面在于他们对产品质量的追求已经成为一种文化，另一方面在于德国对职业技术教育的重视。又如，日本的"匠人精神"是从国家高层到民间都在提倡的一种精神，其精髓在于"踏踏实实，干一行爱一行的敬业精神"，这种精神正是许多日本企业延续百年的不二法门。

西方国家是工业化和信息化的领跑者，也是近代以来中国学习的榜样。时至今日，西方国家工匠精神中很多先进的理念、制度、文化仍然是我们需要学习的。

（二）为满足对高素质产业工人队伍的需要而产生

在新时代提倡工匠精神，不仅具有强烈的时代意义，同时也有其深刻的历史必然性。

首先，弘扬工匠精神，是为了造就一支宏大的产业工人队伍，以满足我国建设现代化强国目标的需要。党的十八大提出了实现"两个一百年"的奋斗目标，要实现这一目标，必须推动我国由制造大国向制造强国的转变，实现从中国制造到中国创造的跨越。而要完成这一目标，急需造就一支有理想、守信念、懂技术、会创新、敢担当、讲奉献的宏大的产业工人队伍，而要切实推进产业工人队伍建设改革，必须大力弘扬工匠精神。

其次，弘扬工匠精神，是适应国际竞争，推动中国制造走出去的需要。近年来，许多国家提出了各种具有前瞻性的发展战略，我们必须加快经济发展方式转型和产业结构升级，只有这样才能在激烈的国际竞争中站稳脚跟，才能推动我国企业走出去。因此，大力弘扬工匠精神，培育出大批大国工匠，全面提升职工素质，已成为当务之急。

最后，弘扬工匠精神，是满足个性化、定制化生产的需要。当前，我国正经历着从工业化向信息化时代的转变。飞速发展的互联网、大数据、物联网、人工智能技术，正改变着人们的生产方式和生活方式。与千篇一律的工业化生产不同的是，如何满足消费者个性化和定制化需求，已经成为企业竞争的新蓝海。因此，随着信息化时代的到来，重提工匠精神，也就具有了某种历史必然性。

（三）与劳模精神、劳动精神构成有机整体

《新时期产业工人队伍建设改革方案》提出，大力弘扬劳模精神、劳动精神、工匠精神。这说明，在劳动精神、劳模精神、工匠精神之间存在着极强的关联性，三者相互补充，相互支撑，构成了一个有机整体。

在马克思、恩格斯看来，劳动之所以光荣，是因为劳动创造了人，劳动创造了历史，劳动创造了价值，劳动创造了世界。在社会主义制度下，由于消除了劳动的异化现象，劳动才能真正放射出"太阳"般的光辉，"劳动最光荣、劳动最崇高、劳动最伟大、劳动最美丽"才能真正成为现实。从这个意义上说，劳动精神是位于哲学层面的，它是支撑劳模精神、工匠精神的理论基础。无论是劳模精神，还是工匠精神，都是基于劳动光荣的理念而产生的，是劳动精神在社会主义制度下的不同实现形式。

就劳模精神与工匠精神的关系而言，劳模精神的主体是劳模，工匠精神的主体是职工。二者之间既有联系，又有区别。一方面，和工匠精神相比，劳模精神是一种高层次的道德追求。劳模精神除了强调卓越的技能，同时还强调高尚的道德情操，劳模精神作为时代精神的一种体现，对全社会起到了引领作用。工匠精神更多地强调技术上精益求精，它是对广大职工的一种时代要求，更强调职工的个体完善。另一方面，弘扬劳模精神和工匠精神，都是为了全面提高广大职工素质，加快建设一支知识型、技能型、创新型产业工人队伍，为建设社会主义现代化强国充分发挥工人阶级主力军作用。

总之，要发挥好新时代中国工匠精神的作用，必须处理好劳模精神、劳动精神、工匠精神的关系，使三者的作用得以充分发挥，从而在全社会形成尊重劳动、尊重劳模、尊重工匠的良好氛围，为决胜全面建成小康社会，夺取新时代中国特色社会主义伟大胜利贡献更大的力量。

第二节 工匠精神的核心要素

大国工匠

2015年"五一"开始,央视新闻推出系列节目《大国工匠》。这一系列节目讲述了不同岗位劳动者用自己的灵巧双手,匠心筑梦的故事。

大术无极:坦克集群,在辽阔的大地上风驰电掣,一往无前,现在中国的坦克制造能力已经跻身世界第一方阵了。装甲是坦克的第一要件。中国兵器工业集团首席焊工卢仁峰的工作就是负责把坦克的各种装甲钢板连缀为一体。这个左手残疾,仅靠右手练就一身电焊绝活的焊接工人,其手工电弧焊单面焊双面成型技术堪称一绝。

大艺法古:"薄如蝉翼洁如雪",这是宣纸工艺的至高境界。为了让极品宣纸再现于世,毛胜利依循古法,采用更为传统的擦焙方式,终再续传奇。孟剑锋依照古錾子上得到的启示路径,在厚度只有0.6毫米的银片上錾出细致的纺织纹理,以假乱真。王津参悟古法,谨遵先人教诲,终于让历史瑰宝"铜镀金乐箱水法双马驮钟"扫尽尘封,再度惊艳于世。

大工传世:地宫出土的古代织物,一触即碎,入水就溶,是王亚蓉用绝学复织还原,让丝绸文化代代传承;汝瓷被视为中国瓷器烧制技艺的巅峰,曾绝迹800年,是朱文立使珍品瓷重现于世;李仁清利用拓印技术让历史经典变得灵动可亲。

大技贵精:心细如发,探手轻柔,李峰高倍显微镜下手工精磨刀具,5微米的公差也要"执拗"返工;心有精诚,手有精艺,顾秋亮仅凭一双手捏捻搓摸,便可精准感知细如发丝的钢板厚度;蒙眼插线,穿插自如,李刚方寸之间也能插接百条线路,成就领跑世界的"中国制造"。

(资料来源:央视新闻,2016-10-06)

讨论:工匠精神有哪些核心因素?

一、敬业乐业

（一）什么是敬业乐业

敬业是指一个人用恭敬严肃的态度来对待自己的工作，勤勤恳恳，兢兢业业，忠于职守，尽职尽责。"衣带渐宽终不悔，为伊消得人憔悴"，是我们追求的敬业境界。敬业是对工作的尊重，是一个人在平凡岗位上做出不平凡事业的重要保证。

乐业是指一个人用热爱痴迷的态度来对待自己的工作，如痴如醉、日思夜梦。"知之者不如好之者，好之者不如乐之者"，是我们追求的乐业境界。乐业是对工作的热爱，以至于痴迷，之后自然形成的习惯，是一种出于自然，无须刻意追求而又乐在其中的状态。

（二）如何做到敬业乐业

首先，树立崇高的职业理想。职业理想源于现实又超越现实，是个体人生观、价值观和世界观的集中展现，是个体对自己未来所从事的专业和职业类别的向往和追求，包括个体对未来的工作性质、工作类型、工作部门、工作地域与职业发展目标的设计与规划，以及个体想要获得的职业成就。只有坚定了自己的职业理想，个体的生活理想、道德理想和社会理想才能有序地实现。我们在确立职业理想的时候，要依据个人条件，更要符合社会发展的要求。

其次，培养积极的职业情感。职业情感，即人们对自己所从事职业所具有的稳定的态度和情绪体验。如果个人有强烈的稳定的职业情感，那么职业就会变成事业。积极的职业情感是工匠精神的重要组成部分。积极的职业情感能够促进工作水平的提高，产生良好的职业成就感和效能感，形成良好的人际关系，产生积极的社会价值，从而更加认可、接纳、热爱职业。如果在工作中没有情感或者缺少职业情感，工作和日常生活将变得毫无生气、缺乏内在价值、空虚乏味而又充满功利心。

最后，确立坚定的职业信念。职业信念是指个体在职业生涯中认为可以确信并愿意作为自身行动指南的认识或看法。职业信念一旦确立，就会给人的心理活动带来深远的影响，它决定着一个人行动的原则性。只有确立坚定的职业信念，才能激发敬业乐业的行为，增强工作的强烈责任感与使命感，在工作中践行工匠精神。

经典案例

热爱专业　实践提升——践行工匠精神

叶磊，男，汉族，共青团员，就读于襄阳职业技术学院汽车检测与维修专业1401班。2014年获得学校"特等奖学金""国家励志奖学金"；2015年获得全国大学生方程式（FSC）大赛三等奖；担任湖北省级创客空间"襄职汽车人"学生负责人；2016年获得"国家奖学金"和学校"三好学生标兵"称号，全国大学生方程式（FSC）大赛二等奖，如图8-2所示。

图8-2　叶磊参加2016年全国大学生方程式（FSC）大赛并获得二等奖

热爱专业，学习第一

2014年踏进大学校门时，家人曾对他说，在大学里有两件事情要做好：一是学专业，二是学做人。作为学生，他认为首先要做好的是学习，学习是每一位学生的天职，在学习的基础上去发展自己，完善自己，意义会更大。

叶磊酷爱自己所学的专业，进入大学后，他就制定了明确的学习计划与目标。他坚持高效听好每一堂课，凡事有计划的推进而不是盲目的打拼，给自己施加学习是享受的意念，课后积极复习，不仅仅满足课本知识，更注重拓宽专业视野，深入图书馆学习和了解专业前沿知识和研究领域。经过持之以恒的不懈努力，他的学习成绩一直排在全校前5%，专业排名第一。在大学二年级，他一次性通过了CET-3的考试；获得了"汽车修理工三级/高级技能"职业资格证书；能够熟练操作AutoCAD、UG工程制图软件。

触类旁通，在实践中提升

2015年，叶磊由于专业功底扎实，被学校选拔进入全国大学生方程式赛车（FSC）队员。初入赛车队，他便被学校车房中一辆辆"退役"赛车所吸引，上届队员在赛场的场景仿佛出现眼前，虽然高手如云，但他们并不畏惧。于是他当下立志：一定要通过自己的努力，在比赛中取得名次。

伴随着强烈的学习欲望，他开始扎根于车房，一连10个月没有好好休息。暑假期间，叶磊主动放弃暑期工和回家休息的时间，作为新队员在赛车队进行赛车的研制。虽然从未有车辆制作、赛车设计、机加工等方面的经验，但是他有着浓厚的兴

趣。新的知识和新的领域让叶磊每时每刻都兴奋着,仿佛有用不完的力气,对于赛车队的所有工作他都是积极承担,毫无怨言,其主动性在全车队成为标杆,超强的学习能力和实践能力,让叶磊渐渐成为车队的核心人物。赛车队经常加班到凌晨两三点,最后关灯的一定是叶磊;赛车出现故障,在赛道抛锚的时候,第一个赶到现场的救援人员是叶磊。在赛车技术出现瓶颈,赛车研制进度停滞不前的时候,第一个提出解决办法的也是叶磊,有时为解决一个参数问题,他甚至在一夜时间能把发动机拆装两遍,直到把问题解决。

2015年方程式赛车在测试阶段,发动机的匹配出现严重错误,造成发动机拉缸、拉瓦等重大故障,发动机的调校方面陷入技术泥潭。当时的叶磊作为新队员看在眼里急在心里,他在图书馆查阅大量资料,研究国内外发动机调校的论文,向东风乘用车公司的企业专家多方请教,正是凭借着这股"钻"劲,他的专业知识面得到了快速拓宽,他不再满足于教条式的实践锻炼,慢慢开始对技术研发和改进产生了浓厚的兴趣。

善于创新　专于执行

2016年,叶磊担任襄阳职业技术学院方程式赛车队队长,带领全体队员再次出征。准备工作,在2015年的冬天就开始了。作为队长,叶磊的压力是巨大的,他要学习和思考的事情比普通队员更多,所要承担的责任更大、花费的时间与精力也更多。为了提高工作效率,叶磊把车队队员分成了发动机组、车身组、底盘传动组、电器电子组以及新闻活动策划,大家各司其职。然后他就一头扎进了车身设计工作,借助CAD、UG、ANSYS、CATIA等一些设计软件,开始了设计创新之旅。设计创新工作是烦琐复杂的,对人的专业技能是一大考验。

为了保证各个部门的设计思路方向正确,衔接进度匹配,每隔一段时间,叶磊召集各小组开会,围绕比赛要求反复讨论,完全根据大赛对各项指标的严格要求,制定下一步工作计划。就这样,叶磊告别了双休日的消遣,告别了大小假期的团聚,告别了无尽惬意的暑假,一直持续到了2016年9月。

其间,叶磊考虑到2015赛季中曾经出现的四轮同时抱不死且跑偏的制动缺陷、排气噪声过大的问题,大胆创新,对制动部分和排气部分进行了改进和调整。考虑到设计误差的不可避免性,他充分地利用轮辋的空间优势,对制动系统做了全新的设计,采用了制动反映时间更短、制动效能更佳的浮动式制动盘,并在理论基础上增加了制动盘的尺寸,减小设计误差,大胆选用了占用空间更小的 ap – racing – cp7855 – cylinder – assembly 立式制动主缸、wilwood GP 200 对向双活塞制动卡钳、耐温耐腐蚀高性能碳纤维钢喉制动油管。最终成功地在2016赛季制动测试中一举通过了制动测试,达到车检标准。

排气的噪声一直是大多数车队很难完美解决的问题,严重时可以影响到发动机的动力性能,叶磊在翻阅了很多书籍后发现日常生活中的私家车在噪声的处理上采用的是两级降噪,他的脑海里不断闪现着两极降噪在赛车上运用的可能。于是他通过 GT-power 模拟分析软件,对设计的排气进行模拟分析并不断优化设计,直到达到理论要求,最后再制作出实物进行实验。他最终采用了双排气串联的排气方式,有效地将排气噪声降到规则合理范围内。因排气管与消音塞的工作原理不同,串联一个排气管所产生的排气阻力远小于使用消音塞所产生的排气阻力,这大大提高了发动机的动力性能。

最终不辱使命,在队长叶磊的带领下,团结的付出使这个团队十分顺利地完成了所有比赛项目,获得了 2016 年全国大学生方程式(FSC)大赛二等奖,并以 4.51 秒的优异成绩获得直线加速项目所有参赛高职组第一名。(图 8-3)

图 8-3 全国大学生方程式(FSC)大赛获奖证书和参赛证书

2016 年,叶磊还担任湖北省级创客空间"襄阳职业技术学院·汽车人·创客空间"学生负责人。工作上他扎实肯干,认真负责,在他的召集下,许多其他专业的同学加入创客团队,进行相互交流和促进。2016 年,襄阳职业技术学院获批参加大学生"石油四机杯"机械创新设计大赛,创客团队成员陈翔翮多次找到叶磊共同商讨,在叶磊的帮助下,陈翔翮所在的团队,成功解决了《翻板式点钞机》作品的机械部分和电气部分的设计、加工和联调,在 2016 年 5 月 10 日的比赛中荣获湖北省一等奖的好成绩。叶磊一直就是这样,以饱满的热情去对待每一项任务。细心主持工作,协调各部门之间的关系,促使各部门各司其职,促使各个部门更好更完善发展。2017 年 3 月,叶磊获得团中央"劲牌阳光奖学金"暨"践行工匠精神先进个人"寻访活动全国优秀奖(湖北省排名第一)。

梦想永不止息

大学三年中，叶磊取得一些小小的成绩，但生活前行，仍需要努力。作为新世纪的高素质人才，学习好了理论知识，更重要的是要把理论应用到实际中去，当前，叶磊又在积极筹备2017年大学生方程式赛车，虽然他已经不能成为车队中的一员，他相信凭着对赛车事业的执着，只要不放弃对梦想的坚持和对知识的渴望，就一定可以实现对自己的不断超越和自我的完善提高。

"长风破浪会有时，直挂云帆济沧海"，叶磊正在用自己的实际行动一步步朝着"大国工匠"的目标不断前行。相信在未来，他会以更乐观积极的姿态，在人生的浩瀚海洋中遨游，驶向更光明的目的地。

（资料来源：襄阳职业技术学院官网，2017－04－11）

思考：如何利用自身专业知识和兴趣特长践行工匠精神，达成我们的目标？

二、用心专注

（一）用心专注的第一步：树立明确目标

工匠精神的目标，是打造本行业最优质的、其他同行无法匹敌的卓越产品。为了实现这一目标，工匠们凭借数十年如一日的专注和坚守，创造出工艺上的奇迹，展现了极致化的追求，令人惊叹，让人敬佩。由此我们可以得知，目标是工作和奋斗的方向，有了目标，才能最大限度地发挥自己的优势，调动沉睡在心中的那些优异、独特的品质，成就非凡的事业。

（二）用心专注的第二步：善于取舍找准"靶心"

要想把一件事情做到极致，就必须专注于此，敢于并善于取舍，像射击时找准靶心一样，优先专注做最重要的事。

如果我们往一个大空桶里先放入石块，再放入碎石，再装入细沙，再倒入水……那么结果会怎样呢？

非常有意思的是，我们会发现如果不是首先把石块装进桶内，那么我们就再也没有机会把石块装进桶里去了，因为桶里早已装满了碎石、细沙和水。而当我们先把石块装进去，桶里还会有很多意想不到的空间来装剩下的东西。所以，在未来的职业生涯中，我们必须分清楚什么是石块，什么是碎石、沙子和水，并且总是把石块放在第一位。

这个有趣的实验告诉我们：做任何事情都要学会排序，建立好优先权，确定事情的轻重缓急。如果能坚持按重要性优先排序的原则来做事，你将会发现，再没有其他办法比按重要性办事更能有效地利用时间了。

三、用心专注的第三步：运用1万小时定律

一万小时定律是作家格拉德威尔在《异类》一书中指出的定律。"人们眼中的天才之所以卓越非凡，并非他们的天资超人一等，而是他们付出了持续不断的努力。一万小时的锤炼是任何人从平凡变成世界级大师的必要条件。"他将此称为"1万小时定律"。

要成为某个领域的专家，需要1万小时（1.1415525年），按比例计算就是：如果每天工作8个小时，一周工作5天，那么成为一个领域的专家至少需要5年。这就是1万小时定律。

1万小时定律的成功代表是大画家达·芬奇，他当初从师学艺就是从练习画一只只鸡蛋开始的。他日复一日，年复一年，变换着不同角度、不同光线，少说也练习了1万个小时，因而打下了扎实的基本功，这才有了后来的世界名画《蒙娜丽莎》《最后的晚餐》。

经典案例

大国工匠孟剑锋的錾刻人生：一辈子只干一件事

孟剑锋是北京工美集团的一名錾刻工艺师，他用纯银精雕细琢錾刻的"和美"纯银丝巾，在2014年北京APEC会议上，作为国礼之一赠送给外国领导人及夫人。从业20年来，他追求极致，对作品负责，对口碑负责，对自己的良心负责，将诚实劳动内化于心，这是大国工匠的立身之本，中国制造的品质保障。孟剑锋錾刻的草藤编织果盘如图8-4所示。

图8-4 孟剑锋錾刻的草藤编织果盘

纯手工国礼 出自我手

錾刻是我国一项有近3000年历史的传统工艺，它使用的工具叫錾子，上面有圆形、细纹、半月行等不同形状的花纹，工匠敲击錾子，就会在金、银、铜等金属上錾刻出千变万化的浮雕图案。

在一个20世纪80年代的老厂房里，孟剑锋和其他技工一起，熔炼、掐丝、整形、錾刻，敲击不同的錾子，在金属上留下不同的花纹，一件件精美的作品就这样在他们手里诞生了。

北京APEC会议上送给外国领导人和夫人的国礼中有一件看起来是草藤编织的果盘，里面有一条柔软的银色丝巾，丝巾上的图案清晰自然，赏心悦目。为了分别作

出果盘的粗糙感和丝巾的光感，孟剑锋反复琢磨、试验，亲手制作了近30把錾子，最小的一把在放大镜下做了5天。

上百万次錾刻　无一疏漏

开好錾子仅仅完成了制作国礼的第一步，最难的是，在这个厚度只有0.6毫米的银片上，有无数条细密的经纬线相互交错，在光的折射下才形成了图案，而这需要进行上百万次的錾刻敲击。"一定是一次就錾到家，不能半途停，你停了再起錾子的时候跟上一次尾部的那个錾子印不太一样。"孟剑锋说。

下手时要稳准狠，同时又要特别留神，不能錾透了。上百万次錾刻，只要有一次失误，就前功尽弃。"赏心悦目这东西，所以说得把它做到极致，如果说做得不好，那干脆就不用做工艺美术行业了。"孟剑锋认真地说。

追求极致　超越自我

追求极致，这是孟剑锋给自己提的标准。支撑果盘还需要4个中国结作为托儿，工艺标准并没有规定它们必须是手工加工。技师们准备用机械铸造出来，再焊接到果盘上，但是，铸造出来的银丝上有砂眼，尽管极其微小，孟剑锋心里却怎么也过不去这道坎。在他心目中，没有瑕疵，并且是纯手工，这才配得上做国礼。

倔强的他决定用银丝手工编织中国结，为此他的手上起了一层又一层大泡。"第二天（水泡）干了以后提溜起来用剪刀咔咔一绞，可能第二天又起一个泡。"孟剑锋对记者轻松地说，妻子却在一旁悄悄抹眼泪。

如今，已经是国家高级工艺美术技师的孟剑锋，对自己还有更高的要求，他觉得要干好工艺美术这行还应该懂绘画，现在有时间就和爱人一起出去写生、练素描。孟剑锋说，有一天，他一定会拿出一个像样的绘画作品，就像做錾刻那样，他就是要超越自己，追求极致。

（资料来源：央视网，2015-12-25）

三、精益求精

（一）注重细节

小事往往牵连大事，关系全局。在日常工作中，常常因事小而对其忽视，掉以轻心；也常常因事"细"感到烦琐，不屑一顾。但就是这些小事和细节，往往是工作进展的关键和突破口，是关系成败的双刃剑。所以，每一件看起来似乎微不足道的事。我们都不能忽略，都需要全力以赴地去对待。

如果说数学中用100减去1，还能得到99，但是在企业的经营中用100减去1就只能等于0了。企业中没有单纯的加减法，100件产品都合格才叫合格，有1件不合格的产品流向客户就是100%的不合格。

"泰山不拒细壤，故能成其高；江海不择细流，故能就其深。""千里之堤，溃于蚁穴。""天下难事，必成于易；天下大事，必作于细。"尽管这些道理人们已是耳熟能详，人们对细节的重要性也有非常深刻的认识，然而能够真正做到的人却并不多。

(二) 追求完美

在现实生活中，总有一些人在工作中奉行"不求有功，但求无过"的平庸思想，总在扮演"差不多先生"的角色，无论做什么都满足于"干过了"而非"干好了"，结果是工作虽然一点也没有比他人少干，但却始终没有取得突出的成绩。

其实，平庸与卓越的差距就在于是否拥有追求极致、追求完美的毅力。无论在什么领域，处于顶尖位置的人都是痴迷于那一领域的人。一个人不管在哪个岗位，只要全身心投入工作，拼尽全力做到完美，便能够收获尊重、取得成功。

追求完美需要做到辛勤耕耘和不懈付出。想要做到完美并没有捷径可寻，唯一能做的就是经年累月地辛勤耕耘、不懈付出，可以说追求完美的过程就是把简单的事、平凡的事做好的过程。海尔集团总裁张瑞敏有一句名言："把每一件简单的事做好就是不简单，把每一件平凡的事做好就是不平凡。"有建树的人，并非具备比一般人更优越的条件，相反，他们要经过更多的磨炼，负重爬坡，精诚致远走更多更艰辛的路才能到达日臻完美的彼岸。

经典案例

"大国工匠进校园"活动走进襄阳职业技术学院

10分钟内，用双手将一块普通的半精加工的零件磨得像镜子一样光可鉴人，其精度仅有头发丝的1/60，甚至A4打印纸上的文字也被清楚反射……

5月10日，在襄阳职业技术学院举办的"大国工匠进校园"活动推进会上，该校百余名学子目睹了武汉重型机床集团有限公司钳工、高级技师魏红权的精彩绝活，聆听大师讲述职业人的"工匠精神"。魏红权现场教学如图8-5所示。

图8-5 魏红权现场教学

"掌握好技能没有什么窍门，也没有捷径，任何手艺都是磨出来的，关键是要执着与坚持，希望同学们在平时学习中多看、多学、多练，掌握过硬技能，争当工匠精神的实践者和代言人，为'中国制造'腾飞添砖加瓦。"推进会上，魏红权结合自身成长经历，讲述了从业以来敬业、精业的事迹和感悟，生动诠释了工匠精神的爱岗敬业、执着专注、勇于创新、精益求精、追求极致等深刻内涵，赢得了师生们的阵阵掌声。随后，魏红权现场进行教学，手把手地指导学生学习研磨技术，激发学

生职业兴趣和求学求技热情。在最后的访谈中，同学们与魏红权精彩互动，同学们不时提问，现场气氛热烈。

襄阳职业技术学院相关负责人介绍，此次活动是该校2018年全国职业教育活动周系列活动之一，把工匠请进校园与学生面对面交流，对于传递和弘扬工匠精神，激励大学生树立职业信心，提升职业素养具有重要意义。

（资料来源：《襄阳日报》，2018-05-14）

（四）勇于创新

人的大脑思维有一个特点，就是一旦沿着一定的方向、按照一定的次序思考，久而久之，便会形成一种惯性。也就是说，这次这样解决了一个问题，下次人们遇到类似的问题或表面看起来相似的问题，不由自主地还会沿着上次思考的方向或次序去思考。这种情况就称为思维惯性。如果对自己长期从事的事情或日常生活中经常发生的事物产生了思维惯性，多次以这种思维惯性来对待客观事物，就形成了非常固定的思维模式，即思维定式。

培育工匠精神当中注重创新的品质，必须勇于"不走寻常路"，在积累经验学习书本知识、增强自信、尊重权威、参考同行的基础之上，敢于打破经验定式、书本定式、自我中心定式、权威定式以及从众定式，敢于独辟蹊径，保持理性思考，真正做到"不唯书，不唯上，不唯众，不唯故，不独尊，只唯实"。

经典案例

工匠创新发展　熠熠闪光
——记第七届全国青少年科技创新奖获得者苗典武典型事迹材料

苗典武，男，1987年8月生，中共预备党员，襄阳职业技术学院汽车工程学院机械设计与制造专业0802班，并担任班级组织委员。该生2008年入校以来始终秉承"厚德　笃学慎思　敏行"的校训精神，求真务实，开拓创新，谱写了一首美丽的青春之歌。

一、思想上积极进取，主动向党组织靠拢

苗典武平常注重时事政治学习，认真学习"两课"理论，自觉践行科学发展观。大一时就积极向党组织递交了入党申请书，并参加了业余党校的培训，于2011年成为一名中共预备党员。在平时的生活和学习中他始终以一名优秀共产党员的标准来严格要求自己，想同学之所想，急同学之所急，真心服务同学。

二、学习上富于创新，成绩优秀

苗典武在学习中脚踏实地，刻苦钻研，入学三年来始终努力严格要求自己，经常在课余时间去图书馆翻阅专业书籍来完善自己的知识结构，并在学习中摸索出了一套适合自己的学习方法。他正是靠着不懈努力与奋斗，学习成绩一直在专业名列前茅，并获得了多项工具证书。凭着强烈的学习兴趣和创新意识，苗典武和他的同学于2009年10月组建了科技创新团队，并着手参加2010年全国大学生机械创新大赛。经过半个多月的反复论证、调研、设计、修改，设计出了作品——破障钳，于5月30日代表襄阳职业技术学院参加了全国大学生机械创新大赛湖北赛区预赛，在破障逃生类小组中以第一名的成绩晋级决赛，并最终获得大赛一等奖。7月代表湖北赛区参加全国机械设计创新大赛，最终在第四届全国大学生机械设计创新大赛总决赛中获得一等奖。该破障钳已于2011年7月获得国家专利。2011年6月苗典武获得"第七届全国青少年科技创新奖"，随后作为获奖者出席了由共青团中央、全国青联、全国学联、全国少工委在人民大会堂举办的"中国青少年科技创新奖"颁奖典礼，受到了国家领导人的亲切接见。

三、工作中踏实肯干，认真负责

工作上，身为组织委员的他除了积极做好班级工作，还较好地完成了院（系）布置的其他工作。为了帮助班级同学提高学习成绩和顺利通过各项技能考试，他经常牺牲个人休息时间为同学做辅导，提高了技能考试的过关率，赢得了广大同学的一致好评。

四、生活中自强不息，服务他人

生活中苗典武严谨踏实，勤俭节约，不奢侈浪费。与同学亲密无间，相处融洽。他经常关心同学的生活及学习，处理事情始终坚持集体原则，能很好地站在同学的立场上考虑问题。

曾经的辉煌只能代表过去，它连同昨天一起定格在了我们的记忆之中，明天还要靠自己的双手去开创。面对新的征程，他信心百倍，辉煌只会成为他成长过程中的催化剂，而不会成为他前进路上的绊脚石。他有足够的信心相信将来不管面对什么样的环境，自己都会一如既往，全力拼搏，努力开创一片崭新的天地。

（资料来源：襄阳职业技术学院官网，2013-04-08）

第三节　工匠精神的培育方法

《大国工匠》微课

2015年"五一"开始，央视新闻推出系列节目《大国工匠》。这一系列节目讲述了不同岗位的劳动者用自己的灵巧双手，匠心筑梦的故事。

大勇不惧：川藏铁路属于国家十三五规划的重点项目，铺设难度创造了新的世界之最。中铁二局二公司隧道爆破高级技师彭祥华从1994年7月参加工作以来，20多年如一日坚守在工程建设一线，参加了横南铁路、朔黄铁路、菏日铁路、青藏铁路、川藏铁路（拉林段）等10余项国家重点工程建设。他多年战斗在祖国偏远地区，不怕艰辛，为祖国建设付出了青春与热血。

大道无疆：裴永斌是哈尔滨电机厂车工，30多年来主要加工水轮发电机的弹性油箱，他用手指触摸测量时就像可以透视一般，在挑战数控机床时，下刀依然完美精准。方文墨的工作是为歼15舰载机加工高精度零件，他自制改进工具数百件，加工精度逼近零公差。马荣是人民币人像雕刻的顶尖高手，在从传统雕刻工艺向现代数字化雕刻制版转变的过程中，她出色地完成了雕刻制版任务，使刀成圣同样可换笔夺魁。

大任担当：高凤林是航天科技集团一院焊工，国家特级技师，他心怀梦想，心平手稳，焊接飞天神箭。马宇是秦始皇帝陵博物院文物修复师，他能在毫厘之间，把握分寸，重现旷世兵马俑。中国高飞集团高级钣金工王伟，在肉眼难辨的误差里，手工打造精美弧线，托举中国大飞机翱翔蓝天。

（资料来源：央视新闻，2016-10-06）

讨论：作为职业素养培养主体的大学生，在大学期间应如何学会自我培育？

如何弘扬工匠精神，培育时代工匠，进一步提升企业品牌力、知名度，已逐步成为加快企业发展进程的重要课题。

一、弘扬工匠精神，培育时代工匠，要有主人翁意识

产业的发展离不开高品质产品，高品质产品仰仗高技能人才。作为新时代的主人翁，我们有责任，也有义务来大力弘扬工匠精神，全力培育时代工匠，促进产业的发展。首先，应重视时代工匠的培育工作，要把弘扬工匠精神，培育时代工匠列入发展的重要内容。其次，应制定工匠培育工作的长远规划，并形成制度固化下来。上上下下、通力合作，全方位致力于时代工匠的培养，培育出真正的、适合企业发展的工匠队伍。

二、弘扬工匠精神，培育时代工匠，要建立一个良好的平台

工匠精神孕育生产的制度和环境，其实就是需要建立一个好的平台。不同领域匠人级高技能人才的培养各不相同，对于汽车制造业来说，从当前企业经营发展来看，已存在许多较好的方式、方法。比如说我们的"劳模创新工作室"、员工技能大

赛、日本日产全球基本技能大赛，等等，都是很好的平台，都能够选拔、培育优秀的技能人才和工匠人物。特别是我们开展的"劳模创新工作室"，其更能发挥优势。"劳模工作室"的建立，能够很好地结合企业当前发展的需要，有针对性地选择一些专业人才，来共同完成某个领域的生产经营需求，以达到企业生产经营的目的。

三、弘扬工匠精神，培育时代工匠，要进行持续的传承

"江山代有人才出，各领风骚数百年。"中国经济需要振兴，各大企业需要发展，我们要把制造大国变为制造强国，我们要不断适应消费者日益"挑剔"的需求，必须要补上工匠精神之钙，大力提倡专注、标准、精确、完美的工匠精神。"众人划桨开大船"，一个工匠不足以推动一个企业的发展，一大批工匠足够支撑企业的成功，工匠精神的传承将起到决定性的作用。

四、弘扬工匠精神，培育时代工匠，要予以充分尊重，使其有成就感

"万般皆下品，唯有读书高。"受部分群体思想影响，当今社会，大家对于包括工匠在内的职业技术人才，有一种由来已久的"歧视"，认为"干技工不如坐办公室"。实际上，技术工人、工程师、科学家、学者等，这些只是人才分工的不同，而非人才层次的高低。但是，观念的改变不可能一蹴而就，最根本的还要从树立尊重工匠的导向做起。只有全社会对时代工匠予以极大的关注和充分的尊重，工匠精神才能发扬光大，时代工匠才能越来越多。

简言之，厚德、笃学、慎思、敏行是培育工匠精神的有效方法。

思考与练习

1. 结合实际，谈"大国工匠"具有哪些现实意义？
2. 为什么在学校期间就要着手工匠精神的培育？
3. 对照所学知识，查找自己缺失的工匠精神，并对应列出提升计划。

案例思考

请扫描右侧二维码获得更多资源

知识拓展

请扫描右侧二维码获得更多资源

课外阅读

欢迎登录"爱习课专业版App"查阅

第九章　创新精神与创新思维

"君子之学必日新，日新者日进也。不日新者必日退，未有不进而不退者。"
——（北宋）程颢、程颐《二程集》

"创新是一个民族进步的灵魂，是一个国家兴旺发达的不竭源泉，也是中华民族最鲜明的民族禀赋。""创新是引领发展的第一动力，是建设现代化经济体系的战略支撑。"

——习近平

素质目标

树立创新意识，激发创新精神。

能力目标

掌握常见的创新性思维的特点并能进行简单应用。

知识目标

1. 了解创新的含义和基本特征。
2. 了解常见的思维障碍及其负面影响。
3. 了解常见的几种创新性思维方法及其特点。
4. 了解互联网思维的内涵和特点。
5. 了解创意的内涵，掌握创意开发的方法。

第九章 创新精神与创新思维

第一节 树立创新意识

高职创新项目制作者张志远

张志远是包头轻工职业技术学院能源工程学院的一名普通学生。2017年10月,他设计发明的光伏发电辅助供热系统在河南许昌举行的第十二届全国高等职业院校"发明杯"大学生创新创业大赛中荣获个人二等奖。比赛现场就有一位本地的企业家看中了他的设计发明,愿意出资将这套系统产业化。2017年12月,张志远完善改进了自己的设计后,向国家知识产权局申请了国家发明专利。

讨论:什么是创新?创新型人才需要具备哪些素质素养?

一、什么是创新

(一) 对创新概念的解释

谈起创新,许多人认为:创新很神秘、很高端;创新是高智商、高学历的人做的事情;创新主要是在科学研究领域,普通人根本难以企及……真的如此吗?

习近平同志指出:创新可大可小,揭示一条规律是创新,提出一种学说是创新,阐明一个道理是创新,创造一种解决问题的办法也是创新。可以说,这一重要论述适用于各个领域。创新具有丰富内涵和多样形式,只要能突破陈规、有所推进,无论大小都可以称得上是创新。生活从不眷顾因循守旧、满足现状者,从不等待不思进取、坐享其成者,而是将更多机遇留给勇于和善于创新的人。只要积极进取、敢想敢做,就能进行不同程度、不同类型的创新。

其实,在我国悠久的历史文化中,创新文化、创新思维无处不在。老子在《道德经》中写道:"天下皆知美之为美,斯恶矣;皆知善之为善,斯不善矣。故有无相生,难易相成,长短相形,高下相倾,音声相和,前后相随。"这就是一种创新思维。其实,早在商朝,就已经有"创新"的记载。《礼记·大学》中,汤之《盘铭》

曰："苟日新，日日新，又日新。"这是商朝的开国君主成汤刻在澡盆上的警词，旨在激励自己要持之以恒，每天做到除旧图新。北宋的程颐说："君子之学必日新，日新者日进也。不日新者必日退，未有不进而不退者。"他认为，君子学习一定要做到日新，日新就是每一天都要有进步。创新有三层含义：一是更新，就是对原有的东西予以替换；二是创造新的东西，就是创造出原来没有的东西；三是改变，就是对原有的东西进行发展和改造。

到底什么是创新？从上面的分析中可以看出，创新是人类特有的认识能力和实践能力，是人类主观能动性的高级表现形式。从哲学角度来看，创新是人类为了满足自身需要的创造性实践行为，是对旧事物所进行的替代和覆盖；从社会学角度来看，创新是人们为了发展需要，运用已知的信息和条件，突破常规，发现或产生某种新颖、独特的有价值的新事物、新思想的活动；从经济学角度来看，创新是人类在特定环境中，以现有的知识和物质改进或创造出新的事物并能获得一定有益效果的行为。同时，创新是一种精神、一种探索、一种意念。我们青年学生学习、实践创新所需要培养的就是"创新"这种精神、这种理念。

（二）为什么创新

1. 不创新就灭亡

整个物质世界，从生物到微生物、从微观到宏观、从自然界到人类社会都是处在发展变动之中的。旧的事物一定是在旧的条件、环境下产生的，当客观条件、环境发生变化的时候，旧的事物要么不能够适应新的生存环境，要么不能够解决新出现的问题，自身的功能和存在价值大打折扣，这个时候，创新就成为必须完成的任务。谁完成得好，谁就可以发展壮大；谁完成得不好，甚至没有完成，谁就要衰落，甚至灭亡。

知 识 链 接

诺基亚（Nokia）手机的没落

曾几何时，诺基亚几乎就是手机的代名词。它曾经连续 14 年占据市场份额第一，是当之无愧的移动老大。诺基亚最早提出了智能手机概念，但由于理念的落后，诺基亚一直致力于把智能手机做成像电脑一样强大，想尽办法要把键盘、鼠标、桌面管理方法都搬到智能机上。2007 年，苹果（iPhone）出现了，它用手指替代了实体键盘，独创了平铺桌面，通过 App Store 吸引了无数 App 开发者，彻底颠覆了旧有的智能手机概念。

在认识到自己的问题后，诺基亚本可以学习苹果的操作系统 iOS 的用户界面，重新构建塞班系统,甚至可以全面转向安卓系统(Android),以它的技术积累,很快将在Android阵营里占据一席之地。但是,诺基亚不愿意抄小兄弟苹果的用户界面,也不愿意投入Android的怀抱,而是选择与难兄难弟微软合作。微软的手机操作系统——WP系统,相比于苹果的操作系统iOS以及安卓系统不具优势,再加上缺少第三方应用,消费者不得不选择其他产品。诺基亚最终无力回天,以区区72亿美元出售了旗下最核心的手机业务。这一售价还不足当年辉煌时期公司上千亿市值的零头。苹果公司CEO蒂姆·库克谈及诺基亚时说,不创新必然带来消亡。诺基亚就是一个不创新而枯萎的案例,尽管它曾经在全球市场份额中占有重要地位。这可能正是诺基亚为所有企业敲响的警钟。

(资料来源:百度文库,2019-05-01)

柯达:不愿放弃既有市场,终究被数码技术的洪流颠覆

柯达曾经是世界上最大的影像产品公司,占有全球2/3的胶卷市场。柯达从来都不缺少技术储备,它曾经站在照相技术的巅峰,拥有1万多项专利技术,世界上第一台数码相机正是柯达于1975年发明的。然而,柯达在发明出第一台数码相机后没有重视继续研发,而是妄图通过专利保护把数字影像技术雪藏起来,以保护现有产品。殊不知,一些企业在充分借鉴柯达专利技术的同时,巧妙地绕开了专利保护的障碍,开发出更廉价的数码产品。柯达没有想到,在申请专利保护的范围之外,大量数字技术扑面而来,当意识到问题的严重性时,为时已晚。柯达最终于2012年1月申请破产保护。

(资料来源:百度文库,2018-09-18)

2. 创新才能发展

习近平总书记曾经指出:"创新是引领发展的第一动力,抓创新就是抓发展,谋创新就是谋发展。"党的十九大报告指出:"世界每时每刻都在发生变化,中国也每时每刻都在发生变化,我们必须在理论上跟上时代,不断认识规律,不断推进理论创新、实践创新、制度创新、文化创新以及其他各方面创新。"

知识链接

小米的创新与成功

北京小米科技有限责任公司成立于2010年4月。自20世纪90年代至今,在全球手机市场一直保持着激烈竞争的态势下,面对苹果、三星这样强大的国际企业,小米公司从零开始,仅仅在公司创立两年半之后,小米手机就击败了众多国内外对手,成为中国销量第一、世界销量第三的手机品牌。不仅如此,小米在几年时间内,

研发、拓展自己的产品生态链，而且个个都销量不俗。如小米笔记本电脑、小米电视、小米路由器、小米电饭煲、小米空气净化器、小米插线板等。特别是2017年，小米继高通、联发科、三星、华为和苹果之后，推出首款自主研发的移动处理器芯片"澎湃S1"，并将其应用到当年推出的一款智能手机——小米5C上。2017年，小米公司营业收入突破了1000亿元。

小米的火热表现大大超出了人们的想象。有人说小米手机的硬件配置是现有技术的组合，称不上是重大技术创新。MIUI操作系统是在Android基础之上改进的，而"米聊"虽然号称有数百万个用户，但比起QQ来就小巫见大巫。而且从硬件配置上找不到小米的任何成功之处。但当雷军（小米公司创始人）将营销模式创新、商业模式创新、竞争战略创新以及技术创新等众多微创新整合在一起的时候，你会发现，小米就拥有了一种神奇的力量。

（资料来源：百度文库，2014-04-14）

（三）创新的基本特征

（1）创新的起点在于问题。
（2）创新的关键在于突破。
（3）创新的本质在于新颖。
（4）创新的基础在于继承。
（5）创新的目的在于发展。

（四）创新的形式

1. 形形色色的创新

（1）知识创新。知识创新就是在现有知识基础上的发明或创造。知识是人们在探索、利用或改造世界的实践中所获得的认识和经验的总和。我们的知识一般分为自然科学知识和社会科学知识两类。因此，知识创新也可以进一步划分为自然科学知识创新和社会科学知识创新。

自然科学知识创新包括物理学、化学、动物学、植物学、矿物学、生理学、数学等学科领域的知识的创新。社会科学知识创新包括哲学、政治经济学、法学、管理学、历史学、文艺学、美学、伦理学等学科领域的知识的创新。

（2）技术创新。技术创新就是在现有技术基础上的发明或创造。"技术"一词一般有两个方面的含义：第一个含义是指人们在探索、利用和改造自然界和社会的各种物质或现象的过程中积累起来并在生产劳动或社会实践中体现出来的经验和知识；第二个含义是泛指各种操作技巧。

（3）管理创新。管理创新就是对现有管理构成要素进行新的组合或分解，是在现有管理基础上的进步或发展，是在现有管理基础上的发明或创造。管理可进一步分为行政管理、企业管理、事业管理、团体管理和个人管理五类。管理创新也可以进一步分为行政管理创新、企业管理创新、事业管理创新、团体管理创新和个人管理创新。

（4）方法创新。方法是指人们在探索、利用或改造世界的实践中积累起来的观察问题、分析问题或解决问题的途径、程序或诀窍等。方法创新就是在现有方法基础上的进步或发展，是在现有方法基础上的发明或创造。方法创新就是人们观察问题、分析问题或解决问题的途径、程序或诀窍的创新的总称。方法创新是永无止境的，方法创新的种类也是无穷尽的。

（5）服务创新。服务创新是指潜在用户感受到不同于从前的崭新内容，是指新的设想、新的技术手段转变成新的或者已改进的服务方式。

（6）制度创新。制度创新是指在人们现有的生产和生活环境条件下，通过创设新的更能有效激励人们行为的制度、规范体系来实现社会的持续发展和变革的创新。

经典案例

微波炉

珍惜偶然的发现，开展相关原理的探索，往往会带来令人意想不到的创新。微波炉的发明者是美国工程师珀西·勒·巴朗·斯宾塞（Percy Le Baron Spencer）。微波炉最早的名称是"爆米花和热团加热器"（Popcorn and Hot Pockets Warmer），它是在雷达技术研发项目中被偶然发明出来的。

"二战"爆发后，斯宾塞在一家公司从事雷达技术开发工作。斯宾塞喜欢吃甜食，一天，他在实验室做实验时，一块巧克力棒粘在了短裤上。斯宾塞注意到，当他运行磁控管时，裤子上的巧克力棒融化了。思维敏捷的他给出了一个似乎不太合理的解释：肉眼看不见的辐射光线"将其煮熟了"。斯宾塞在好奇心的驱动下，继续用磁控管做实验，利用这种装置让鸡蛋爆裂，还去烤爆米花，这些实验都证明了他的猜想。最后，他设计了一个箱子将这个装置包装起来，变为一种烹饪食品的新工具并推向市场，很难想象雷达领域的技术会进入普通百姓的厨房。

（资料来源：百度文库，2021-02-24）

海尔：人人都是创新体

海尔究竟是如何通过产品创新占领全球市场的？张瑞敏的答案是：由传统组织裂变出来的、分布在企业内部的2000个自主经营体，成为创新用户资源的利润中心。

海尔开创了自主经营体模式，将传统的"正三角"组织结构变为"倒三角"：让

消费者成为发号施令者，让一线员工在最上面，倒逼整个组织结构和流程的变革，使以前高高在上的管理者成为倒金字塔底部的资源提供者。

在自主经营体模式下，没有上下级的公司运营规则，2000多个自主经营体就像是海尔内部的活跃细胞，迸发出无与伦比的创新能量。所有变革围绕用户，为用户创造更大的价值，赋予每个自主经营体"用人权"和"分配权"的实验，让每个自主经营体成为参与市场竞争、自我激励、享受增长的虚拟公司。自主经营体模式将员工作为创新源。"员工从听令者变成了主动创新者，与用户的关系成了主动服务的关系。"海尔总裁杨绵绵说。传统企业"上有政策，下有对策"的非合作博弈消耗了企业资源，而自主经营体则将员工与企业之间的博弈转变为每个经营体与用户之间的契约。所有的经营体必须根据用户的需求变化，不是服从于企业或者上级的任务指标，而是服从用户的需求，将员工与企业的博弈转变为员工为了创造最大价值和自己的能力的博弈。

（资料来源：个人图书馆，2011-08-12）

2. 方方面面的创新

（1）发明。一般而言，发明是应用自然规律解决技术领域中特有问题而提出创新性方案、措施的过程和成果。产品之所以被发明出来是为了满足人们日常生活的需要。发明的成果或是提供前所未有的人工自然物模型，或是提供加工制作的新工艺、新方法。机器设备、仪表装备和各种消费用品以及有关制造工艺、生产流程和检测控制方法的创新和改造，均属于发明。

（2）创造。创造，是指将两个或两个以上概念或事物按一定方式联系起来，主观地制造客观上能被人普遍接受的事物，以达到某种目的的行为。简而言之，创造就是把以前没有的事物给产出来或者造出来，这明显是一种典型的人类自主行为。因此，创造的一个最大特点是有意识地对世界进行探索性劳动。

（3）创客。在"创客"这个词中，"创"指创造，"客"指从事某种活动的人，"创客"本指勇于创新，努力将自己的创意变为现实的人。这个词译自英文单词"Maker"，源于美国麻省理工学院微观装配实验室的实验课题，此课题以创新为理念，以客户为中心，以个人设计、个人制造为核心内容，参与实验课题的学生即"创客"。"创客"特指具有创新理念、自主创业的人。

（4）创业。创业是创业者对自己拥有的资源或通过努力对能够拥有的资源进行优化整合，从而创造出更大经济或社会价值的过程。创业是一种劳动方式，是一种需要创业者运营、组织、运用服务、技术、器物作业的思考、推理和判断的行为。

二、树立创新意识

(一) 创新意识的含义

创新意识是指人们在实际社会活动中,主动开展创新活动的观念和意识,表现为对创新的重视、追求和开展创新活动的兴趣及欲望。它是人类意识活动中的一种积极的、富有成果性的表现形式,是人们进行创新活动的出发点和内在动力,是唤醒、激励和发挥人所蕴含的潜在本质力量的重要精神动力,与创新能力一起贯穿于人的创新活动的整个过程。

(二) 创新意识的内涵

1. 强烈的创新动机

创新动机是创新意识的动力源,是形成和推动创新行为的内驱力,是引起和维持主体进行创新活动的内部心理过程,也是创新才能得以施展的能源。人的每项创新活动、每个创新意识都离不开一定创新动机的支配。创新动机明确并且强烈的人,其创新活动成功的希望就大;创新动机肤浅的人,其创新活动成功的希望就小。

2. 浓厚的创新兴趣

创新兴趣是指人们从事创新活动所投入的积极情绪和态度定向。它是创新动机的进一步发展。创新动机来源于对创新的浓厚兴趣,产生创新动机不一定有创新兴趣,而一旦形成创新兴趣则必然伴随着创新动机。创新兴趣是人们从事创新实践活动强有力的动力之一,是投身创新实践的不竭动力。

3. 健康的创新情感

创新过程不仅仅是纯粹的智力活动过程,它还需要引发、推进乃至完成创造性活动的创新情感。首先,需要稳定的创新情感。现代创新者只有在稳定的创新情感的支配下,才能提高自身创新敏感性,及时捕捉有用信息,对与创新有关的事物充满浓厚的兴趣。其次,需要积极的创新情感。现代创新者积极的创新情感,可以极大地激发自身的创新意识和创新敏感性,充分调动自己投身于创新活动的积极性。再次,需要深厚的创新情感。创新热情是一种深厚的创新情感,具有持续性。它是一种能促进现代创新者形成强烈的创新意识,并开展创新活动的心理推动力量。

4. 坚定的创新意志

创新意志是在创造中克服各种困难、冲破各种阻碍的心理因素,具有鲜明的目

的性和坚定的顽强性。创新意志首要的是目的性，其次才是顽强性。现代创新者只有对自己的行动目的有明确的认识，才能按既定的目标去行动。创新意志的顽强性是指人们在创新过程中能精力充沛、坚持不懈地克服一切困难和障碍，取得创新成果。科学创造是一种艰苦的劳动，只有探索前人没有走完的路，才能产生前人没有产生过的成果。在创造过程中成功与失败并存，只有意志顽强的创新者才能在挫折与失败中不断进取，从而把失败引向成功。

（三）如何培养创新意识

1. 好奇心是创新之门

好奇心是人类，乃至很多动物天生具备的东西，它代表了求知欲、喜欢探究不了解事物的心理状态和情感行为。居里夫人说过："很多人都说我很伟大很有毅力什么的，其实我就是特别好奇，好奇得上瘾。"爱因斯坦也说过类似的话："我没有特别的才能，只有强烈的好奇心。"

研究表明，几乎所有伟大成就的创新者都有着独特的好奇心。强烈的好奇心会增强人们对外界信息的敏感性，对新出现的情况和新发生的变化及时作出反应，发现问题，并追根寻源，提出一连串问题，从而激发思考，引起探索欲望，开始创新活动。许多看似偶然的发现其实都隐含着一种必然：发现者必然具有强烈的好奇心理。缺乏好奇心，必然对外界的信息反应迟钝，对诸多有意义的现象熟视无睹，对问题无动于衷，更枉论创造与发明了。

2. 兴趣是最好的老师

孔子曾说："知之者不如好之者，好之者不如乐之者。"深厚的兴趣会使个体产生积极的学习态度，自觉克服困难，排除干扰，从而有所成就。兴趣以需要为基础。人们若对某件事物或某项活动感到需要，就会热心于接触、观察这件事物，积极从事这项活动，并注意探索其奥妙。兴趣又与认识和情感相联系。人们若对某件事物或某项活动没有认识，也就不会对它有情感，因而不会对它产生兴趣。反之，认识越深刻，情感越炽烈，兴趣也就会越浓厚。

要保持专注的兴趣和热情，就要建立积极的心理准备状态。大凡有成就的科学家，在其学生时代很少有被困难吓退过的，这既是个人的坚强毅力，更是创造乐趣最酣畅淋漓之时。有人问丁肇中做研究苦不苦，他说，"一点也不苦，正相反，觉得很快乐，因为我心中有兴趣，我急于要探索物质世界的微妙"。这就是持续而专注的兴趣所带来的心理愉悦性。

第九章

创新精神与创新思维

兴趣是创新之源
——诺贝尔物理学奖获得者杨振宁谈创新

著名科学家、诺贝尔物理学奖获得者杨振宁在演讲中,与300余位科学家和中科大师生分享了他对科研创新的看法。"兴趣是创新之源、成功之本。"在演讲中,他谈到世界上多个著名科学家的故事,他们的成功均与早年兴趣有关。1905年,著名科学家爱因斯坦在26岁的时候,就写出了狭义相对论论文,这是人类历史上非常大的、观念上的革命。为什么一个26岁的年轻人,能做出这样的成果呢?杨振宁说,其实爱因斯坦还在读书的时候,在给女友的信中就透露他对电动力学产生了浓厚的兴趣,而这个电动力学,就是后来狭义相对论这一革命性理论的重要基础。"我一生所做的工作,最重要的就是规范场,这与我的兴趣也有着密不可分的关系。"杨振宁如是说。1954年,杨振宁与年轻博士后Mills共同提出规范场理论,这是杨振宁在物理学领域的最高成就。规范场理论,后来被普遍认为是20世纪后半叶基础物理学的总成就,主导了长期以来基础物理学的研究。

(资料来源:《安徽日报》,2015-09-20)

上述案例中,杨振宁分享了兴趣在科研创新中的作用。其实,在其他领域的创新中,兴趣也都发挥着重要作用。面对你感兴趣的事情,即使没有任何物质回报,你也会执着地去追求,这是一种心理上的自我追求,也是一种创新意识。创新意识是创新的愿望、意图等思想观念。在现实生活中,为什么有人能够抓住灵感出现的瞬间,比如被苹果"砸出"万有引力的牛顿,而有些人却对眼前的机遇没有任何敏感,任凭机遇白白溜走?这其中很重要的一个原因就是创新意识。创新意识是创新活动的起点,没有创新意识,其余的都无从谈起。创新意识包括兴趣、好奇心、观察意识、质疑意识等方面。

3. 学会观察

观察力是构成智力的一个重要组成部分,是一种有意识、有目的、有组织的知觉能力。世界著名的生理学家巴甫洛夫,在他的研究院门口的石碑上刻下了"观察、观察、再观察"的名句,以此来强调观察对于研究工作的重要性。达尔文也曾经说:"我没有突出的理解力,也没有过人的机智,只是在觉察那些稍纵即逝的事物并对它们进行精细观察的能力上,我可能是中上之人。"可见,观察力是十分重要的。

敏锐的观察是创新的有力来源。一旦你开始细心观察,各种见解和机遇都将会在你面前展开。所有真正的科学家、艺术家都是善于观察的人,都有格外敏锐的观察力和较好的表达能力，这能够让他们注意到其他人容易忽略的细微现象。达尔文就是一名出色的观察家。达尔文在22岁的时候，开始了历时5年的周游世界之旅。在旅途过程中，他凭借细致的观察，仔细记录了大量地理现象、化石和生物体。对达尔文而言，雀类鸟嘴和龟背上的细微差异都是不同物种的标志。回国后，他认真研究自己观察记录的宝贵资料，提出了著名的自然选择理论。

4. 问题意识

没有问题，就没有创新。现代思维科学认为，问题是思维的起点，任何思维过程都是指向某一具体问题的。孔子在很早就提出了"每事问"的主张，强调问题意识在思维和学习中的重要性。胡适在1932年6月为北大毕业生开的三味"防身药方"中，第一味就是"问题丹"。

其实问题意识也是以观察意识和好奇心、兴趣为基础的，那些对任何事情都不感兴趣的人是不可能提出问题的，那些对事物缺少细致观察的人也很难提出问题。当个体对事物感兴趣，并能够进行细致的观察时，通常他就能够发现问题，从而打开创新之门。

三、培养创新精神

（一）什么是创新精神

创新精神是指要具有能够综合运用已有的知识、信息、技能和方法，提出新方法、新观点的思维能力和进行发明创造、改革、革新的意志、信心、勇气和智慧。创新精神属于科学精神和科学思想范畴，是进行创新活动必须具备的一些心理特征，包括创新意识、创新兴趣、创新胆量、创新决心及相关的思维活动。创新精神是一种勇于抛弃旧思想、旧事物，创立新思想、新事物的精神。例如，不满足已有认识（掌握的事实、建立的理论、总结的方法），不断追求新知；不满足现有的生活生产方式、方法、工具、材料、物品，根据实际需要或新的情况，不断进行改革和革新；不墨守成规（规则、方法、理论、说法、习惯），敢于打破原有框架，探索新的规律、新的方法；不迷信书本、权威，敢于根据事实和自己的思考，向书本和权威质疑；不盲目效仿别人的想法、说法、做法，不人云亦云、唯书唯上，坚持独立思考，说自己的话，走自己的路；不喜欢一般化，追求新颖、独特、异想天开、与众不同；不僵化、呆板，灵活地应用已有知识和能力解决问题。所有这些，都是创新精神的具体表现。

第九章
创新精神与创新思维

齐白石老人五易画风

我国著名画家齐白石，曾荣获世界和平奖。然而，面对已经取得的成功，他并不满足，而是不断汲取历代画家的长处，不断改进自己作品的风格。他60岁以后的画，明显不同于60岁以前。70岁以后，他的画风又变了一次。80岁以后，他的画风再度变化。齐白石一生，曾五易画风。正因为白石老人在成功后，仍然能马不停蹄地改变、创新，所以他晚年的作品比早期的作品更成熟完美，也形成了自己独特的流派与风格。

他告诫弟子"学我者生，似我者死"。他认为画家要"我行我道，我有我法"。就是说，在学习别人长处时，不能照搬照抄，而要创造性地运用，不断发展，这样才会赋予艺术以鲜活的生命力。

（资料来源：百库文库，2020－03－14）

上述案例说明了人不能安于现状，要不断突破与创新，会当凌绝顶，方能领略无限风光的险峰。

（二）创新精神的培养

1. 对所学习或研究的事物要有好奇心

好奇心是创新精神的源泉。牛顿少年时期就有很强的好奇心，他常常在夜晚仰望天上的星星和月亮。星星和月亮为什么挂在天上？星星和月亮都在天空运转着，它们为什么不相撞呢？这些疑问激发着他的探索欲望。后来，经过专心研究，他终于发现了万有引力定律。能提出问题，说明在思考问题。好奇心包含着强烈的求知欲和追根究底的探索精神，要想创新，就必须有强烈的好奇心。正像爱因斯坦说的那样："我没有特别的天赋，只有强烈的好奇心。"

2. 对所学习或研究的事物要持怀疑态度

不要认为被人验证过的都是真理。许多科学家对旧知识的扬弃，对谬误的否定，无不是自怀疑开始的。怀疑是内在的创造潜能，它激发人们去钻研，去探索。只有对自己所学习或研究的事物持怀疑态度，才能另辟蹊径，寻找新的方向，追求新的目标，采用新的方法，从而实现创新。

3. 对所学习或研究的事物要有求新欲望

如果没有强烈的追求创新的欲望，那么无论怎样谦虚和好学，最终都是模仿或

抄袭，只能在前人划定的圈子里周旋。要创新，就要有强烈的创新欲望，并且坚持不懈地努力，勇敢面对困难，直到创新成功。

乔布斯用一句话拉来一个高管

对创新的渴望、对完美的追求，让乔布斯不同于其他工程师和公司高管带给人们的惯有形象。从开创苹果公司到遭好友背叛离开苹果，再到重返苹果创造奇迹，乔布斯的经历也算曲折。究其一生，乔布斯对完美的狂热追求令他为这个世界贡献了重大的革新和改变。

1983年3月20日，美国纽约，乔布斯在大都会艺术博物馆内欣赏古希腊雕塑，在他身边的是百事公司首席执行官约翰·斯卡利。过去几个月，乔布斯一直尝试着劝说斯卡利离开百事公司，加入苹果公司。两人离开博物馆后，步行穿过中央公园，往圣雷莫公寓走去，随后来到了公寓西边的阳台上，面前就是哈得孙河。就在那一刻，乔布斯说出了成功吸引斯卡利加盟苹果公司的名言——"你是想一辈子卖糖汽水呢？还是希望拥有一个机会来改变世界？"

这句话与"狂热的卓越"和"换一种思维"，都是乔布斯一生中最著名的言论。而斯卡利之所以会被这句话打动，许多人认为，不仅因为这句话包含的诱惑实在是令人难以拒绝，更主要的原因在于，当时只有28岁的乔布斯，已经做出了改变世界的举动，并展现出了在今后20多年内，不断创造新奇迹的潜质。

（资料来源：百度文库，2011-10-16）

上述案例中，乔布斯除了是商界和电脑技术领域最重要的人物之一，还是文化领域最具影响力的人物之一，同时也改变了工程师和公司高管给人们的惯有形象，让人们意识到这些人也可以像艺术家一样思考问题；此外，还真正在全球竞争最激烈的行业领域实现了优秀设计和美学的完美结合。总之，乔布斯的伟大成就离不开他对创新的狂热与执着。

4. 对所学习或研究的事物要有求异观念

不要"人云亦云"。创新不是简单的模仿，要有创新精神和创新成果，必须要有求异的观念。求异实质上就是换个角度思考，从多个角度思考，并将结果进行比较。求异者往往要比常人看问题更深刻，更全面。

5. 对所学习或研究的事物要有冒险精神

创造实质上是一种冒险，因为否定人们习惯了的旧思想可能会招致公众的反对。冒险不是那些危及生命和肢体安全的冒险，而是一种合理性冒险。只有具备了冒险精神，才能最大限度地挖掘自己的创造潜能。

6. 对所学习或研究的事物要做到永不自满

一个有创新精神的人如果因取得一定的创新成果而就此停止，如果一个人害怕去尝试另一种可能比这种创新成果更好的做法，或已习惯了一种成功的思想而不能产生新思想，那么这个人就会变得自满，就会停止创新。

第二节　突破思维定式

创造性思维让你的生活更有滋味

有个小孩负责在马戏场内卖小食品。但每次看马戏的人不多，买东西吃的人更少，尤其是饮料，很少有人问津。这可怎么办呢？没人买东西，就意味着他的收入将会很惨淡。

有一天，他产生了一个想法：向每个买票的人赠送一包花生，借以吸引观众。但老板不同意这个"荒唐的想法"。他就用自己微薄的工资作担保，恳求老板让他试一试，并承诺说，如果赔钱就从工资里扣，如果赢利自己只拿一半。于是，马戏团外就多了一个义务宣传员的声音："看马戏，买一张票送一包好吃的花生！"在他不停的叫喊声中，观众比往常多了几倍。

观众进场后，他就开始叫卖起柠檬水等饮料，而绝大多数观众在吃完花生后觉得口干时都会买上一杯，一场马戏下来，他的收入比以往增加了十几倍。当传统的销售方法不管用时，这个小孩就换了一种销售方法，先免费赠送花生，使得观众先"占他的便宜"，进而由于口渴而不得不主动买他的饮料。这种方法无意间就推动了他的销售。如果他总是沿用一成不变的方法，被动地等待客人来买饮料，他的生意肯定得不到任何改观。

不要担心自己生来就不聪明，或是以为自己不如人，创造性思维是可以后天习得的。正如卓别林所说："和拉提琴或弹钢琴相似，思考也是需要每天练习的。"创造性思维可以让你的生活更有滋味，并能让你产生激动人心的顿悟。所以在生活中，

我们可以有意识地培养自己的创造性思维。

讨论：什么是创造性思维？思维创新有哪些类型？

一、创新思维的含义和分类

（一）创新思维的含义

所谓思维，是指人脑利用已存在的知识，对记忆的信息进行分析、计算、比较、判断、推理、决策的动态活动过程。思维是对事物的间接反映，它通过其他媒介作用认识客观事物并借助于已有的知识和经验、已知的条件推测未知的事物。它是获取知识及运用知识求解问题的根本途径，是人类区别于其他动物的最根本的特征。在自然界的竞争中，思维帮助人类在优胜劣汰的规则中脱颖而出。人有着任何其他动物都无法比拟的思维能力，人靠着思维所显示的无限智慧而不断探索、利用自然。

创新思维是对事物间的联系进行前所未有的思考，从而创造出新事物的思维方法，是一切产生崭新内容的思维形式的总和。凡是能发现新例子、想出新点子、创造出新事物的思维都属于创新思维。

（二）创新技法

创新技法是创新思维的外显形式，创新技法可分为组合法、设问法、分析列举法、联想类比法、逆向转换型法等。

1. 组合法

组合法就是指按照一定的技术原理或功能目的，将现有的科学技术原理或方法、现象、物品进行适当的组合或重新安排，从而获得具有统一整体功能的新技术、新产品、新形象的创新技法。

2. 设问法

设问法是以提问的方式寻找发明的途径，从不同的角度、多方面来进行设问检查，对拟改进创新的事物进行分析，使问题具体化，以缩小需要探索和创新的范围。

3. 分析列举法

分析法就是把整体分解成部分，把复杂的事物分解成简单要素，分别加以研究的一种思维方法。列举法是通过列举有关项目来促进全面考虑问题，防止遗漏，从而形成多种构想方案的方法。分析列举法有助于改善思维方式、克服心理障碍，在创造发明活动中有实际的作用。

希尔顿酒店创始

著名的希尔顿酒店产业创始于20世纪20年代。当初，创始人希尔顿在达拉斯商业街上漫步，发现这里竟然没有一家像样的酒店，于是便萌生了建一家高级酒店的想法。

希尔顿是一个创造力与行动力都很强的人，想到就去做。他很快就看中一块"风水宝地"。酒店属于典型的服务业，对这个产业，影响最大的因素就是地脚，选择一个好的地脚，即使初始投资较大，也会很快在后续的有利经营中收回。所以，希尔顿决心一定要买下这块"风水宝地"。

这块地出让价格为30万美元，而他眼下可支付的资金仅仅为5000美元！况且，解决地皮之后，还要筹集大量的建设资金。所以，表面上看，这个项目显然不可行，但他没有放弃，他把这个难题进行了分解。首先，他把30万美元的地皮费用分解到了每年每月。他对土地拥有人说："我租用你的土地，首期90年，每年给你3万美元，按月支付，90年共支付270万美元，一旦我支付不起，你可以拍卖酒店……"对方感到占了个大便宜。

签订了土地租赁协议，希尔顿马不停蹄，将自己开酒店的方案以及诱人的经营远景讲给投资商听，很快他与一个大投资商达成了协议，合股建设酒店，酒店如期建成，经营效益超出先期预料，获得了巨大成功。从此，希尔顿走上了世界级酒店大王之路，一度跻身全球十大富豪之列。

（资料来源：百度文库，2019-09-01）

上述案例中希尔顿是以经济为线索，以时间性为切入，将租金问题进行了分解再思考，用现有的有限资金作为签订协议的资本，将未来的项目利润作为履约资本。接着，他又以经济为线索，以结构性和利益性为切入，把自己的协议权用智慧放大为股份资本，将建设资本压力变成另一位投资人的投资动力，解决了全部建设资本。是智慧资本造就了著名的希尔顿。

4. 联想类比法

联想类比法是根据事物之间具有的相近、相似或相对的特点，进行由此及彼、由近及远、由表及里的一种思考方法。联想类比法在技术创新、科学研究和各种创造活动中均有使用。

5. 逆向转换型法

人们将通常思考问题的思维反转过来，以悖逆常规、常理或常识的方式去寻找解决问题的新路径、新方法，这种以逆向思维的方式进行创新的开发思维的方法就是逆向思维法。逆向思维可以挑战习惯性思维，克服心理定式，在技术创新、理论创新、产品创新上有突出的作用。

二、突破思维障碍

思维是人脑对客观事物的概括和间接的反应过程。如果人总是沿着一定方向、按照一定次序进行思考，久而久之会形成一种惯性，我们称之为"思维惯性"。如果对于自己长期从事的事情或日常生活中经常发生的事务产生了思维惯性，多次以这种思维惯性来对待客观事物，就会形成较为固定的思维模式，我们称之为"思维定式"（Think Set）。思维惯性和思维定式结合起来，很容易形成思维障碍。我们要进行创新，首先就需要突破思维障碍。

天才也需要突破思维的障碍

故事一：拿破仑被流放到圣赫勒拿岛后，他的一位善于谋略的好友通过秘密方式给他捎来一副用象牙和软玉制成的国际象棋。拿破仑爱不释手，从此一个人默默下起了象棋，打发着寂寞痛苦的时光。象棋被摸光滑了，他的生命也走到了尽头。拿破仑死后，这副象棋经过多次转手拍卖。后来一个拥有者偶然发现，有一枚棋子的底部居然可以打开，里面塞有一张如何逃出圣赫勒拿岛的详细计划！

故事二：伯特·卡米洛从来没有失算过。这一天他做表演时，有人上台给他出了道题："一辆载着283名旅客的火车驶进车站，有87人下车，65人上车；下一站又下去49人，上来112人；再下一站又下去37人，上来96人；再下一站又下去74人，上来69人；再下一站又下去17人，上来23人……"

那人刚说完，心算大师便不屑地答道："小儿科！告诉你，火车上一共还有……"

"不，"那人拦住他说，"我是请您算出火车一共停了多少站。"

阿伯特·卡米洛呆住了，这组简单的加减法成了他的"滑铁卢"。

（资料来源：百度文库，2019-12-22）

天才也需要突破思维的障碍，两个故事，两个遗憾。他们的失败，都是败在思维定式上。心算家思考的只是老生常谈的数字，军事家想的只是消遣。他们忽略了数字的"数字"，象棋的"象棋"。由此可见，在自己的思维定式里打转，天才也走不出死胡同。无数事实证明，伟大的创造、天才的发现，都是从突破思维定式开始的。

（一）常见思维障碍的类型

1. 习惯型思维障碍

习惯型思维障碍会使人们不由自主地犯错误。虽然通过习惯型思维解决一些简单的问题可能会节省时间，但对于比较复杂的问题如果也使用习惯型思维，就会使我们犯错误，或者在面对新问题时一筹莫展。

交叉手动作

将左右十个手指头交叉在一起，你发现你的左手大拇指在上还是右手大拇指在上？事实上，有的人是左手大拇指在上，有的人是右手大拇指在上。而且这和你习惯用右手或习惯用是左手是没有关系的。但是不管你是左手在上，还是右手在上，现在请大家第二次重新交叉双手的十个手指，但要做一下改变，如果你刚才是左手在上，那么现在请你右手在上；如果刚才是右手在上，那么现在请你左手在上。有什么感觉？绝大多数人会觉得不舒服，很别扭。为什么？人的左右手是对称的，怎么交叉没有任何生理学的根据，那么为什么反过来交叉手会觉得不舒服呢？就是因为习惯！

（资料来源：邵建平、李平，《创新创业教程》，2019 年）

创新首先不是表现为什么高深的理论，而是要求我们要改变许多老的思维习惯而建立新的思维习惯。但是并不是所有的习惯都是不好的，也不是说对任何习惯都要创新、改变。对于日常生活中的一些小问题，我们用习惯的思维、习惯的方式去解决可以提高效率，比如每天早晨起来是先洗脸还是先刷牙，完全是个人的习惯，没有必要在这些小事上纠结。

2. 直线型思维障碍

直线型思维障碍的人普遍认为：是即是，非即非，除此之外都是错误。他们往往对是中有非、非中有是，对中有错、错中有对，失败中包含成功、成功中包含失败等情况认为不可思议。

经典案例

竹禅和尚巧画九尺佛像

有一年,慈禧太后要画一幅九尺高的观世音菩萨像,但是必须画在一张五尺长的宣纸上,众多宫廷画家不敢应命,云游在此的竹禅和尚磨墨展纸,一挥而就。慈禧见画后也连连称赞。原来,竹禅把观世音菩萨画成了弯腰在拾净水瓶中的柳枝,如果直起腰来则正好九尺。

(资料来源:新浪网,2017-12-06)

一般画家不能画的,竹禅和尚画出来了。竹禅和尚靠的是什么?他靠的是想象力,是丰富、突破常规的想象力。

3. 权威型思维障碍

有人群的地方就会有权威,权威是任何时代和社会都实际存在的现象。有不少人习惯引用权威的观点,不加思考地以权威的是非为是非,一旦发现与权威相违背的观点或理论,便想当然地认为其必错无疑,并大加贬低。

经典案例

小泽征尔在权威面前坚持己见

世界著名交响乐指挥家小泽征尔在一次欧洲指挥大赛的决赛中,按照评委会给他的乐谱在指挥演奏时发现有不和谐的地方,他认为是乐队演奏错了,就停下来重新演奏,但仍不如意。这时,在场的作曲家和评委会的权威人士都郑重地说明乐谱没有问题,是小泽征尔的错觉。面对一批音乐大师和权威人士,他思考再三,突然大吼一声:"不,一定是乐谱错了!"话音刚落,评判台上立刻报以热烈的掌声。原来,这是评委们精心设计的"圈套",以此来检验指挥家们在发现乐谱错误并遭到权威人士"否定"的情况下,能否坚持自己的正确判断。

(资料来源:百度文库,2019-02-14)

上述案例中,小泽征尔坚持自己的想法,不向权威低头。最终,他在这次世界音乐指挥家大赛中摘取了桂冠。挑战权威的后果是你可能战胜了权威。

4. 从众型思维障碍

从众,就是跟从大众、随大流,它是思维障碍中最常见、最重要的类型之一。这种少数服从多数的心理常常会压抑人的创造性。

劳尔赫质疑菠菜的含铁量

德国化学家劳尔赫无意中发现，菠菜的实际含铁量只有食品营养化学手册所记载数据的1/10，劳尔赫很是诧异，怀疑试验是否具有偶然性。于是他找来各种各样的菠菜叶子，一一加以分析化验，但并没有发现哪一种菠菜叶子的含铁量比别的蔬菜高特别多的情况。他开始寻找所谓菠菜含铁量高"传说"的根源。通过追踪，他发现原来是90年前印刷厂在排版时，不小心把菠菜含铁量的小数点向右错移了一位，从而使它的含铁量扩大了10倍，于是人们便将错误传了下来。

（资料来源：豆丁网，2016-02-02）

5. 书本型思维障碍

许多人认为一个人的书本知识多了，比如上了大学，读了硕士、博士，就必然拥有很强的创新能力；还有人认为书本上写的都是正确的，如果发现自己的情况与书本上不同，那就是自己错了。这种一味地迷恋和盲从"书本"就是书本型思维障碍。

书中写的未必全对

公元前2世纪，古罗马有位名医盖伦，他一生写的256本医书，长期被西方奉为神明，连书中的错误也被以讹传讹，认为是对的，如书上写道：人的大腿骨是弯的。后来经过生理解剖，人们发现人的大腿骨是直的。可是这个本该纠正的错误仍难以纠正，居然有人辩解说：古罗马时期的人穿裙子，所以腿骨是弯的，人们开始穿裤子以后腿骨才直了。

（资料来源：周恢、钟晓红，《创新创业教育》，2019年）

6. 自我中心型思维障碍

自我中心型思维障碍包括两种：一是过于迷信自己，秉持一己之见，自以为是，刚愎自用，听不得不同声音和不同意见；二是存在着反面类型的"自我中心"，如存在自卑、麻木、偏执、浮躁、懒惰、封闭、怯懦、侥幸等心理。历史上马谡失街亭的故事就是最经典的案例。

（二）破除思维障碍

1. 保持对世界的热情

习近平总书记指出，"生活从不眷顾因循守旧、满足现状者，从不等待不思进取、坐享其成者，而是将更多机遇留给善于和勇于创新的人们"。创新者需要保持内心的激情和童真，能够始终对世界充满热情。你期望什么，你就会得到什么，你得到的不是你想要的，而是你期待的。爱迪生也说过，有史以来，没有任何一件伟大的事业不是因为热忱而成功的。热情就是让人在面对困难时坚持下来的精神力量，它激励和鼓舞着一个人继续努力；热情让人能够精力充沛，达到废寝忘食、忘我的境界，充分激发内在的潜能。因此，打破思维障碍离不开热情。

2. 换个角度看世界

美国科学家贝尔说，创新有时需要离开常走的大道，潜入森林，这样你就肯定会发现前所未见的东西。同样的一件事情换个角度去观察和思考，会有不同的收获。换一个角度看待世界，是一种突破、一种超越、一种创新；换一个角度看世界，世界无限广大。万物皆变，变则通，这是世界演化的不变的法则。

3. 放飞想象

爱因斯坦指出，想象力比知识更重要，因为知识是有限的，而想象力概括着世界的一切，推动着进步，并且是知识进化的源泉，是破除思维障碍的动力。

三、创新思维的类型（常用方法）

（一）发散思维

发散思维是创新思维的标志，是创新思维的核心。一个人发散思维的好坏，代表了他的创新思维的品质和基本水平。

1. 什么是发散思维

发散思维（又称辐射思维、放射思维、扩散思维和求异思维）是常用的创新性思维方法，它是根据已有的某一点信息，运用已有的知识、经验，通过推测、想象，沿着各种不同的方向去思考，重组记忆中的信息和眼前的信息，产生出新的信息的一种思维方式。发散思维原理如图9-1所示。

发散思维不依常规，寻求变异，对给出的材料、信息从正反两极进行比较，因而视野开阔，思维活跃，可以产生大量独特的新思想。数学教学中一题多解的训练就是培养学生发散思维的一个好方法,它可以通过纵横发散,使知识串联、综合沟通,收到举一反三的效果。

2. 发散思维的特点

(1)流畅性——你想到了多少主意。

流畅性是指在尽可能短的时间内产生尽可能多的方式和方法,表达出尽可能多的思想和观念。流畅性反映的是发散思维的速度和数量特征。

(2)变通性——你想到了多少不同种类的主意。

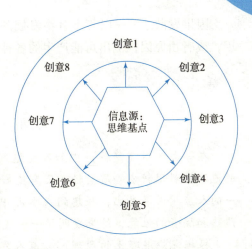

图9-1 发散思维原理

变通性就是克服个体已有的思维框架和定势,按照某种新视角、新观念、新途径来思考问题的思维特征。变通性需要借助横向类比、触类旁通等方法,使发散思维沿着不同的方向扩散,从而表现出思维的多样性和多面性。变通性是发散思维的关键。

(3)独特性——你想到了多少与众不同的主意。

独特性是指人们在思维过程中作出不同寻常的新奇反应的能力。独特性用以表现发散思维的新奇成分,是发散思维的最高目标,也是创新思维的标志。缺少独特性的思维活动不是创新思维。

(4)多感官性——"激"中生智。

发散性思维不仅运用视觉思维和听觉思维,而且充分利用其他感官接收信息并进行加工。发散思维还与情感有密切关系。如果思维者能够想办法激发兴趣,产生激情,把信息感性化,赋予信息以感情色彩,就会提高发散思维的速度与效果。发散思维有助于我们找到问题的许多答案,但一定要注意,在解决面临的实际问题时,真正高水平的发散思维是在短时间内找到正确答案而不是许多答案。

3. 方法

(1)一般方法。

功能发散法——从某事物的功能出发,构想出获得该功能的各种可能性。

形态发散法——以事物的形态为发散点,设想出利用某种形态的各种可能性。

方法发散法——以某种方法为发散点,设想出利用方法的各种可能性。

材料发散法——以某个物品尽可能多的"材料"为发散点,设想它的多种用途。

组合发散法——以某事物为发散点,尽可能多地把它与别的事物组合成新事物。

结构发散法——以某事物的结构为发散点,设想出利用该结构的各种可能性。

因果发散法——以某个事物发展的结果为发散点,推测出造成该结果的各种原因,或者由原因推测出可能产生的各种结果。

气泡混凝土(方法发散)

在合成树脂(塑料)中加入发泡剂,使合成树脂中布满无数微小的孔洞,这样的泡沫塑料用料省、质量轻,又有良好的隔热和隔音性能。日本的一个名叫铃木信一的人应用因果类比,联想到在水泥中加入一种发泡剂,使水泥也变得既轻又具有隔热和隔音的性能,结果发明了一种气泡混凝土。

根据气泡混凝土的原理,又有人发明了加气水泥砖、气泡水泥、气泡砖、加气混凝土砌块等。产品具有隔热保温效果好、质量轻、单体面积大、施工效率高、比实心黏土砖综合造价低、其他综合性能好等众多优点,受到了市场的认同和欢迎。

多加了一个孔的味精瓶(结构发散)

日本有一厂家生产瓶装味精,质量好,瓶子内盖上有4个孔,顾客使用时只需甩几下,很方便,可是销售量一直徘徊不前。全体职工费尽心思,销售量还是不能大增。后来一位家庭主妇提了一条小建议。厂方采纳后,不费吹灰之力便使销售量提高了近1/4。

那位主妇的小建议是:在味精瓶的内盖上多钻一个孔。由于一般顾客放味精时只是大致甩个两三下,4个孔时是这样甩,5个孔时也是这样甩,结果在不知不觉中多用了近25%。

(资料来源:百度文库,2019-11-05)

(2)集体发散思维。

发散思维不仅需要用我们自己的大脑,有时候还需要用上我们身边的无限资源,集思广益。集体发散思维可以采取不同的形式,比如我们常常戏称的"诸葛亮会"。

(3)假设推测法。

假设的问题可以是任意选取的,也可以是有所限定的,但不论是哪种,都必须是与所涉及的事实相反的情况,是暂时不可能的或是现实不存在的事物对象和状态。由这种方法得出的观念可能大多是不切实际的、不可行的、荒谬的,但这并不重要,重要的是有些观念在经过转换后,可以成为合理的、有用的思想。

(二)聚合思维

1. 什么是聚合思维

聚合思维也叫作"收敛思维""求同思维""辐集思维""集中思维",是指在解决问题的过程中，尽可能利用已有的知识和经验，把众多的信息和解题的可能性逐步引导到条理化的逻辑序列中去，最终得出一个合乎逻辑规范的结论。它与发散思维相反，是一种有方向、有范围、有条理的收敛性求同思维方式，是把发散开来的不同部分、不同方面、不同来源、不同材料、不同层次、不同角度的众多思路信息聚集成一个焦点，对发散思维结果进行系统全面考察、分析、归纳，把多种想法理顺、筛选、综合、统一为一个整体，从众多可能性结果中选出一个大家认为现有条件下能合理解决问题、有实用价值的最佳方案的思维方法。

聚合思维法是人们在解决问题的过程中经常用到的思维方法。例如，科学家在科学试验中，要从已知的各种资料、数据和信息中归纳出科学的结论；企事业单位的合理化改革，要从众多方案中选取最佳方案；公安人员破案时，要从各种迹象、各类被怀疑人员中发现作案人和作案事实，这些都需要运用聚合思维方法。聚合思维原理如图9-2所示。

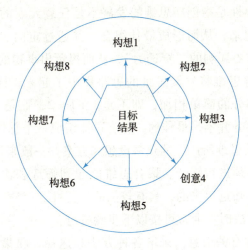

图9-2 聚合思维原理

5why分析法

在日本丰田汽车公司，曾经流行一种管理方法，叫"5why分析法"。就是说，对公司出现的问题，采用5why分析法也就是追问到底的态度，以便找出最终原因。

比如，公司的某台机器突然停了，那就沿着这条线索追问下去：

问："机器为什么停了？"

答："因为保险丝断了。"

问："为什么保险丝会断？"

答："因为超负荷而造成电流太大。"

问:"为什么会超负荷?"

答:"因为轴承枯涩不够润滑。"

问:"为什么轴承枯涩不够润滑?"

答:"因为抽油泵吸不上润滑油。"

问:"为什么抽油泵吸不上润滑油?"

答:"因为抽油泵产生了严重磨损。"

问:"为什么抽油泵产生了严重磨损?"

答:"因为抽油泵未装过滤器而混入了铁屑。"

追问至此,最终原因找到了,解决的方法自然也就很明了了。给抽油泵装上过滤器,再换上保险丝,机器就可以正常运转了。

2. 聚合思维的基本特征

(1)聚焦性。聚焦性是指创新思维的发展不是任意元素的组合,而是把发散后得到的有益设想集中起来,从而形成最佳组合,并通过定向、定点思考,使思维达到一定的深度,且具有更犀利的"穿透力",从而揭示出事物的本质。

(2)整体性。聚合思维将发散思维的思路集中了起来,体现了系统的整体性。其功能不是各个组成部分的简单相加,即不是 $1+1=2$,而是 $1+1>2$,也就是说,即使系统的各个组成部分并不是最佳的,却有可能组成一个总体功能最佳的系统。

(3)可行性。发散思维所产生的众多设想和方案,一般来说多数都是不成熟的,对发散思维的结果,必须进行筛选。聚合思维能起到筛选和比较的作用,即设想和方案是按照实用性标准筛选出来的,具有较强的可行性。

在应用聚合思维方法时,通常可按以下步骤进行:

(1)收集掌握各种有关信息。采取各种方法和途径,收集和掌握通过发散性思维获取的各类信息,数量越多越好,这是应用聚合思维的前提,有了这个前提,才有可能得出正确结论。

(2)对掌握的各种信息进行分析和筛选,这是聚合思维的关键步骤。通过对所收集到的各种资料进行分析,区分出它们与所要解决问题的相关度,把重要的信息保留下来,把无关的或关联性不大的信息淘汰掉。经过清理和选择后,还要对各种相关信息进行概括、比较、归纳,从而找出它们的共同特性。

(3)客观地、实事求是地得出科学结论。创造性活动,从思维角度来看,是发散思维与聚合思维结合运用的过程。发散思维是"多谋",聚合思维是"善断",二者是辩证统一的关系。由于创造性思维中的创造性产物不可能在原有的经验和方法中产生,所以它既需要发散思维,又需要聚合思维。只有通过发散思维,才能开阔思路,拓宽视野,从而提出多种新设想、新办法。因此,创造性首先表现在发散性上,但是创造性活动只有发散思维是难以完成的。其目的是要从中找到正确的答案、最佳的方案、最新的结论等，这必须用聚合思维才能达到。因此，创造性产物往往是发散思维和聚合思维共同发挥作用的结果。从这个意义上讲，发散思维是聚合思维的基础，聚合思维则是发散思维的出发点和归宿，所以，聚合思维是创造性思维的重要组成部分。

日本人是如何找到大庆油田位置的

20世纪60年代，日本出于战略上的需要，非常重视中国石油的发展，于是把弄清大庆油田的情况作为情报工作的主攻方向。当时，由于各种原因，大庆油田的具体情况是保密的。然而，由官方对外公开播发的宣传中国工人阶级伟大精神的照片，在日本信息专家的手里变成了极为重要的经济信息，他们通过这些信息揭开了大庆油田的神秘面纱。

在1966年7月的一期《中国画报》上，日本人看到：大庆油田的"铁人"王进喜头戴狗皮帽，身穿厚棉袄，顶着鹅毛大雪，手握钻机刹把，眺望远方，在他背景远处错落地矗立着星星点点的高大井架。他们根据这张照片上人的服装衣着判定："大庆油田是在冬季为零下30℃的中国东北北部地区，大致在哈尔滨与齐齐哈尔之间。"其依据是：唯有中国东北的北部寒冷地区，采油工人才必须戴狗皮帽和穿厚棉服。后来，到中国来的日本人坐火车时发现，从东北来往的油罐车上有很厚的一层土，从土的颜色和厚度，证实了"大庆油田在中国东北北部地区"的论断是对的，但大庆油田的具体地点还是不清楚。

日本人又根据有关"铁人"事迹的介绍，王进喜和工人们用肩膀将百吨设备运到油田，表明油田离铁路线不远。据此，他们便判断出大庆油田的大致方位。在1966年10月，日本人又从《人民中国》杂志上看到了石油工人王进喜的事迹。分析中得知，最早的钻井是在东北的北安附近，并且离火车站不会太远。在英雄事迹宣传中有这样一句话，王进喜一到马家窑看到大片荒野说："好大的油海，我们一定要把石油工业落后的帽子丢到太平洋去。"于是，日本人从旧地图上查到"马家窑是位于黑龙江海伦县（今为海伦市）东南的一个小村，在北安铁路上一个小车站东边十多公里处"。就这样，日本终于把大庆油田的地理位置弄清楚了。

（资料来源：百度文库，2020-11-29）

日本人探查大庆油田具体地理位置的过程，就是运用了聚合思维。他们把能够收集的我国公开发表的信息，沿着由表及里层层剥笋的办法，逐一分析判断，最后综合出他们想要的情报信息。

(三)联想思维

1. 什么是联想思维

联想思维是由一事物的概念、方法、形象想到另一事物的概念、方法和形象的心理活动。比如,由此及彼、由表及里、举一反三就是联想思维的体现。

联想可以让人很快地从记忆里调出所需要的信息,构成一条信息链,通过事物的接近、对比、同化等条件,把许多事物联系起来思考,有助于拓展思路,加深对事物之间联系的认识,并由此形成创造性的构想和方案。现实中,许多创造就来自人们的联想。

隐身衣

苏联卫国战争期间,列宁格勒(现名"圣彼得堡")遭到德军的包围,经常受到敌机的轰炸。苏军伊凡诺夫将军在一次视察战地时,看见有几只蝴蝶在花丛中时隐时现,令人眼花缭乱。这位将军随即请来昆虫学家施万维奇,让他设计一套蝴蝶式防空迷彩伪装方案。施万维奇参照蝴蝶翅膀花纹的色彩和构图,运用防护、变形和仿照三种伪装方法,将活动的军事目标涂成与地形相似的巨大多色斑点,并在遮障上印染了与背景色相似的彩色图案。就这样,苏军数百个军事目标就像披上了神奇的"隐身衣",大大降低了重要目标的损伤率,有效地防止了德军飞机的轰炸。

(资料来源:百度文库,2021-07-14)

联想是开启人们思路、升华人们思想的导火索和催化剂,没有广泛而丰富的联想,就不可能促进科学技术的巨大飞跃。研究和实践证明,人们的联想跨度是很大的,两个风马牛不相及的事物,只要在它们之间加上几个环节,就能实现联系起来的愿望。这种大跨度的联想思维能力,往往具有很强的创造力。因此,联想对于人们开阔思路、寻求新对策、谋求新突破大有帮助。

2. 联想思维的形式

(1)接近联想。接近联想是指在时间和空间上相互接近的事物之间形成的联想。例如,桌子上面有书本,下面有椅子;闪电—雷鸣—下雨—滴答声。

牛奶 + 面包 + 蛋糕

国外一家公司既经营鲜牛奶,又经营面包、蛋糕等食品。这家公司出售的牛奶质优价廉，并且每天都能在天亮以前将牛奶送到订户门前的小木箱内。所以，牛奶的订户不断增多，公司获利越来越大。可是这家公司经营的面包、蛋糕等食品，虽然也质优价廉，但是由于门市部所在的地段较偏僻，来往的行人不多，所以营业额一直不大。这家公司的老板当然知道通过报纸和电台做广告是有作用的。但他同时也清楚，这要付出很大代价，而且面包、蛋糕类食品，不同于一般大件商品，在报纸或电台上发布其名称、价格，很难引起消费者的注意。该公司老板最终想出一个投资不大而宣传效果又极佳的推销面包、蛋糕的方式：设计、印制一种精美的小卡片，正面印各种面包、蛋糕的名称和价格，卡片的背面是订货单，可填写需要的品名数量、送货时间及顾客的签名。每天把它挂在牛奶瓶上送给订户，第二天再由送奶人收走，第三天便能将所订的面包、蛋糕等食品随同牛奶一起送到订户家中。在这家公司没开展这项业务之前，订户们需要自己上街去买早上吃的面包、蛋糕，不但费时费事，往往还要一次买够几天的需要量，这就影响了面包、蛋糕的新鲜度。再则，公司为订户所送的面包、蛋糕，其价格还比从街上零售店买的要便宜一些。公司老板运用接近联想法想出的这种推销面包、蛋糕的办法，既扩大了销路，增加了盈利，又不失为一种便民利民之举，因而大受欢迎。

（资料来源：百度文库，2020-03-14）

（2）相似联想（类似联想）。相似联想是指在形式、性质或意义上相似的事物之间形成的联想。例如，由语文书联想到数学书，由钢笔联想到铅笔。这种联想也可以运用到发明创造过程中。

牧童的专利

美国有个叫杰福斯的牧童，他的工作是天天把羊群赶到牧场，并监视羊群不越过牧场的铁丝网到相邻的菜园里吃菜。

有一天，杰福斯在牧场上不知不觉睡着了。不知过了多久，他被一阵怒骂声惊醒。只见老板怒目圆睁，大声吼道："你这个没用的东西，菜园被羊群祸害得一塌糊涂，你还在这里睡大觉！"杰福斯吓得面如土色，不敢回话。这件事发生后，机灵的杰福斯就想，怎么才能使羊群不再越过铁丝网呢？他发现，一片有玫瑰花的地方，羊群从不过去。他经过观察发现，原来是羊害怕玫瑰花的刺。"有了，"杰福斯兴奋地跳了起来，"假如在铁丝上加一些刺，就可以挡住羊群了。"

于是，他先将铁丝剪成了5厘米左右的小段，然后把它结在铁丝网上当刺。结好之后，他再放羊的时候，发现羊群起初仍试图越过铁丝网去菜园，但每次被刺疼后就惊恐地缩了回来。被多次刺疼后，羊群就再也不敢碰铁丝网了。

杰福斯成功了。半年后，他申请了这项专利，并获批准。后来，这种带刺的铁丝网便风行全世界。

（资料来源：百度文库，2020-01-02）

（3）对比联想（相反联想）。对比联想是指通过对某一事物的感知和回忆引起对与其特点相反的事物的联想。例如，黑与白，大与小，水与火，黑暗与光明，温暖与寒冷。

白与黑

韩国的金光中曾生产过一种叫"抱娃"的黑皮肤娃娃玩具在百货公司里销售。他为了宣传这种玩具，还刊登了广告。可是这种玩具的销路一直不好，几乎无人问津。百货公司让他拿回去。无奈，金光中只得把"抱娃"取了回来，堆放在仓库里。金光中的儿子是一位肯动脑筋的年轻人。他注意到，百货公司里有一种身穿泳衣的女模特模型，女模特模型有一双雪白的手臂。他想：假如把这种黑色的"抱娃"放在女模特模型雪白的手腕上，那真是黑白分明，有了这种鲜明的对比，说不定顾客会喜欢"抱娃"呢。于是他决定一试，他费尽口舌，终于说服了百货公司，同意让女模特模型手持"抱挂"。这一招果然奏效。凡是从女模特模型前走过的女孩都会情不自禁地打听："这个'抱娃'真好看，哪儿有卖？……"原来无人问津的"抱娃"，一时间成了抢手的热门货。后来，他又请了几位皮肤白皙的女士，身着夏装，手中各拿一个"抱娃"，在繁华的街上"招摇过市"，这一下子吸引了过往行人的注意，连新闻记者也纷纷前来采访。一时间，报纸上竞相刊登出多篇有关"抱娃"的报道。没想到，这一成功的推销策略竟然掀起了一股"抱娃"热。

（资料来源：百度文库，2021-08-12）

（4）因果关系联想。因果关系联想是指由两个事物之间的因果关系形成的联想。

冰制的管子

有一个南极探险队首次在南极过冬时，遇到了这样一个难题：队员们打算把船上的汽油输送到基地，但由于输油管的长度不够，当时又没有备用的管子，所以无法输送。正当大家一筹莫展时，队长帕瑞格突发奇想：南极到处都是冰，能不能用冰来做成冰管子呢？由于南极气温极低，水在室外可立刻结成冰，这个联想并非是不切实际的空想。但用冰做管子，怎样才能使冰形成管状又不会破裂呢？帕瑞格又想到了医疗用绷带，在出发时科考队带了不少这样的绷带，他们试着把绷带缠在铁管子上，然后在上面浇水，水结成冰后，再拔出铁管子，这样果然做成了冰管子。他们再把冰管子一截一截地连接起来，需要多长就接多长。他们靠这些冰制的管子，最终解决了输油管长度不够的难题。

（资料来源：百度文库，2021-06-13）

（四）想象思维

1. 什么是想象思维

所谓想象，就是以客观信息为基础，在大脑中塑造出来的一种超越现实的思维能力，它是对大脑内已有的记忆表象进行加工、改造或重组而创造出新形象的思维活动。

想象思维的基本元素是记忆表象。表象是外界事物在人脑中留下的信息，包括静止的、活动的画面，平面的、立体的画面，有声的、无声的画面。作为心理过程的结果，它是在大脑中保持的客观事物的形象。我们在看小说时，头脑中会出现各种人物和情景的形象；久别的老同学偶然相遇时，从前在一起生活、学习的情景就会浮现在眼前。这些形象和情景就是想象表象。

想象思维是个体对已有表象进行加工并产生新形象的过程。想象以记忆表象为基础，但它不是记忆表象的简单再现。想象是形象系统对客观现实的超前反映。工程师根据自己在建筑方面积累的经验，设计出建筑物的形象。在想象中，这些记忆表象的画面就像过电影一样，在脑中涌现，经过黏合、夸张、人格化等加工，形成新的有价值的表象，此时，新想法、新技术、新产品自然也就出现了。

经典案例

将星星卖给你——只要敢于想，什么都挣钱

美国史密森尼天文物理研究所在编写星象目录时，对尚未正式命名的 25 万颗小星星动起了脑筋。对这些没有命名、肉眼也看不到的小星星可以做些什么文章呢？在创造性思维的推动下，一个"惊天动地"的创意产生了：该所办起了公司，做起了专售星象的买卖。其广告称："您想让自己的名字永垂宇宙吗？您想让自己爱侣的芳名辉映星空吗？您想让自己亲友的英名永驻天际吗？250 美元便能让您如愿以偿。"任何人只要花 250 美元就能得到"星象命名公司"的一张星座图，知道天上的哪颗星星属于自己，且有一份正式的登记表。真是天大的诱惑，特别是对于那些手头不缺钱的人来说。可以计算，250 乘以 25 万是一个多么庞大的数字，而他们的付出却是那么有限——提出创意。可见，创意就是财富。

（资料来源：腾讯网，2021-08-19）

韩信带兵

韩信是我国历史上有名的将领。有一天,刘邦想试一试韩信的智谋。他拿出一块五寸见方的布帛,对韩信说:"给你一天时间,你在上面能画多少士兵,我就让你带多少兵。"站在一旁的萧何想:这一小块布帛,能画几个兵?不想韩信毫不迟疑地接过布帛就走了。第二天,韩信按时交上了布帛,上面虽然画了些东西,但一个士兵也没有。刘邦看了却大吃一惊,心想韩信的确是一个胸怀千万兵马的统帅,于是把全部兵权都交给了他。那么,韩信在布帛上究竟画了些什么呢?原来,韩信在布帛上画了一座城楼,城门口微露战马马头,一面"帅"字旗迎风飘展。画中虽没见一兵一卒,却可想象到帅旗后的千军万马。

(资料来源:百度文库,2019-02-25)

想象力的实质是沉积在大脑深处的信息被激活、被调动起来,重新进行编码组合,进而得到一种超越现实的结果。想象力能使现实中没有的事物和信号,通过想象勾画出来,从而实现思维的跨越。创造学之父奥斯本曾说:想象力是人类的试金石,人们正是依靠想象力征服了世界。想象力的培养并不需要昂贵的设施,且不受场地、时间的限制,它的培养是在日常生活中随时随地都可以进行的。

2. 想象思维的特征

(1)形象性。想象思维活动的基本单元是表象,是通过对已有表象进行加工进而创造新形象的过程,它加工的对象是形象信息,而不是语言或符号。有了想象,我们看小说时就可以"见到"人物的音容笑貌;看图纸时就全"看到"三维的物体;看设备说明书时就会"见到"设备的外形和结构。想象思维的过程和结果丰富多彩、生动活泼、直观亲切,它的这一特点使它完全区别于逻辑思维。

(2)概括性。想象思维是以形象形式进行的,因而具有概括性。例如,把地球想象成鸡蛋:蛋壳是地壳,蛋白是地幔,蛋黄是地核。科学家把原子结构想象成太阳系:太阳是原子核,核外电子是行星,这些"行星"围绕着原子核高速旋转。

(3)超越性。想象是对客观现实的超前反映,在这一过程中可能会创造出新事物、新看法和新技术。

3. 想象思维的形式

(1)无意想象。无意想象是事先没有预定的目的,不受主体意识支配的想象。无意想象是在外界刺激作用下不由自主地产生的。例如,人们在观察天上的白云时,觉得它有时像棉花,有时像仙女,有时又像野兽。人们在睡眠时做的梦,精神病患者在头脑中产生的幻觉等,这些也是无意想象。无意想象可以激发灵感的产生,但它不能直接创造出新东西,必须在有意想象的主导下才有可能实现。

(2)有意想象。有意想象是事先有预定的目的,受主体意识支配的想象。它是人们根据一定的目的,为塑造某种事物形象而进行的想象活动,这种想象活动具有一定的预见性、方向性。有意想象一般分为再造型想象、创造型想象和幻想型想象。再造型想象是根据他人的语言叙述、文字描述或图形示意,形成相应形象的过程。例如,读小说、诗歌想象出人物的形象和场面,看舞蹈、听音乐想象出相应的画面。创造型想象是不依据现成的描述而独立创造出新的想象表象的过程。幻想型想象是与生活愿望相结合并指向未来的想象。巴尔扎克曾说:想象是双脚站在大地上行进,脑袋却在腾云驾雾。

科幻小说的启示

1861年,被人们称为科幻小说之父的美国著名作家凡尔纳,曾在一部小说里描绘了以下的景象:美国的佛罗里达州将设立一个火箭发射站,火箭从这里发射,飞往人们向往已久的月球,他还具体描述了飞行员在宇宙飞船中失重的情景。天下之大,无奇不有。到了1961年,美国真的在佛罗里达州发射了人类第一艘载人宇宙飞船。而且,宇航员在太空中的许多失重情景,竟和凡尔纳在想象中描写的一样。不仅如此,直升机、雷达、导弹、坦克、电视机等的雏形,也都在凡尔纳的小说中出现过。第二次世界大战初期,德国人制造的潜水艇,与凡尔纳小说中描绘的相差无几。第一个把宇宙火箭送上天空的苏联科学家齐奥尔科夫斯基,也是从凡尔纳的小说《从地球到月球》里得到启示的。凡尔纳所写的科幻小说,通过神奇无比的想象,无与伦比的精确预示,100多年来给无数青少年和科学家启迪。

(资料来源:豆丁网,2016-07-24)

(五)逻辑思维

1. 什么是逻辑思维

逻辑思维常被称为"抽象思维"或"闭上眼睛的思维",是指符合某种人为设定的思维规则和思维形式的思维方式。逻辑思维具有规范、严密、确定和可重复的特点。我们所说的逻辑思维主要指遵循传统形式逻辑规则的思维方式。逻辑思维是人脑的一种理性活动,思维主体把感性认识阶段获得的对于事物认识的信息材料抽象成概念,运用概念进行判断,并按一定逻辑关系进行推理,从而产生新的认识。

2. 特征

判断的特征:一是判断必须对事物有所断定;二是判断总有真假。

推理的特征：在演绎推理方面的逻辑特征是必然性推理，如果前提是真，那么结论一定是真；在非演绎推理方面的逻辑特征是或然性推理，虽然前提是真的，但不能保证结论是真的。

3. 方法

（1）定义。定义是揭示概念内涵的逻辑方式。定义的基本方法是"种差"加最邻近的"属"概念，是用简洁的语词揭示概念反映的对象的特有属性和本质属性。

定义的规则：一是定义概念与被定义概念的外延相同；二是定义不能用比喻；三是不能用否定形式；四是不能循环定义。

（2）划分。划分是将"属"概念按一定标准分为若干种概念，是明确概念全部外延的逻辑方法。

划分的逻辑规则：一是一个划分过程只能有一个标准；二是子项外延之和等于母项的外延；三是划分出的子项必须全部列出；四是划分必须按属种关系分层逐级进行，不可以越级。

（六）辩证思维

1. 什么是辩证思维

辩证思维通常被认为是与逻辑思维相对立的一种思维方式，是指以变化发展的视角认识事物的思维方式。在逻辑思维中，事物一般是"非此即彼""非真即假"；而在辩证思维中，事物没有绝对性，可以在同一时间里"亦此亦彼""亦真亦假"，并且这种思维模式对思维活动的正常进行没有阻碍。

辩证思维模式是唯物辩证法在思维中的运用，是以动态发展的眼光来观察和分析问题，联系、发展的观点也是辩证思维的基本观点。辩证思维是客观辩证法在思维中的反映，唯物辩证法的观点、范畴、规律完全适用于辩证思维。对立统一规律、质量互变规律和否定之否定规律等唯物辩证法的基本规律也同样适用于辩证思维，形成辩证思维的基本规律，即对立统一思维法、质量互变思维法和否定之否定思维法。

2. 方法

（1）联系。联系是指从空间上来考察思维对象的横向联系的一种观点，就是运用普遍联系的观点来考察思维对象的一种观点方法。

（2）全面。全面就是对思维对象做多方面、多角度、多侧面、多方位的考察的一种观点方法；是运用全面的观点去考察思维对象的一种观点方法，即从时空整体上全面地考察思维对象的横向联系和纵向发展过程。

（3）发展。发展是从时间上来考察思维对象的过去、现在和将来的纵向发展过程的一种观点方式，就是运用辩证思维的发展观来考察思维对象的一种观点方法。

全面思考问题

日本江户时代有一位将军需要到东照宫去觐见天皇，不料在他出发的前一天下了一场暴雨，造成石砌的城墙坍塌，挡住了觐见的道路。因为道路狭窄，当地的城主不得不想办法把这些石头弄走。

城主带了许多手下来，他们本想把抬来的原木放在地上，然后把石头放在原木上，滚动前行，但是原木却嵌入了稀泥之中，石头根本无法滚动。而且石头过于庞大，如果要把它们一块块抬走的话，需要很长一段时间。总之，无论使用何种方法，他们都不能尽快搬走石头。按照当时的日本法律，在这种情况下，城主一定会被判为死罪。城主无计可施，决定剖腹自尽。这时候，一名伊豆守向城主建议：在石头的周围挖坑，把石头埋起来。这位伊豆守的思考方式和别人截然不同，别人只是想着如何把石头运走，而他却反其道而行，如何在不搬走石头的情况下解决问题。

（资料来源：常亚北，《别让惯性思维骗了你》，2017 年）

破除思维定式，需要摒弃你的经验和感觉的限制，全面思考问题本身，从而想到合适的方法。对于一个善于开发和使用自己大脑的人来说，没有什么事情是荒诞的，任何看似荒诞的事情都有其存在的必然性。

（七）"互联网＋"思维

1. 什么是"互联网＋"思维

在"互联网＋"社会，互联网思维得到了大规模的运用，更好地了解互联网思维能够开拓创新思路，在面对问题的时候获得更好的解决方案。"互联网＋"代表一种新的经济形态，即充分发挥互联网在生产要素配置中的优化和集成作用，将互联网的创新成果深度融合于经济社会各领域之中，提升实体经济的创新力和生产力，形成更广泛的以互联网为基础设施和实现工具的经济发展新形态，为产业智能化提供支撑，增强新的经济发展动力，促进国民经济提质增效升级。"互联网＋"思维的精髓主要包括互联网思维、手机思维、连接思维和数据思维。毋庸置疑，创新是"互联网＋"思维的灵魂。

2. 互联网思维的特点

在移动互联的时代，任何环节的信息交流均会被加速，所谓互联网思维，就是指通过互联网技术，改变人、物、信息之间关系的规律和方法。

（1）民主平等。首先，在网络平台上，人们的身份、职业、地域、年龄等社会标识都被淡化，每位网民都化身为一个简单的"ID"（身份标识号码）；其次，网络互联的过程就是将话语权打碎、均衡分配的过程，每个人都可以发布消息，针对不同现象发布评论；再次，随着移动互联网和社交网络的发展，人们更能快速找到网络上生活在五湖四海的志同道合的朋友。

（2）体验。在互联网生活中，网民由一成不变的旁观者转变成社会事件的参与者和体验者；互联网公司对网民"现场感""参与感"越来越重视。每一位网民都有可能是产品的体验者、推销者，也可能是突发事件的报道者、见证者，真实感受和"瞬时呈现"使"体验"更具说服力。

（3）开放。网络信息传播无边界、进入低门槛，互联网成为汇聚和分享信息的平台。只要有网络，网民便可进入和使用互联网，可以上传和下载信息，可以贡献自己的想法和主意，也能借鉴别人的创意和思路。

3. 互联网思维的内容

（1）用户思维。互联网思维最重要的就是用户思维。用户思维是指任何一个行业在价值链各个环节中，都要以用户为中心，做到极致地深挖用户的真实想法，以此为出发点进行产品或服务的针对性开发。

成功的互联网产品多抓住了"消费者的需求"。QQ、百度、淘宝、微信、YY、小米，无一不是注重消费者的企业。了解这些用户的需求，尽力去满足消费者，就能得到大量的用户。比如，有一位创业者，要做城中村房屋出租业务。通过市场调查，他了解到，租客需要快速稳定的网速，但是城中村都是见缝插针建房子，非常密集，网络不稳定，经常掉线。创业者根据这些用户需求，在网络上投入了不少设备，可以保证每个房间都有高速上网的环境。就这样一个简单的思维改变，原来很不好租的房子，基本能够做到98%以上的出租率。当用户变为医院的医生、护士时，创业者了解到，年轻的医生、护士基本都要值夜班，他们最需要的就是值完夜班后，白天能够有一个好的休息环境，所以他们需要的是隔音效果好的房子；而且，医生、护士都比较爱卫生，他们需要好的卫生间，需要24小时有热水可以洗澡。根据这些用户需求，创业者又租下医院附近的几栋农民房并进行改造，把每个房间的隔音做好，卫生间做好，再次让房子热销。

这就是典型的用户思维：知道你的用户是谁，他们有哪些最痛的痛点，然后做出解决他们痛点的产品或服务。

（2）迭代思维。迭代是重复反馈过程的活动，目的是逼近所需目标或结果。每一次对过程的重复称为一次"迭代"，而每一次迭代得到的结果会作为下一次迭代的初始值。

（3）流量思维。流量思维是指对业务运营的理解。互联网企业都有很典型的流量思维，"流量即入口""流量就是金钱"等理念，推动着互联网企业采取流量为先的策略。免费是获取流量的典型方式。免费不等于不收费，免费是为了更好地收费。

（4）平台思维。平台思维指对商业模式、组织形态的理解，是开放、共享、共赢的思维。互联网三大巨头百度、阿里和腾讯分别构建了搜索、电商、社交三个领域的生态体系，分别成为各自领域的平台组织。对于传统企业而言，如何思考自身企业商业模式的设计？在互联网影响下，如何完成组织制度的重新设计？这些都是这场互联网转型攻坚战中的关键命题。

人类的活动史就是一部创造史，而人类智慧的核心内容——创造性思维，是人类从事创造性活动的精神源泉。本章首先分析了创新思维的内涵，求实性、灵活性、跨越性、批判性、联想性、综合性和风险性是创造性思维的主要特征。创造性思维能产生新颖性的思维结果，也包含多种多样的实现形式。突破创新思维障碍是思维创新的一个重要环节，创新是一个民族进步的灵魂。培养创造性思维不仅是企业保持旺盛生机和活力的源泉，也是国家兴旺发达的不竭动力。创造性思维可以使人们不断获得新知识，提升人们的认知能力和水平，激励人们进一步进行创造活动，也可以帮助人们积极思考，从而不断产生新的创新思想和作品。只有明确了创造性思维的培养途径，人们才能有意识地培养创造性思维，并将其灵活运用。

第三节　创意与开发

雀巢的创意

雀巢咖啡的目标消费群以 18~35 岁的大学生和年轻白领为主。为吸引这群追求创意、个性、喜欢网络分享的年轻人，2009 年 8 月 13 日—10 月 8 日，雀巢发起"咖啡玩上'饮'，漫画总动员"活动，倡导消费者创作雀巢咖啡"即饮饮料和你的趣味故事"，并奉上众多时尚大奖，借雀巢咖啡即饮饮料更换新包装之机，以网络为平台掀起新一轮品牌推广。雀巢通过自主开发的四格漫画在线创作程序，利用雀巢卡通素材创作漫画，并进行网络评选。无论是网站设计的风格，还是各种活泼生动

的卡通人物题材，都展现出符合年轻人口味的时尚感和原创性。在比赛中，创作的漫画必须包含场景、咖啡产品和品牌LOGO等元素，融入品牌形象，这样使得雀巢咖啡即饮饮料"无论到哪里，和你在一起"的产品特性深入人心，从而提升了品牌好感度。

讨论：你认为创意在创新中起什么作用？

一、创意的内涵及特征

1. 什么是创意

创意在中国是一个常用概念，也是创意学的核心概念。目前，创意有多种定义，可以从宏观和微观两个角度分析。创新是创造意识或创新意识的简称，它是指对现实存在事物的理解以及认知，所衍生出的一种新的抽象思维和行为潜能，对应的名词是创造力或创新力。创意是一种通过创新思维意识，从而进一步挖掘和激活资源组合方式进而提升资源价值的方法。创意是传统的叛逆，是打破常规的哲学，是思维碰撞，智慧对接，是具有新颖性和创造性的想法，是破旧立新的创造与毁灭的循环，不同于寻常的解决方法。

一般而言，"创意"是人们平常所说的"点子""主意"或"想法"，一般源于个人创造力、技能和才华。创意是将一些简单、平凡的元素或生活智慧经过不断延伸、整合，赋予另一种意趣、表现方式或呈现形态的过程。创意是创新的开始，是创新的源泉，任何伟大的创造，初始时往往只是一种思想的火花。这种思想的火花基于对传统的继承与叛逆，是破旧立新的创造。进而言之，创意是人类经历（概念和直觉）的混合物的整合，它们可能是简单的或者是复杂的；伟大的创意——不管是源自发达国家还是发展中国家——都能够产生巨大的新价值和财富。

进入21世纪以来，人类社会正逐步迈向一个创意经济时代，此时，人的创造力、想象力、创意成了核心，创意也逐渐成为推动经济发展的核心和主导力量，不再是简单的工业经济时代的规模决定一切，也不再是信息革命时代的技术万能。随着创意经济的出现，创意的本质深化为科学技术和艺术创造的结合，此结合力使人们重新认识到科学技术包含感性认识、艺术气质和美学内涵等方面，更强调个人的天赋。可见，在知识经济前提下，创意是新的"流通货币"。

对创意内涵的定义，可以从宏观和微观两个方面来具体理解。从宏观方面来说，创意是打破常规的哲学，是对传统的叛逆，是大智大勇的同义，是导引递进升华的圣圈，是一种智能拓展，是一种文化底蕴，是对点题造势的把握，是对宏观微缩的审视，是跳出"庐山之外"的思路，是超越自我、超越常规的导引，是智能与文化神奇组合的经济魔方，是思想库与智囊库的能量释放，是理性的思考与实践，是推动社会不断发展变化的强大动力，是思维的碰撞、智慧的对接，是创造性的奇思妙想，是投资未来、创造未来的过程。

从微观方面来说，创意是生产产品的能力，这些产品既要新颖又要恰当。对于创意产业或创意经济中的创意，研究者们有着明确的界定。被誉为"创意产业理论之父"的约翰·霍金斯（John Hawkins）在其《创意经济：如何点石成金》一书中指出："创意是能够给人类带来快乐的基本的、普遍的天赋，是催生某种新事物的能力，它表示一人或多人创意和发明的产生。"霍金斯进一步指出："任何创意都拥有三个基本条件，即个人性、独创性和意义。"首先，人类具有创意的能力，创意需要个人去观察，深层或者表面的东西都需要，然后让它们成型。其次，创意具有独创性，它可以是赋予某事物新的特征；也可以是全新的"从无中形成"，即"独特"或"崭新"。最后，创意具有深远意义，它一方面经由知识产权法和市场使个人性、原创性的创意转变成创意产品，实现创意的商业化、市场化运作，从而实现创意的巨大经济价值；另一方面还会满足人们创造的需求，带来创造的愉悦。

综上所述，创意是经济主体通过创造性思维活动而获得的，是对某种潜在获利机会的原创性识别与认知。"创意"的内涵可理解为源于个人自身文化和经验积累而获得的个人天赋，并能在经济、社会和技术高度发达的社会中迅速转化为获得财富的新思想和新观念。创意作为一种原创性的知识，既可以是某种新发明或新技术的内心感知，也可以是对某种新的要素组合方式、新的商业模式或新的市场需求的前瞻性判断与敏锐洞察；既可以是某种点子、想法，也可以是某种策划、思路或解决方案。

2. 创意的特征

创意作为一种特殊的生产要素具有不同于一般的已经显性化、编码化的知识，它的特征一般包括：难言性、创造性、价值性、不确定性、理由充分性和互补性。

（1）难言性。创意的难言性体现为它难以被准确地描述和表达，因为人的某种观念、想法、灵感等是非标准化的。创意的产生高度依赖于个体的直觉、体验和洞察力，是难以充分交流的。

（2）创造性。创意是对现有的不合理事物的扬弃，革除过时的内容，确立新事物。创意首先应当具有创造性，这是创意的本质特征。凡是创意，必然对原有思想、理论、技术、方法等有重大突破，并提出新的思想、理论、技术、方法等。马克思和恩格斯就是突破了黑格尔的唯心主义辩证法，费尔巴哈的形而上学唯物主义，亚当·斯密、李嘉图的政治经济学，以及圣西门、傅里叶、欧文的空想社会主义等的局限性，同时吸收了他们学说中积极的、合理的东西，从而创立了马克思主义。爱因斯坦突破了牛顿把时间、空间和物质运动割裂开来的绝对的、机械的时空观，揭示了高速度条件下时间、空间与物质运动的变化规律，创立了狭义相对论与广义相对论，为日后世界上一系列重大科学技术创新奠定了崭新的理论基础。

（3）价值性。创意具有"始创""修旧"之意，首创的意义在于第一个揭开了某一领域、某一方面的秘密，第一次揭示了某种内在规律，或发现、发明某种新理论、新技术、新方法，引起经济、社会的重大变革。从古今中外的历史来看，"创意"的主要特点是"始创"，即前无古人，独自创造。西方国家的三大能源发现（蒸汽能、电能、原子能）也是首创的；我国古代三大发明（火药、指南针、印刷术）当时在世界上是首创的。创意有明显、具体的价值，对经济社会具有一定的效益。

（4）不确定性。创意的不确定性集中体现为其使用价值和价值实现的未知性。例如，某种创意能否转化为某种现实的物化产品（服务），这种现实的物化产品（服务）能否被市场所接受，等等。这些在事前大都是未知的，只有最终经过市场的检验，才能够有明确的答案。

（5）理由充分性。创意的产生总是以一定的事实为依据的，任何创意都是建立在充分的根据之上的，在现实的基础上加以想象和联想，最终得到新颖的想法。创意要具备充足的理由，绝不是凭空想象，更不是胡思乱想。

（6）互补性。创意的互补性体现在其是在已有知识存量基础上的一种增量知识，是人类社会知识分工的一种深化，是一种分裂知识。创意本身并不直接转化为现实生产力，只有与已有的各种相关意识及各种类型的要素资源有机结合起来，并发生不同程度的嬗变，才能有效发挥其效能。

从对创意特征的描述中可以得出：首先，创意所强调的是通过各种元素的组合形成各种新的物质，获得新的创意，它不是简单地相加或者模仿，而是在原有基础上的一种创造。其次，创意是一种迁移，所谓迁移，就是用观察此事物的办法去观察彼事物，就是用不同的眼光去观察同一个现象；通过这种视角的迁移，人们可以创造出许多新鲜的、交叉的、融合的、异化的新事物。最后，创意的元素包罗万象，可以是抽象的，也可以是实际的；可以是虚构的，也可以是现实存在的。

经典案例

从卖花到卖花瓣

陈妍的创业之路从卖花到卖花瓣，再到现在的花瓣工艺品，她一直在花瓣上不断下功夫，至今她收获满满。一天，陈妍去参加朋友的婚礼，婚礼有一个环节是新娘出场的时候从空中撒下五颜六色的塑料花瓣。陈妍想：塑料花瓣没那么好看，要是鲜花花瓣就好了。但是追问朋友之后，朋友告诉她，鲜花花瓣太贵了，换成塑料花瓣能便宜一点。陈妍这时候想到，自己的花店收回出租的花篮之后，就会把这些鲜花扔进垃圾箱,如果把这些花的花瓣收集起来,低价卖给婚庆公司,不是变废为宝吗?说干就干,她把使用过的鲜花收集起来,把鲜艳的花瓣一片片撕下,再按不同颜色分类装进塑料袋。闻着一袋袋散发着清香的花瓣,陈妍幻想着美好的未来。

之后,陈妍带着花瓣到婚庆公司推销。婚庆公司被每千克200元的价格吸引了,他们都非常愿意以每千克180元的价格长期向她收购。就这样,陈妍与几家婚庆公司签订了收购花瓣的协议。时间一长,问题就出现了,新鲜花瓣的寿命只有两三天,而婚礼不是每天都能碰到的,很多花瓣都浪费掉了。陈妍为了给花瓣保鲜,频繁地向它们洒水,但很快就收到了婚庆公司的反馈意见:"鲜花瓣的水分很重,落地很快,很难营造出五彩缤纷的意境。"有什么办法既可以长时间保存,又能减轻花瓣的质量呢?陈妍想到,可以把鲜花加工成干花瓣,这样一举两得。在查阅了很多资料后,她借助用室内自然风干法,把鲜花瓣加工成了干花瓣,由于重量轻了,用的花瓣多了,她就把价格提高到了每千克580元。

这些带着淡淡清香的干花瓣,很快受到了新人们的喜欢,她的花瓣生意也越来越好,她直接把店名改成了"花瓣专卖店",专门做干花瓣。后来她又发现了干花瓣工艺品这个市场,在安徽乃至全国的市场上都很少出现这种工艺品,很快,她就自己制作出了大小不一的漂亮工艺瓶,以"星座幸运花"为销售主题,卖得非常火爆。不久,陈妍成立了自己的公司,在销售经典产品的同时,还研发着袋装花瓣浴、花瓣面膜等新产品。如今,这些产品已成为女性白领的最爱。

(资料来源:创业家,2018-07-06)

创业机会无处不在,但创业机会是为执着的人准备的,有心人才能发现生活中那些很好的点子和想法,才会有更多的机会。

二、创意开发

彼得·德鲁克在其所著的《创新和企业家精神》一书中说:"创新是企业家的具体工具,也就是他们借以利用变化作为开创一种新的实业和一项新的服务的手段。企业家们需要有意识地去寻找创新的源泉,去寻找表明存在进行成功创新机会的情况变化或其征兆。他们还需要懂得进行成功的创新的原则并加以运用。"这段话表明,企业要想获得更加丰厚的经济效益,并继续经营和发展,就必须不断地进行创新,发现新的机遇。

1. 创意开发的特征

(1)目的性。人类的创意开发活动是一种有特定目的的生产实践,好的创意一般是有目的性的。这个清晰的特点包括:确定创意开发的目标、明确创意开发的观点、安排具体内容等。

（2）新颖性。新颖的东西往往带有创造性，是独特性、先进性等特征的概括。它的思维特征是"求异"，即与众不同，想人之所未想，发现人之所未发现。其要领就是突破常规、出人意表。

（3）主观能动性。创意开发活动的主体是人，无论是重大的创造还是一般水平的创造，都是人的主观能动性发挥的结果，是精神变为物质的转化过程。主观能动性是人类特有的，主观能动性在创意开发活动中表现为对创意开发意识的运用和对创意开发手段的实施等。

2. 创意开发的原理

（1）择优原理。择优源自人的天性，每个人都在潜意识中不断地进行择优。一个人在成长的过程中会不断地择优：选择更好的书籍，选择更好的朋友，选择更好的生活条件，选择更好的学校……在创意开发的过程中，选择也是必不可少的。创意开发的实质就是问题的创造性解决和实现。当人们遇到问题时，就要求人们先定义问题，进而围绕这一问题进行创意构思，提出多种解决方案，最后运用择优原理，实施最佳方案。

（2）关联原理。人们常常可能因为一个创意的构思而引发对其相似内涵的许多构思的联想。世界上的每一个事物或现象都同其他事物或现象相互联系着，不存在绝对孤立。事物本身的这种关联性是导致激励创造时联想发挥的重要因素。人在创意开发的过程中，有些关系是直接的，有些是间接的，有些容易发现，有些不容易发现，这就需要进行具体的分析研究。

（3）逆向原理。逆向原理也叫求异原理，它是对司空见惯的似乎已成定论的事物或观点反过来思考的一种思维方法。有人落水，常规的思维模式是"救人离水"，而司马光面对紧急险情，运用了逆向思维，果断地用石头把缸砸破，"让水离人"，救下了小伙伴的性命。在创意开发的过程中，要以现有的物质产品和信息等为对象，进行深入、系统的分析，反向研究它的性能、结构、原材料、配方、设计、使用效率和条件，及其他一些与之相关的重要因素，进而进行思维的联想发挥、移植和改良，获得所需的新的创意。

（4）对应原理。从现有的创意和概念的相反方向出发，去构造新的概念和规律，就是创意开发的对应原理。客观事物错综复杂，都有其对立的一面，为对应原理的实现提供了可能性。在创意开发的过程中，此原理的运用是为了拓展人们固有思维的范围，从而开发出更多的创意。

（5）组合原理。组合，作为名词，是指由几个部分或个体结合成的整体；作为动词，是指组织成整体。在创意开发的过程中，将两种或两种以上的技术思想或物质产品的整体或部分进行适当结合，就可形成新的产品概念，激励出新的创意，不同的组合可以得到不同的结果。

（6）综合原理。综合原理就是在创意开发的过程中，把研究对象各个层次的种种因素按照其内部联系进行组织结合。先把研究的相关问题分解为各个层次和各种因素，并分别加以研究，分析其本质、特征、优势以及劣势，然后将这些要素按其内在联系重新有机地组织起来，即形成新的解决方案。

限量刺激

日产汽车公司曾推出一种被称为"极具浪漫风采"，名为"费加洛"的中古型轿车。日产公司在新闻发布会上宣布：这种车只生产 20000 辆，保证以后不再生产这一车型，只在一定时间内接受预订，然后抽签发售。消息传出后，在全国引起轰动。前来申请的人超过 30 万，能中签买到车的人当然欣喜万分，没有中签的人虽有遗憾，但以后肯定会再来。

（资料来源：搜狐网，2020-01-04）

上述案例中这种限量刺激的创意，无非就是使市场上出现一定的"不饱和状态"，以此来刺激消费者的购买欲。这家公司的做法恰恰是运用了创意开发原理中的逆向原理，利用消费者"物以稀为贵"的心理，从而获得了巨大的利润和市场。可见，创意开发原理在生产、销售等方面的正确运用，可以给企业和厂家带来丰厚的经济效益。

三、创意开发的具体方法

1. 分析法——SWOT 分析法

创意需要以一定的客观情况为基础，因而在创意开发过程中，应对企业的内外部环境进行分析，以求做出正确的、切实可行的创意，而不致被带入空想的歧途，使企业遭受不必要的损失。目前采用的比较成熟的创意开发分析方法之一是 SWOT 分析法。

所谓 SWOT 分析，即基于内外部竞争环境和竞争条件下的态势分析，就是将与研究对象密切相关的各种主要内部优势、劣势和外部的机会和威胁等，通过调查列举出来，并依照矩阵形式排列，然后用系统分析的思想，把各种因素相互匹配起来加以分析，从中得出一系列相应的结论，而结论通常带有一定的决策性。

S（Strength，优势）和 W（Weakness，劣势）是组织机构的内部因素，分别代表竞争中的优势和劣势因素。优势具体包括：有利的竞争态势、充足的财政来源、良好的企业形象、强大的技术力量、较大的规模、优秀的产品质量、较大的市场份额、具有成本优势、广告宣传到位等。与之相对应，劣势具体包括：竞争力差、资金短缺、经营不善、缺少关键技术、产品积压、设备老化、管理混乱、研究开发落后等。

O（Opportunity，机会）和T（Threat，威胁）是组织机构的外部因素，机会代表对企业有利的因素，威胁代表不利因素。机会具体包括：新产品、新市场、新需求、市场壁垒解除、竞争对手失误等。威胁具体包括：新的竞争对手出现、替代产品增多、市场紧缩、行业政策变化、经济衰退、客户偏好改变、威胁性突发事件等。

SWOT分析法具有分析直观、使用简单的优点，企业在进行创意开发的过程中常以此为重要的分析工具。但也正是因为这些特性的存在，使得SWOT分析法不可避免地具有精度不够的缺陷。如果只根据此分析结果作出的判断，不免带有一定程度的主观臆断。因此，在运用SWOT分析法罗列分析企业创意开发环境时，要尽量客观、真实、精确，可提供一定的定量数据来弥补SWOT定性分析的不足，构造高层定性分析的基础。

2. 协作法——头脑风暴法

头脑风暴法是常用的创意思维策略，人们的熟悉度也最高，又被称为智力激励法、BS法、自由思考法。美国创造学家奥斯本（A. F. Osborn）于1939年首次提出这种方法，并于1953年正式发表。其基本原理是：不局限思考的空间，鼓励想出越多主意越好；只专心提出构想而不加以评价。创意产生的过程即为创意的收集整理阶段，创意的激发和生成在此阶段同时进行。可见，在创意开发具体方法中，它被归到协作法中，强调的是集体协作，该方法是一种集体的创造性思维，是发散思维的延伸。

经典案例

直升机扇雪

有一年，美国北方格外寒冷，大雪纷飞，电线上积满冰雪，大跨度的电线常被积雪压断，严重影响了通信。过去，许多人试图解决这一问题，但都未能如愿。后来，电信公司的经理应用奥斯本发明的头脑风暴法，举行了一场针对此问题的讨论会议，并成功解决了这一难题。

在会议过程中，有人提出设计一种专用的电线清雪机，有人想到用电热来化解冰雪，还有人提出能否带上几把大扫帚，乘坐直升机去扫电线上的积雪。对于这种"坐飞机扫雪"的设想，尽管大家心里觉得滑稽可笑，但在会上也无人提出批评。相反，有一名工程师在百思不得其解时，听到用飞机扫雪的想法后，大脑突然受到冲击，一种简单可行且高效率的清雪方法冒了出来。他想，每当大雪过后，出动直升机沿积雪严重的电线飞行，依靠高速旋转的螺旋桨即可将电线上的积雪迅速吹落。他马上提出"用直升机扇雪"的新设想，顿时又引起其他与会者的联想，有关用飞机除雪的主意一下子又多了七八条。不到一小时，与会的10名技术人员共提出90多条新设想。

会后，公司组织专家对设想进行分类论证。专家们认为设计专用清雪机，采用电热或电磁振荡等方法清除电线上的积雪，在技术上虽然可行，但研制费用高、周期长，一时难以见效；那种因"坐飞机扫雪"激发出来的几种设想，倒是一种大胆的新方案，如果可行，将是一种既简单又高效的好办法。经过现场试验，发现用直升机扇雪真的能奏效，一个久悬未决的难题，终于在头脑风暴会议中得到解决。

（资料来源：王延荣，《创新与创业管理》，2015年）

实践经验证明，可以通过头脑风暴法对所谈论的问题进行客观、连续的分析，从而最终找到一组创意切实可行的方案。

3. 系统法——TRIZ法

TRIZ法是发明问题的解决理论，该理论基于技术的发展演化规律研究整个设计与开发过程，揭示创造发明的内在规律和原理，着力于澄清和强调系统中存在的矛盾，其目标是完全解决矛盾，获得最终的理想解。创新从最通俗的意义上讲就是创造性地发现问题和创造性地解决问题的过程，TRIZ理论的强大作用正在于它为人们创造性地发现问题和解决问题提供了系统的理论和方法工具。实践证明，运用TRIZ理论，可大大加快人们创造发明的进程，而且能得到高质量的创新产品。

TRIZ理论中提供了如何系统分析问题的科学方法，如多屏幕法等；而对于复杂问题的分析，则包含了科学的问题分析建模方法——物—场分析法。多屏幕法建立在系统论的观点之上，系统之外的高层次系统称为超系统，系统之内的低层次系统称为子系统。人们所要研究的问题，正在当前发生的系统，通常也称为当前系统，当前系统一般称为系统。系统由多个子系统组成，并通过子系统之间的相互作用实现一定的功能。对于复杂问题，可以利用物—场分析法等进行分析，它可以帮助快速确认核心问题，发现根本矛盾所在。针对具体问题的物—场模型的不同特征，分别对应有标准的模型进行处理，包括模型的修整、转换、物质与场的添加等。另外，还可以针对技术系统进化演变规律，利用在大量专利分析基础上的TRIZ理论的8个基本进化法则，分析、确认当前产品的技术状态，并预测未来的发展趋势，帮助开发出具有竞争力的新产品。

TRIZ理论认为，一个问题解决的困难程度取决于对该问题的描述或程式化方法，描述得越清楚，问题的解就越容易找到。在TRIZ法中，发明问题求解的过程是对问题不断描述、不断程式化的过程。应用TRIZ法解决问题的第一步是对给定的问题进

行分析：如果发现存在冲突，则应用原理去解决；如果问题明确但不知道如何解决，则应用效应去解决；第三种选择是对待创新的技术系统，进行进化过程的预测。最后是评价，确定是否满足要求。如果满足要求，则进行后序的设计工作；反之，则要对问题进行重新分析。经过这一过程，初始问题最根本的冲突被清楚地暴露出来，能否求解已很清楚，如果已有的知识能用于该问题则有解，如果已有的知识不能解决该问题则无解，需等待自然科学或技术的进一步发展。

4. 思维法——水平思考法

水平思考法又称为发散式思维法或水平思维法，是英国心理学家爱德华·德·波诺（Edward de Bono）博士所倡导的广告创意思考法，因此，通常又被称为德·波诺理论。水平思考法是针对垂直思维（逻辑思维）而言的，就是摆脱非此即彼思维方式的思考方法，也是摆脱逻辑思维和线性思维的思考方法。在水平思考中，人们致力于提出不同的看法，每个不同的看法不是互相推导出来的，而是各自独立产生的。

人们将传统思维称为"垂直思维"，在传统思维中，人们常常受逻辑思维和线性思维的局限，按照既定的思维路线进行思考，始终逃脱不了原有的思维框架（又称思维定式）的羁绊，所以人们普遍擅长于分析和判断，无法做到创造性地思考。为了拓展人的创造力，德·波诺博士提出了"水平思维"和"平行思维"等概念。区别于垂直思维，水平思维不是过多地考虑事物的确定性，而是考虑多种选择的可能性；关心的不是完善旧观点，而是如何提出新观点；不是一味地追求正确性，而是追求丰富性。这种方法的运用一般建立在人的发散性思维之上，故也被称为发散式思维法。

水平思考法能在思考问题时摆脱已有知识和旧的经验约束，冲破常规，这种方法要求我们从多角度、多侧面去观察和思考同一件事，善于捕捉偶然发生的构想，提出富有创造性的见解、观点和方案，从而产生意想不到的"创意"。

四、创意开发与创造、创新的关系

1. 创意开发与创造的关系

创造，是指将两个或两个以上概念、事物按一定方式联系起来，主观地制造客观上能被人普遍接受的事物，以达到某种目的的行为。简而言之，创造就是把以前没有的事物给产生出或者造出来，这明显的是一种典型的人类自主行为。因此，创造的一个最大特点是有意识地对世界进行探索性劳动。创造的本质在于甄选，甄选出真正有建设性的联系（事物或概念之间的联系）。但在实践活动中，创造的意义更加广泛，是"思想产生、联想和转化为有价值的物质的过程"，包含了创新、企业家精神和新思想的表达，带来的是获得价值。

霍金斯在《创意经济》一书中提出，"把创造力视为资产是十分合理的，因为其具有实际价值的特质，是投资而产生的获利结果，也是人力资本的一个重要的元素。"他将创造力视为一种资产，从而形成了继人力资本、结构资本和智慧资本之后另一项资本——创意资本。人们常把智慧资本称为"闲置的点子"，而创意资本则可以称为"闲置的创造力"。从狭义上理解，创意资本与文化资本有很高的等同度，但创造力又不能理解为艺术和文化的思想能力，还要包括科学与技术的创造力。

在实际生活中，创意更多地出现在文化产业中，如广告、传媒等，这些产业开发的产品都有一个共同的特点：高度凝结和体现创意开发主体的绝妙创意。在技术开发、科技发明等领域内，创造则被使用更多。尽管如此，若从发明创造的最初表现形式——一个好的想法、点子来看，创造与创意开发只是一个概念的两种表述。总而言之，创造力所强调的本质和内涵与创意的内涵是一致的。

2. 创意开发与创新的关系

创意这个词从出现开始，就经常与创新的概念混淆起来。事实上，创新的基础常常就是创意，创新是创意人群和创意过程作用的结果。由此可见，创新与创意之间是有区别的。创意的个人性和主观性较强，而创新是客观的，是团队领导的、竞争性的。从内涵来看，创新带来的创造一般带有破坏性，不仅包括有关中间手段和技术的创意，而且是对人的意义和价值的创造性反映。更多时候，创新以知识和技术的积累为基础，与技术等层面的变革和创造有关，需要大量的投资支持和较长的产业化进程。

从内涵上来看，注重技术和发明创造，更多地强调功能上的改变是创意与创新的主要区别之一。一般而言，与新产品直接有关的技术变动才是创新。随着文化创意产业的兴起，人们对它的研究也越来越深入，大多数人习惯将创意与文化、创新与技术联系在一起，但实际上两者之间具有联动关系，即文化创意是决定技术创新能力的重要因素，技术创新是文化创意大规模发展的推动力。

由此可见，创意开发的本质就是个人创造力，包括文化、技术和艺术上的创造力。如果把"创意开发"和"创新"的内涵完全割裂开来，得到的结果是有待商榷的，两者之间不应该产生严格的概念割裂。离开创意开发谈创新，或者离开创新谈创意开发，都是不正确的。创新是从创意到商业化生产的过程，当创意开发由"思想"转化为"生产结果"时，就是创新。所以，创意开发是创新的基础，其更多地强调为一种"思想"。

综上所述我们可以得出如下结论：
（1）创新开发是创意的延展，创新是实现创意必不可少的手段。

（2）创意开发是创新的起点，创意通过创新而达到自己的目标。

（3）创意即创造力的思想，理应包括一切可能的创造思想。

（4）如果说创意是一颗颗散落的珍珠，那么创新就是一条精美的珍珠项链。

（5）创新开发在创意的激发下，调动一切力量，向着创意指引的最初方向前进，无论走多少弯路，只要目标不变，都是可以理解的。

（6）创意开发在创新的过程中被提炼、升华、整合、修改，甚至产生更高级的创意，都是正常的，但这无损于它的源点形象。

（7）创新是客观的、可以量化的，而创意更强调创新的人文价值，是主观的，往往具有模糊性。

思考与练习

1. 什么是创新？你在生活中感受到"创新"的事例有哪些？请你列举几例。
2. 常见的创新思维有哪些？
3. 互联网思维的主要特征是什么？
4. 简要叙述发散思维与聚合思维之间的关系。

案例思考

请扫描右侧二维码获得更多资源

知识拓展

请扫描右侧二维码获得更多资源

课外阅读

欢迎登录"爱习课专业版 App"查阅

第三部分

能力提升篇

第十章　提升团队合作能力

唯有互相支持、团结合作才是战胜危机的人间正道！

——习近平

素质目标

1. 使学生懂得合作、善于沟通、有效进行团队合作。
2. 培养学生团队合作的理念，具备团队精神。

能力目标

1. 能顺利融入团队。
2. 掌握团队合作的技巧，能进行团队合作。

知识目标

1. 了解、掌握团队的含义、分类与特点。
2. 掌握团队的构成要素。
3. 掌握融入团队的意义、途径。
4. 掌握团队合作的含义、基础、原则、技巧。
5. 掌握团队精神的内涵和作用。
6. 掌握培养团队精神的重要性。
7. 掌握培养团队精神的途径。

第十章 提升团队合作能力

第一节 了解团队

案例导入

大雁南飞过冬时,为什么雁群总是排成"V"形呢?科学家们经过多年的研究,既弄懂了其中的原因,还总结出关于大雁的其他习性。当带头大雁扇动它的翅膀时,它为紧跟其后的大雁创造了一股向上的动力。按照"V"字队形飞行,整个雁群会比每只鸟单独飞行至少增加71%的飞行距离。当一只大雁掉队时,它会马上感到单独飞行的阻力,因此会很快飞回队形以利用队伍所提供的动力。

当领队的大雁感到疲惫时,"V"字队形中的另一只大雁就会充当领队。后面的大雁会发出鸣叫声,鼓励前面的大雁保持速度。如果一只大雁病了,或受了枪伤掉下来时,会有另外两只大雁离开队伍,跟着它下来,以帮助和保护它。它们会守着这只大雁,直到它能重新飞行或死去,然后它们靠自己的力量再次出发或跟随另一队大雁去追上自己的队伍。

讨论:我们可以从大雁身上学到什么?

中国有句古话,叫作"人心齐,泰山移"(图10-1),也就是现在我们常说的"团结就是力量",这其实就是团队精神的体现。我们所处的时代是一个需要团队精神的时代,学校就是一个大的团队,在很多方面都需要具备团队精神。同学之间的和谐相处,班级之间的协同合作,无一不需要具备这种团队精神。没有团队精神的集体就像一盘散沙,没有凝聚力,即使用力攥在手里也会一点点从指缝中滑落。但是,如果在沙子中加入水,沙子就会变湿,聚成一块,捏起来才不会散落。对于一个集体来说,团队精神就如同水一样重要,可以起到黏合剂的作用,使集体中的每一位成员都能紧紧团结在一起。有了团队精神的集体才会有凝聚力,也才更加有竞争力。

团队合作素养是时代发展对人才提出的要求,是人格、个性健全发展的高素质人才的必备素养。一个人的学习、生活、工作都离不开他人的帮助,一个团队的发展也离不开队员之间的合作。只有具备良好的团队精神,才能在激烈的人才竞争中占据优势并获得主动,才能获得事业的成功。

图 10-1 人心齐 泰山移

一、团队的内涵

团队是由基层和管理层人员组成的一个共同体，它合理利用每一个成员的知识和技能来协同工作，解决问题，达到共同的目标。

1994年，斯蒂芬·罗宾斯首次提出了"团队"的概念：为了实现某一目标而由相互协作的个体所组成的正式群体。在随后的十年里，关于"团队合作"的理念风靡全球。当团队合作是出于自觉和自愿时，它必将会产生一股强大而且持久的力量。

对于团队的英文"Team"，有一个新的解释：T——Target，目标；E——Educate，教育、培训；A——Ability，能力；M——Moral，士气。Team 代表的是：按团队的目标对团队成员进行适当的训练，提高他们的能力，从而提高士气。团队示意如图 10-2 所示。

图 10-2 团队示意

二、团队和群体的区别

在团队中，个人利益、局部利益、整体利益是相互统一的。同时，作为一个团队，它还要符合三个条件：自主性、创造性和协作性，如果不符合这三个条件，我们只能说它是一个群体，而不是一个团队。

（一）群体的概念

群体是两个以上相互作用又相互依赖的个体，为了实现某些特定目标而结合在一起的。群体成员共享信息，作出决策，帮助每个成员更好地担负起自己的责任。

（二）团队和群体的差异

团队和群体经常容易被混为一谈，但它们之间有根本性的区别，汇总为六点：

1. 领导方面

作为群体应该有明确的领导人；团队可能就不一样，尤其团队发展到成熟阶段，成员共享决策权。

2. 目标方面

群体的目标必须跟组织保持一致；但团队中除了这点之外，还可以产生自己的目标。

3. 协作方面

协作性是群体和团队最根本的差异，群体的协作性可能是中等程度的，有时成员还有些消极，有些对立；但团队中是一种齐心协力的气氛。

4. 责任方面

群体的领导者要负很大责任；而团队中除了领导者要负责之外，每个团队的成员也要负责，甚至要一起相互作用，共同负责。

5. 技能方面

群体成员的技能可能是不同的，也可能是相同的；而团队成员的技能是相互补充的，不同知识、技能和经验的人综合在一起，形成角色互补.从而达到整个团队的有效组合。

6. 结果方面

群体的绩效是每一个个体的绩效之和；团队的结果或绩效是由大家共同合作完成的产品。

三、团队的类型与特点

(一) 团队的类型

根据团队存在的目的和拥有自主权的大小可将团队分成四种类型。

1. 问题解决型团队

问题解决型团队是指团队成员就如何改进工作程序、方法等问题交换看法,对如何提高生产效率等问题提出建议。它的工作核心是提高生产质量、提高生产效率、改善企业工作环境等。如我国国有企业的生产车间、班组等,都是问题解决型团队,是团队建设的一种初级形式。

2. 自我管理型团队

自我管理型团队也称自我指导团队,它保留了工作团队的基本性质,但运行模式具有自我管理、自我负责、自我领导的特征。这种团队通常由10~15人组成,其责任范围很广,决定工作分配、步骤、作息等,这类团队的周期较长、自主权较大。比如,一条生产线上的员工,就组成了最基本的自我管理团队,由组长负责管理这个团队。

3. 多功能型团队

多功能型团队,由来自不同领域、不同层面的员工组成,成员之间交换信息、激发新的观点、解决所面临的重大问题,诸如任务突击、技术攻坚、突发事件处理等。这类团队工作范围广、跨度大、团队周期不确定。这类团队在一些大型的企业组织中比较多,比如,麦当劳就有一个危机管理团队,由来自麦当劳营运、训练、采购、政府关系等部门的一些资深人员组成,重点负责应对突发的重大危机。

4. 虚拟型团队

虚拟型团队是人员分散于远距离的不同地点但通过远距离通信技术一起工作的团队。虚拟团队的人员分散在相隔很远的地点,可以是在不同城市,甚至可以跨国、跨洲。人员可以跨不同的组织,工作时间可以交错,联系依靠现代通信技术,他们协作完成共同的目标和任务。

(二) 团队的特点

1. 明确的团队目标

一个好的团队,成员一定有共同的、明确的目标。高效的团队对要达到的目标有清楚的理解，并坚信这一目标包含重大的意义和价值。

2. 共享

一个好的团队，就在于团队成员之间，能够把为了达成团队共同目标的资源、知识、信息及时地在团队成员中间传递，以便大家共享经验和教训。

3. 团队成员在技术或技能上形成互补

好的团队的特点就是大家的角色都不一样，每一个团队成员要扮演好自己特定的角色，角色的互补才会形成好的团队。

4. 良好的沟通

好的团队首先能够进行良好的沟通，成员沟通的障碍越少，团队就越好，这也是每一个处在团队中的人的深刻体会。

5. 共同的价值观和行为规范

现在所倡导的团队文化实际上是要求团队成员要有共同的价值观，价值观对于团队就像世界观对于个人一样，世界观指导个人的行为方式，团队的价值观指导整个团队成员的行为。

6. 归属感

归属感是团队非常重要的一个特征，当成员产生对团队的归属感，他们就会自觉地维护这个团队，愿意为团队做很多事情，不愿意离开团队。

7. 有效的授权

这是形成一个团队非常重要的因素，通过有效的授权，才能够把成员之间的关系确定下来，形成良好的团队。

四、团队的构成要素

团队有几个重要的构成要素，可总结为"5P"。

（一）目标（Purpose）

当我们开始打算建立一个团队的时候，就该树立一个明确的目标，这个目标一直存在，直到这个团队完成这个目标为止。有了目标，知道要向何处去，知道怎么向前走，如果团队没有目标，它也就失去了存在的价值。有了共同目标后，团队成员才能朝着这个目标共同努力，在完成一个共同目标的过程中，成员之间就会在无形中产生一种高于团队成员个人总和的认同感。这种认同感为如何解决个人利益和团队利益的碰撞提供了有意义的标准，使得一些威胁性的冲突有可能顺利转变为建设性的转折。

自然界中有一种昆虫很喜欢吃三叶草（也叫鸡公叶），这种昆虫在吃食物的时候都是成群结队的，第一个趴在第二个的身上，第二个趴在第三个的身上，由一只昆虫带队去寻找食物，这些昆虫连接起来就像一节一节的火车车厢。管理学家做了一个实验，把这些像火车车厢一样的昆虫连在一起，组成一个圆圈，然后在圆圈中放了它们喜欢吃的三叶草。结果它们爬得精疲力竭也吃不到这些草。

这个例子说明在团队中失去目标后，团队成员就不知道上何处去，最后的结果可能是饿死，这个团队存在的价值可能就要打折扣。团队的目标必须跟组织的目标一致，此外还可以把大目标分成小目标，具体分到各个团队成员身上，大家合力实现这个共同的目标。同时，目标还应该有效地向大众传播，让团队内外的成员都知道这些目标，以此激励所有的人为这个目标去工作。

（二）人（People）

人是构成团队最核心的力量，2个（包含2个）以上的人就可以构成团队。目标是通过人员具体实现的，所以人员的选择是团队中非常重要的一个部分。在一个团队中可能需要有人出主意，有人订计划，有人实施，有人协调不同的人一起去工作，还有人去监督团队工作的进展，评价团队最终的贡献。不同的人通过分工来共同完成团队的目标，在人员选择方面要考虑人员的能力如何，技能是否互补，人员的经验如何。

（三）定位（Place）

团队的定位包含两层意思：一是团队的定位，团队在企业中处于什么位置，由谁选择和决定团队的成员，团队最终应对谁负责，团队采取什么方式激励下属？二是个体的定位，作为成员在团队中扮演什么角色？是订计划还是具体实施或评估？

（四）权限（Power）

团队当中领导人的权力大小跟团队的发展阶段相关，一般来说，团队越成熟，领导者所拥有的权力相应越小，在团队发展的初期阶段，领导权是相对比较集中的。

团队权限关系包括两个方面：

（1）整个团队在组织中拥有什么样的决定权？比如财务决定权、人事决定权、信息决定权。

（2）组织的基本特征，比如组织的规模多大，团队的数量是否足够多，组织对于团队的授权有多大，它的业务是什么类型。

(五) 计划 (Plan)

计划包括两层含义：一是目标最终的实现，需要一系列具体的行动方案，可以把计划理解成目标的具体工作的程序。二是提前按计划进行可以保证团队进展顺利。只有按计划操作团队才会一步一步贴近目标，从而最终实现目标。

第二节 融入团队

在广袤的非洲大草原上，三只小狼狗一同围追一匹大斑马。面对身体高大的斑马，三只两尺多长的小狼跃跃欲试，一只小狼狗咬住斑马的尾巴，一只小狼狗咬住斑马的鼻子，无论斑马怎样挣扎反抗，这两只小狼狗都死死咬住不放，当斑马前后受敌、疼痛难忍时，一只小狼狗就开始啃它的腿，终于，斑马支撑不住倒在了地上。一匹大斑马就这样被三只小狼狗吃了。

讨论：大家想一想，这个故事告诉了我们什么？

一滴水不想被泯灭就只能投入大海，一粒沙不想被吹走就只能跻身沙滩，而一个人也只有融入团队才能获得更好的发展。要想变得更加优秀，需要有对的人与之同行，需要一群人对他的指点。一个篱笆三个桩，一个好汉三个帮。在这个竞争激烈的世界里，个人主义英雄情结，已经被打得无影无踪。相反，集体力量、团队协作倍受推崇。用心去组建一个团队，或者选择加入一个理想的团队，你才会在拼搏的道路上最终走向成功。如何快速融入团队？如何让团队同事接纳你？就成了职场"新人"的首要任务。

一、融入团队的意义

（一）融入团队才能获得安全感和归属感

融入团队，我们会感到更强大，更自信，可以减轻"孤立无援"时的不安全感，

也多了一份对外来威胁的抵抗力，进而得到安全感和归属感。

(二) 融入团队才能获得指导和支持

每个人都有自己的优点，同时，也有着自身的不足，虽说勤能补拙，然而，要求每个人都做到这一点，却不是那么容易的事情。团队中人才多，且团队一般都会安排以老带新，优秀团队更是有新员工培训计划，对新员工在日常工作、经验传授等方面进行全方位的培训，新员工在各方面获得指导、支持，进步更快。

(三) 融入团队才能实现个人价值的最大化

团队成就了个体。在这个世界上，任何一个人的力量都是渺小的。想成为卓越的人仅凭自己的孤军奋战，单打独斗，是不可能成大气候的。你必须融入团队，必须借助团队的力量。只有融入团队，只有与团队一起奋斗，充分发挥出个人的作用，你才能实现个人价值的最大化，你才能成就自己的卓越！

(四) 融入团队才能实现团队力量的强大

个体组成了团队。俗话说："三个臭皮匠，赛过诸葛亮。""人多力量大。""一根筷子容易弯，十根筷子折不断。"这就是团队力量的直观表现。在一个团队里，如果每个人都能够充分发挥自己的优势，那么，这个团队将是无比强大的。正如一首军歌里所唱：这力量是铁，这力量是钢……

二、掌握融入团队的途径

(一) 主动了解团队文化

首先，就是文化认同。初入团队，最难适应的就是每个团队独特的团队文化。但要想在团队立足，你必须理解、认可、传播团队文化。只有你认可了团队的文化理念，快乐工作，自我价值的实现才会变成可能。

其次，决定加入哪个团队，除了考虑团队提供的薪水可以满足自己的要求外，最重要的还是看团队的整体氛围好不好、项目有没有可持续发展的前景、团队的核心领导有没有较强的人格魅力、团队提供的岗位和你自身的优势资源能不能有效对接。用四个"跟"来概括：跟自己的感觉走，跟品牌的理想走，跟团队的文化走，跟老板（核心领导）的魅力走。适应和从内心接受了团队的文化，你就为自己开始的工作打下了一个良好的心态基础，为自己的坚持和不放弃找到了理由，这样你才可能做到先升值，再升职；先有为，后有位！

（二）主动了解团队目标

每个团队都有一个既定的目标来为团队成员导航，不同的人通过分工来共同完成团队的目标。作为团队的一名成员，我们要了解团队的目标，了解自己应该完成的小目标，跟大家合力实现这个共同的团队目标。

（三）主动了解团队成员

人是构成团队最核心的力量，两个以上（包含两个）的人就可以构成团队。目标是通过人员具体实现的，所以了解团队成员非常重要。团队中不同的人有不同的分工，有人出主意，有人订计划，有人实施，有人协调不同的人一起去工作，还有人去监督团队工作的进展，评价团队最终的贡献。了解团队成员的能力、技能、经验等，我们一定要和优秀者合作，一定要争取靠近优秀者，这有助于帮助自己为团队作出努力，为实现团队目标贡献自己的聪明才智，同时也实现自己的职业理想。

（四）主动学习，勤于工作

初入团队，太多的东西需要了解和学习。制度流程、岗位职责、团队文化、产品知识、销售政策、网络渠道、网络营销、工作方法、礼仪知识……太多的东西需要我们在最短的时间内就要熟知和了解。学习的途径和方法除了团队正常的培训外，更多的应该是员工用心去自学领悟和掌握，当然向老员工和前辈请教也是一个捷径。互联网是学习的最好老师，掌握和熟练运用互联网是员工必须具备的一项技能，这不仅仅对于现在的工作有用，对未来的人生也至关重要！

（五）主动沟通

初入团队，进入一个陌生的环境，失落和焦躁情绪是任何人都无法抵挡的。应善于沟通，熟悉工作岗位，让自己能投入工作状态，尽快建立人际关系网。沟通无疑是我们进入团队必须习惯性做的事。如果我们一味地将自己封闭起来，沉默于自己的"一亩三分地"，拒绝和同事沟通交流，结果可想而知，你会被拒于这个团队之外，沦为"孤家寡人"。

（六）主动完成岗位工作

初入公司，一个主动积极的工作态度很重要，要主动参加团队活动，主动完成岗位工作。先不要自己会做什么，而是要问自己现在能做什么！我们工作生活在一个开放的环境中，创造性的工作是我们一贯倡导的工作方法，主动无疑是推进剂，凡事如果都要领导来安排，那么，我们就失去了工作的意义。

(七) 建立本人的人际网络

你知道普通人才与顶尖人才的真正区别在哪里吗？你可能会毫不犹疑地回答：是才能。那你就错了。哈佛大学商学院曾经做了一个调查，结果发现：在事业有成的人士中，26%的人靠工作能力，5%的人靠关系，而69%的人靠人际关系好。建立本人良好的人际网络，才能更好地融入团队，为团队作出奉献。

要想成为出类拔萃的顶尖人才，不仅要提升你的才能，更重要的是拓展你的人际关系，提升你的人际竞争力，只有这样，你才会锋芒毕露，取得自己和团队事业的成功。

丰富的人际资源可使工作愈加得心应手。一个人在人际关系上的优势就是人际竞争力。哈佛大学为了解交际能力在一个人取得成就的过程中起着怎样的作用，曾针对贝尔实验室顶尖研究员做过调查。他们发现，被大家认同的专业人才，其专业能力往往不是重点，关键在于"顶尖人才会采取不同的交际策略，这些人会多花功夫与那些在关键时刻可能对本人有协助的人培养良好的关系，在面临问题危机时便容易化险为夷"。他们还发现，当一名表现平平的实验员遇到棘手问题时，会去请教专家，却往往因没有回音而白白浪费功夫；顶尖人才则很少碰到这种情况，由于他们在平时就建立了丰富的资源网，一旦前往请教，立刻便能得到答案。

第三节　团队合作

2016年，微软公司招聘2名部门人员，很多人去面试，经过初步的筛选，最后留下了12个人竞争2个岗位，他们被要求将房间里的木箱移动到指定区域。12个竞聘者迅速走进了各自的房间。他们发现，房间里除了大木箱外，还有棍子、绳子、锤子等很多工具。木箱非常重，怎么也推不动，想搬起一个角都很难。测试结束了，除了2个人提前把木箱推到指定区域外，其余10个人都没能完成任务，有的甚至没有把木箱移动分毫。面试官问那2个提前完成任务的人："你们是怎么推动木箱的？"他们回答："我们2个人一起推1个木箱，推完1个再一起推下一个。"面试官微笑着说："欢迎你们加入微软。这次的测试本意就是要告诉大家，只有善于合作的人才能获得成功，鼓励个人竞争不假，但我们微软更加注重团队合作精神。"

讨论： 大家想一想，上述案例对你有什么启发？

一个人的力量是渺小的，但如果我们将自己融入集体，分工协作，那么力量就是无穷的。一根筷子能轻易被折断，十双筷子则能牢牢抱成团。在追求个人成功的过程中，我们离不开团队合作。因为，没有一个人是万能的，即使是神通广大的孙悟空，也无法独自完成取经大任。

一、团队合作的内涵及重要性

（一）团队合作的内涵

团队合作是一种为达到既定目标所显现出来的自愿合作和协同努力的精神。它可以调动团队成员的所有资源和才智，并且能够自动减少不和谐、不公正现象，同时会给予那些诚心、大公无私的奉献者适当的回报。如果团队合作是出于自觉自愿，它必将产生一股强大而且持久的力量。

（二）团队合作的重要性

（1）通过团队合作，有利于激发团队成员的学习动力，有助于提高团队的整体能力。

大部分人都有希望他人尊敬自己的欲望，都有不服输的心理。这些心理因素都不知不觉地增强了成员的上进心，使成员都不自觉地要求自己进步，力争在团队中做到最好，以便赢得其他员工的尊敬。当没有做到最好时，上述的那些心理因素可促进成员之间的竞争，力争与团队最优秀的成员看齐，以此来实现激励功能，这有助于提高团队的整体能力。团队成员内部竞争，在一定程度上有激发作用。

（2）通过团队合作，可以营造一种工作氛围，使每个队员都有一种归属感，这样有助于提高团队成员的积极性和效率。

正所谓男女搭配干活不累，先不说男女搭配，即使是同性合作，都不会因为一个人在战斗而产生一种孤独感。由于团队具有目标一致性，从而产生了一种整体的归属感。正是这种归属感使得每个成员感到在为团队努力的同时也是在为自己实现目标，与此同时也有其他成员一起为这个目标而努力，从而激起更强的工作动力。

（3）团队合作有利于产生新颖的创意。

从团队的定义出发，团队至少由两个或两个以上的个体组成。三人行，必有我师焉。也就是说每个人都有自己的优劣点以及自己独创的想法。团队成员组成的多元化有助于产生不同的想法，从而有助于在决策的时候集思广益产生一种比较好的

方案。

（4）团队合作可以实现"人多好办事"，团队合作可以完成个人无法独立完成的大项目。现在很多项目，都不是一个人在战斗。毕竟人无完人，一个人的力量是有限的，个人单打独斗是难以把事情都做尽做全做大的。但是多人分工合作，就会有人多力量大的优势，我们可以把团队的整体目标分割成许多小目标，然后再分配给团队的成员一起去完成，这样就可以缩短完成大目标的时间从而提高效率。

（5）团队合作更有利于提高决策效率。

团队与一般的群体不同，团队的人数相对较少，这种情况有利于减少信息在传递过程中的缺失、有利于团队成员之间的交流沟通以及提高成员参与团队的决策的积极性。同时领导的概念在团队之间相对不强，团队成员之间相对扁平，这有利于形成决策民主化。

（6）通过团队合作可以约束规范和控制成员的行为。

在团队内部，当一个人与其他人不同时，团队内部所形成的那种观念力量、氛围会对这个人施加一种有形和无形的压力，致使他在心理上产生一种压抑和紧迫感，在这种压力下，成员在不知不觉间随同大众，在意识判断和行为上表现出与团队中大多数人的一致性，从而达到去约束规范和控制个体的行为的目的。规范和控制个体的行为有助于团体行动的标准化，有利于提高团队的办事效率。

二、团队合作的基本要素

良好的团队合作包括四个基本要素：共同的目标、组织协调各类关系、明确的制度管理规范和称职的团队领导。

（一）共同的目标

共同的目标是形成团队精神的核心动力，是建立良好团队合作的基础。因此，建立团队合作的首要因素，就是确立起共同的愿景与目的。目标是一个有意识的选择并能被表达出来的方向，要能够运用团队成员的才能促进组织的发展，使团队成员有一种成就感。但是由于团队成员的需求、思想、价值观等因素的不同，要想团队的每个成员都完全认同目标，也是不易的。

（二）组织协调各类关系

关系包括正式关系与非正式关系。例如，上级与下级，这是正式关系；他们两人恰好是同乡，这就是非正式关系。组织协调各类关系，则是要通过协调、沟通、安抚、调整、启发、教育等方法，让团队成员从生疏到熟悉、从戒备到融洽、从排斥到接纳、从怀疑到信任，团队中各类关系越稳定、越值得信赖，团队的内耗就越少，整个团队的效能就越大。

(三)明确的制度管理规范

团队中如果缺乏制度规范会引起各种不同的问题。如果人事安排没有相应的制度、工作处事没有明确的流程、奖惩没有规范，不仅会造成困扰、混乱，也会引起团队成员间的猜测、不信任。所以，要制定出合理、规范的制度流程，把各项工作纳入制度化、规范化管理的轨道，并且使团队成员认同制度，遵守规范。

(四)称职的团队领导

团队领导的作用，在于运用自己调动资源的权力，调动团队成员的积极性，在团队成员的共同努力下实现工作目标。因此，团队领导要运用各种方式，以促使团队目标趋于一致、建立良好的团队关系及树立团队规范。团队领导在团队管理过程中，对有些不好把握、认识不清的问题，最有效的方法就是进行换位思考，把自己置身于被管理者的角度去感受成员的所思、所感、所需，将他人需求和特性作为出发点制定相应的管理办法和制度规范。

三、团队合作的基础

(一)信任

建立信任是团队合作的基础，没有信任就没有合作。团队是一个相互协作的群体，它需要团队成员之间建立相互信任的关系。而团队间的信任感比较特殊，它是以人性脆弱为基础的信任，这就意味着团队成员需要平和、冷静、自然地接受自己的不足和弱点，转而认可、借助他人的长处。尽管这对团队成员是个不小的挑战，但为了实现整个团队的目标，成员们必须要做到和实现这种信任。

(二)良性冲突

冲突是团队合作中不可避免的阻碍，它是由于团队成员间对同一事物持有不同态度与处理方法而产生的矛盾或某种程度的争执。

团队管理者有时会为冲突担忧：一是怕丧失对团队的控制，让某些成员受到伤害；二是怕冲突会浪费时间。其实，良性的团队冲突是提升团队绩效不可或缺的因素之一，在冲突过程中，坦率、激烈的沟通和不同观点的碰撞，可以让团队拓展思路并避免群体思维，进而通过对不同意见的权衡斟酌，能提高决策的质量，增强团队的创造力和生命力。同时，团队成员也能在良性的冲突沟通过程中充分交换信息，更为清晰地认知任务目标及实现路径。

(三) 坚定的领导决策

团队是个有机的整体，离不开成员间的相互协作与信任。但"鸟无头不飞"，在团队合作时，更重要的是要有坚定的领导决策，有团队领导为团队指明方向、进行决策。决策的过程实际上是对诸多处理方案或方法的提出与选择，在这个过程中，面对各种影响决策的因素，团队领导则需要依靠自身的经验、思维等对它们进行筛选和运用，另外团队领导还需要广泛听取团队成员的各种建议，兼收并蓄、博采众长，从而进行决策，为团队引领方向。

(四) 守时

守时是职业人必备的素质，是团队合作的基础，德语中有一句话："准时就是帝王的礼貌。"守时是职业道德的一个基本要求，如果你是一个新人，刚参加工作，需要面试，而你却迟到了，那么不管你有什么理由，都会被视为缺乏自我管理和约束能力，即缺乏职业能力，这会给面试者留下非常不好的印象。

守时是纪律中最原始的一种，无论上班下班还是约会，都必须准时，守时即是信用的礼节，公共关系的首环，也是一个人最基本的要求。记着，准时只是下限，早到5分钟才是守时。做一个守时的人，在得到别人尊重的同时，也会给别人留下一个好印象。守时是一种美德。懂得珍惜时间的人，不仅要注意不浪费自己的时间，而且要时时注意不能够白白浪费别人的时间。管理好自己的时间，就是让自己无论在做什么事的时候都能够轻松应对、游刃有余。一个守时的人，必将获得别人的尊重。

团队是由员工和管理层组成的一个共同体。团队合作是一种集体行动，就是合理利用团队每一个成员的知识和技能协同工作，解决问题，达到共同的目标。集体主义需要较高的团队合作力，团队合作力不强，大多表现为团队成员的时间观念很差，不守时是最常见的现象。比如，团队会议是团队合作中必不可少的沟通工具，正是这种群体决策方式，让团队成员参与决策，更容易执行团队所定的目标和任务。一旦开会人没有到齐，会议就会延长时间，影响的就不是一个人的时间。在一家软件公司的人员招聘书上，不论是程序员还是部门经理，其职位要求都清楚地写着："守时，工作中较强的计划性"和"具有强烈的团队合作意识、良好的沟通协调能力"。这就是说，守时和团队合作是一个应聘者必备的能力要求。其实，它们之间还有更重要的联系，守时是团队合作的基础。

(五) 彼此负责

有效的团队合作是自然而主动的合作，团队成员不需要太多的外界提醒，就能全力地进行工作。团队成员了解既定的团队目标，清楚自身的角色定位，在合作过程中，彼此提醒注意那些无益于团队既定目标的行为和活动。因此，促进团队合作很重要的一个基础就是团队成员间能够彼此负责、协作出力、共同完成目标。

四、团队成员应具备的基本素质

一个优秀的团队离不开每个成员的努力。如果每个成员都能从大局出发，严格要求自己，多从其他成员的角度考虑问题，在团队合作中能尊重同伴、互相欣赏、宽容待人，那么一个优秀的团队就形成了。

（一）尊重同伴

尊重没有高低之分、地位之差和资历之别，尊重只是团队成员在交往时的一种平等的态度。平等待人，有礼有节，既尊重他人，又尽量保持自我个性，这是团队合作能力之一。团队是由不同的人组成的，每一个团队成员首先是一个追求自我发展和自我实现的个人，然后才是一个从事工作、有着职业分工的职业人。虽然团队中的每一个人都有着在一定的生长环境、教育环境、工作环境中逐渐形成的与他人不同的自身价值观，但他们每个人不论资历深浅、能力强弱，也都同样有渴望尊重的要求，都有一种被尊重的需要。

尊重，意味着尊重他人的个性和人格、尊重他人的兴趣和爱好、尊重他人的感觉和需求、尊重他人的态度和意见、尊重他人的权利和义务及尊重他人的成就和发展。尊重，还意味着不要求别人做你自己不愿意做或没有做过的事情。当你不能加班时，就没有权力要求其他团队成员继续"作战"。

尊重，还意味着尊重团队成员有跟你不一样的优先考虑，或许你喜欢工作到半夜，但其他团队成员也许有更好的安排。只有团队中的每一个成员都尊重彼此的意见和观点、尊重彼此的技术和能力、尊重彼此对团队的全部贡献，这个团队才会得到最大的发展，而这个团队中的成员也才会赢得最大的成功。尊重能为一个团队营造出和谐融洽的气氛，使团队资源形成最大程度的共享。

（二）互相欣赏

学会欣赏、懂得欣赏。很多时候，同处于一个团队中的工作伙伴常常会乱设"敌人"，尤其是大家因某事而分出了高低时，落在后面的人的心里很容易就会酸溜溜的。所以，每个人都要先把心态摆正，用客观的眼光去看看"假想敌"到底有没有长处，哪怕是一点点比自己好的地方都是值得学习的。欣赏同一个团队的每一个成员，就是在为团队增加助力改掉自身的缺点，就是在消灭团队的弱点。欣赏就是主动去寻找团队成员尤其是你的"敌人"的积极品质，然后，向他学习这些品质，并努力克服和改正自身的缺点和消极品质。这是培养团队合作能力的第一步。"三人行，必有我师焉"，每一个人的身上都会有闪光点，都值得我们去挖掘并学习。要想

成功地融入团队之中,就要善于发现每个工作伙伴的优点,这是走近他们身边,走进他们之中的第一步。适度的谦虚并不会让你失去自信,只会让你正视自己的短处,看到他人的长处,从而赢得众人的喜爱。每个人都可能会觉得自己在某个方面比其他人强,但你更应该将自己的注意力放在他人的强项上,因为团队中的任何一位成员,都可能是某个领域的专家。因此,你必须保持足够的谦虚,这样会促使你在团队中不断进步并真正看清自己的肤浅、缺点和无知。

总之,团队的效率在于成员之间配合的默契,而这种默契来自团队成员的互相欣赏和熟悉——欣赏长处、熟悉短处,最主要的是扬长避短。

(三)宽容待人

美国人崇尚团队精神,而宽容正是他们最推崇的一种合作基础,因为他们清楚这是一种真正的以退为进的团队策略。雨果曾经说:"世界上最宽阔的是海洋,比海洋更宽阔的是天空,而比天空更宽阔的则是人的心灵。"这句话无论在何时何地都是适用的,即使是在角逐竞技的职场上,宽容仍是能让你尽快融入团队之中的捷径。宽容是团队合作中最好的润滑剂,它能消除分歧和战争,使团队成员能够互敬互重、彼此包容、和谐相处,从而安心工作,体会到合作的快乐。试想一下,如果你冲别人大发雷霆,即使过错在于对方,谁也不能保证他不以同样的态度来回敬你。这样一来,矛盾自然也就不可避免了。

相反,你如果能够以宽容的胸襟包容同事的错误,驱散弥漫在你们之间的火药味,相信你们的合作关系将更上一层楼。团队成员间的相互宽容,是指容纳各自的差异性和独特性以及适当程度的包容,但并不是指无限制地纵容,一个成功的团队,只会允许宽容存在,不会让纵容有机可乘。

宽容,并不代表软弱。在团队合作中它体现出的是一种坚强的精神,是一种以退为进的团队战术,为的是整个团队的大发展,同时也为个人奠定了有利的提升基础。首先,团队成员要有较强的相容度,即要求其能够宽厚容忍、心胸宽广、忍耐力强。其次,要注意将心比心,即应尽量站在别人的立场上,衡量别人的意见、建议和感受,反思自己的态度和方法。

五、团队合作的原则

(一)诚恳原则

诚是人与人相处的基本态度。团队合作的原则,自然当以诚为第一原则。古语说:"诚者,事之始终。"真诚是君子最宝贵的品格,是同事间相处共事的基础。

诚应贯彻一件事的头尾,让与你交往的人感到你所做的一切都是发自内心的、真诚的。诚是核心,哪个朋友因某件小事对你有误会或存有偏见,由于你以诚相待,始终以诚感动他，他一定会因你"诚之所至，金石为开"。我们都知道三顾茅庐这个故事，刘备不顾张飞、关羽的劝阻，在隆冬季节，寒雪纷飞的时刻三访孔明，而且为去拜见孔明又沐浴，又斋戒，终于以诚、以礼叩开了孔明心灵的大门，这才有了著名的《隆中对》，才请出了诸葛亮帮助他成就大业。如果他以位尊、以权贵来召唤孔明，其结果可想而知，正因为刘备始终能以诚相待诸葛亮，才赢得了诸葛亮的赤胆忠心，帮助他与曹操、孙权抗衡，三分天下，成鼎足之势，乃至在刘备死后，诸葛亮仍忠心耿耿地扶持幼主刘禅，对之千叮万嘱，为刘氏宗业鞠躬尽瘁，死而后已。著名的《出师表》可以说道尽了诸葛亮的报恩之情，古往今来，成就大业者皆能以诚相待，礼贤下士的例子不胜枚举。

(二) 平等友善

与同事平等相处也很重要。同事之间相处具有相近性、长期性、固定性，彼此都有较全面深刻的了解。要特别注意的是平等相待才可以赢得同事的信任。信任是联结同事间友谊的纽带。即使你各方面都很优秀，即使你认为自己以一个人的力量就能解决眼前的工作，也不要显得太张狂。要知道还有以后，以后你并不一定能完成一切，还是平等友善地对待对方吧。不管你是资深的老员工，还是新进的员工，都需要丢掉不平等的关系，无论是心存自大还是心存自卑，都是同事相处的大忌。

(三) 善于交流

同在一个公司、办公室里工作，你与同事之间会存在某些差异，知识、能力、经历的不同会造成你们在对待和处理工作时产生不同的想法。交流是协调的开始，把自己的想法说出来，听对方的想法，你要经常说这样一句话："你看这事该怎么办，我想听听你的看法。"

(四) 谦虚谨慎

法国哲学家罗西法古曾说："如果你要得到仇人，就表现得比你的仇人优秀；如果你要得到朋友，就要让你的朋友表现得比你优秀。"当我们让朋友表现得比我们还优越时，他们就会有一种被肯定的感觉；但是当我们表现得比他们还优越时，他们就会产生一种自卑感，甚至对我们产生敌视情绪。因为谁都在自觉不自觉地强烈维护着自己的形象和尊严。所以，对自己要轻描淡写，要学会谦虚谨慎，只有这样，我们才会永远受到别人的欢迎。

(五) 化解矛盾

一般而言，与同事有点小想法、小摩擦、小隔阂，是很正常的事。但千万不要把这种"小不快"演变成"大对立"，甚至成为敌对关系。对别人的行动和成就表示真正的关心,是一种表达尊重与欣赏的方式,也是化敌为友的纽带。

(六) 接受批评

从批评中寻找积极成分。如果同事对你的错误大加抨击,即使带有强烈的感情色彩,也不要与之争论不休,而要从积极方面来理解他的抨击。这样不但对你改正错误有帮助,也避免了语言敌对场面的出现。

(七) 创造能力

培养自己的创造能力,不要安于现状,试着发掘自己的潜力。一个有不凡表现的人,除了能保持与人合作以外,还需要所有人乐意与你合作。

总之,作为一名员工,应该以你的思想感情、学识修养、道德品质、处世态度、举止风度做到坦诚而不轻率、谨慎而不拘泥、活泼而不轻浮、豪爽而不粗俗,只有这样才可以和其他同事融洽相处,提高自己团队作战的能力。

六、使自己成为团队中最受欢迎的人

要想成为优秀团队中的优秀人物,就要成为团队中最受欢迎的人。怎样使自己成为团队中最受欢迎的人呢?

(一) 出于真心,主动关心帮助别人

个人可以去拒绝别人的销售、拒绝别人的领导,却无法拒绝别人对自己出于真心的关心。大多数人都在期望着别人对自己的关心,所以你要做到别人做不到的事情,如果别人不肯去关心其他人,那你要付出更多去关心他们。每一个职场人士都希望与同事融洽相处、团结互助。因为人们深知,同事是和自己朝夕相处的人,彼此和睦融洽,工作气氛好,工作效率自然也就会更好。反之,同事关系紧张、相互拆台、发生摩擦,正常工作和生活不但会受到影响,就连事业发展也会受到阻碍。

(二) 要谈论别人感兴趣的话题

每个人一生中都在寻找一种感觉,这种感觉是什么呢?就是重要感。在和别人沟通的时候,你是一直不断地在讲还是认真地在听别人讲呢?如果你认真地在听别人讲,同时你又再问一些别人感兴趣的话题,别人就会对你非常有好感,因为人们都喜欢谈论自己。如果你愿意拿出时间来关心他人,谈论感兴趣的话题,你愿意了解他人所讲出来的他非常感兴趣的话题,那你一定会成为一个非常受欢迎的人。

(三) 赞美你周围的同事

赞美被称为语言的钻石,每个人一生都在寻找重要感,所以人们都希望得到别

人的赞美。人们希望获得很大的成长和成就感，如果团队能为成员提供空间，使他们很好地获得成就感，大多数情况下团员都会留在团队，而且全力以赴，认真地为之付出。

不断地赞美、支持、鼓励周围的朋友和同事是使自己成为团队中受欢迎的人的有效办法。每一个人都有优点和独特性，所以要找到每个人独特的优点去赞美他。比如，一个成员取得了一些绩效，当你希望这种绩效再一次被延伸的时候，就要去赞美他，然后这种结果就会再一次发生，受赞美的行为也会持续不断地出现。如果有一个销售人员刚刚签了一个很大的合同，团队当中的每一个成员都应去赞美他，都应该认为他是团队当中的英雄，因为只有当他受到了这种赞美和鼓励，才会愿意下一次再去采取同样的行为，为这个团队付出。

（四）对别人的成就感到高兴，并真心地予以祝贺

如果真心地祝福获得财富的人，你也会慢慢地获得财富。如果你忌妒别人或者说你为别人取得成就而感到不舒服，那是因为你的心胸不够宽广。如果你的心胸宽广，你会为别人取得成就而感到高兴，并且会向他祝贺，因为你是个对自己非常有自信的人。做一个能够为别人取得成就而祝福的人，你就会取得跟他一样的成就。

（五）激发别人的梦想

人最重要的一个能力就是使别人拥有能力，所以人际关系当中最重要的就是要敢于激发别人的梦想。当你激发了别人的梦想，别人通过你的激发和鼓励取得成就时，他就会衷心地感谢你。每一个人都期望别人给他十足的动力，帮他做出人生的决定，所以你要去激发别人，使他产生梦想，让他拥有应该拥有的"企图心"和上进心，激发他去获得最想要的结果。

第四节　团队精神

案例导入

三国时期，刘备善用精神力量凝聚人心，在不具备天时、地利的条件下，以人和为核心竞争力，以"义"聚得关羽、张飞、赵云等名将；以诚感人，三顾茅庐，

请出诸葛亮辅佐，并以兴复汉室天下为共同目标，发挥团体的力量，终于三分天下而得其一。

讨论： 大家想一想，这个故事告诉了我们什么？

团队精神在工作中扮演着极其重要的角色，任何一个组织机构或者单位如果缺乏团队精神，就会如同一盘散沙，运作中效率低下。没有团队精神的人不会尽责做好自己的工作，从而拖团队的后腿，也不会关心其他人，在别人犯错时只会一味地指责，更不会在工作中多付出一点汗水，为提高团队效益出谋划策。一个团队要想出色地完成任务，需要团队精神作为协作的核心，正如古人所说："千人同心，则得千人之力；万人异心，则无一人之用。"

一、团队精神的内涵

所谓团队精神，就是大局意识、协作精神和服务精神的集中体现，简单地说，就是一种集体意识，是团队所有成员都认可的一种集体意识。团队精神的基础是尊重个人的兴趣和成就，核心是协同合作，最高境界是全体成员的向心力、凝聚力，反映的是个体利益和整体利益的统一，并进而保证组织的高效运转。

团队精神的核心是无私的奉献精神，是自动担当的意识，是与人和谐相处、充分沟通、交流意见的智慧。它不是简单地与人说话、与人共同做事，而是不计个人利益，只重团队全体的奉献精神。

团队精神的形成并不要求团队成员牺牲自我，相反，挥洒个性、表现特长保证了成员能够共同完成任务目标，而明确的协作意愿和协作方式则产生了真正的内心动力。

团队精神是团队文化的一部分，良好的管理可以通过合适的团队形态将每个人安排至合适的岗位，充分发挥集体的潜能。如果没有正确的管理文化，没有良好的从业心态和奉献精神，就不会有团队精神。

二、团队精神的作用

（一）目标导向功能

团队精神能够使团队成员齐心协力，拧成一股绳，朝着一个目标努力。对团队的个人来说，团队要达到的目标就是自己必须努力的方向，从而使团队的整体目标分解成各个小目标，在每个队员身上都得到落实。

(二) 凝心聚力功能

任何组织群体都需要一种凝聚力，传统的管理方法是通过组织系统自上而下的行政指令，淡化了个人感情和社会心理等方面的需求，团队精神则通过对群体意识的培养，通过队员在长期实践中形成的习惯、信仰、动机、兴趣、爱好等文化心理，来沟通人的思想，引导人们产生共同的使命感、归属感和认同感，逐渐强化团队精神，产生一种强大的凝聚力。

(三) 促进激励功能

团队精神要靠每一个队员自觉地向团队中最优秀的员工看齐，通过成员之间正常的竞争达到督促和提醒的目的。这种激励不是单纯停留在物质的基础上，而是要能得到团队的认可，获得团队中其他队员的认可。

(四) 实现控制功能

在团队里，不仅队员的个体行为需要控制，群体行为也需要协调。团队精神所产生的控制功能，是通过团队内部所形成的一种观念的力量、氛围的影响，去约束、规范、监管团队的个体行为的。这种控制不是自上而下的硬性强制力量，而是由硬性控制转向软性内化控制；由控制个人行为，转向控制个人的意识；由控制个人的短期行为，转向对其价值观和长期目标的控制。因此，这种控制更为持久且更有意义，而且容易深入人心。

三、培养团队精神的重要性

(一) 团队精神有利于增强员工的责任心，在工作中做好本分工作

几乎一切的大公司在招聘新人时，都非常留意人才的团队合作精神，他们认为一个人能否和别人相处与协作，要比他个人的能力重要得多。任何团队想要完成工作任务，必须合理分配好成员的任务。而团队精神较强的员工，自然会有很强的责任心，能尽责地完成自己的任务，不会偷工减料，得过且过。比如，餐厅厨房及厅面是一个团队，厨师负责烹制美味的菜肴，服务人员负责提供优质的服务。具有良好团队精神的厨师及服务人员都会在提高客人满意度及增加营业额的目标下，各司其职，做好本分工作。如果没有团队精神，不管是厨师不用心烹制食物，还是服务人员不热心服务，餐厅都会面临麻烦。

(二) 团队精神直接关系到个人的工作业绩和团队的业绩

一个没有团队精神的人，即使个人工作干得再好，也无济于事。由于在这个讲

究合作的年代，真正优秀的员工不只要有超人的能力、骄人的业绩，更要具备团队精神，为团队全体业绩的提升作出贡献。一个人的成功是建立在团队成功的基础上的，只要团队的绩效获得了提升，个人才会得到嘉奖。

（三）团队精神决定个人能否自我超越、达到完美

认清团队精神，完成自我超越。个人不可能完美，但团队可以。在知识经济时代，竞争已不再是单独的个体之间的斗争，而是队与队的竞争、组织与组织的竞争，任何困难的克服和波折的平复，都不能仅凭一个人的英勇和力量，而必须依托整个团队。对每个人来讲，你做得再好，团队垮了，你也是失败者。21世纪最成功的生存法则，就是抱团打天下，必须有团队精神。所以作为团队的一员，只有把本人融入整个团队之中，凭借整个团队的力量，才能把本人所不能完成的棘手的问题处理好。获得成功的捷径就是充分利用团队的力量。

（四）团队精神能推动团队运作和发展

在团队精神的作用下，团队成员产生了互相关心、互相帮助的交互行为，显示出关心团队的主人翁责任感，并努力自觉地维护团队的集体荣誉，自觉地以团队的整体荣誉感来约束自己的行为，从而使团队精神成为公司自由而全面发展的动力。具有良好团队精神的团队成员，在工作中能够细心观察每位同事的状态。如果发现同事工作状态不佳，情绪低落，频频出错，团队成员会跟这样的同事进行沟通，了解情况，及时给予关心和帮助，而不是在背后指责。在同事的关心及协助下，状态不佳的人能够更快地调整状态，更早地以饱满的精神回归到团队的统一战线上。

（五）团队精神能培养成员之间的亲和力

一个具有团队精神的团队，有利于激发成员工作的主动性，由此形成集体意识、共同的价值观、高涨的士气、团结友爱的氛围，团队成员会自愿地将自己的聪明才智贡献给团队，与其他成员积极主动沟通，同时也使自己得到更全面的发展。

（六）团队精神有利于提高组织整体效能

团队精神有利于提高团队的工作效益。通过发扬团队精神，加强建设团队精神，能进一步节省内耗。如果总是把时间花在怎样界定责任，应该找谁处理这些问题上，让客户、员工团团转，这样就会减少企业员工的亲和力，损伤企业的凝聚力。具有团队精神的人，在工作中不仅会做好本分工作，互相关心、相互支持，还会努力发挥自己的创造力，找出更有效的做事方法，提高团队的办事效率。

四、团队精神需要具备的因素

(一) 团队精神的基础——挥洒个性

团队业绩从根本上说,首先来自团队成员个人的成果,其次来自集体成果。团队所依赖的是个体成员的共同贡献而得到实实在在的集体成果。这里恰恰不要求团队成员都牺牲自我去完成同一件事情,而要求团队成员都发挥自我去做好这一件事情。就是说,团队效率的培养,团队精神的形成,其基础是尊重个人的兴趣和成就。设置不同的岗位,选拔不同的人才,给予不同的待遇、培养和肯定,让每一个成员都拥有特长,都表现特长。这样的氛围越浓厚越好。

(二) 团队精神的核心——协同合作

社会学实验表明,两个人以团队的方式相互协作、优势互补,其工作绩效明显优于两个人单干时绩效的总和。团队精神强调的不仅仅是一般意义上的合作与齐心协力,它要求发挥团队的优势,其核心在于大家在工作中加强沟通,利用个性和能力差异,在团结协作中实现优势互补,发挥积极协同效应,带来"1+1>2"的绩效。因此,共同完成目标任务的保证,就在于团队成员才能上的互补,在于发挥每个人的特长,并注重流程,使之产生协同效应。

(三) 团队精神的最高境界——团结一致

全体成员的向心力、凝聚力是从松散的个人走向团队集合最重要的标志。在这里,有一个共同的目标并鼓励所有成员为之奋斗固然是重要的,但是,向心力、凝聚力来自团队成员自觉的内心动力,来自共同的价值观,很难想象在没有展示自我机会的团队里能形成真正的向心力;同样也很难想象,在没有明确的协作意愿和协作方式下能形成真正的凝聚力。

(四) 团队精神的外在形式——奉献精神

团队总是有着明确的目标,实现这些目标不可能总是一帆风顺的。因此,具有团队精神的人,总是以一种强烈的责任感,充满活力和热情,为了确保完成团队赋予的使命,和同事一起,努力奋斗、积极进取、创造性地工作。在团队成员对团队事务的态度上,团队精神表现为团队成员在自己的岗位上尽心尽力,主动为了整体的和谐而甘当配角,自愿为团队的利益放弃自己的私利。

五、培养提升团队精神的途径

在市场竞争越来越激烈的前提下,合作并不一定产生1+1>2的效果,如何进行有效合作，形成一种团队精神，以达到整体效益大于部分之和的效果，是每一个企业的重要任务。

团队精神日益成为一个重要的团队文化因素，它要求团队分工合理，将每个成员放在适合的位置上，使其能够最大限度地发挥自己的才能，并通过完善的制度、配套的措施，使所有成员形成一个有机的整体，为实现团队的目标而奋斗。团队精神的养成需要从以下几个方面入手：

（一）培养勇于奉献的精神

具备团队精神，首先就要检视本人的灵魂，只有高尚的、无私的、乐于奉献的、勇于担当的灵魂，才可能具备这种优点。

最能表现团队精神真正内涵的莫过于登山运动。在登山的过程中，登山运动员之间都以绳索相连，假如其中一个人失足了，其他队员就会全力援救。否则，整个团队便无法继续前进。但当队员绞尽脑汁，试了一切的办法仍不能使失足的队员脱险的时候，只有割断绳索，让那个队员坠入深谷，只有这样，才能保住其他队员的性命。而此时，割断绳索的常常是那名失足的队员。这就是团队精神。

（二）培养大局意识

团结出战斗力。团队成员不能计较个人利益和局部利益，要将个人、部门的追求融入团队的总体目标中，这样就能达到团队的最佳整体效益。培养以实现团队目标为己任的主动性和大局意识。团队精神尊重每个成员的兴趣和成就，要求团队的每一个成员，都以提高自身素质和实现团队目标为己任。团队精神的核心是合作协同，目的是最大限度地发挥团队的潜在能量。团队中成员之间的关系，一定要做到风雨同行、同舟共济，没有团队合作的精神，仅凭一个人的力量无论如何也达不到理想的工作效果，只有通过集体的力量，充分发挥团队精神才能使工作做得更出色。

新一代的优秀员工必须树立以大局为重的全局观念，不斤斤计较个人利益和局部利益，将个人的追求融入团队的总体目标中，从自发地服从到自觉地去执行，最终完成团队的整体效益。

（三）培养团队角色意识

贝尔宾是英国剑桥大学的教授，他在1981年出版了《团队管理：他们为什么成功或失败》一书，在这本书中他提出了团队角色模型的理论。贝尔宾教授的理论指出，每个人在工作环境中都有两个角色：一个是职能部门里的角色，通常由个体的岗位头衔所决定；另一个不那么明显，是个体天然倾向的团队角色。根据这个理论，贝尔宾教授创造了九种类型的团队角色，它们分别是：智多星、协调者、推进者、监督员、外交家、凝聚者、实干家、完美主义者以及专家。每种类型的角色都有其特色与专长,但也伴随着一定的可接受的弱势。

与人合作的前提是找准本人的地位,扮演好本人的角色,这样才能保证团队工作的顺利进行。若站错位置,乱干工作,不但不会推进团队的工作进程,还会使整个团队陷入混乱。团队要想创造并维持高绩效,员工能否扮演好本人的角色是关键也是根本,有时这甚至比专业知识更为重要。

(四) 培养宽容与合作的品质

团队工作需要成员之间不断地进行互动和交流,如果你固执己见,总与别人有分歧,你的努力就得不到其他成员的理解和支持,这时,即便你的能力出类拔萃,也无法促使团队创造出更高的业绩。如果你认识到了这些缺点,不妨通过交流,坦诚地讲出来,承认缺点,让大家共同协助你改进。培养宽容与合作的品质,不必担心别人的嘲笑,你得到的只会是理解和协助。

(五) 培养虚心请教的素质

向专业人士请教自己不懂的问题是一种非常宝贵的素质,这可以提升我们的能力,拓宽我们的知识面,使我们的工作能力变得更强,更重要的是,请教别人还有利于我们获得良好的人际关系。

有时,我们并未自动请教,别人也会对我们的工作发表一些意见。千万不要对这种意见产生反感,不管意见是对是错,我们都要真诚地向对方道谢,并客观地评价这些建议。这些建议通常都极其有价值,可以为我们提供一个崭新的工作思绪或为我们开辟出一段新的职业生涯。

(六) 忌个人英雄主义

我们应该认识到,团队意识和个人英雄主义是矛盾的对立统一体。团队意识的强弱决定着团队的整体战斗力。团队工作是一个系统而整体的工作,加强团队意识的培养是提高战斗力的重要前提。而个人英雄主义也会影响团队成员工作的主动性和积极性。所以,加强团队意义的培养,并正确引导成员充分发挥个人英雄主义是提高效率的重要方法,而不是一味强调团队意义而忽视了个人英雄主义的正确发挥。

我们应该明白,只有整个团队的业绩提高了,自己才能更好地发挥潜能,所谓"大河流水小河满"说的也是这个道理。我们要充分认识到自己离不开团队,团队离开不自己,这样才能形成团队强大的凝聚力和战斗力。领导在工作中要合理授权,给下属更多发挥才能的机会!在团队中最大限度地调动成员的创造性思维,提高成员的独立作战能力和市场竞争意识。

团队意识和个人英雄主义是对立统一的,因此二者在特定的条件下会产生一定的冲突和矛盾。如果处理不当，势必影响团队的整体战斗力。根据团队利益为上的原则，个人英雄主义必须服从于团队利益，个人英雄主义的发扬必须以维护团队利益为前提，如过分强调个人英雄主义，整个团队就可能成为一盘散沙，变得不堪一击。

思考与练习

1. 你认为怎样才算一个好团队？
2. 你认为应当如何有效地进行团队协作？
3. 在团队合作中，你是否关注整体目标？是否关注整体目标的实现？
4. 在团队合作中，你和别人发生过争执吗？你是怎样解决的？
5. 想想自己在平时的团队工作中碰到的最大问题是什么？

案例思考

请扫描右侧二维码获得更多资源

知识拓展

请扫描右侧二维码获得更多资源

课外阅读

欢迎登录"爱习课专业版App"查阅

第十一章 提升实践执行能力

　　要力行，知行合一，做实干家。"纸上得来终觉浅，绝知此事要躬行。"学到的东西，不能停留在书本上，不能只装在脑袋里，而应该落实到行动上，做到知行合一、以知促行、以行求知，正所谓"知者行之始，行者知之成"。每一项事业，不论大小，都是靠脚踏实地、一点一滴干出来的。"道虽迩，不行不至；事虽小，不为不成。"这是永恒的道理。做人做事，最怕的就是只说不做，眼高手低。不论学习还是工作，都要面向实际、深入实践，实践出真知；都要严谨务实，一分耕耘一分收获，苦干实干。广大青年要努力成为有理想、有学问、有才干的实干家，在新时代干出一番事业。我在长期工作中最深切的体会就是：社会主义是干出来的。

　　　　　　　　　　　　——2018年5月2日习近平在北京大学师生座谈会上的讲话

素质目标

1. 提升实践执行素养，形成社会需求和发展的素质。
2. 增强实践执行能力，提高工作效率。

能力目标

1. 树立提升实践执行能力的科学意识。
2. 改善思维模式，在实践中不断实践执行能力。

知识目标

1. 理解实践执行能力的深刻内涵。
2. 掌握实践执行能力的主要内容。
3. 认识增强实践执行能力的重要意义。
4. 掌握提高实践执行能力的途径和方法。

第一节 信守承诺

"新年不欠旧年薪，今生不欠来生债。"这是孙东林、孙水林兄弟共同的做事准则。20余年来，两兄弟从不拖欠农民工工资。

2010年2月10日，在北京当包工头的哥哥孙水林为赶在年前把工钱发到农民工手上，不顾风雪，提前返乡，途中遭遇车祸，一家五口身亡，在天津的弟弟孙东林为了完成哥哥的遗愿，他来不及处理哥哥的身后事，连续驱车15个小时返乡代兄为农民工发放工资。钱不够他从自己的账户上取了6.6万元，仍然不够时，孙东林70多岁的母亲甚至把自己的1万多元养老钱拿了出来，终于赶在年前将33.6万元工钱一分不少地送到60余位农民工的手里。

有了这样的举动以后，两兄弟的工友这样说："信义哥哥走了，明年，我们还要跟着信义弟弟一起干！"2011年两兄弟当选为2012年度感动中国人物，被人们亲切地称为"信义兄弟"。

（资料来源：《情感读本·道德篇》，2010年第4期）

讨论：信义兄弟作出了什么承诺？为实现承诺，信义兄弟付出了什么？信义兄弟为什么要这么做？

什么是承诺？承诺首先是一种诚信、一种品德。做人之根本在于诚信，做事之根本在于承诺，承诺就是一份担当，是一份责任。敢于承诺的人是一个勇敢的人，履行承诺的人是一个负责任的人，有承诺并践行承诺的人是一个令人尊敬的人。承诺精神体现在工作和生活中的任何方面。员工要对老板有承诺，并坚守承诺；企业要对客户有承诺，并坚守承诺……在人际关系中，信守承诺的人往往朋友比较多；在企业中，信守承诺的人往往升职比较快；在商业关系中，信守承诺的人往往业绩比较好。信守承诺的人或许付出的比较多，但是他收获的也会比较多。

一、信守承诺是做人的根本

信守承诺是做人的根本，是成为卓越员工的关键，如果一个人不能信守承诺，一切都等于零。任何承诺都是严肃的，它不仅是一种对对方的约定，也是人格的标签。有承诺必兑现的人必定有优秀的品质、伟大的人格，当然，这样的人也就会具有领导力和影响力，因而也能成就一番伟大的事业。

一个人许下诺言容易，它往往不用费力气，但要履行自己的诺言，却要比许诺难上一千倍，只有那些信守诺言的人，才会受到人们的尊重。

经典案例

俗话说：一诺千金，而对博白县旧门村村民李异宏来说，他的承诺价值28757元，再加上一家人20余年的汗水、泪水和生命光阴。

1989年，因做芒编生意失手，李异宏欠下400余名远近村民的加工费，无力偿还。当时，在村里小有威信的他，已经做了9年的芒编收购人，具体工作就是从老板手里领取材料发给村民编织工艺品，再收集成品交回。老板给的加工费为每件5角钱，他可从中得到3分钱。可没想到，他去找老板结算手工费时，却被对方以出售芒编亏本为由赶了出来。

空手而归的李异宏还来不及擦干眼泪，便被蜂拥而来索要加工费的村民围住了。村民的加工费总计28757元。

他挨家挨户地拍胸脯保证："你放心，只要我还有一口气，这钱我一定还。"为了信守这一承诺，他选择了最为艰苦的砍柴还债之路。李异宏与妻子白天砍柴打草，晚上做木工、扎扫把。很多人觉得李异宏完全不应该选择砍柴还债，他完全可以外出打工赚钱，打工赚钱的速度应该远比砍柴赚钱的速度快。"我也曾想过要外出打工来还债，可我一走，债主就会担心，以为我躲债去了，为了让他们放心，最后我还是打消了这个念头。"李异宏说。

毕竟都是乡里乡亲的，大家都有感于李异宏的真诚和诚信，当时便有人表示"算了"，也有人表示只要整数不收零头，可是李异宏坚决不让，一定要将一分一角钱还得清清楚楚，他说，这样才安心。于是，李异宏就走向了20年的砍柴还钱之路。当李异宏将最后一笔款800元交到妹妹李惠娟手中的那一刻，他突然感到一阵从未有过的轻松，还完这笔债，他就基本没有压力了。人们再谈起他时，无不竖起大拇指，夸他是条汉子，重情义守信诺。

（资料来源：《南国早报》，2018-03-23）

二、在承诺面前没有任何借口

在美国西点军校，有一个广为传诵的悠久传统，学员遇到军官问话时，只能有四种回答："报告长官，是。""报告长官，不是。""报告长官，不知道。""报告长官，没有任何借口。"除此之外，不能多说一个字。"没有任何借口"是美国西点军校200年来奉行的最重要的行为准则，它强化的是每一位学员想尽办法去完成任一项任务，而不是为没有完成任务寻找借口，哪怕是看似合理的借口。秉承这一理念，无数西点毕业生在人生的各个领域取得了非凡成就。

对于就职于同一公司的员工来说，为什么做着同样的工作，有的人扶摇直上，有的人却每况愈下、生活越发窘迫呢？其实，任何一件事情的发生都有其原因和结果，得到升迁的员工，一定做了与别人不一样的事情。优秀的员工永远是找方法，只有普通的员工才找借口。

工作中常常可以看到这样一种情形：有的人并不是全身心地投入工作中，一旦工作任务不能按时完成，就精心编造一些似是而非的理由，寻找种种借口应付上司。有时候，那些既符合情理又符合逻辑的理由的确也能得到上司的谅解，可是工作毕竟没有完成啊！

员工有三种：一种是只完成岗位职责范围内的工作的人；一种是没有完成职责范围内的工作的人；一种是超额完成职责范围内的工作的人。显然，这三种员工中最后一种员工最受老板青睐，职场结果也最好。

老板真正需要的是那种能准确掌握自己的指令，并且主动发挥自身的智慧和才干，把工作做得比预期还要好的人。不停地问一些愚蠢的问题，不断找出各种各样的借口来推脱，敷衍了事、马马虎虎、讲价钱、讲条件、拖拉、抱怨、漫不经心、投机取巧……这些现象暴露了一小部分人内心世界中阴暗和不健康的一面，说穿了，所有的借口及托词都是幌子，这些人根本就没有打算把事情做好。

优秀的员工在任何时候都不需要强制或命令，不需要监督和提醒。无论老板在与不在，他们都能勤奋努力地工作，自觉履行职责；接到任务时，他们从来不找借口，只是说"好，我马上去做"或"放心，我一定尽全力去做"；在工作过程中遇到困难时，他们绝不灰心丧气、半途而废，而是坚持把事情做完做好；他们主动做事，自觉思考，并常常延伸工作的性质，有所发现和创新——这就是自动自发。

对于爱找借口的人来说，完不成工作任务的原因通常是：

（1）客观条件有限，通过想办法创造条件是可能完成任务的，但他没有去创造条件，因此没有完成任务；

（2）他实际上没有到岗到位，因此没有完成任务；

（3）他虽然到岗到位了，但是懒懒散散，身在曹营心在汉，因而工作效率低下，导致没有完成任务。

不论是哪一种情形，归根结底就是没有完成工作任务，向上司交不了差，因此只有找借口来应付上司。他们以为有了借口，就可以得到上司的原谅，自己就可以心安理得了。其实，不管找到的借口多么冠冕堂皇，工作任务没有完成，总不是一件令人愉快的事，借口永远是借口，再美丽的借口也还是借口。

一次两次找借口，上司和同事可能还会相信，但是如果每次都找借口，那就是自毁前程。

你的上司和同事总有一天会发现真相，这样，你就会失去上司和同事对你的信任，而一个不能获得上司和同事信任的人，是很难有所发展的。

与找借口相比，更重要的是找到解决问题的办法。习惯于找方法的人，只看重结果，从不畏惧困难，最后总能得到超乎想象的回报。

实践证明，找办法的人比找借口的人聪明，虽然找办法的人比找借口的人辛苦，但由于找办法的人总能出色地把问题解决，总能出色地完成上司交给他的工作任务，久而久之，他给上司和同事留下的印象就是："这个人靠得住！"一个领导和同事都认为靠得住的人，他的前程自然光辉灿烂。

三、敢于承担是承诺的开始

在遇到困难的时候，一个主动承担责任的员工会让同事万分感激，也让老板钦佩不已。换句话表述，就是一个人承担的责任有多大，他的价值就有多大。

在企业里，只有勇于承担责任的员工才会得到老板的信任和重用。勇于承担责任是证明自己最好的方式，它不仅向社会证明了自己存在的价值，还向老板和同事证明了自己很出色。

经典案例

西点军校冷静的、具有非凡勇气的代表是麦克阿瑟将军，即便在面临敌人的炮火时他也毫不退缩，完美地体现了"假如你选择了军队，就不要害怕牺牲；假如你选择了天空，就不要渴望风和日丽"的西点精神。

虽然麦克阿瑟的司令部设在隧道里，他却把家安在地面上，经常冒着遭空袭的危险。每次空袭警报一响，妻子便带着小麦克阿瑟奔向1英里（约为1.6公里）远的隧道。而麦克阿瑟要么稳坐家中，要么跑到外面去看个究竟。有一次，他正在家中办公，日军飞机来空袭，子弹穿过窗户打在麦克阿瑟身旁的墙壁上。他的副官惊慌地冲了进来，发现他仍镇定自若地在工作，好像什么事也没发生一般。麦克阿瑟看到副官进来，就从办公桌上抬起头来问："什么事？"副官惊魂未定地说："谢天谢地，将军，我以为你已被打死了。"

麦克阿瑟回答说："还没有，谢谢你进来。"

在另外一次空袭中，麦克阿瑟从隧道里跑出来，毫不畏惧地站在露天地上，观察日军飞机的空中编队，数着飞机的数量。麦克阿瑟的值班中士摘下头上的铜盔给他戴上，这时一块弹片正好打到这位中士拿着钢盔的手上。当时的菲律宾总统奎松得知此事后，立即给麦克阿瑟写了封信，提醒他要对两国政府、人民及军队负责，不要冒不必要的危险，以免遭到不测。

但是，麦克阿瑟把这种举动看作是自己的职责，认为在这样的时刻，士兵们看到将军同他们在一起，一定会很高兴。

（资料来源：温学民，《西点军校经典法则》，2010 年）

四、承诺了就要立即行动

有位哲人说："不要做思想的巨人，行动的矮子！""要少说话多做事。"要做说话的矮子，行动的巨人。古今中外，空谈误国误事的例子举不胜举，可见行动无论对于哪一个人来说都是非常重要的。

拿破仑也曾说："先投入战斗，然后再见分晓。"两军对峙，分不出胜负，也解决不了问题，更无法让战争平息，只有投入战斗，在战场上拼杀，才能分出胜负，然后成者王，败者寇。

此时此刻，如果你有什么想法需要变成现实，请立即行动！如果你觉得自己有很多地方需要改变，请立即改变！要相信自己有能力把自己的梦想变成现实，相信自己有能力变得更优秀，相信自己是最棒的！

经典案例

有一天，电话的发明人贝尔突然想到一个问题：人与人之间见面时可以用声音交流，假如两人离得很远，可不可以彼此说话、彼此沟通呢？于是他苦思冥想，终于想到了电话这样一个模糊概念。但他没有学过无线电，也没有学过通信知识，不知道能不能干成。于是他就向亨利先生求教，亨利先生说了两个字："干吧！"他回去之后就开始着手研究、试验。这毕竟是一件从来没有人做过的事，没有人想过的发明，加之他是一个外行，外行做内行事，困难可想而知。工作中他遇到了困难，又向亨利先生求教，亨利先生说："学吧！"于是他又回去重头来过，经过成千上万次的试验，他终于成功了。

在成功表彰大会上，有人问他成功的秘诀是什么，他说他要感谢亨利先生，亨利先生的四个字"干吧！""学吧！"是他成功的秘诀。

（资料来源：《百科知识》，2018 年第 3 期）

自强不息的人处境会越来越好，自愿放弃的人处境会越来越差。自信心强的人，做什么事情都敢于往前冲；自信心弱的人则正好相反。自信心强的人不断获得新的成功，自信心差的人则经常失败。

行动促使潜能的发展，行动越多，潜能就发挥得越多，当你不断行动时，蕴藏在你内心深处的潜能就会像石油一样汩汩而出。潜能的发挥锻炼了你的能力，增强了你的自信，因此必然又带来更大的行动。这就是行动中的"马太效应"。

拿破仑·希尔认为，每一个行动前面都有另一个行动，这是亘古不变的自然原理。如果你每天都想着做什么，而不付诸实际行动，那只能是空想，永远也不会成功。可见，光说光想不行动，是永远达不到目的的。

所以，我们在工作中一定要说到做到，如果你想完成一项计划时，就要立即行动起来。现在做，马上就做，是一切成功人士必备的品格。

第二节 永不言败

失败是每一个向优秀迈进的员工必须面对的事情，养成从失败中学习的习惯至关重要。

道斯·洛厄尔是著名的毕马威公司加州分公司的一名"超级员工"，之所以有这么一个称号是因为他在自己的工作岗位上创造了无与伦比的辉煌：他连续5年工作无丝毫误差，曾获得超过500位客户的极力称赞，并在公司中获得了同事与主管的一致认同。

在洛厄尔刚加入毕马威时，他对公司的情况认识得还不够到位。而且刚开始他对工作想得也很简单，认为不过就是算算账而已，然而接下来的一系列失败让他认识到自己的工作绝不是想象中的那么简单。在他开始上班的第一个月，他交给部门经理的一张报表就出现了一个相当大的失误：原来在一项金融计算中，他错用了一个计算公式，而让他的计算结果出现了很大误差。部门经理让他重新做那张报表。洛厄尔对这张报表中出现的失误非常重视，他认识到自己在专业知识上还有很多的欠缺。于是，他从这个计算公式入手全面系统地重新学习了相关知识，并成为这方面知识的专家。但并不是说从这以后他就再没有遇到过失败，恰恰相反，他仍然遇到过各种各样的失败。但是，他已经养成了从失败中学习的习惯：与客户面谈失败之后，他从中学习经验教训，最后成为一个与客户交流的高手；第一次开发新的客户，对方并不接受，总结这样的失败教训，他最后一个人开发了分公司10%左右的新客户。

讨论：洛厄尔所取得的成就来自哪里？

（资料来源：刘波，《你为谁工作？全球500强企业卓越员工工作准则》，2005年）

人非圣贤，任何一个人在工作中犯下错误、出现一时的失败都是正常的，也是可以理解的。但是面对自己失败的不同态度，却成为区分优秀员工与平庸员工的一

个衡量标准。那些平庸者，对于自己的错误置若罔闻，甚至还会一而再，再而三地犯同样的错误，出现同样的失败。而那些优秀的员工，则善于从失败中去学习，去总结经验教训，绝不再犯同样的错误，不再让同样的失败上演。

比尔·盖茨给过职业人这样的忠告："如果你一事无成，这不是你父母亲的过错，不要将你应当承担的责任转嫁到别人的头上，而要学会从失败中学习并吸取教训。"

一、在失败中抱怨，等于放弃成功

人在一生中，随时都会遇到困难和险境，如果我们仅仅盯着这些困难，看到的只会是绝望。在人生路途上，谁都会遭遇逆境，逆境是生活的一部分。逆境充满荆棘，却也蕴藏着成功的机遇。只要勇敢面对，就一定能从布满荆棘的路途中走出一条阳光大道。正如培根所说："奇迹多是在厄运中出现的。"其实，我们不应该在失败中抱怨，因为抱怨失败无疑是在放弃成功。想成为一名生活中的强者，就要勇敢地向失败宣战，像一名真正的水手那样投入生命的浪潮。

任何人都会或多或少遇到坎坷颠簸，这是正常的，无须悲伤，无须抱怨，更无须绝望。世上没有绝望的处境，只有对处境绝望的人。只要勇敢面对，世界上没有过不去的坎。

在我们陷入逆境时，一味地埋怨是无济于事的，那只会让我们变得更加沮丧而觉得无望。与其苦苦等待，不如点燃自己手中仅有的"火种"和希望，战胜黑暗，摆脱困境，为自己创造一个光明的前程。在灰色的逆境中，不要让冷酷的命运窃喜，我们应该处之泰然。命运从来不相信抱怨，只相信抗争命运的人。强者的生活就是面对和克服那些像潮流一样涌来的逆境，他们不会放过"往上爬"的机会。

美国科学家弗罗斯特教授花了25年时间，用数学方法推算出太空星群以及银河系的活动变化规律。令人难以相信的是，他是个盲人，一点也看不见他终生热爱着的天空。

英国诗人弥尔顿最完美的杰作诞生于他双目失明之后。

达尔文被病魔缠身40年，可是他从未间断过对于进化论的研究。

爱默生一生多病，但是他留下了美国文学史上一流的诗文集。

查理斯·狄更斯，他的一生都在与病魔作斗争，但他在小说中创作了许多健康的人物……

逆境是人生中一所最好的学校。每一次失败、每一次挫折，都孕育着成功的机会。逆境往往是通向真理的重要路径，它教会你在下一次的表现中更为出色。在每一次的痛苦过去之后，想方设法将失败变成好事，人生的机遇就在这一刻闪现，这苦涩的根脉必将迎来满园的柳绿桃红。

傅雷说："不经劫难磨炼的超脱是轻佻的。"树木受过伤的部位，往往会变得更坚硬。在工作中的成长也是如此，经历过逆境的人，才能磨砺出优秀的品质，成为一名优秀的员工。

面对失败，怨天尤人只是徒增烦恼，只有自强不息，才能最终实现自己的梦想。"自知者明，自强者胜。"其实，要想在失败中获得生机，首先要有一种积极的心态，不要畏惧磨难，要学会将逆境和磨难视为人生的财富。处在逆境中不要害怕，调整心态，勇于迎接挑战，运用智慧积极地解决问题，将失败化为成功的一个机遇。

二、在失败中为自己鼓掌

在人生的旅途上，狂风暴雨难以避免，但绝不应成为我们退缩的理由。人生没有什么不可能，只要我们与希望同行，只要我们有坚定的信念并愿意为之不懈地努力追求。在逆境中需要我们为自己多多鼓掌，多一点自我激励，这样就一定能实现自己的梦想。

日本有句格言："如果给猪戴高帽，猪也会爬树。"这句话听起来似乎不雅，但说明了这样一个道理：当一个人的才能得到他人的认可、赞扬和鼓励的时候，他就会产生一种发挥更大才能的欲望和力量。

其实，只靠别人的赞扬和激励还不够，因为生活中不光有赞扬，你碰到更多的可能是责难、讥讽、嘲笑。在这个时候，你一定要学会从自我激励中激发信心，学会为自己鼓掌。

美国一位心理学家说过："不会赞美自己的成功，人就激发不起向上的愿望。"别小看这种"自我赞美"，它往往能给你带来欢乐和信心，信心增强了，又会鼓励你获得更大的成功。一个成功人士说："别在乎别人对你的评价，我从不害怕自己得不到别人的喝彩，因为我会记得随时为自己鼓掌。"

给自己鼓掌，赞美自己的一次次微小的成功，不断增强信心，从而获得成功。如果说为他人喝彩是一种鼓励、一次奖赏，那么为自己喝彩则是一种自信、一次运筹。

能为自己喝彩的人，敢于接受任何挑战，自强不息，正是这种喝彩给他们带来源源不断的动力，无悔地追求自己的理想，最终实现自己的目标。"天生我材必有用，千金散尽还复来。"坚信自己的价值，学会为自己喝彩，会拥有一个精彩的有意义的人生。

不断地告诉自己，我可以做得更好，我可以让这份工作更具意义，自我激励是你成功的强大助推器。

每当困难来临时，给自己打气，用信念滋养勇气；当失败来临时，给自己鼓劲，总结经验，寻找新的挑战；当机会来临时，为自己壮胆，用知识和智慧创造出好业绩。

在工作和生活中，谁都会遇到艰难坎坷、曲折磨难、痛苦彷徨、失意迷茫，甚至于失败，但这些都不可怕，可怕的是自己否定自己，自己打倒自己，自己摧毁自己。

必须坚信，命运的钥匙永远掌握在自己手中，而如何灵活地使用这把钥匙开启那扇成功的大门呢？除了执着的追求，信念至关重要。当我们摔了跟头时，应该立即爬起来，掸掸身上的尘土，为自己鼓劲，为自己喊一声："加油！"当我们取得一次微小的成功之后，对自己说："我真棒！"

人生之路不可能一帆风顺，总会有困难、有挫折、有烦恼、有痛苦，这些都是客观存在的，想躲也躲不过去，你叹息、焦急也好，忧虑、恐惧也好，都无助于问题的解决。在这种情况下，与其在那里唉声叹气、惶惶不安，不如为自己多多鼓掌，激励自己开辟美好的未来。

三、善于在失败中学习

我们常说"失败是成功之母"，其实，教训也可以说是经验之"母"。成功固有经验可以总结，失败也有教训可以吸取，可以学习。一个真正善于学习的员工，不仅仅懂得从正面的成功事例中学习，而且更懂得从失败中学习。如果能从失败中吸取教训，就能转败为胜，由失败走向成功。

经典案例

有位船长有着一流的驾船技术，他曾经驾着一艘简陋的帆船在台风肆虐的大海中航行了半个月，最终却安然无恙。后来，他有了一艘机动轮船，他又多次驾驶着它深入大洋深部。周围的渔民们都称他为"船王"。

船王有个儿子，是他唯一的继承人。船王对儿子的期望很高，希望儿子能够掌握驾船技术，将自己的事业继承下去。船王的儿子对驾驶技术学得也很用心，到了成年以后，他驾驶机动船的知识已十分丰富。有一次，船王放心地让儿子一个人出海。可是，他的儿子却再也没有回来，还有他的船。

他的儿子死于一次台风，一次对于渔民来说微不足道的台风。

船王十分伤心：我真不明白，我的驾船技术这么好，我的儿子怎么这么差劲？我从他懂事起就教他驾船，从最基本的教起，告诉他如何应对海中的暗流，如何识别台风前兆，又如何采取应急措施。凡是我多年积累下来的经验，我都毫无保留地传授给他了。可是，他却在一个很浅的海域内丧生了。

渔民们纷纷安慰他。可是，有位老人却问："你一直手把手地教他吗？""是的。为了让他掌握技术，我教得很仔细。""他一直跟着你吗？"老人又问。"是的，我儿子从来都没有离开过我。"老人说："这样说来，你也有过错啊。"船王不解，老人说："你的过错已经很明显了。你只会传授给他成功的经验与技术，却不能传授给他失败的教训，进而让他从失败中去学习、去总结。"

（资料来源：竭宝峰，《智慧故事精品》，2009年）

现实中，有不少员工只喜欢谈成功经验，而不乐意从失败中学习，去吸取教训，那么最终他们也可能会像船王的儿子一样折戟职场。

从失败中学习，你才能更有针对性地去改进自己的缺点与不足，才能更快地进步，才能在今后的工作中成功避开那些曾经让你栽跟头的"暗礁"，进而让你的职业生涯进行得更顺畅。

世界上没有人终生一帆风顺，任何一个人都会遇到失败。得不到信任、无端遭受打击和排斥、经济拮据、事业不畅等种种的困难和不如意，使许多人心存抱怨。其实这些人忽视了一条真理：失败是磨炼人的最高学府，纵观古今，失败几乎是所有伟人成功的基石。

"梅花香自苦寒来，宝剑锋从磨砺出。"任何一种本领的获得都要经由艰苦的磨炼。平静、安逸、舒适的生活，往往使人安于现状，耽于享受；而挫折和磨难，能使人受到磨炼和考验，变得坚强起来。

"自古雄才多磨难，从来纨绔少伟男。"痛苦和磨难，不仅会把我们磨炼得更坚强，而且能扩大我们对生活的认识范围和认识的深度，使我们更成熟。法国文学家巴尔扎克也说："世界上的事情永远不是绝对的，结果完全因人而异。苦难对于天才是一块垫脚石……对于能干的人才是一笔财富，对于弱者是一个万丈深渊。"

孟子云："天将降大任于斯人也，必先苦其心志，劳其筋骨，饿其体肤，空乏其身，行拂乱其所为，所以动心忍性，增益其所不能。"我们要勇于面对工作和生活中的挫折，不怕失败，在磨难中永不屈服。

遇到困难不退缩，勇往直前的人才能成功，在不屈的人面前，挫折会化为一种人格上的成熟与伟岸，一种意志上的顽强和坚忍，一种对人生和生活的深刻认识。

奥斯特洛夫斯基说："人的生命似洪水在奔腾，不遇到岛屿和暗礁，难以激起美丽的浪花。"对于真正坚强的人来说，任何困难和逆境都会让他们充满前进的力量，只有经历了风雨的彩虹才会放出美丽的光彩，只有从困境中走出的人才真正的强者，对我们在工作中遇到的种种挫折和问题，既不能回避，也不要沮丧，而是多想办法，迎难而上，这样才能使自己与智慧结下缘分，让挫折成就你的辉煌人生。

弱者在磨难面前只看到困难和威胁，只看到所遭受的损失，只会后悔自己的行为或怨天尤人，因而整天处于焦虑不安、悲观失望、精神沮丧等情绪之中；而强者却能战胜挫折，在失败中汲取营养。

四、感恩失败，做一个永不言败的人

在职场中打拼，难免会遭受挫折与不幸，甚至失败。比如，你的想法得不到上司的肯定，公司里其他人阻挠你的工作，当你主动提出建议时总是遭到白眼等，即使这样，也不要忘记感恩。

在挫折和失败面前，我们必须有一种永不言败的心态，我们要感恩失败的考验，

从失败中走出一条新路，这样才有希望摘取成功的桂冠。

经典案例

　　一家大公司要招10名职员，经过严格的面试、笔试，公司从300多名应聘者中选出了10名佼佼者。

　　发榜这天，一个青年见榜上没有自己的名字，悲恸欲绝，回到家中便要悬梁自尽，幸好家人及时发现，他才没有死成。

　　正当青年悲伤之时，从公司传来好消息：他的成绩本是名列前茅，只是由于计算机的错误，才导致落选。

　　正当青年一家大喜过望之时，又从公司传来消息：他被公司除名了。原因很简单，公司的老板认为："如此小的挫折都经受不了，这样的人肯定在公司里做不成什么大事。"

（资料来源：《课外阅读》，2005年第1期）

　　检验一个人，最好是在他失败的时候，看失败能否唤起他更多的勇气；看失败能否使他更加努力；看失败能否使他发现新力量，挖掘潜力；看他失败了以后是更加坚强，还是就此心灰意冷。

　　感谢失败，每一次失败，都是一次超越的机会，逃离失败、躲避失败，就会把一个人的活力与成长潜力剥夺殆尽，所以，失败是超越自我的重要推动力，每一次失败，都能磨炼你的技巧，增强你的勇气，考验你的耐心，培养你的能力。

　　英国人素冉指出："失败不该成为颓废、失志的原因，应该成为新鲜的刺激。"失败并不可怕，关键是要有从跌倒的地方站起来的勇气和心态。

　　人生的成功秘诀之一在于如何面对失败。有些人将失败看成打击，他的前一次失败就种下了下一次失败的种子，那是真正的失败者。另一些人将失败作为一种收获，每一次的失败就增加了下一次成功的机遇。屡败屡战，斗志便一次比一次强，愈战愈勇，最终胜利也就来临。

　　在人生的旅途上，我们必须以乐观的态度去面对失败，因为一帆风顺者少，曲折坎坷者多，成功是由无数次失败构成的。日本企业家松下幸之助对他的员工说："成功是一位贫乏的教师，它能教给你的东西很少；我们在失败的时候，学到的东西最多。""跌倒了就要站起来，而且更要往前走。跌倒了站起来只是半个人，站起来后再往前走才是完整的人。"

　　在工作中，我们难免出现一些差错，难免遭遇失败。这时，我们要立即从跌倒的地方站起来，战胜失败。如果不敢面对失败，在心理上产生畏缩情绪，就会给同事或者上司传达一种懦弱、无能的感觉，这样，领导也不会将重担交给你。一个不能担当重任、害怕失败的人，怎么能在职场上取得成功呢？面对工作中的困难和挫败，只有始终保持昂扬的斗志，屡败屡战的人才能笑到最后，赢得机遇之神的垂青。

第三节　高效执行

文远是一个公司的普通职员，他有一个非常独特的习惯，就是每天提前一刻钟上班，推后一刻钟下班。自从参加工作以来，他一直保持着这个习惯。

他说："这样将会为有效利用时间做很好的规划。如果你每天都提前一刻钟到达，可以对一天的工作提前做个规划，当别人还在考虑当天该做什么时，你已经走在别人前面了。而推后一刻钟下班，对今天的事情做个系统的总结，把明天的事情预先做个准备，如此一来，工作条理就会更加清晰。"

文远正是利用这经常被别人忽视的"两个一刻钟"为自己赢得了机会。他刚到公司时，职位很普通，但现在已经成为分公司的总经理了。

讨论：文远能够如此快速升迁的秘诀是什么？

（资料来源：韩富军、贺立萍，《现代职业素养》，2017年）

一个优秀员工之所以优秀，就是因为他能有效利用每一分钟，珍惜每一分钟，使每一分钟都具有价值。这样的员工是高效率的员工，也是当今公司所器重的员工，他们会成为最有执行力的员工。

什么是执行？执行就是有效地利用资源，保质保量达成目标的过程。

什么是执行力？执行力就是把目标转变为结果的能力。可以理解为贯彻战略意图，完成预定目标的操作能力。执行力是把企业战略、规划转化为效益、成果的关键。它包含完成任务的意愿、完成任务的能力。

一、高效执行需要"结果导向"

在工作和生活中，我们每个人都渴望获得成功，但是成功的人士毕竟是少数，那些没有成功的人士中也不乏工作非常卖力的，但是为什么许多人最终没有成功呢？

一项活动要有成效，就一定要朝向一个明确的目标和结果，换句话说，成功的尺度不是做了多少工作，而是做出多少结果。

建立以结果为导向的工作方法，就会促使我们在工作过程中更加关注我们从事的工作是否会达到我们的工作目标，或者对于达成工作目标有什么益处，这样我们

在工作过程中就不会迷失方向，我们就会明白哪些是要努力去做的，哪些是不用去做的。只有这样，我们的工作才会更加有效，我们才更有可能成功。

如何以结果为导向作为标尺来开展工作呢？

（一）建立清晰的工作目标

根据自己的工作内容，首先确立一个年度、季度或者月份的工作目标。有了明确清晰的目标，就有了前进的方向，就不会在工作中迷失方向。在目标的设定过程中应该符合目标管理原则。有了目标之后，就要根据目标制订自己的计划，就是说应该怎样做才能达到自己制定的目标，制订的计划应该是详尽且清晰的，并且要符合实际情况，在实际操作过程中能够达到，还要根据重要性列出优先的顺序，应该还要衡量计划是否达到标准。

（二）制订详细的工作计划

制订了一个详尽、明确的计划，工作就成功了一半。接下来就是最重要的一步——执行。一个目标制定得再好，计划再详尽，如果不能在实际中去执行，那都是没有用的，做的是无用功，执行力就是竞争力，执行力就是战斗力。只有在工作中努力提高自己的执行力，积极主动地寻找各种方法和途径去完成自己的工作目标，达到预期的工作结果，才能体验到工作带来的快乐，并且与组织分享属于自己的成功。

（三）加强对工作过程的核查

最重要的一点就是对工作进程不断地进行核查。如果工作中缺乏核查，有时候就很难判断自己的工作开展得是否有效，是否按照计划来执行；或者是否达到了预期的目标。通过自己或外部定期的核查，就能及时发现我们在工作中方向的偏离、存在的问题和不足。只有发现了问题，才有可能随时根据现实的情况来调整计划，也才有可能更完满地完成我们的工作，达到既定的工作目标和工作价值。

总之，以结果为导向的管理模式，是一种有效的管理方式。恰当地运用它来指导自己的工作，会给个人和企业带来具体的、可衡量的、现实的利益。

二、高效执行需要行动

（一）工作重在落实

很多"有理想有抱负"的员工，他们渴望获得成功，但是最终因为没有付诸行动，只让自己的追求停留在理想的层面，最后的结果是，理想成了幻想。所以，想干事，还要能干事敢干事，这样才能最终干成事。

执行从本质上讲其实很简单，行动了就能得到想要的结果。

科学家们做过一个实验：在只打开窗户的半封闭的房间里，将6只蜜蜂和同样数目的苍蝇装进一个玻璃瓶中，把瓶子平放在桌上，瓶底朝着窗户。然后，观察蜜蜂和苍蝇有什么样的举动。

科学家们发现，蜜蜂们会不紧不慢地在瓶底徘徊，总也找不到出口，直到它们力竭倒毙或饿死；而苍蝇们会不停地在瓶中"横冲直撞"，在瓶中的飞行速度明显高于蜜蜂，不到2分钟，它们穿过另一端的瓶颈逃逸一空。

蜜蜂们以为，瓶子的出口必然在最明亮的地方，它们不紧不慢地行动着，等待它们的结果是死亡。而苍蝇们却成功地逃离了，这并不在于它们有什么特长，也不在于它们的智商水平，关键在于它们懂得快速行动、求得生存。

首先要有行动，然后才会有结果。执行要想取得结果，就要付出行动，而且要在最短的时间内付诸行动。

（二）第一时间去执行

不拖延，第一时间去执行。拖延是把本来应该现在完成的任务，推到以后，把本来应该今天做的事情推到明天，在推来推去的过程中，执行就打了折扣，甚至没有了结果。

经典案例

我们可能遇到过这样的场景：

周一早会上，老总把新的工作方案公布下来，交代秘书整理好会议记录，第二天交给他。秘书想："明天交给老总就行，来得及。"于是把这件事一直拖到下班。

晚上回到家后，看到搞笑的电视剧，她又对自己说："一会儿再工作吧，先放松一下！"看完电视已经深夜了，秘书已经没有心情和精力去完成任务了。

第二天早上，她两手空空地站在上司面前。

老总让小张在下午5点前把策划案做出来，小张一看表还有好几个小时呢，就先忙别的去了，没把策划案放在心上。

眼看时间快到了，小张手忙脚乱，草草制作了一个策划案交给领导。领导看完，沉着脸说："你用心做了吗？拿回去重新写！"

事情不到最后一刻决不动手去做，结果可想而知。

（资料来源：韩富军、贺立萍，《现代职业素养》，2017年）

要想执行到位，就不能允许"拖延"的念头出现，只要想到了，就立即去做，别给自己找任何借口。

每个人都会有惰性，但是一味放任自己，逃避工作，最终会造成工作的拖延。惰性是可怕的精神腐蚀剂，它会让人整天无精打采，对生活和工作都消极颓废。富

兰克林曾经说："懒惰就像生锈一样能腐蚀我们的身体。"萧伯纳也说过："懒惰就像一把锁,锁住了知识的仓库,使你的智力变得匮乏。"

思科公司的总裁约翰·钱伯斯先生说过："拖延时间往往是少数员工逃避现实、自欺欺人的表现,然而,无论我们是否拖延时间,我们的工作都必须由我们自己去完成。通过暂时逃避现实,从暂时的遗忘中获得片刻的轻松,这并不是解决问题的根本之道。要知道,因为拖延或者其他因素而导致工作业绩下滑的员工,就是公司裁员的首选对象。"

相反,只有那些能够克服惰性,拒绝拖延,第一时间去执行的员工才有可能获得提升。

对于工作任务的拖延,一方面,会影响整个团队的工作进度,影响整个团队的最终成绩;另一方面,因为我们每天都可能面临新的任务、新的问题、新的挑战。一项任务的拖延,势必会影响到其他工作的顺利开展,就好像滚雪球一样,拖欠的工作越堆积越多,越到后来越被动,越难完成,以至于最终一事无成。

懒惰和拖延是导致一个人步入平庸的根源。要想克服懒惰和拖延的坏习惯,唯一的方法就是当接到一项任务时,第一时间去执行,立马着手去做。

(三)执行三字诀:快、准、狠

所谓快,是因为我们处在一个竞争激烈的社会,所以我们在执行的过程中,不能拖延,不能有完美主义倾向,执行需要快马加鞭。

所谓准,是说执行中要方向明确、目标具体、步调一致,做到既精(针对性强)又准(弹无虚发)的境界。

所谓狠,是强调执行中需要坚强的意志与拼劲,力量集中,成果第一,结果导向,不达目的不罢休。

中国乒乓球屹立世界几十年,始终处于世界领先水平,可以说与快、准、狠三大要素密切结合,而这与执行力的关键要素有着异曲同工之妙。

首先是快,也就是执行的速度。

在乒乓球竞技中,速度是至关重要的。如果你慢慢腾腾,即使你再准、再狠,对手只要能够及时站好位就能轻松化解;如果速度足够快,位置大致准确,那么对竞争对手来说,无疑是致命的。只要我们认准了一件事就应迅速行动,这样才有可能抓住稍纵即逝的机遇。

就像很多人打球慢慢腾腾一样,现实中,很多人在执行过程中也缺乏紧迫感,经常拖延,总是慢于进度和计划,即使最终完成了任务,但已经远远晚于预定时间了。而在很多情况下,推迟完成就是没有完成,比如两家公司争先发布新产品,谁先发布,谁就抢得了市场先机,就有可能一举赢得竞争优势;而另一家公司将失去一次重要机会,可能带来重要的损失乃至破产。商场如战场,商机稍纵即逝。执行力强的人，会将时间进度当作核心标杆来看待，因此经常会感到有压力，有紧张感，于是开始主动地加班加点，投入更多的时间和精力，无论如何也要追赶进度，及时完成任务。相反，执行力弱的人，缺乏时间意识，执行前拖拖拉拉，执行中松松垮垮，执行后嘻嘻哈哈。

其次是准，也就是执行的尺度。

那些打乒乓球的高手通常都知道，一定要打在对手的空当处，打出"追身球"。同样，执行也需要密切贴合组织的战略目标、部门的重点方向、组织的流程制度等。与组织战略目标相符的事没有必要去做，做了属于严重的浪费。因此，我们需要时时评估每个部门、每个员工的工作是否与组织战略目标相符。有调查表明，大部分的人只有8%左右的工作与组织战略目标密切相关。

最后是狠，也就是执行的力度。

打乒乓球一定要有力度，击球的瞬间要感受到撞击球台清脆、有力的声音，并迅速越过对手球拍的场景。执行也是一样，要追求卓越，追求最好。执行力弱的人做一天和尚撞一天钟，许多工作做得虎头蛇尾，没有成效，缺乏后劲与持续力。

在工作中，只要我们真正地掌握了执行的快、准、狠，那么执行力的核心规律也就找到了。

三、做高效的执行者

（一）效率是执行的保证

假如给你1分钟，你能在1分钟内完成什么？很多人会说，1分钟根本什么都完不成，就算想清楚这个问题恐怕都不止1分钟。但是，生活中就存在靠短暂的1分钟的情况。作为一个执行者，应当学会有效地利用时间，在有限的时间内高效地完成工作。

有一个故事：甲、乙两人斗智，甲出了一个题目让乙完成。这个题目看起来是不可能完成的，即在一个同时只能容纳两张饼的锅中，3分钟烙好3张饼，每张必须烙两面，每面烙1分钟。这样算下来，最少需要4分钟才能把3张饼烙完，可是甲只给了乙3分钟时间。乙想了想，突然想到了在3分钟内烙3张饼的方法，这是打破常规的烙饼方法。先烙2张饼，1分钟后，把一张翻烙，另一张取出，换第三张，又过1分钟，把烙好的一张取出，另一张翻烙，并把第一次取出的那张饼放回锅里翻烙，结果3分钟后3张饼全烙好了。

这样分配时间对于工作的成败起着决定性作用，巧妙地安排时间能够大大地提高自己的工作效率。

美国麻省理工学院对3000名职业经理人做过调查研究，发现凡成绩优异的职业经理人都能够合理地利用时间，让时间发挥最大价值。

美国有个保险业务员自创了"1分钟守则",他要求客户给自己1分钟的时间,用来介绍自己的服务项目,1分钟一到,他自动停止自己的话题,感谢对方给予1分钟的时间。他严格遵守自己的"1分钟守则",并且充分珍惜这1分钟,努力在1分钟内让客户对他的业务产生兴趣。结果,他大获成功。

生活中有很多人像那位保险业务员一样有效地利用每1分钟,为自己赢得机会。

经典案例

王楠是一家顾问公司的业务经理,一年要接上百个案子。她非常善于用空当时间,即使在等红绿灯或者堵车时,也会拿出客户的资料看看,以加深印象。她在车上放着一把拆信用的剪刀,有时开车时带着一叠信件,利用等红绿灯的时间看信。她认为,这段时间正是可以用来淘汰垃圾信件的时间,所以她每天都在到达办公室之前就进行一番筛选,这样一来,等她一进办公室就可以把垃圾信件处理掉了。

王楠每年会有很多时候在各地奔波,很多时间花在坐飞机上。她常利用飞机上的时间给客户写短签。她经常告诉她的下属:"与客户保持良好的关系,对我们来说非常重要。我们不能白白浪费这些琐碎的时间,要时刻想着为客户做点什么。"

(资料来源:职场大讲堂,2019-09-16)

有效利用时间,不仅要充分利用正常工作时间,而且要利用好琐碎的时间。成功的人都是善于利用琐碎时间的人,也许这些平时让你忽略的"喝咖啡"的时间,积累起来会让你大吃一惊。只要每天能够利用10分钟的琐碎时间,一个月就是5个小时,一年就是60个小时!利用8小时之外的琐碎时间,你可能创造出意想不到的价值。

每一个职场中的成功者,都善于发现隐藏的琐碎时间,就算开车停在十字路口等红绿灯的不到几十秒的时间,也有人把它用起来。

作为中国最年轻的城市和最富活力的特区——深圳,曾经提出过一个口号,后来传遍全中国:"时间就是金钱,效率就是生命。"

在日常工作中,其实有很多时间没有被很好地安排和利用。你或许根本就没有觉察到它的存在,但它一直在影响你的工作效率。要想提高工作效率,你要做的是把时间找出来,并很好地利用它。

(二)今日事今日毕

在日常生活中,我们可能都有类似的体验:我们做一件事情如果没有时间限定,往往最终很难把这件事做完整。只有懂得用时间给自己施加压力,到时才能完成。所以在工作中,你最好制定每日的工作时间进度表,记下事情,定下期限。每天都有目标，每天都要有结果，日清日省。

海尔在实践中建立起一个每人、每天对自己所从事的工作进行清理、检查的"日事日清"控制系统。案头文件，急办的、缓办的、一般性材料的摆放，都要有条有理、井然有序；临下班的时候，椅子都要放得整整齐齐的。

"日事日清"系统包括两个方面：一是"日事日毕"，即对当天发生的各种问题（异常现象），在当天弄清原因，分清责任，及时采取措施进行处理，防止问题积累，保证目标得以实现。二是"日清日高"，即对工作中的薄弱环节不断改善，要求职工"坚持每天提高1%"，70天工作能力就可以提高1倍。

对海尔的客服人员来说，客户提出的任何要求，无论是大事，还是小事，工作责任人必须在客户提出的当天给予答复，与客户就工作细节协商一致，然后毫不走样地按照协商的具体要求办理，办好后必须及时反馈给客户。如果遇到客户抱怨、投诉时，需要在第一时间加以解决，自己不能解决的，要及时汇报。

人们做事拖延的原因可能五花八门：一些人是因为不喜欢手头的工作，另一些人则不知道该如何下手。要养成更富效率的工作习惯，必须找出导致办事拖延的具体原因。

此处列举的问题囊括了大部分原因，我们将帮你找到相应的对策：

如果是因为工作枯燥乏味，不喜欢工作内容，那么就把事情转交给别人；或雇佣公司外的专职服务。一有可能，就让别人来做。

如果是因为工作量过大，任务艰巨，面临看似没完没了或无法完成的任务时，那么就将任务进行分解，化整为零，从而各个击破。

如果是工作不能立竿见影取得结果或者效益，那么就设立"微型"业绩。要激励自己去做一项几周或者几个月都不会有结果的项目很难，但可以确立一些临时性的成就点，以获得你所需要的满足感。

如果是工作受限，不知从何下手，那么可以凭主观判断开始工作。比如，你不知是否要将一篇报告写成两部分，但你可以先假定报告为一单份文件，然后马上开始工作。如果这种方法不得当，你会很快意识到，然后再进行必要的修改。

为了避免拖延误事，你需要养成"日事日清"的工作习惯。每天上班前，你应该预计今天要完成哪些事情，等到下班的时候，你要仔细检查一下，你预定的工作完成了没有，如果没有完成，就赶快抓紧时间完成。

凡事留待明天处理的态度就是拖延，这不但会阻碍职业上的进步，还会加重工作的压力。

作为一名有执行力的员工，任何时候都不要拖延，不要自作聪明。优秀的员工都会谨记工作期限，并清楚地明白，在所有老板的心目中，最理想的任务完成方式是：不要让今天的事过夜，今天的事今天完成。

歌德曾说："把握住现在的瞬间，把你想要完成的事情或理想，从现在开始做

起,只有勇敢的人身上才会富有天才、能力和魅力。因此,只要做下去就好,在做的过程当中,你的心态就会越来越成熟。如果能够有开始的话,那么,不久之后你的工作就可以顺利完成了。"

第四节 结果导向

一家医疗设备公司每年"五一"都要参加青岛的一个展会,因为公司大部分的订单都是在展会上签订的。但是,"五一"那段时间是黄金周,游客很多,火车票很紧张。4月27日火车票预售的第一天,公司老板就派他的下属小刘去火车站买票,要保证5月1日那天到青岛。小刘一大早就出发了,在火车站排队排到12点,结果售票员说火车票卖完了,软卧、硬卧、硬座统统卖完了。小刘觉得很郁闷,回公司后对老板说:"老总,火车票卖完了。我一大早就去了火车站,结果轮到我的时候火车票就卖完了。"老板问:"还有没有其他的办法了?小刘说:"没有。"结果老板狠狠地批评了小刘,又安排小张去买票。小刘想,看你有什么本事搞到票?小张出去一个多小时之后就回来了。他说老总,票的确卖完了。但是我又想了些其他方法去青岛,第一买高价票,第二中途转车,第三坐飞机,第四坐大巴,请老总决策。后来老板奖励了小张,小刘还不服气。

老总让小刘去的目的是什么?追求的结果是什么?是买票吗?在这里,买票只是一个任务,到青岛才是结果!小刘的确对工作过程负责了,但是他没有对结果负责,所以老板会批评他。

(资料来源:靳萌萌,《完成任务不等于提供结果》,2013年)

优秀的员工永远要明确自己想要的结果,要以结果思维为导向,然后整合一切可用的资源为自己所用,最终圆满地完成上级交代的任务,同时也可以达到自己想要的结果。

在做每一件事情时,都需要有结果思维。思维决定行为,行为决定结果:只有以结果思维为导向,才有以结果为目的的行为;有结果的行为,才能保证执行到位。对结果负责,是执行到位的基本前提,执行既要重过程,更要重结果。没有结果的执行,就是徒劳无功。要保证执行的结果,就必须有结果思维。执行之前,先考虑要达到什么目的和效果,并且为此该做哪些准备和工作。这也是保证执行到位的基本前提。

一、结果导向概述

结果是什么?《现代汉语词典》上给出的解释是:在某一阶段内,事物达到最后的状态。

结果导向是什么?结果导向是管理中的基本概念之一,即强调经营、管理和工作的结果(经济效益与社会效益和客户满意度),经营管理和日常工作中表现出来的能力、态度均要符合结果的要求,否则没有价值和意义。

当上级交代给我们一项任务时,大多数人往往只关注任务本身,即我只要去做这件事情就可以了。比如老总要开会,让秘书通知所有人员来开会。于是秘书立即拿起电话给各部门打电话,逐一通知。但是到开会时间时,还有几位部门负责人没有到会。于是老总就问秘书:"怎么还有几位没有到呢?"秘书回答说:"我已经通知他们了,他们没来我也没办法。"

这就不是结果导向,打电话通知是过程,相关的人到会才是结果。

结果是一种可以量化、有价值的、客户所需要的东西。比如老板想要的结果就是每一个部门的负责人都来参加会议,相关人员在开会前能到达会议室,这才是老板想要的结果。

(一)结果三定律

1. 结果必须可量化

结果是可以量化的。比如买车票这件事,你的任务就是去买车票,这就是一件事,一个任务。而从结果的角度来看,买票的过程不能量化,买到了票,买了多少张票才是可以量化的,这才是结果。任何不可量化、不可描述的都不是结果。

2. 结果必须有价值

结果的第二定律是必须有价值。什么叫有价值呢?就是要有用,能给客户带来好处,而且是客户想要的。比如买车票,可能你买到了票,但是这张票是不是客户所需要的、票的时间是否是客户所接受的等,这就是价值的体现,即结果必须满足客户价值,没有价值的不算结果,结果必须有价值,而且必须是客户需要的。

3. 结果必须可以交换

结果最大的特点是可交换!什么叫可交换?就是客户愿意用钱来交换,愿意付钱给你的才是结果。客户不愿意付钱的,或者不能进行交换的都不是结果。比如你

买衣服，只要当你掏钱出来买下这件衣服，这件衣服对你来说才是你要的结果，因为你愿意跟它进行交换，愿意付钱来买它。

牢记三大定律，认真区分什么是过程、什么是结果，为客户创造价值，为企业提供结果，这是实现结果导向的前提。

（二）结果与任务的区别

什么是结果？可以从四个条件来衡量，即有时间、有价值、可考核、是客户想要的，满足了这四个条件就叫作有结果。当然结果也是多种多样的，比如有结果、没有结果、合格结果、超值结果、好结果、坏结果等。

什么是任务？给大家三个条件来参考。即完成差事——领导交代的事情都办好了；例行公事——就某件事情，或是某个任务，把所有的程序都走完了；应付了事——差不多就行了。对程序负责，对形式负责，却不对结果负责，这就叫完成任务。

你问销售员今天做了什么，他说拜访客户去了，你问："结果呢？"答："结果就是拜访客户了。"这就是不懂得什么是结果与任务。

拜访客户后有订单或回款，那是合格结果：有时间——今天；有价值——公司收益了；可考核——合同或支票可以看得见；客户很满意，表示再次购买，那就是超值结果了。但是每次拜访不一定都有合格结果，更不可能每次拜访都有超值结果，也可能是差一点的结果，比如签订意向书，或得到客户购买承诺，或约定下次见面的时间，或得到客户对我们服务的三条改进意见，等等。最差的结果是被客户拒绝。如果客户拒绝了，也要写一个拜访总结发给大家，总结一些经验教训，与大家共同分享，对同事是一个好结果，以后你也会得到别人的帮助。这些都是结果，只是价值的高低不同而已，但毕竟是结果。

如果我们不懂得结果与任务的区别，就会有许多发传真、拜访客户这样的只执行任务、不顾结果的情况发生。

一个有执行能力的人经常给老板出选择题而不是问答题。比如前面案例中，小刘说票卖完了，你看怎么办，而小张说他想了几个方法，如找关系买高价票、转机、坐飞机、坐汽车。如果下属都是以小张这样的方式提供结果，老板是不是会变得非常轻松？如果下属都和小刘一样，说火车票的确卖完了，把这个问题推给了企业管理者，企业管理者是不是会焦头烂额，而下属就会无事可做？因此，完成任务不等于收获结果。

经典案例

一个小和尚担任撞钟一职，半年下来，觉得无聊至极，"做一天和尚撞一天钟"而已。有一天，住持宣布调他到后院劈柴挑水。小和尚感到莫名其妙，问："为什么要调我去劈柴挑水?"住持说:"你不胜任撞钟一职。"小和尚很不服气地说:"我撞的钟难道不准时、不响亮?"老住持耐心地告诉他:"你撞的钟虽然很准时,也很响亮,但钟声空泛、疲软,没有感召力。钟声是要唤醒沉迷的众生,因此撞出的钟声不仅要洪亮,而且要圆润、浑厚、深沉、悠远。"

为什么小和尚不能胜任撞钟一职?因为小和尚在这里只是执行任务——撞钟,他以为这就是住持想要的结果。但住持真正想要的结果并不是撞钟,而是唤醒沉迷的众生!

撞钟是任务,撞得唤醒沉迷的众生是结果!而要撞得唤醒众生,首先是要你真正用心地去撞!我们有多少人是成天在做撞钟这个事,只求钟响,但从来不考虑,也不管钟声是不是达到了真正的结果——唤醒沉迷的众生!

(资料来源:《教书育人》,2016年第3期)

现实工作中,我们常常被"完成任务"这类完美的执行假象所迷惑。完成任务其实只是实现结果的一个过程,有时候甚至只是刚刚开始获取结果,但在因果逻辑上,他的确已经完成任务,可又没有达到要求。这种矛盾会导致下属甚至整个公司都在找理由推卸责任,下属找理由对付上级,上级找理由对付老板。因为只要完成了任务,员工就有一万个理由来说明没有获取结果,不是自己的责任。我们要懂得一个基本道理:对结果负责,是对我们工作的价值负责,而对任务负责,是对工作的程序负责。如果你要成为一个优秀的执行型人才,那么请记住,执行永远只有一个主题:执行时要获取结果,而不是完成任务。我们永远都要锁定结果这个目标,而不是完成任务这个程序。因为完成任务≠结果。

结果必须具备以下三个要素:

第一个要素是客户化。客户要的,才是结果;客户不要的,那是结局。客户是我们的衣食父母,如果我们不能为客户提供客户想要的,客户就不会为我们带来我们想要的。

第二个要素是可量化。可量化的,才可交换,结果必须可以量化。量化代表两个层面是数量化,多少数量、什么时候完成、交货时间等都是数量;二是质量化,什么标准、什么品质等都是质量化的要求。

第三个要素是实物化。只交换结果,不交换过程。

客户化——我们一要努力使产品和服务更为优质;二要确认这些是不是客户需要的。我们不能自以为是,以自己的经验和价值尺度去工作,更不要以自己喜欢的方式和客户沟通。我们要与客户多沟通,多听听他们的意见,毕竟他们才是产品或服务的使用者。

可量化——如何让客户看到实实在在的结果,而不是看不见、摸不着的结果。客户要的不是你空洞的承诺,而是实实在在、看得见的结果。

实物化——没有任何借口,只讲功劳,不讲苦劳。我们很多人常说的一句话是,没有功劳,也有苦劳。言下之意,苦劳也是有价值的,也是需要得到尊重的。但事实上,苦劳在情感上有价值,在实际工作中却是没有价值的。如果我们承认苦劳也是有价值的,那么就会在公司形成一种风气,或者是氛围,认为有功劳很好,有苦劳也不错。如果公司的每个人都有这种想法或是认识,那么公司就会出现很多的"苦劳"而较少"功劳",这样的结果对公司是很不利的。所以,公司要尊重功劳,拒绝苦劳。

二、结果导向执行模式的特征

以结果思维为导向的企业或个人,都有以下特征:

(1)以结果为导向的企业或个人对任何事都表现得比较积极主动,他们愿意做一些事情,以确保事情有正确的结果。

经典案例

某企业总裁想召集企业所有中层以上干部开会,于是,他交代他的助理,通知所有中层以上的干部第二天早晨9点钟开会。对于以结果为导向的人来说,接到总裁下达的命令以后,他要做的是通知所有中层以上的干部第二天早晨9点钟开会,保证100%的出勤率。

助理首先会在第一时间通知所有中层以上的干部9点钟开会。通知完毕之后,他预测到第二天早上9点钟也许会有一部分人忘记,也许会有一部分人因堵车迟到,也许会有一部分人有特殊事情不能出席会议,所以,他在第二天7点钟一定会负责任地再次给每个人打电话或者发短信,问他们能不能准时到达。也许就是这个电话或者这条短信,使本来已忘记要开会的人,经过这一提醒准时到会了;那些因临时有事没有办法过来而想请假的人,经过这样的特别强调,知道这件事情的重要性,也会准时到达会议现场。

(资料来源:孙军正,《做最棒的执行者:打造结果导向的执行模式》,2011年)

(2)以结果为导向的人通常会凡事追求结果,抱有负责的态度,由此就在企业里产生了一种正面效应。

当一个人凡事追求结果的时候,他就会有负责的态度,这对企业是非常有利的。所以,在我们的企业中,一定要追求以结果思维为导向,而不是以任务思维为导向的氛围。假如你的企业追求的是任务导向,那么就会出现这样的情况:我做了,至于结果如何,与我没有关系,一个人做了不等于做到,只有做到才有价值,做了是没有价值的,我们必须让员工明白:完成任务不等于得到结果。

假如一位员工付出很多,工作很努力,但是没有得到结果,如果你原谅他,甚至是安慰他,那么这个员工就有可能永远不会为结果负责任,他只会追求过程的完美，当一个人不能为结果负责的时候，不负责就会成为惯性。如果企业里的每个人都是这样，那么这家企业的执行一定都是空谈。

完成任务并不等于得到结果，执行的目的是要取得结果，而不仅仅是完成任务。完成任务是对程序和过程负责，而提供结果是对目的和价值负责。

三、打造结果导向的执行模式

无论作为企业还是个人，要想在职场上取得成功，就要积极打造以结果思维为导向的执行模式，工作上讲功劳，不讲苦劳。

一个具有结果导向思维模式的人，一定是对自己负责的人，他的身上一定会有三个重要的特点：信守承诺、结果导向、永不言败！这三个特点也是他的三个良好态度。前国家足球队教练米卢说："态度决定一切。"是的，态度决定人生结果，在生活和工作中，我们不难发现，那些心态好的人，往往人生结果也比较好；那些心态不好的人，人生结果也不会太好。

很多企业管理者认为，执行不得力的原因是员工的问题，因为员工喜欢被动地做事情，员工喜欢找借口，员工喜欢拖延，等等。表面看起来，好像很有道理。一流的战略规划、一流的装备、一流的操作细则，但就是在员工手里给搞砸了，员工不负责，谁负责呢？

但事实上，很多企业执行不得力的原因不是员工的问题，而是老板的问题，是因为老板开始的要求就出了问题，是因为老板是以任务为导向的，当老板要求的是以任务为导向的时候，员工自然就会追求任务；当老板要求的是以结果为导向的时候，员工自然会为结果负责。

因为老板的这种以任务为导向的态度，使很多企业的员工通常喜欢追求苦劳：今天我做了，虽然没有得到结果，但是没有功劳，也有苦劳。在一些公司里也曾经出现了这样一种现象。某公司有一名员工，入职3个月，业绩一直不太好。由于业绩不太好，领取的工资也很少。这时候老板觉得这个员工很用心，很努力，每天很晚还在加班，但就是结果不太好，老板出于爱心和同情心，就破例奖励那位业绩不好的员工500元。而实际上，奖励了这500元之后，不仅没有真正帮助这个员工，还破坏了企业的标准制度。因为让一个没有功劳的人得到奖励，那些有功劳的人自然会心里不舒服。有些人可能会说，我的业绩做得很好都没有得到奖励，他的业绩不好，反而得到奖励，无形之中就培养了员工的任务惯性。

只有有功劳的人才能得到好的结果，没有功劳的人一定不会得到好的结果。假如你让一个没有功劳的人也得到了好的结果，无形之中你就会伤害那些有功劳的人。所以一个真正的企业家永远要——心慈不手软。

心慈就是要有爱心，要帮助员工，但这种帮助绝不是建立在施舍的基础上的，也不是建立在无原则的奖励上，而是要帮助员工具备某种能力，让他获得某种技能，这种技能能够为他创造一定的财富。这就是"授人以鱼不如授人以渔",给他钱不如教给他赚钱的能力,钱有用的时候,能力则会越用越多。这就是我们所说的企业家的心慈。

不要手软,意思是表达爱心的原则不能乱,表达爱心的方式不能错。不讲原则的爱心,有时候会适得其反,错误的表达爱心的方式,有时会害人害己。这就是我们所说的企业家不能手软。

当一个员工没有能力的时候,你要大胆地要求他、警告他,如果实在不行,请你大胆地开除他。或许开除他有点太残酷,但是我想告诉你的是,其实你不是在开除他,你是在真正地帮助他,让他意识到:倘若今天他不认真做事,或者没有达到好的结果,则一定会被社会淘汰。当他有一天领悟到自己的错误的时候,当他有一天在别的领域取得成就的时候,他不但不恨你,反而会感谢你。

努力(态度)和结果不是一回事,我们需要的是"合格"的结果,态度不等于结果。如果因为员工态度好而放松了对其不合格的结果的处罚,那么我们就会陷入"好态度 = 好结果"的陷阱,这样的话,实际上又是在鼓励努力了就好,结果如何就不管了,同时,这也是在向整个公司发出一个信号:公司看重的是好心,好心比好的结果更重要。这样的情况反复出现,对公司来说是很可怕的。公司有很多好心的人,但就是没有带来好结果的人,这不是公司所渴望拥有的,公司渴望拥有的是既有好心又能创造好结果的人。

思考与练习

1. 如何做一个信守承诺的人?
2. 谈谈失败对成功的意义。
3. 如何做一个高效执行者?
4. 结果导向执行模式的特征和实施。

案例思考

请扫描右侧二维码获得更多资源

知识拓展

请扫描右侧二维码获得更多资源

课外阅读

欢迎登录"爱习课专业版App"查阅

第十二章　提升解决问题的能力

　　面对世界的深刻复杂变化，面对信息时代各种思潮的相互激荡，面对纷繁多变、鱼龙混杂、泥沙俱下的社会现象，面对学业、情感、职业选择等多方面的考量，一时有些疑惑、彷徨、失落，是正常的人生经历。关键是要学会思考、善于分析、正确抉择，做到稳重自持、从容自信、坚定自励。要树立正确的世界观、人生观、价值观，掌握了这把总钥匙，再来看看社会万象、人生历程，一切是非、正误、主次，一切真假、善恶、美丑，自然就会洞若观火、清澈明了，自然就能作出正确判断、作出正确选择。正所谓"千淘万漉虽辛苦，吹尽狂沙始到金"。

——2014年5月，习近平在北京大学师生座谈会上的讲话

素质目标

学会思考、善于分析，积极参与社会实践，具备解决问题的能力。

能力目标

1. 提升认识问题的能动性，学会运用认识问题的方法。
2. 能够科学分析问题，学会正确分析自我。
3. 积极参与社会实践，提高解决问题的能力。

知识目标

1. 掌握认识问题的内涵。
2. 了解认识问题的方法。
3. 理解认识自我的意义。
4. 掌握分析问题的方法和步骤。
5. 掌握解决问题的步骤和途径。

第一节 认识问题

崔万志，1976年3月崔万志出生于安徽，出生时脑部缺氧，最终造成行走不便、语言不流畅。1995年，他考上新疆石河子大学经济管理专业。1999年，他大学毕业由于身体原因找不到工作，第一份工作就是在天桥上摆地摊。2005年年初，他的网店"亦心家园"开张。2007年，他注册了"蝶恋"服装品牌。2008年，他成功开通"淘宝商城"，专心经营自己的蝶恋品牌。

崔万志身残志坚，敢于直面困难和问题，通过自己的奋斗，成为安徽省合肥浩强电子商务有限公司董事长，蝶恋服饰、雀之恋旗袍CEO，浙江大学客座讲师，阿里巴巴NCC宣讲专家。

2011年，他被评为安徽年度十大新闻人物，2012年被评为阿里巴巴全球十大网商。2012年3月，做客凤凰卫视《鲁豫有约》，诉说百味人生。2013年被评为CCTV中国创业新生代榜样。2015年获得《超级演说家》年度亚军。2016年1月1日，参加央视财经频道《创业英雄汇》，带来的"旗袍+"项目获得导师一律通过，并获得了3900万意向融资，创造了节目开播以来的最高纪录。2016年1月，获得中国旗袍"十大领军人物""十大魅力旗袍人"荣誉。

2017年11月，被评为第六届全国道德模范提名奖获得者。2018年11月，被中央宣传部、国家发展改革委授予"诚信之星"称号。

（资料来源：搜狐网，2019-12-08）

讨论：崔万志为什么能够克服困难，获得成功的人生？

在我们生活的现实世界当中，每天都会面对很多问题，怎样认识问题，直接影响着我们的决策、行动和人生结果。

一、认识问题的内涵

（一）认识的内涵

认识是主体在主观意识的支配下，主动收集客体知识的行为，是认识意识的表现方式。主体是行为的主导和实行者，是有生命的物体。人作为生物主体，具有行为的主观需要和行为的能力，行为是认识主体的日常生活方式。

1. 人是认识的主体

认识分为认识主体和客体。人是具有知、情、意的高级动物，是认识的主体。人在个体主观意识的指挥下，有目的、有计划、有方法地去认识客观事物，经过一系列的思维加工，不仅能认识事物的表面现象，而且运用抽象逻辑思维能深入事物的内部，揭示事物的本质规律，找到事物发展变化的根本原因。

人的主观意识指挥着认识行为的发生、发展和结束，认识行为是认识意识的具体实践与落实。认识的过程是将认识发生以前制定的认识蓝图从主观变为现实的过程。人借助于自身的感觉器官去感知主体接收到的客体，如温度、湿度等，感觉器官将接收到的客体信息通过中枢神经系统传递给人的大脑，大脑将信息处理之后，形成人对客体的主观认识并调动身体的相应部位作出反应。

2. 认识主体的主观意识指挥着认识的发展变化和结束

随着时间的推移和认识活动的不断发展，当认识主体意识到阶段性的认识目标已经实现之后，就会发出进入下一个认识阶段的命令，使认识活动不断向前推进。当认识主体意识到这一阶段的认识任务中已经获得了新的经验，就会发出调整认识行为的指令，使认识行为更合理化并更有效率性，同时主体的认识水平也获得了提升。

伴随着主体认识的不断深入和认识预期目标的全部实现，人的大脑思维组织通过对外在感性材料的分析、加工、处理，运用抽象逻辑思维，产生对相关事物的正确认识之后，便会向认识主体发出停止认识行为的命令。于是，有目的、有计划、有方法地认识行为便结束了。

3. 认识是主体生产知识的生产活动

主体通过认识客体，收集、整理客体各种属性和规定的行为是生产知识的生产活动。主体通过对获得的全部知识进行分析和处理，发现主体所面临的生存矛盾、危机和问题，发现主体通过自身行为解决遇到的矛盾和问题必须采用的方式、方法、路线和方案，这也是知识的生产活动。

知识是主体的主动认识行为产生的，是主体主动行为的结果。知识不是脱离主体的主动认识行为，而是由客体对主体感觉器官的作用、刺激和影响在神经中枢自然形成的。只有在主体对目标客体进行关注并表现出浓厚兴趣的情况下，客体对主体感觉器官的作用、刺激和影响才会在主体的神经中枢形成映像和知识，没有主体的关注和兴趣，客体对主体的作用、刺激和影响就不会在主体的神经中枢形成任何

映像和知识。这就是我们常说的视而不见，听而不闻。

4. 认识同思维和实践是既有联系又有区别的具体行为

思维、认识和实践在认识主体的整个心理活动过程中是交替进行的，实践是认识的来源，是认识产生的条件。思维是认识主体对认识客体的加工过程，是实践变成认识的中介和桥梁。实践是在认识指导下进行的，没有认识指导的实践是盲目的、无意义的。

知识的产生往往是在实践、认识、再实践、再认识的过程中产生的，思维在这一过程中发挥了非常重要的作用，如果缺失了思维这一中间环节，实践与认识将无法连接起来，对客观事物本质规律的认识便不会产生。人如果在面对外界客观事物时采取冷漠、无视的态度，对事物不进行任何思考，那么将不会产生新的认识，获取新的知识。

(二) 认识的特征

1. 认识具有反复性

从认识的主体来看，人作为认识的主体，在认识客观事物的过程中总会受到自身主观条件的制约。从认识的客体来看，客观事物是不断发展变化着的，其本质的暴露和展现也有一个过程。这就决定了人们对一个事物的正确认识往往要经过从实践到认识、再从认识到实践的多次反复才能完成。

2. 认识具有无限性

认识的对象是不断变化着的物质世界，世界上的一切事物都处在无限的变化之中，一成不变的事物是不存在的，每天这个世界上都有旧的事物灭亡、新的事物产生。因此，人类的认识将永远处于无限的发展过程中、对客观世界的无限探索过程中、对真理的无限追求过程中。

3. 认识具有前进性和曲折性

对事物的认识既要受到外在客观条件的制约，又要受到认识主体主观条件的限制。客观世界是不断发展变化的，人的主观认识受到认识主体自身知识、经验、生活环境等的影响，不可避免地具有局限性，决定了对事物的认识过程并不是一帆风顺的，这期间会经历许多曲折、反复甚至是停滞不前或陷入认识误区，所以对事物的认识过程具有曲折性。同时，世界上的一切事物都是处在持续的发展变化之中的，不存在一成不变的事物，所以事物的发展是波浪式的前进和螺旋式上升的过程。

（三）问题的内涵

问题是指要求认识主体回答或解释的题目，包括需要研究讨论并加以解决的矛盾、疑难，事物的关键和重要之点，日常生活中的事故或意外，造成差距的因素。例如，学生在学习时注意力很难集中，这就是一个迫切需要解决的问题，不然就会影响学习效率。

（四）认识问题的内涵

认识问题是指认识主体对需要回答或解释的题目，包括需要研究讨论并加以解决的矛盾、疑难，事物的关键和重要之点，日常生活中的事故或意外，造成差距的因素等问题产生的原因、背景因素、问题性质、影响等进行全面深入的分析，为问题的最终解决奠定良好的基础。例如，一个人哭了，当你看到这种状况的时候，首先想到的就是他为什么哭，然后根据哭的原因想办法进行劝解，让这个人停止哭泣。

二、认识问题的方法

（一）矛盾分析法

矛盾分析法是马克思主义方法论之一，包括一分为二地看问题、普遍性与特殊性相结合、具体问题具体分析、坚持两点论和重要论的统一。矛盾分析法是唯物辩证法的根本方法，对人们正确地认识问题具有重要的指导意义。

（二）理论联系实际法

理论联系实际法，就是运用马克思主义的立场、观点和方法，同中国历史和现实的实际情况相结合，让理论更好地为实践服务。理论联系实践的原则，体现了认识与实践相统一的原则，就是要将学习到的知识与具体实践情况相结合，而不是在遇到了困难时不考虑实践情况将知识生搬硬套。

三、正确认识自我

中国古人云"人贵有自知之明"，古希腊也有名言"认识你自己"，全面、客观地认识自己非常重要。大学生只有科学地认识自我，才能树立恰当的理想抱负，获得积极的自我体验，并通过有效的自我监控，完善自我，与周围的人与环境保持和谐的关系。大学生能否自我完善对于他们的成功、成才和人生幸福起着决定性的作用。

（一）自我意识的内涵

自我意识是指个体对自己的身心状况以及自己与周围人和环境关系的一种认识，是人格结构中自我调节的子系统。自我意识是一种特殊的认知过程，认知的主体和客体都是自身（英语中的自身"Self"，既包括主我"I"，也包括客我"Me"），因此，自我意识是主我（"I"）对客我（"Me"）进行认识，并按照社会的要求对客我进行调控。自我意识是人的心理区别于动物所特有的，是人的意识发展的高级阶段和本质特征。

自我意识具有多个维度和层次，一般可从内容和形式上对其加以分析。

从结构形式上，自我意识表现为自我认识、自我体验和自我调控三个方面。自我认识是个体对自己的身心状况及自己与周围环境关系的认识，包括自我感觉、自我观察、自我概念、自我分析和自我评价等，主要涉及"我是什么样的人"和"我为什么是这样的人"等问题。自我体验是个体在认识自我的过程中所产生的情感体验，反映了个体对自己的态度，包括自爱、自尊、自信、自卑、内疚、自豪、责任感、优越感、成就感和自我效能感等，主要涉及"我是否满意自己"和"我能否悦纳自己"等问题。自我调控是个体对自己的行为和心理活动的调节与控制、自己对待他人和自己的态度的调节与控制，包括自主、自立、自制、自强、自卫、自律、自励、自我设计、自我监控和自我教育等，主要涉及"我怎样调控自己"和"我怎样成为理想的那种人"。

从内容上看，自我意识可分为生理自我、社会自我和心理自我。生理自我是个体对自己的身体和生理状况等的意识。社会自我是个体对自己在社会关系和人际关系中的角色、地位、作用、权利和义务等的意识。心理自我是个体对自己的心理和行为特征的意识，如对气质、性格、能力、兴趣、态度、理想、心理状态和行为表现等的意识。

另外，人们还从自我观念上把自我意识划分为现实我、理想我和投射我。现实我是对自己目前的实际状况的看法，是个体对自己的现实观感。理想我是个体想要达到的完善的自我形象，是个体追求的目标。投射我是个体想象自己在他人心目中的形象，是由想象他人对自己的评价而产生的自我观感。

（二）大学生自我认知发展的特点

大学生的年龄一般处于从青年期向成年期的过渡时期，心理正从幼稚走向成熟。加上他们生活在社会的转型期，传统价值观让位于多元价值取向、人们生活方式多样化和商业文化冲击力强大等，导致他们的内心更加容易骚动不安，他们渴望向传统挑战，开拓新的生活，但是又自觉现实我的力量薄弱，缺乏足够的自信心。大学生相对于其他社会群体在自我意识的发展上呈现出以下特点：

1. 自我认识具有自觉性和理性

进入大学校园，大学生发现生活和学习的天地一下子变得开阔了许多。大学里除了开设专业课程，还开设了公共必修课程和内容丰富的各类选修课程，基本上可以满足大学生对知识的需求；在信息获得上，大学里同学之间交流内容较广泛，再加上方便的上网条件，使他们对各种社会事件和文化信息都能及时了解。自由、宽松的生活和学习条件让大学生更迫切地反思自己，力图把握自己的人生方向。他们会经常追问自己："我是谁？""我为什么是这样的人？""我可能和应该成为什么样的人？""在社会大舞台上，我扮演什么角色？""我能为社会做些什么？"和"我今后该怎么办？"等。

大学生在自我认识上更加主动自觉，并更加理论化和理性化。他们不仅经常对"我是谁"之类的问题进行深入独立的思考，而且还热衷于就此类问题与同学交流，他们经常暗中观察周围的同学，根据与别人的比较和别人对自己的评价来力图更客观地认识、评价自己。大学生常常会对哲学、伦理学和道德修养等课程表现出较浓厚的兴趣，原因是这些学科会系统地探讨人生的意义，并锻炼人的理性的思维方式。

2. 自我评价能力在增强，但仍具片面性

自我评价是个体对自我所作的判断，是自我意识的核心部分。经观察发现，大学生自我评价与教师、家长和同学对其评价之间呈显著的相关，并且自我评价能力有随着年级的上升而增强的趋势。这表明，大学生随着年龄的增长，知识和经验的积累，自我评价能力增强，并日趋成熟。

但是，大学生要能客观有效地评价自我并非易事，其自我评价仍具有片面性。主要有两种倾向：一是高估自己，二是低估自己。经观察，大多数大学生喜欢高估自己。这主要是因为他们自尊感和优越感强，富于自我想象，以对自己目前和未来状况的美好想象代替现实；在与别人比较时，倾向于以己之长比他人之短，从而自信心过强。部分大学生则低估自己，主要是因为：自我期望偏高，以致难以实现，导致对现实我的不满；无法正确看待社会竞争激烈的事实，导致对自我现状和未来的焦虑；社会适应能力不强，而自尊心过强，极易受到挫折，导致自信心下降。

3. 大学生自我意识发展的矛盾性

矛盾性是大学生自我意识发展的一个最突出的特点。这种矛盾性从心理上看根源于他们的心理尚处于从不成熟向成熟的过渡期，从社会上看则根源于他们尚未真正走向社会，缺乏社会生活经验，尚未取得独立的社会地位和经济地位。大学生自我意识发展的矛盾性表现在许多方面，最主要的是：理想我与现实我的矛盾、交往需要与闭锁需要的矛盾、独立性与依附性的矛盾以及自尊感和自卑感的矛盾，除此

之外,还有追求成功与避免失败的矛盾、求知欲强而识别力低的矛盾、情感与理智的矛盾和对异性的向往与害怕的矛盾等。

(1) 理想我与现实我的矛盾。

大学生的抽象逻辑思维能力已发展到高峰,加之他们的情绪体验十分深刻和丰富,导致他们对自己的未来具有丰富的想象力。但是,他们又不得不面对自己的现实状况,譬如,学习成绩不尽如人意、体魄不够强健和社会交往能力较差等。由于大学生是以群体的形式在大学校园里共同生活和学习的,他们远离家长的管束,在一定程度上也较少受学校的约束,所以他们相互之间的影响力很大,表现在:情绪上容易相互感染、行为上相互模仿、认识上相互传播,这在一定程度上容易使他们的理想我更加远离现实,加重理想我和现实我之间的矛盾冲突。理想我与现实我之间的矛盾对大学生心理的影响是双向的:一方面,它给大学生带来了困惑和苦恼;另一方面,它为大学生的成长提供了动力和方向。在大学阶段,理想我与现实我之间的矛盾冲突是不可避免的,大学生要借此锻炼自己的心理承受力,重新认识和评价自己,寻找理想我与现实我的结合点。

(2) 交往需要与闭锁需要的矛盾

根据马斯洛的需要层次理论,人在基本满足了生理需要和安全需要的基础上,会产生归属和爱的需要。大学生基本上可以满足前两种低层次的需要,所以,他们会受交往需要的支配,迫切地希望广交朋友,并希望能有几个知心朋友,大家彼此倾吐自己的心事,共同交流和探讨人生问题。但是,一些大学生又有强烈的封闭自己的自我意识。这是因为他们的内心向往一种个人的、独特的、自由的状态,希望在这种状态下独自思考和体验人生。大学生如果不能恰当地处理好交往需要与封闭之间的矛盾,要么会感到自己被朋友占据了、毫无自我,从而萌生失落感,要么会感到没有朋友,从而产生孤独感。恰当地处理好交往需要与闭锁需要的矛盾,则既能用友情抵御孤独,又能守住自我内心世界那份独特和宁静。要做到这一点,关键是:与同学交往要真诚,即敞开心扉,切忌说假话骗人;对同学的困难要主动热情地关心,只有这样才能赢得同学的真情;保留交往的界限,即注意所交的人、场合和时间等因素,掌握好自我暴露的分寸。

(3) 独立性与依附性的矛盾。

大学生既强烈地要求摆脱父母和教师的约束,独立自主地决定自己的生活、学习的方方面面,在情感上和行为上又对家庭、学校存在较大程度的依附。这是因为进入大学以后,大学生的独立意识迅速发展,他们已处于向成人角色的过渡时期;而缺乏社会生活经验、仍需要家庭的经济供给和与父母的感情深厚等原因,他们的依恋、依赖心理仍难以割舍。特别是对那些被父母过多保护、已经习惯于一切都依赖父母的大学生来说,独立性与依附性的矛盾会特别突出。要解决这个问题,关键是:增强独立意识;锻炼独立的能力;与父母和教师等建立、保持亲密的联系,但要逐渐增加关系的平等性质。

（4）自尊感与自卑感的矛盾。

自尊感是个体能悦纳自己，并尊重自己，对自己抱着肯定的态度。自卑感则是个体对自己不满，对自己持否定的态度。它们是自我体验中的两种相互对立的情感，但是在大学生身上，经常交织在一起。一般来看，大学生的自尊感特别强。这与他们在中学时代相比于其他同学比较突出有关。而进入大学后，与其他同学重新比较，许多人会发现自己的优势不见了，从而感到焦虑、痛苦，自卑感强烈。另外，大学生在这一年龄阶段，往往对自己有着过高的接近完美的要求，一旦发现自己存在某些不足，就容易夸大自己的不足，认为自己一无是处。要解决这一矛盾，关键是：学会客观地评价自己的优点，增强自尊心，减少自傲情绪；学会客观地评价自己的不足，增加进取心，减少自卑情绪；不要盲目地与别人比较，增强自信心和耐挫折能力。

4. 自我塑造愿望强烈，主动性、自律性有所提高

对许多大学生来说，他们一旦意识到并认可了某种自我形象，就会产生强烈的自我塑造的愿望，并能够主动约束自己的行为。而且他们一般还会对自己身上的不足之处非常敏感，有非改之而后快的决心，并可能在行动上有切实体现。这些与大学生追求自我的完善，甚至完美有关，是他们力图实现理想我、控制现实我的表现。大学生在大学里，可以汲取到广泛的知识，并结识性格各异、家庭背景不同，甚至文化背景也有差异的同学和朋友，这给他们提供了多个认识自我、评价自我的参照系，激发了他们原来就有的自我塑造、自我完善的动机。大学集体的生活给了大学生更多的自由空间，对许多大学生来说，这会锻炼他们的自制力，并促进他们提高自控能力。但也有些大学生，在这更多的自由空间里失去了方向，变得意志消沉，行为懒散，缺乏自控力。还有极少部分的大学生抱着消极的宿命论，根本不相信自己改变自己的可能性。因此，要教育大学生客观地认识自己，并使他们了解改变自己的可能性和方式方法，促进他们积极地进行自我塑造，提高主动性和自律性。

（三）塑造健全的自我意识

大学生要发展自己的个性、实现自己的价值，应该塑造健全的自我意识。

1. 客观、全面地认识自我

认识自我是人类的永恒话题。客观、全面地认识自我是培养健全的自我意识的基础。大学生对自己的理想、兴趣、价值观、性格特征、品德和行为有一个正确的、全面的认识和评价，就能够控制自我、发展自我和完善自我，也就能够提高自己在社会交往中的能力和作用，处理好与他人的关系。否则，不利于自身人格的健康发

展,并会造成人际关系不协调。

(1) 通过与他人的比较来认识自我。

个体对自己的能力和品德等人格特征的认识、评价往往是通过与他人的比较来实现的。

一般来说,大学生在选择比较的对象时,会选择条件跟自己相似的人,认为这样的比较才有可比性。例如,某大学生想客观评价自己进入大学一年以来学习成绩的状况,他选择考入大学时的分数跟他差不多的另一名同学作比较对象,这样是比较恰当的。但也有些大学生由于进取心不强或自信心不强,会倾向于选择那些比自己差的人作为比较对象。这样向下比固然能给比较者以暂时的心理安慰或心理平衡,但长此以往,可能造成自大心理或更加自卑。也有些自信心强的大学生敢于和比自己强的人比,比较的结果是知耻而后勇,找到了方向,并有动力赶超对方。因此,大学生在与他人比较时,首先要明确与他人比较的目的,既要认识自己的优势,又要认识自己的劣势,这样才有利于自己的不断进步。

(2) 从他人对自己的态度中认识自我。

他人的态度是一面镜子,可以用来认识自己。例如,某大学生发现另一同学对他很友善,愿意与他一起学习、交谈和娱乐等,那么就可以断定自己很可能有吸引对方的品质。但是,如果相反,那么该大学生就该反省自己身上很可能有什么特征引起对方的厌恶了。人们对自己的认识和评价往往要受到他人对我们的态度的影响。

但是,他人这面镜子有时也会歪曲我们的形象,这是因为他人可能对我们缺乏了解、有成见或偏爱和不太擅长评价别人等。因此,多用几面镜子往往可以避免偏听偏信。有些大学生只能接受他人对自己的赞美之辞,或只顾及好朋友对自己的态度,而对批评之辞感觉很难接受,或对非好朋友的态度不予领会,结果是容易盲目骄傲,不能看清自己的弱点和错误。

(3) 通过自我比较来认识自我。

我们既然可以通过与他人的横向比较来认识自己,那么也可以通过与自己的纵向比较来认识自己。人们常常喜欢通过和过去的自己相比较来认识、评价现在的自己。例如,一个青年把现在的自己和童年时的自己相比,很可能认为自己在身体状况和能力水平等方面取得了极大的发展;一个老年人把现在的自己和年轻时的自己比较,则很可能得出相反的结论。

大学生一般喜欢和中学时代的自己比。有不少大学生作了这种比较后认为,他们现在虽然在知识上更丰富、眼界上更开阔,但是,在理想信念上则更模糊、心态上更焦虑不安。这主要是因为:这些大学生在中学时对大学生活充满了过高的期待,进入大学后不能较快地调整好心理落差,另外,对多元化的社会和社会竞争缺乏正确的了解、不知如何应对。大学生通过与过去的自己的比较,既充分肯定自己的成绩和进步,从而树立自信心,又发现自己的不足和退步,然后分析其原因,找出适当的解决方法。

(4) 通过自我反省来认识自我。

我们不仅是他人眼中的客体，也是自己眼中的客体，因此，可以通过直接地观察自己的心理过程、行为举止和活动结果来认识、评价自己。有些大学生不知该如何自我反省，他们以为自我反省就是把自己封闭起来进行幻想。事实上，自我反省必须建立在自己积极地投身各种实践活动的基础上才是可靠的。因为，个体只有通过积极地参加各种实践活动，在活动中让自己的品德和才能等充分地展示出来，才能给观察、思考自己提供机会和依据，根据自己活动的结果来对自己作出判断往往是更加客观的。

大学生要养成适当地自我反省的习惯，即不仅当成功的时候要反省自己，发现自己的优点和长处，而且当失败的时候也要勇于反省自己，发现自己的缺点和不足。

(5) 学会辩证地认识自我。

辩证思维是对事物进行一分为二的认识，可以避免认识的极端和片面，它是思维的重要品质之一。由于自我十分复杂，包含多个层面和多个维度，所以只有学会用辩证的思维方式来认识自我，才能达到客观、全面和正确的自我认识。大学生已经具有较高的辩证思维能力，但是由于缺乏社会生活经验，以及还不善于用它来认识自己，所以，自我认识水平还不是很高。经观察发现，有不少大学生无论是通过与他人比较，还是通过与自己比较、自我反省等途径获取认识自我的信息时，都习惯于用以偏概全的思维方式，结果自我评价和客观评价之间相差甚远。辩证地认识自我要求我们既认识自己的长处，也认识自己的短处；既认识自己的现在（现在的我指现实我），也认识自己的过去和将来（将来的我主要指理想我）；既认识自己的某一方面，也认识自己的全部。

2. 积极、快乐地接受自我

人在客观、全面地认识自己的基础上，还要进一步，即积极、快乐地接受自己，或称悦纳自己、爱自己。能否爱自己，这是发展健全的自我意识的关键。爱自己意味着按照自己的本来面目来认可、肯定自己，是无条件地接受自己的一切优劣短长，而不是对自己的缺点自责、自我回避，或以假象自欺欺人。爱自己是不需要理由的，如果硬要找理由，那么可能是"我是独一无二的存在""我被赋予了最宝贵的生命""我的生命里充满了喜悦"和"我觉得自己是有价值的"等。

(1) 积极地肯定自我。

俗话说："人无完人，金无足赤。"既然人都有缺点或短处，那么要发展自我，明智的做法不是企图否认、遮掩或回避它们，因为这只能是自欺欺人。学会正确地对待自己的短处是积极地肯定自我的关键。大学生对自己不能改变的短处，如先天的身材矮小、相貌平平等要勇于面对现实、坦然接受。对自己可以改变的短处，如不良的生活习惯、自私自利、意志薄弱等，则要坚决改正。有些大学生因为自己存在种种缺点，就妄自菲薄，导致自信心越来越差，连自己原来有的优势也发挥不出来。而积极地肯定自我，则可以最大限度地调动个体的能动性，使其心情愉悦，智力和创造力得到充分发挥，使其朝着自我完善的方向前进。

（2）正确地对待挫折。

挫折是一种因为既定的目标无法实现而导致的需要不能满足时的情绪状态。在挫折发生时，有些个体常常会一味地自责自咎，贬低自己，导致自信心下降。大学生由于自我认识存在一定的片面性和情绪的起伏性较大，当他们面临挫折时，如考试成绩不及格、考试作弊被发现、考研究生失败、与同学发生人际冲突、失恋和毕业时找不到理想的工作等，他们常常会变得非常消沉，看不清自己的未来，觉得没有希望，对自己全盘否定。大学生学会正确地看待挫折，就要清醒地认识到：①人生不可能总是一帆风顺，挫折是难以避免的；②对待挫折的态度而不是挫折本身对个体的心理和行为影响更大，即要把一时一事的挫折看轻、看淡，愈挫愈奋，"失败乃成功之母"。大学生只有做到不因遭遇挫折而盲目地否定自己，才能得到完整的生活体验，达到健全的自我认知。

3. 勇敢、勤劳地塑造自我

大学生在自我认识、自我悦纳的基础上，还要更进一步地达到自我调节和自我完善，因为这才是自我教育的最终目标。自我教育是个体把社会的需要转化为个体内在的个人需要，以实现社会价值和个人价值的过程。它体现了人的社会性和个体性的统一。大学生要鼓足勇气、不畏艰难、勤奋努力，这样才能逐步迈向理想我的目标和境界。为此，大学生须从以下两个方面积极努力：

（1）确立正确的理想我。

经观察发现，许多大学生之所以自我塑造、自我完善的动力不足，与他们不知道什么才是真正值得追求的理想我有着密切关系。他们确实常常会为各种流行的观念和行为方式所吸引，但很快又会觉得空虚。正确的理想我是既符合社会需要，又符合个人特点的个人发展目标。大学生如果能够尽早确立正确的理想我，就能为塑造健全的自我意识提供强大的精神动力。为此，大学生首先必须尽可能地了解社会，认识社会发展的客观规律，树立马克思主义的世界观和人生观。大学里开设的哲学、政治经济学、伦理学和大学生修养等课程都旨在帮助大学生从理论上科学地认识社会，而到农村访贫问苦、到工厂车间劳动、到革命老区调研和做青年志愿者等各种社会实践活动则旨在从实践上帮助他们客观地了解社会。其次，大学生要积极地进行自我认识和自我悦纳，尽可能全面认识自己的特点，并接受自己。

（2）有效调控、提高现实我。

理想我是一个远大的目标，它的实现需要经历一个较为漫长的过程。因此，需要将它分解成一些子目标。只有把阶段目标和长远目标结合起来，立足现实，循序渐进，才能逐步实现理想，登上辉煌的人生顶峰。有些大学生一味沉迷于远大的理想，小事不愿做，大事做不了，最终他们只能是望着人生的顶峰兴叹。因此，必须教育大学生，切忌好高骛远、眼高手低。要培养他们脚踏实地的精神，使他们制定切实可行的目标，做力所能及的事情，这样才能逐步提高现实我，接近理想我。

大学生从一个阶段目标到下一个阶段目标的位移，必须通过有效地调控现实我来实现。为此，大学生要增加自控力。自控力是个体自觉地调节和控制自己的心理活动和行为的意志品质。自控力的强弱对个体能否实现既定目标起着举足轻重的作用。大学生只有不断提高自己的自控力才能抵制外界的各种诱惑，并把自己内部的活动调节到有利于目标实现的最佳状态，最终成为自己命运的主人。

第二节　分析问题

案例导入

大学班级中一位学生的问题表现：

1. 纪律方面：自由散漫，日常行为习惯欠佳，迟到旷课严重。
2. 学习方面：学习目的不明确，缺乏兴趣和求知欲，经常听课精力不集中，作业不能认真完成，学习成绩差。
3. 思想方面：自卑孤僻，缺乏进取心，放任自流，贪玩。

讨论：分析该学生问题表现的原因。

班级中问题学生的存在具有必然性、客观性和普遍性。积极面对，分析研究问题学生的成因、心理特征和教育策略，促使他们正确认识自我，克服自卑心理和消极情绪，激发潜能，解决自身存在的问题。

世间万物都是因果关系的结合，任何事情的发生都是有原因的。我们在面对问题、矛盾的时候，不能被事物的表面现象所迷惑。要注意追根溯源，深入分析问题，弄清事情的来龙去脉，以便找到正确解决问题的钥匙，开启解决问题之门。

一、分析问题的内涵

（一）分析的内涵

分析就是将研究对象的整体分为各个部分，并分别加以考察的认识活动。分析的意义在于通过认识事物或现象的区别与联系，细致地寻找能够解决问题的主线，并以此解决问题。分析是一种科学的思维活动，要在掌握大量经验材料的基础上，从表面现象入手进行深度分析，经过"去粗取精、去伪存真、由此及彼、由表及里"，从对事物的感性认识上升为理性认识，揭示事物的本质规律。

1. 人是分析的主体

分析包括分析主体与客体。人是具有知、情、意的高级动物，是分析的主体。人在自身主观意识的指导下，按照既定的认识目标和方案，主动地去分析客观事物，运用一系列的分析方法，把事物按照一定的标准分解为各个因素，经过理性思维加工，深入事物的内部，揭示事物的本质规律，解析出事物发展变化的根本原因，找到解决问题的正确方法。分析客体包括客观世界中的一切事物，也包括分析主体自身。

人作为分析的主体，自身的主观意识指挥着分析行为的发生、发展和结束。分析行为是认识目标实现的途径，分析的过程是对选择的分析方法具体运用于实践的检验，是问题顺利解决的必经环节。离开了主体的人，分析活动就会失去思维载体，分析活动将无法正常进行。

2. 分析是主体揭示客体本质规律的思维活动

主体在分析客体的过程中，会收集、整理客体的相关材料，了解客体的各个方面，尽可能全面掌握客体的相关情况，经过分析主体的思维加工，从感性认识上升为理性认识，这时分析客体对象的本质规律便被揭示出来了。分析主体通过对客体的分析和处理，会发现问题产生的根本原因，并寻求解决问题的方式、方法，这也是揭示客体本质规律的过程。

规律的发现是分析主体主动行为的结果，同时客体对分析主体的刺激只是在主体对客体感兴趣的情况下才能发挥作用，再经过一系列的思维加工过程，才能揭示事物发展的本质规律。例如，一个小孩对学习奥数没有兴趣，甚至一听奥数两个字就反感，无论家长再怎么逼迫其学奥数都是没有意义的，因为外在的刺激只有在分析主体对它关注、有兴趣的条件下才能发挥作用。

（二）分析能力

分析能力是指将问题整体分解为各个部分，并对问题的各个部分和不同的特征进行深入细致的分析与比较，对问题的各个部分进行选择性的取舍，通过理性思维对问题的前因后果进行分析的能力等。分析能力受到遗传因素的影响，但后天的思维训练对分析能力也有很大的影响。面对同一个难题，分析能力较强的人往往能轻而易举地解决，而分析能力较差的人一般经过反复思索也不得其解，不知如何应对。

（三）分析问题的意向

1. 拥有分析问题的意向

在生活过程中，人们都会遇到一些问题，这些问题既有自然科学方面的，也有社会实践和心理方面的。如果我们想有效地解决这些问题，首先要拥有分析问题的意向，即对发生的问题进行科学的理论分析，作出正确合理的决策，采取有效的措施。只有拥有分析问题的意向和决策，我们才不会毫无章法地分析问题，我们才能对问题有更好、更有效的分析。

2. 拥有足够的，能反映问题全貌的真实信息

在我们分析问题时，一方面，一定要掌握关于问题的丰富信息，了解问题的基本情况这样才能进一步解决所发生的问题；另一方面，掌握的信息内容一定要真实、准确，由于我们获取的信息渠道各有不同，一定要对接收的信息进行核查、验证，以保证信息的可靠性、可利用性，便于对发生的问题更好地剖析。

3. 拥有扎实的基本理论知识

在分析问题时，必须拥有扎实的基本理论，因为只有具备了这个条件，我们才有能力对问题进行全面、深入的分析，掌握基本理论在我们分析问题时拥有决定性作用。但是，随着社会的进步、科学技术的发展，我们面对的问题也是多种多样、复杂多变的，所以需要我们掌握多方面的理论知识，把我们自身拥有的理论知识进行整理、融合，这样才能更好地分析发生的问题。

4. 拥有一定的实践经验

在分析问题时，具有一定的实践经验是必不可少的条件之一，在社会实践中我们可以见识许多，学到许多。事态是瞬息万变的，我们不应只知基本理论，实践经验也是不可缺少的。书本上的知识和理论，是对前人知识的总结和升华，放在当前可能会有局限性，而实践经验是从书本上无法学到的。基本理论是我们分析问题的

基础，拥有的实践经验是我们分析问题的辅助基础，两者相辅相成，才能全面、高效地把问题分析好。

（四）分析问题的步骤

1. 发现问题

善于发现问题，就要仔细观察身边发生的各种现象，因为现象是发现问题的先导。要做一个热爱生活、勤于观察、乐于观察的人，仔细留意发生在身边的各种现象，从现象入手发现问题。

2. 收集发生问题的相关信息

要想正确地分析问题，就要尽可能收集和该问题相关的资料，全面了解问题的背景及来龙去脉。在收集的大量感性资料的基础上进行思维加工，去伪存真，还原事物的本来面目。

3. 分析问题发生的过程

问题的发生是有着一定过程的，过程中的每一个环节对问题都有着这样或那样的影响，对问题变化的每一个环节进行逐一分解、深入剖析，将有利于问题的顺利解决。

4. 估计判断问题发生的原因

掌握了问题发展的相关资料，了解了问题产生的过程，知道了问题产生的来龙去脉，结合自身的知识储备和以往的实践经验，经过理性思维，判断问题产生的真正原因。

5. 确定采取解决问题的措施

一把钥匙一把锁，每个问题都有一个对应的最合适有效的解决方法，要在多个方法当中选择最优的方法，即根据问题产生的本质原因确定解决该问题的具体方法。

6. 验证问题分析的结果

实践是检验真理的唯一标准，分析问题之后，要通过实践对问题分析正确与否、是否采用了最有效的问题分析方法进行检验，对问题分析的结果进行检验。

（五）分析问题的方法

1. 因素分析法

一个问题的产生往往是由多种内外因素引起的，此时就应该从引起问题的内因和外因两个方面来分析问题，内因包括个体的主观努力程度、方式方法、知识和实践经验等；外因包括家庭因素、社会因素、教育因素、自然因素，分析找出能引发该问题的真正因素。

2. 过程分析法

问题的出现有着其产生和发展的过程，过程分析法就是对问题产生的整个过程进行梳理，对问题变化的每个阶段进行逐一分析，分析问题产生的质变环节。

3. 原理分析法

某些现象发生时在背后都有着一定的原理，例如，苹果从树上掉落会朝着地面的方向，而不会飞向天空，原因是因为地球有引力，也就是牛顿发现的万有引力定律，所以事情发生之后要学会分析其产生的真正原理是什么。

4. 对比分析法

对比分析法也叫比较分析法，是通过将实际发生的事情与理想条件下事情的状态进行对比，来揭示实际情况与理想情况之间的差异，借以了解事情发展过程中存在哪些问题的一种分析方法。

5. 综合分析法

综合分析法是根据事情发生的具体情况，综合运用以上两种或两种以上的分析方法。

（六）分析问题的注意事项

1. 只停留在表面现象，不进行深入分析

某个问题出现时，如果仅从问题的表面来看，没有深入地了解，就作出判断并妄下结论，采取措施，很快就会发现问题产生的原因并不是人们看见的那么简单，从问题的表面现象出发，问题不一定能被解决。因为能引发某种问题的因素往往有很多种，有些原因是显而易见的，通过简单观察就能作出判断；有些原因则需要运用多种分析方法将问题分解为多个方面进行系统分析，在厘清每个要素之间的相互

关系之前，不能轻易作出判断。

2. 只看局部，以偏概全

整体有部分，众多的部分构成整体，整体居于主导地位，统率着部分，整体和部分密不可分。为此，我们要树立全局观念，立足全局。局部是全局的部分，不能代表全局。单一的局部分析，只见树木、不见森林是片面的，是以偏概全的。对待问题我们应该全面调查，综合分析，最终得到一个严谨的结论。而看问题只从某个角度出发，没有全方位考虑问题就得出结论，这种对待问题的方式很难发现问题的本质，有时甚至得出和问题的本质相反的结果。结果缺少真实性、准确性以及说服力。同时，这种看问题的方式是完全不值得赞同的，会将我们的思维引向错误的方向，只有分析得全面，才能认识得透彻。

二、正确分析自我

（一）充分认识自我

人生是一个不断发展变化的过程，随着时间的流逝，我们的思想也在不断地改变，这就需要我们对自己进行不断地分析和审视，需要我们在生活中不断地探索和反思。应该充分地认识自我，分析自己的性格，了解自己的脾气秉性，掌握自己的情绪，分析自己的特长和缺点，并且准确评估自己的能力。通过分析自我，给自己一个明确的定位。

（二）明确自身的优缺点

要通过客观地分析，明确自己的优点和缺点。优点我们要继续保持，缺点我们要在实践中不断改正，并且要正视自身的不足，用全面发展的眼光看待自己。同时也可通过他人对自己的描述来分析了解自己，对待他人的建议态度要诚恳，尊重他人对自己的评价，并对他人对自己的建议进行客观分析，不能盲从，也不能忽视，要根据自己的生活阅历和理性分析去辨别。

（三）确立正确人生目标，积极参与社会实践

要想树立正确的人生目标，首先要正确地分析自己。分析自己的兴趣爱好，根据自己的兴趣和能力设置不同阶段的人生目标，并且不断努力充实自己，在实现人生目标的实践中不断地认清自己、完善自己，以倒推的方式来确立每个阶段要完成的任务，最终实现人生总目标。

三、分析自我的意义

(一) 分析自我的意义

分析自我是对自己进行深入、细致、理性的分析,可以使我们深化对自己的认识,提升自我察觉能力。通过分析自己的性格、气质、兴趣特点,准确评估自己的能力水平,提升自我认知能力。

(二) 提升自我调节与控制能力

我们必须用发展的眼光看待自己,正确分析自我,及时发现自己的问题,并且通过自己的努力,弥补自身的不足,改正自己的缺点。通过学习充实完善自己,同时不断从社会实践中汲取经验,改善我们的人际交往能力、社会关系,获得更多的社会资源。从而提升自我调节与控制能力。

(三) 清晰定位人生方向

随着年龄的增长,丰富的实践经验会使我们不断更新、完善对自己的认识,人生目标也会越来越清晰。随着思想的进一步成熟,我们会更加理性地分析自己、理解自己,我们要找准人生方向,并最大限度地开发和挖掘自己的潜力,做自己人生的主人。

第三节 解决问题

案例导入

在海尔,"6S 大脚印"方法不仅是一种生产管理方法,更成了独特的海尔文化,深入海尔每一个员工的血液中。

"6S"的含义是:整理,留下必要的,其他都清除掉;整顿,有必要留下的,依规定摆整齐,加以标识;清扫,工作场所看得见看不见的地方全清扫干净;清洁,维持整理、清扫的结果,保持干净亮丽;素养,每位员工养成良好习惯,遵守规则,有美誉度;安全,一切工作均以安全为前提。

海尔集团到海外建厂,海尔文化移植到美国、移植到欧洲,会不会"水土不服"?海尔文化的主要内容经过了移植、改造、再移植、再改造的过程,在不同文化的熔炉中,海尔文化的内涵得到了极大的丰富。在经历了一段时间的磨合之后,海尔文化得到了当地人的认可。

海尔用东方人特有的人情味和亲和力,打破了不同民族和语言的障碍。海尔文化在最细微处得到了融合。张瑞敏在视察完美国南卡工厂离开时,南卡的美国员工在送给张瑞敏的贺卡上写着:"中国海尔和美国海尔是一家人,我们共同关怀和照顾这个海尔大家庭。"

(资料来源:搜狐网,2016-02-17)

讨论:海尔在海外设立分公司时管理制度为什么会得到海外员工认可?海尔是如何成功解决问题的?

大千世界纷繁复杂,问题层出不穷,出现问题,我们就要想办法去解决,无论是个人,还是企业和社会,都是在解决问题的过程中得到不断的发展与进步的。

从某个角度讲,思维的价值体现在解决问题上。一个人是否能够成功,体现在是否能面对和解决问题上。无论你是大学生,还是职场人士,解决问题的能力都是你必须拥有的基本能力。在不断的解决问题中,人的能力得到不断提高,人类社会才能不断进步。

一、解决问题的内涵及特点

(一)解决问题的内涵

解决问题是由一定的情境引发的,是指在个体主观意识的指导下,按照一定的既定目标,综合分析相关背景资料,运用各种解决问题的方法,经过一系列的思维操作,使问题得以解决的过程。例如,爱迪生发明灯泡的故事,故事中关于灯泡的相关已知的条件和最终想要达到的结果构成了解决问题的情境,而要达到最终的结果,必须应用已知的条件进行一系列的认知操作,操作成功,问题便得到解决。爱迪生在实验室里面不断地进行各种材料的试验,经过了很多次的失败,最终发现钨丝是做灯泡的绝佳材料,其发出的光线十分明亮,又不易烧断,适合长期使用。

(二)解决问题的特点

1. 问题情境性

我们的生活中经常会出现问题情境,这种问题情境既让我们感到困惑又不能用经验直接解决。问题总是由相应的情境引起的,这种外在的情境性会引发我们对问题进行思索的兴趣,同时运用各种思维策略、采取各种措施去脱离这种情境,解决问题的过程就是问题情境消失的过程。当一个问题解决之后,再遇到同类情境时,我们就不会感到困惑。

2. 目标指引性

问题的解决是在一定的目标的指引下进行的,通过问题的解决达到相应的目标。简单的问题有时通过直觉与猜测即可解决,复杂的问题则需经过深入细致的分析与推理,还可以通过联想与想象等思维过程加以解决,但所有问题的解决都是在一定目标的指引下完成的。

3. 操作顺序性

解决问题是出于一系列心理操作相互配合完成的,这种操作是有顺序系统性的操作。顺序一旦出现错误,问题就无法顺利解决。当然,采用不同的方法和途径解决同一问题时会呈现出不同的顺序。

4. 认知参与性

解决问题的过程中离不开认知活动的参与。解决问题时人的知、情、意一同参与过程。其中,认知成分在问题的解决中占有非常重要的位置,可以说是解决问题的前提条件,离开正确认知的参与,问题将无法解决。

二、解决问题的条件及步骤

(一) 解决问题的条件

1. 主观解决问题的意向

在日常生活中,我们会遇到许多问题,在问题出现时我们要有主观上希望解决问题的意向,有积极的心态,带着足够的热情去解决。同时我们也要有努力钻研的精神,查阅关于问题的相关资料,收集相关素材,把收集到的信息进行整理加工,并进行认真严谨的分析,找到解决问题的突破点,这样我们才能更顺利地把问题解决好。

2. 客观反映问题全貌的信息

在我们解决问题时,我们会收集到关于问题的一些信息,这些信息既要有质也要有量。质是指对于获取的信息要保证其真实性、可靠性,量是指要收集到关于问

题的大量信息，通过信息的资源整合，能更全面、更直接地反映问题的本质，这样我们才能更好地解决问题。

3. 扎实的基本理论知识

问题的顺利解决，拥有扎实的基本理论知识是必不可少的条件之一。因为在解决问题的过程中需要相关的知识来帮助我们进行问题的分析，需要一些科学有效的方法来帮助我们解决问题。自身拥有的理论知识越丰富，对问题的分析就会越透彻，而正确地分析问题又是顺利地解决问题的前提，所以问题就越容易解决。但是，随着社会发展的越发多元化以及科学技术发展水平的不断提高，新问题、复杂问题层出不穷，如果不加思考地一味用我们以往的理论知识去解决问题，难免会犯教条主义的错误，这就需要我们不断与时俱进，掌握多方面的理论知识来应对问题，这样才能把问题解决好。

4. 一定的实践经验

在解决问题时，一定的实践经验是帮助我们解决问题的不可或缺的重要因素，因为理论知识更多的是帮助我们有效地分析问题，但解决问题是一个实践操作的过程，离不开实践经验的指导。社会实践能开阔我们的眼界，拓宽解决问题的思路。世界上的事物是在不断发展变化的，如果我们总是用以往的经验来生搬硬套，将会犯经验主义错误，这不利于问题的顺利解决。所以，我们要多参加社会实践，增强实践能力，在遇到问题时要能更灵活地应对，做到具体问题具体分析，更好、更高效地解决问题。

（二）解决问题的步骤

1. 发现问题

为了善于发现问题，我们就要仔细观察身边发生的各种现象，因为现象是发现问题的先导。要做一个热爱生活、乐于观察、勤于思考的人，仔细留意发生在我们身边的各种现象，从现象入手去发现问题。

2. 分析问题

要想正确地解决问题，就要综合运用各种分析方法将问题分解为各个部分，全面分析问题的来龙去脉，明确问题的主要矛盾。在收集的大量感性资料的基础上进行理性思维加工，去伪存真，还原事物的本来面目。

3. 提出假设

在全面分析该问题的基础上，提出解决问题的假设，即可采用的解决方案。一个问题的解决方式有时并不是单一的，而是有多种方法，这时我们可以通过比较的方式选出最佳的解决方案。

4. 检验假设

实践是检验真理的唯一标准，假设只是对问题提出一种可能的解决方案，问题最终是否能被解决，还要放在实践中去接受检验。通过实践的检验，如果获得了预期的效果，可以继续进行；如果未获得预期结果，则还需要再提出假设并进行检验，直至达到预期效果，解决问题的任务才算完成。

三、解决问题中的注意事项

（一）一切从实际出发，理论联系实际

解决问题要从客观实际出发，考虑问题、办事情要尊重物质运动的客观规律。以事实为出发点，这就要求我们在解决问题的过程中，做到主观符合客观，要根据客观事实来决定我们的行动，并在实践中将我们的理论知识与客观实际相结合，不断分析问题、解决问题。同时，在解决问题之前还要开展全面深入的调查研究，具体问题具体分析，全面认识客观实际并且把握事情发展的方向及变化，从而实时掌握真实情况。然后，根据客观存在的真相去思考解决办法，充分发挥我们的主观能动性，提出我们的意见，坚持以联系的、全面的、发展的观点看问题，最终将问题顺利解决。

（二）立足整体，认真分析

整体在事物中居于主导地位，统率着部分，具有部分不具备的功能，我们在看问题时要树立全局观念，立足整体，统筹全局。分析问题的方法多种多样，我们要立足整体加以分析，站在全局的高度分析问题的不同空间分布，了解其各个组成部分，并且认真分析问题发展的各个阶段，把复杂的问题简单化，变整体为部分，化难为易，实现整体的最优目标。

（三）端正态度，平和心态

人生的道路曲折漫长，我们会遇到许许多多的困难，无论怎样，我们都要相信前途是光明的。树立正确的挫折观，不断学习充实自己，直面人生中的各种挑战。实践的一切都是相对的，顺境与逆境会随着自身的选择而不断改变。对待逆境，我们要端正态度，积极面对寻求正确的解决方法，不断地挑战自我、战胜自我。挫折既是一种不良的境遇，也是一股能激发人潜力的力量，它可以增强人的斗志，催人进取，激发创造力，磨炼人的性格和意志。挫折也会在一定程度上催人冷静，让人进行反思。面对困难，良好的心理品质会使人在面对挫折时迸发出不一样的力量，

也会增强人们对挫折的耐受性，让人们冷静面对，理性思考，善于化压力为动力，保持积极、乐观的生活态度。我们要能容忍挫折，学会自我宽慰、心怀坦荡、情绪乐观、发奋图强、满怀信心去争取成功。

四、提高解决问题能力的途径

（一）充实自身的知识储备

解决问题能力的形成离不开后天的学习，强大的办事能力离不开日积月累的知识沉淀。在日常生活中，我们要加强对各种理论知识的学习、树立终身学习的目标，根据自己的目标和兴趣，学习自己想学也需要学习的内容，扩充自己的知识量，完善自己的知识结构，提升自己解决问题的能力。

（二）积极参与社会实践锻炼

知识来源于实践，实践出真知，解决问题能力的形成也离不开后天的实践锻炼。青年大学生是社会实践的中坚力量，通过参加社会实践活动，体验社会、了解社会、了解国情，可以丰富在校大学生的社会阅历，更好地把自身所学的理论知识和社会实践相结合，提高知识的实际运用能力。同时，通过实践经历，大学生可以开阔视野、增长见识、积累经验，从而在实践中锻炼自己，不断完善自己，调整自己的处事方式，树立正确的问题观，增强解决问题的能力，正确进行自我定位和合理制定职业生涯规划。

五、解决问题能力对于人生发展的意义

（一）实现自我价值

实现自我价值是每一个人的人生追求，要实现自我价值，就必须学会面对各种问题、解决各种问题，融入社会。在实践中遇到形形色色的问题，运用我们的聪明才智去解决它，从而实现自己的价值。同时，我们要树立正确的人生价值观，保持健康向上的精神状态和奋斗精神，把握方向，积极创新，坚持不懈地在奋斗过程中实现人生的价值。

（二）为社会贡献力量

衡量人的社会价值的标准是个体对他人和社会所作的贡献，而个人在实现社会价值的过程中并非一路都是坦途，会遇到很多问题，这就需要我们不断提高解决问题的能力。面对困难我们要有坚定的信念和意志，遇到挫折时我们要调整好心态，

面对困难不退缩，以坚韧不拔的毅力，不断超越自我，奉献自我，把问题解决好，为社会的发展贡献一份力量。

思考与练习

1. 如何正确认识自我？
2. 如何提升解决问题的能力？
3. 如何用马克思主义的实践论解决问题？

案例思考

请扫描右侧二维码获得更多资源

知识拓展

请扫描右侧二维码获得更多资源

课外阅读

欢迎登录"爱习课专业版App"查阅

参 考 文 献

［1］蔡劲松. 大学文化：理论构建与系统设计［M］. 北京：文化艺术出版社，2009.

［2］本书编写组. 思想道德修养与法律基础［M］. 北京：高等教育出版社，2018.

［3］冯秀军. "思想道德修养与法律基础"问题链教学详案［M］. 北京：中国人民大学出版社，2018.

［4］石春金，马俊，高长波. 学生职业素养［M］. 沈阳：辽宁大学出版社，2019.

［5］王欣. 思想道德修养与法律基础学习指导书［M］. 北京：北京理工大学出版社，2019.

［6］张钊源，生铁. 大学生必读教程［M］. 北京：经济日报出版社，2007.

［7］邱烨. 中国高校学生社团发展的历程、现状及趋势探析［J］. 学园，2013（22）：30－32.

［8］许洱多. 北大学子筹建国内民间骨髓数据库［J］. 检察风云，2003（11）：50－52.

［9］中国共产党历次全国代表大会数据库［EB/OL］. http://cpc.people.com.cn/GB/64162/64168/64553/index.html.

［10］李友玉，李洪渠，雷震德. 大学生安全指导［M］. 武汉：华中师范大学出版社，2018.

［11］李子德. 大学生安全教育［M］. 成都：电子科技大学出版社，2019.

［12］邵长胜. 大学生安全教育［M］. 成都：电子科技大学出版社，2020.

［13］龙进宝，李建新. 大学生安全教育［M］. 上海：上海交通大学出版社，2018.

［14］谢伟. 大学生安全教育项目教程［M］. 北京：首都师范大学出版社，2017.

［15］党印. 从宏观、微观两个层面来看劳动的价值［M］. 北京：中国工人出版社，2019.

［16］李珂. 劳模精神［M］. 北京：中共党史出版社，2020.

［17］乔东. 劳模精神、劳动精神和工匠精神探析［J］. 中国劳动关系学院学报，2019（5）：35－42.

[18] 张东风．职业道德［M］．北京：中国劳动社会保障出版社，2017．

[19] 党印．职业与劳动［M］．北京：人民交通出版社，2021．

[20] 朱耀斌．职业院校劳动教育读本［M］．北京：人民出版社，2021．

[21] 李奕．大学生潜力开发与训练［M］．北京：光明日报出版社，2014．

[22] 王周仲．大学生军事理论教程［M］．北京：航空工业出版社，2016．

[23] 陈波．军事理论与军事技能教程［M］．北京：北京理工大学出版社，2019．

[24] 吴吉明，王凤英．现代职业素养［M］．北京：北京理工大学出版社，2018．

[25] 韩富军，贺立萍．现代职业素养［M］．北京：北京理工大学出版社，2017．

[26] 孙园，王维燕．匠心独具：工匠精神ABC［M］．南昌：江西高校出版社，2019．

[27] 李淑玲．工匠精神：敬业兴企匠心筑梦［M］．北京：企业管理出版社，2016．

[28] 曹顺妮．工匠精神开启中国精造时代［M］．北京：机械工业出版社，2016．

[29] 邵建平，李平．创新创业教程［M］．成都：电子科技大学出版社，2019．

[30] 周恢，钟晓红．创新创业教育［M］．北京：北京理工大学出版社，2019．

[31] 王亚非，梁成刚，胡智强．创新思维与创新方法［M］．北京：北京理工大学出版社，2018．

[32] 彭扬华，李岚，刘曙荣．创新思维［M］．北京：北京出版社，2019．

[33] 王延荣．创新与创业管理［M］．北京：机械工业出版社，2015．

[34] 欧阳康，袁贵仁，杨耕．马克思主义认识论研究［M］．北京：北京师范大学出版社，2017．